氢能产业概论

Introduction to hydrogen industry

主编 黄 晔

西安交通大学出版社
XI'AN JIAOTONG UNIVERSITY PRESS

图书在版编目(CIP)数据

氢能产业概论 / 黄晔主编. — 西安：西安交通大学出版社，2024.3（2025.2重印）
ISBN 978-7-5693-3596-5

Ⅰ.①氢… Ⅱ.①黄… Ⅲ.①氢能-能源发展-产业发展-研究-中国 Ⅳ.①F426.2

中国国家版本馆 CIP 数据核字(2024)第 015425 号

书　　名	氢能产业概论 QINGNENG CHANYE GAILUN
主　　编	黄　晔
策划编辑	张　欣
责任编辑	张　欣
责任印制	张春荣　刘　攀
责任校对	刘艺飞
封面设计	任加盟
出版发行	西安交通大学出版社 （西安市兴庆南路1号　邮政编码 710048）
网　　址	http://www.xjtupress.com
电　　话	(029)82668357　82667874(市场营销中心) (029)82668315(总编办)
传　　真	(029)82668280
印　　刷	西安五星印刷有限公司
开　　本	720mm×1000mm　1/16　印张 25.25　字数 402千字
版次印次	2024年3月第1版　2025年2月第2次印刷
书　　号	ISBN 978-7-5693-3596-5
定　　价	98.00元

如发现印装质量问题，请与本社市场营销中心联系。
订购热线：(029)82665248　(029)82667874
投稿热线：(029)82668804

版权所有　侵权必究

序

当今世界正经历百年未有之大变局,新一轮科技革命和产业变革同我国经济高质量发展要求形成历史性交汇,新型能源结构的建设是其中重要内容。氢能是指存储于氢气中的能量。氢气来源丰富,利用氢气产生的能量绿色低碳,因此氢气正逐步成为全球实现"双碳"、能源转型发展的一种重要的二次能源载体。经过近二十年的努力,我国与氢气的制备、存储、利用相关的产业(氢能产业)体系已基本建成。近年来,陕西省把氢能产业作为发展新能源产业的一大支点,依托丰富的能源资源优势、特有的应用场景,聚力打造千亿级氢能产业集群。加快推动陕西氢能产业发展,是陕西省作为传统能源大省寻找高质量发展的突破口,也是构建全省绿色低碳产业体系、打造产业转型升级新增长点的必经之路。

氢能产业链长、复杂度高、商业化前景广阔。在将氢能宏大的战略价值转化为商业价值的过程中,需要创新链、产业链、资金链、人才链的全方位规划与深度融合。陕西氢能产业发展有限公司是着眼于全省产业格局和未来发展成立的氢能产业平台,致力于保障能源安全,构建新型能源体系,探索成本更低、安全可靠的氢能发展路径,全方位构建全省氢能产业生态。依托西安交通大学国家储能技术产教融合创新平台,成立了西安交大-陕西氢能储能技术创新联合体,合作开展氢能关键技术攻关,助推陕西省氢能产业发展。

本书从我国氢能产业现状出发,结合企业系统规划、项目推进、科技创新等工作基础,系统论述了国内外氢能产业发展战略、规模化制氢的技术经济、氢气的储运技术与装置,列举了我国氢能示范项目,并结合陕西资源禀赋优势及全省氢能产业发展经验及做法,全面展示了我国氢能产业的发展图谱,具有重要的科普和行业引领意义。该书可供从事氢能领域的研究人员、工程人员以及相关政策制定人员使用。也可供大专院校、科研院所相关专业师生参考。相信本书的出版必将促进我省及全国氢能产业的进一步发展，特为之序。

陶文铨

中国科学院院士

2024 年 1 月

PREFACE 前 言

氢能是一种来源丰富、绿色低碳、应用广泛的二次能源,是连接可再生能源生产与绿色能源终端利用的重要载体之一。同时氢气作为原材料工业的重要原料,也是推动传统工业领域低碳化发展的重要载体之一。因此,氢能是未来全球能源技术革命和产业发展的重要方向,发展氢能产业对中国应对环境挑战、推动能源革命、保障能源安全等具有重大战略意义。

发展氢能已经成为全球普遍共识。近年来,美国、日本、欧盟等国家和地区均把发展氢能作为未来新能源技术创新的重大战略方向,根据自身资源禀赋、产业基础、现实诉求等因素,制定了分阶段分领域的发展战略,并在实践中不断完善,逐步形成了各具特色的发展模式。我国在碳达峰碳中和目标部署下发展氢能产业,既是能源绿色低碳转型的重要抓手,也为目标实现提供了有力支撑。国内氢能产业呈现出蓬勃发展态势。

现阶段,我国氢能产业仍处于发展初期,正在进入商业化培育期。制氢作为氢能产业链开端,对能源企业立足氢能市场和构建企业核心竞争力起着至关重要的作用。氢气储运技术与装置的发展对实现氢能大规模应用起着重要支撑作用。应立足于构建国家现代化工业体系,围绕氢能产业发展重大需求、关键核心技术突破,坚持"规划引领、项目支撑",通过打造一批标杆性的示范项目,推动引领我国氢能产业高质量发展。

依托丰富的能源资源优势、特有的应用场景和雄厚的产业科教基础,陕西氢能产业在基础设施建设、装备研发制造和应用场景示范等方面取得一系列重大进展。同时,陕西省委、省政府站在打造氢能全产业链的战略高度,组建成立了国内首个省级氢能运营平台企业。

为了促进我国氢能产业的发展,我们在深入认真学习国家产业政策规划的基础上，通过充分调查研究国内外氢能产业技术现状，由黄晔主持编写了本书，以期能够对我国氢能产业的发展做出一点贡献。

全书共分6章，第1章绪论，由马宝岐、周秋成完成；第2章国内外氢能发展战略，由黄晔完成；第3章我国规模化制氢的技术经济，由马宝岐、黄晔完成；第4章氢气的储运技术与装置，由周秋成、黄晔完成；第5章我国氢能项目方案示例，由刘巍、马骉、姚纪凯完成；第6章陕西省氢能产业概况，由黄晔完成。全书由黄晔、刘巍和马宝岐编写提纲、修改和定稿，由周秋成负责统稿。

中国科学院陶文铨院士对本书高度评价，并在百忙之中为本书作序，特此感谢！在本书编写过程中，西北大学李冬教授对本书初稿进行了审阅和修改，笔者受益匪浅。西安石油大学牛犇副教授和牛梦龙博士对书稿中的文献和资料进行了校对和修改。本书中引用了国内外许多学者的相关研究成果和观点，在此深表谢意！

由于本书内容知识面较宽，加以作者经验不足、水平有限，书中难免有不足之处，敬请读者批评指正。

编著者

2023年12月

CONTENTS 目 录

- 1 绪 论 ·· 1
  - 1.1 氢能发展简史 ··· 1
  - 1.2 氢的基本性质 ··· 4
    - 1.2.1 物理性质 ·· 4
    - 1.2.2 化学性质 ·· 5
    - 1.2.3 安全特性 ·· 6
  - 1.3 氢能主要特点 ··· 7
  - 1.4 产业标准体系 ··· 10
    - 1.4.1 管理机构 ·· 10
    - 1.4.2 标准指南 ·· 11
  - 1.5 氢能发展趋势 ··· 13
    - 1.5.1 能源结构 ·· 13
    - 1.5.2 氢能优势 ·· 15
    - 1.5.3 全产业链 ·· 17
    - 1.5.4 发展趋势 ·· 19
  - 参考文献 ··· 22

- 2 国内外氢能产业发展概况 ··· 23
  - 2.1 国外氢能产业发展概况 ··· 23
    - 2.1.1 美国 ·· 23
    - 2.1.2 日本 ·· 27
    - 2.1.3 欧盟 ·· 32

  2.1.4　韩国 ··· 38
  2.1.5　英国 ··· 42
  2.1.6　俄罗斯 ··· 49
  2.1.7　加拿大 ··· 54
 2.2　我国氢能产业发展概况 ·· 58
  2.2.1　我国氢能产业发展背景 ·· 58
  2.2.2　我国氢能产业相关政策 ·· 61
  2.2.3　我国氢能产业规划解读 ·· 69
  2.2.4　各地氢能产业专项规划 ·· 72
 参考文献 ··· 90

3　我国规模化制氢的技术经济　93
 3.1　电解水制氢的技术经济分析 ··· 93
  3.1.1　技术原理 ··· 93
  3.1.2　影响因素 ··· 100
  3.1.3　成本对比 ··· 106
 3.2　可再生能源制氢的技术经济 ··· 107
  3.2.1　光伏发电制氢 ·· 107
  3.2.2　陆上风电制氢 ·· 114
  3.2.3　海上风电制氢 ·· 122
  3.2.4　水力发电制氢 ·· 134
 3.3　煤气化与焦化制氢技术经济 ··· 140
  3.3.1　煤气化制氢 ·· 140
  3.3.2　焦炉气制氢 ·· 144
 3.4　天然气制氢的技术经济分析 ··· 151
  3.4.1　单位成本分析 ·· 151
  3.4.2　竞争力的分析 ·· 154
 3.5　炼厂制氢路线选择的经济性 ··· 155
  3.5.1　炼油厂氢气的来源 ··· 156
  3.5.2　工艺流程设计方案 ··· 157

  3.5.3 综合技术经济分析 ································· 161
 3.6 生物质制氢的技术经济分析 ····························· 164
  3.6.1 生命周期 ····································· 166
  3.6.2 技术经济 ····································· 167
 3.7 化学链制氢的技术经济分析 ····························· 168
  3.7.1 基本原理 ····································· 168
  3.7.2 技术经济 ····································· 170
 参考文献 ··· 177

4 氢气的储运技术与装置 ···································· 180
 4.1 氢储存 ··· 180
  4.1.1 气态高压储氢 ································· 181
  4.1.2 低温液态储氢 ································· 186
  4.1.3 超临界态储氢 ································· 195
  4.1.4 有机液态储氢 ································· 200
  4.1.5 固态材料储氢 ································· 208
  4.1.6 地下储氢技术 ································· 218
 4.2 氢运输 ··· 231
  4.2.1 气氢运输 ····································· 231
  4.2.2 液氢运输 ····································· 237
  4.2.3 固氢输运 ····································· 242
 4.3 加氢站 ··· 243
  4.3.1 加氢站发展现状 ······························· 243
  4.3.2 加氢站技术分类 ······························· 256
  4.3.3 加氢站主要设备 ······························· 258
 参考文献 ··· 268

5 我国氢能项目方案示例 ···································· 278
 5.1 风光制氢源网荷储项目 ································· 278
  5.1.1 项目概况 ····································· 278
  5.1.2 建设规模 ····································· 279

	5.1.3 工艺过程 279
	5.1.4 原辅材料消耗 280
	5.1.5 装置占地定员 280
	5.1.6 技术经济指标 281
5.2 风光制绿氢合成氨项目 281
	5.2.1 项目概况 281
	5.2.2 建设规模 281
	5.2.3 工艺过程 282
	5.2.4 生产设备 285
	5.2.5 原辅材料消耗 286
	5.2.6 装置占地定员 286
	5.2.7 技术经济指标 286
5.3 绿氢制绿色甲醇项目 287
	5.3.1 建设规模 287
	5.3.2 工艺过程 287
	5.3.3 生产设备 288
	5.3.4 原料消耗 289
	5.3.5 技术经济指标 290
5.4 绿氢制储加用一体化项目 292
	5.4.1 项目概况 292
	5.4.2 建设规模 292
	5.4.3 工艺过程 293
	5.4.4 生产设备 294
	5.4.5 装置占地定员 296
	5.4.6 技术经济指标 296
5.5 乙烷制乙烯副产气制氢项目 296
	5.5.1 项目概况 296
	5.5.2 建设规模 297
	5.5.3 工艺过程 297
	5.5.4 生产设备 298

  5.5.5 公用工程消耗 …………………………………………………… 298
  5.5.6 装置占地定员 …………………………………………………… 299
  5.5.7 项目投资估算 …………………………………………………… 299
 5.6 兰炭副产气制氢项目 ………………………………………………… 299
  5.6.1 项目概况 ………………………………………………………… 299
  5.6.2 建设规模 ………………………………………………………… 299
  5.6.3 工艺过程 ………………………………………………………… 300
  5.6.4 生产设备 ………………………………………………………… 302
  5.6.5 公用工程消耗 …………………………………………………… 304
  5.6.6 装置占地定员 …………………………………………………… 305
  5.6.7 技术经济指标 …………………………………………………… 305
 5.7 天然气制氢加氢加气项目 …………………………………………… 305
  5.7.1 项目概况 ………………………………………………………… 305
  5.7.2 建设规模 ………………………………………………………… 306
  5.7.3 工艺过程 ………………………………………………………… 307
  5.7.4 生产设备 ………………………………………………………… 309
  5.7.5 装置占地定员 …………………………………………………… 310
  5.7.6 项目投资估算 …………………………………………………… 310
 5.8 日供氢 2000 kg 固定式加氢站项目 ………………………………… 310
  5.8.1 建设规模 ………………………………………………………… 310
  5.8.2 生产设备 ………………………………………………………… 310
  5.8.3 公用工程消耗 …………………………………………………… 311
  5.8.4 装置占地定员 …………………………………………………… 312
  5.8.5 项目投资估算 …………………………………………………… 312
 5.9 煤制氢提纯及液化项目 ……………………………………………… 312
  5.9.1 项目概况 ………………………………………………………… 312
  5.9.2 建设规模 ………………………………………………………… 312
  5.9.3 工艺过程 ………………………………………………………… 313
  5.9.4 生产设备 ………………………………………………………… 315
  5.9.5 原辅材料消耗 …………………………………………………… 316

5.9.6		装置占地定员	317
5.9.7		项目投资估算	317

5.10 氢燃料电池制造基地项目 317

- 5.10.1 项目概况 317
- 5.10.2 建设规模 317
- 5.10.3 工艺过程 318
- 5.10.4 生产设备 328
- 5.10.5 原辅材料消耗 330
- 5.10.6 装置占地定员 332
- 5.10.7 技术经济指标 332

5.11 年产 5000 个车载储氢瓶项目 333

- 5.11.1 建设规模 333
- 5.11.2 工艺过程 334
- 5.11.3 生产设备 336
- 5.11.4 原辅材料消耗 336
- 5.11.5 装置占地定员 337
- 5.11.6 项目投资估算 337

5.12 年产 40 万 m^2 气体扩散层项目 337

- 5.12.1 建设规模 337
- 5.12.2 工艺过程 337
- 5.12.3 生产设备 340
- 5.12.4 原辅材料消耗 341
- 5.12.5 装置占地定员 341
- 5.12.6 项目投资估算 342

5.13 年产 350 套电解制氢设备生产项目 342

- 5.13.1 项目概况 342
- 5.13.2 建设规模 342
- 5.13.3 工艺过程 343
- 5.13.4 生产设备 346
- 5.13.5 原辅材料消耗 348

  5.13.6 装置占地定员 …… 349
  5.13.7 项目投资估算 …… 349
 5.14 氢能车辆运营示范项目 …… 349
  5.14.1 项目概况 …… 349
  5.14.2 建设方案 …… 350
  5.14.3 项目投资估算 …… 351
 参考文献 …… 351

6 陕西省氢能产业概况 …… 353
 6.1 发展现状 …… 353
  6.1.1 区域发展 …… 354
  6.1.2 产业项目 …… 356
 6.2 资源供需现状 …… 358
  6.2.1 陕西风能太阳能资源 …… 358
  6.2.2 可再生能源制氢潜力 …… 359
  6.2.3 陕西工业副产氢情况 …… 362
  6.2.4 氢能应用的市场空间 …… 363
 6.3 发展战略分析 …… 367
  6.3.1 面临机遇 …… 367
  6.3.2 面临挑战 …… 367
  6.3.3 发展优势 …… 369
  6.3.4 发展劣势 …… 369
 6.4 政策支持 …… 370
  6.4.1 政策支持 …… 370
  6.4.2 专家建议 …… 375
 6.5 重点企业简介 …… 378
  6.5.1 基本情况 …… 378
  6.5.2 定位目标 …… 379
  6.5.3 规划体系 …… 380
  6.5.4 保障措施 …… 381
 附录 中国氢能产业国家标准统计表 …… 384

1
绪　论

氢是自然界中含量最多的元素,除在空气中以气体的形态存在外,主要以化合物——水形态存在,而水是地球上最广泛的物质。在全球能源技术革命和转型发展的趋势下,氢能已成为最具发展潜力的二次清洁能源。在国家碳达峰碳中和目标决策部署下,相关部门统筹谋划整体布局氢能全产业链发展,发布了《氢能产业发展中长期规划 2021—2035 年》等政策文件,助推氢能产业从示范应用走向商业化。

1.1　氢能发展简史

18 世纪,氢元素被发现,氢的名字诞生。在化学史上,人们把发现氢元素这一重大成就,主要归功于英国化学家和物理学家卡文迪许(Henry Cavendish),1766 年,他从金属与酸的反应所得气体中发现氢。1780 年,菲利斯·丰塔纳(Felice Fontana)发现水煤气变换反应。水煤气变换反应主要应用在以煤、石油和天然气为原料的制氢工业和合成氨工业中,另外在合成气制醇、制烃催化过程中,低温水煤气变换反应通常用于甲醇重整制氢反应中大量 CO 的去除。1783 年,著名化学家安托万·洛朗·拉瓦锡(Antoine‐Laurent de Lavoisier),通过对水成分的分析,确定了水是由氢和氧组成,正式提出氢这一元素名称。

19 世纪,燃料电池概念被提出,首个燃料电池诞生。1801 年,法国科学院院士、皇家学会会员汉弗莱·戴维(Humphry Davy)提出燃料电池的概念。1839 年,英国物理学家威廉·罗伯特·格罗夫(William Robert Grove),开发了格罗夫电池,被称为燃料电池之父,并制作了首个燃料电池,他证明重组分子氢和分子氧会同时产生电能、热量和水,并用提取的氢气为燃料电池提供动力。1898年,詹姆斯·杜瓦(James Dewar)通过金属热防护系统与再生冷却技术,首次制得液态氢。次年,又收集了固态氢。

20世纪初期,氢气得到广泛的研究,初步走向工业应用。1909年,德国化学家弗里茨·哈伯(Fritz Haber)发明了用氢固定氮以产生氨的工艺,即哈伯工艺,成为第一个从空气中制造出氨的科学家,使人类从此摆脱了依靠天然氮肥的被动局面,加速了世界农业的发展。他也因此获得1918年诺贝尔化学奖。1923年,德国化工企业BASF采用蒸汽重整技术生产了第一批合成甲醇。1935年,尤金威格纳(Eugene Wigner)和亨廷顿(H. B. Huntington)预言金属氢的生成。金属氢是一种高密度、高储能材料,之前的预测中表明,金属氢是一种室温超导体。1937年3月,海因克斯实验用气态氢燃料,在离心式喷气发动机进行了测试,这是第一台工作的喷气发动机。1937年,第一台氢冷式涡轮发电机在美国俄亥俄州代顿投入使用。

20世纪30年代末,氢气在化学工业开始得到广泛商业化。1938年,在莱茵-鲁尔建成第一条240 km的氢气管道。氢气是由电解水、催化裂解甲烷或煤气化产生的,用于制造氨、燃料气和甲醇等产品。莱茵-鲁尔地区25个化工厂和石化厂之间总共有长度为875 km的氢气分配系统。1939年,汉斯·加夫隆(Hans Gaffron)发现藻类可以在产生氧气和氢气之间进行转换。1947年,威利斯·兰姆(Willis Lamb)和罗伯特·里瑟福德(Robert Retherford)用射频波谱的方法发现氢原子的$2S(1/2)$和$2P(1/2)$能级并不是吻合,而是存在着一个能级差,这极大地刺激了量子电动力学的发展。因为这次精彩且精密的测量,威利斯·兰姆荣获1955年诺贝尔物理学奖。

20世纪50年代,随着核能的发展,氢作为"能量载体"或"能量媒介"开始得到应用。1951年,氢首次在地下储存。1952年,世界上第一颗氢弹试验首次成功。这是美国"常春藤行动"核试验中试爆的第一颗技术完全成熟的热核武器,也是第一颗真正的"氢弹"。1955年,托马斯·格鲁布(W. Thomas Grubb)通过使用磺化聚苯乙烯离子交换膜作为电解质,修改了燃料电池的设计。1957年,普惠公司对使用液体氢作为燃料的304型喷气发动机进行了首次测试。1958年,伦纳德·尼德拉赫(Leonard Niedrach)设计了一种在膜上沉积铂催化剂的方法。通过这种方法制造的电池被称为格拉布·尼德拉赫(Grubb - Niedrach)燃料电池,现代燃料电池技术基本定型。1959年,英国工程师弗朗西斯·托马斯·培根(Francis Thomas Bacon)建造了培根型燃料电池,这是第一台具有实用价值的5 kW氢空气燃料电池,将空气和燃料通过电化学反应直接转化成电力,用于为焊接机提供动力。

20世纪60年代,首台燃料电池汽车产生。1960年,艾利斯·查默斯(Allis Chalmers)制造了第一台燃料电池叉车。1963年,美国自1958年开始研制的世界第一台液态氢燃料发动机RL-10,在运载火箭上首飞成功,它是世界上第一台氢氧火箭发动机,采用膨胀循环,真空推力6.8 t。1965年,双子星计划首次使用氢燃料使其电池商业化。1965年,艾利斯·查默斯制造了第一台燃料电池高尔夫球车。1966年,通用汽车公司推出了世界上第一台燃料电池汽车,其功率为32 kW。1966年由美国制造的J-2液氢火箭发动机应用于NASA的土星1B号运载火箭和土星5号运载火箭。1966年,人们发现了氢在-259.14 ℃时呈"浆糊态",它介于液态与固态之间,有一定的流动性,但又不算是液体,被称为"泥浆氢"。这使得同样体积的燃料槽可以携带更多的燃料,可以更快地输送到发动机里燃烧。

20世纪70年代,约翰·博克里斯(John Bockris)提出了"氢经济"的概念,认为未来主要的能源将是核电电解水制氢,未来氢气将取代石油成为支撑全球经济的主要能源,涵盖整个氢能净生产、配送贮存及使用的市场运作体系。1973年,美国伊斯贝格铺设了30 km氢气管线。1974年,受石油危机的启迪,一些学者在美国迈阿密组建了国际氢能学会(International Association for Hydrogen Energy, IAHE)。IAHE是以促进氢能发展为目标的国际合作性组织,宗旨是开展氢能学术交流、引导开展氢能系统研究,鼓励各国利用氢能,推广氢能应用。1975年约翰·博克里斯申请专利,阐述直接从太阳光转换成可用燃料(氢)。1976年,斯坦福研究院开展了氢经济可行性研究的课题。

1981年,哥伦比亚号燃料航天飞机主机首次飞行。1988年,苏联低温液氢燃料技术验证机运行了首飞,这也是氢燃料飞机具有历史意义的首飞。1990年世界上第一座太阳能制氢工厂投入运营。1993年,日本推出了世界能源网络(WE-NET)项目,通过氢能将可再生能源与发电和交通运输等公用事业联系起来。以丰田、本田为代表的日本车企先后启动了关于氢能和燃料电池车技术方面的开发；松下、东芝等也启动了家庭燃料电池技术的开发。1993年，加拿大巴拉德动力系统公司研制出全球第一辆质子交换膜燃料电池大客车，并在洛杉矶机场进行展示性运行。其后，巴拉德动力系统公司与美国芝加哥公交局合作研制了3辆12 m长的燃料电池巴士，并进行了1500 km无乘客运行试验，其整车系统性能、安全性和可靠性均通过考验。1996年，奔驰在柏林波茨坦广场展示了全球首辆由燃料电池驱动的电动轿车概念车"Necar 2"。1999年，全球第一座公共加氢站在慕尼黑机场投入使用。该加氢站使用液氢，加氢过程完全自动运行，最初这些氢气用于供给机场和宝马车队的特殊服务。

  2001年，用于70 MPa压缩氢气的Ⅳ型氢气罐首次展示。2002年第一个由氢燃料电池供电的机车出现在加拿大的魁北克省。2002年，由德国设计建造的212型潜艇问世，也是全世界第一种采用燃料电池不依赖空气推进的潜艇。2003年在美国首都华盛顿举行了"氢能经济国际合作伙伴关系"会议。共有15个国家和欧盟的政府代表团及工商业界代表总计数百人出席会议，中国是首批成员国之一。2006年，北京清能华通科技发展有限公司和英国石油公司BP合作建成中国第一座车用加氢站：北京永丰加氢站。该加氢站2008年为北京奥运会燃料电池示范运营提供加氢保障服务。2013年现代汽车推出量产燃料电池汽车，该汽车搭载了100 kW的燃料电池系统和70 MPa储氢罐，成为世界第一款量产版本的燃料电池汽车。2014年12月，丰田公司第一代Mirai全球首发，成为世界上第一款真正实现商业化的氢燃料电池汽车。同年，日本燃料电池结合微型热电联产项目通过，并售出了10万套系统。

1.2 氢的基本性质

1.2.1 物理性质

  氢原子位于元素周期表首位，是最轻的元素，原子量为1.00797。氢有三种同位素，包括氕（H）、氘（D）和氚（T）。氕的原子量约为1，约占自然氢总量的99.98%；氘的原子量约为2，约占0.02%；氚的原子量约为3，自然界中极少存在。氢原子结构简单，仅包含了一个质子和一个电子。氢原子极易形成氢分子H_2。分子态的氢是人们常说的氢气，是无色、无味的气体，密度约为空气的1/14，且扩散能力比其他任何气体都强。氢气可通过降温压缩的方法液化，液化温度为-252℃，当温度降低至-259℃时可变为固体。常态下氢气密度为

0.09 kg/m³,是迄今所知最轻的气体,比热容也最高,达到 14.3 kJ/(kg·K)。据预测,金属氢在固态物质中具有最优异的高温超导特性,遗憾的是金属氢存在条件苛刻,极难获得和保存。

1.2.2 化学性质

氢原子的外层电子结构为 $1s^1$,既可以获得一个电子,也可以失去一个电子,因此其化学性质非常活泼,几乎可以与元素周期表中除惰性气体和少量金属以外的所有元素发生反应,氢以质子(H^+)、负离子(H^-)、金属原子(H^0)和共价(H—H)状态存在。

1. 氢与卤素反应

氢与卤素单质能发生反应生成卤化物,如式(1-1)所示。

$$H_2 + X_2 \longrightarrow 2HX(X = F, Cl, Br, I) \qquad (1-1)$$

氢与单质氟能快速地发生反应,即使在暗处也能立即反应。在温度低到 $-250\ ℃$,H_2 也能同液态或固态单质氟反应。氢气与卤素的混合物经点燃或光照都会猛烈地互相化合,反应都是放热反应。H_2 与 Cl_2 在一定浓度配比时会发生爆炸性反应。在暗处,H_2 和 Br_2 的混合物要在高于 400 ℃时才会发生爆炸,H_2 和 I_2 要在高于 500 ℃时才发生反应。

2. 氢气与氧气反应

氢气与氧气的反应如式(1-2)所示。

$$H_2 + \frac{1}{2}O_2 \longrightarrow H_2O \qquad (1-2)$$

该反应在 550℃以上发生,生成焓为 -285 kJ/mol,伴随着火焰蔓延、爆炸或者爆鸣。火焰温度受水蒸气热分解控制,最高可达 2700 ℃。

3. 合成氨反应

在高温和合适的催化剂作用下,氢气可与氮气反应生成氨,即工业上非常重要的合成氨的反应,生成焓为 -46 kJ/mol。

$$3H_2 + N_2 \longrightarrow 2NH_3 \qquad (1-3)$$

4. 合成甲烷反应

氢气与碳在高温下反应生成甲烷。

$$2H_2 + C \longrightarrow CH_4 \qquad (1-4)$$

此外，CO 和 CO_2 与 H_2 可发生反应，根据不同的反应条件、催化剂种类和反应物比例可获得不同的反应产物。不饱和烃类也可以通过氢化反应成为饱和或部分饱和烃类。在石化工业中，加氢和脱氢反应尤显重要。

5. 氢气与金属反应

许多金属可与氢气反应生成氢化物，氢化物可分为四类：离子氢化物、共价氢化物、金属氢化物和复杂氢化物。

强正电性的碱金属（如 Li、Na、K）和碱土金属（如 Ca、Sr、Ba）在高温下与氢反应生成离子氢化物。这类氢化物性质与盐类似，含氢离子（H^-），通常为晶体，生成焓和熔点高，是强还原剂。所有的离子氢化物都可以与水反应释放氢气。

共价氢化物既可以是固态，也可以是液态或者气态。常见的共价氢化物有硼烷、铝烷和硅烷等。Be 和 Mg 的氢化物价键比较特殊，显示出介于共价键和离子键之间的价态。为了获得稳定的分子结构，一般会形成三中心两电子桥键，如乙硼烷（B_2H_6）；或者形成氢化物阴离子，如 BH_4^- 和 AlH_4^-；或者形成聚合物结构，如 $(AlH_3)_x$。

过渡金属与氢反应可形成金属氢化物，氢首先会固溶到纯金属晶格中，然后发生突然的相变过程，可获得具有定化学计量比的氢化物，如 ZrH_2、$PdH_{0.5}$、$LaNi_5H_6$、VH、VH_2 等。金属氢化物中的氢以原子状态（H^0）存在。

复杂氢化物中既有离子键，也有共价键，典型的复杂氢化物有 $LiBH_4$、$LiNH_2$ 等。

1.2.3　安全特性

室温下氢气在氧气中的燃烧界限是 4.65%～93.9%（体积分数），在氯气中的燃烧界限是 5.0%～95%（体积分数）。就化学性质而言，氢的同位素 H、D、T 几乎一致。氢气与空气的混合物在氢体积分数为 18.3%～59%时成为爆鸣气，是爆炸性混合物，一经引燃立即爆炸，所以在操作时必须避免氢气直接释放在室内或相对密闭的空间。

早在 20 世纪 70 年代就有科学家对氢是否安全进行了评估，表 1-1 列出了氢气、甲烷、丙烷和汽油的燃烧和爆炸特性。综合评估表明，氢和其他人们惯常使用的化石燃料相比，具有同等级的安全性。只要充分认识到氢的特性并且按照操作规范使用氢，氢给人类带来的益处会更多。

表1-1 氢气、甲烷、丙烷、汽油燃烧爆炸特性对比表

项目	氢气	甲烷	丙烷	汽油
标准条件下气体的密度/(kg/m³)	0.084	0.65	2.42	4.4①
汽化热/(kJ/kg)	445.6	509.9	—	250~400
低热值/(kJ/kg)	119.93×10³	50.02×10³	46.35×10³	44.5×10³
高热值/(kJ/kg)	141.8×10³	55.3×10³	50.41×10³	48×10³
标准条件下气体的热导率/[mW/(cm·K)]	1.897	0.33	0.18	0.112
标准条件下在空气中的扩散系数/(cm²/s)	0.61	0.16	0.12	0.05
空气中的可燃极限(体积分数)/%	4.0~75	5.3~15	2.1~9.5	1~7.6
空气中的爆鸣极限(体积分数)/%	18.3~59	6.3~13.5		1.1~3.3
极限氧指数(体积分数)/%	5	12.1		11.6②
空气中最易点燃的化学计量比(体积分数)/%	29.53	9.48	4.03	1.76
空气中的最小点火能量/mJ	0.02	0.29	0.26	0.24
自燃温度/K	858	813	760	500~744
空气中的火焰温度/K	2318	2148	2385	2470
标准条件下在空气中的最大燃烧速度/(m/s)	3.46	0.45	0.47	1.76
标准条件下在空气中的起爆速度/(m/s)	1.48~2.15	1.4~1.64	1.85	1.4~1.7③
质量爆炸能④/(gTNT/g)	24	11	10	10
体积爆炸能④/(gTNTT/m³)	2.02	7.03	20.5	44.2

注：①100 kPa与15.5℃。②平均值为C1~C4和更高的烃类的混合物，包括苯。③基于正戊烷与苯的性质。④理论爆炸能(标准条件下)。

1.3 氢能主要特点

与常见的化石燃料(煤、石油和天然气)相比，氢气不仅与化石燃料一样可

以作为燃料,而且可以作为能源的载体,在能量的转换、储存、运输和利用过程中发挥独特的作用。氢能作为21世纪的理想能源有如下优点。

1. 氢气的资源丰富

氢是自然界存在最普遍的元素,在地球,除空气中氢气形态存在外,氢主要以水和其他的一些化合物如甲烷、氨、烃类等的形式存在,而水是地球上最广泛的物质。地球表面70%以上被水覆盖,即使在陆地,也有丰富的地表水和地下水。据推算,如把海水中的氢全部提取出来,它所产生的总热量比地球上所有化石燃料放出的热量还大9000倍。

2. 氢气的发热值高,导热性和燃烧性能好

除核燃料外,氢的发热值是所有化石燃料、化工燃料和生物燃料中最高的,为142351 kJ/kg,是汽油发热值的3倍。在所有气体中,氢气的导热性最好,比大多数气体的热导率高出10倍。因此,在能源工业中氢是极好的传热载体,同时氢燃烧性能好、点燃快,与空气混合时有广泛的可燃范围,而且燃点高、燃烧速度快。

3. 氢气的来源和利用形式多样

氢的来源多样,它可以由各种一次能源(如天然气、煤和煤层气等化石燃料)制备;也可以由可再生能源(如太阳能、风能、生物质能、海洋温差能、地热能)或二次能源(如电力)等获得。地球各处都有可再生能源,而不像化石燃料有很强的地域性。

氢能利用形式多样,既可以通过燃烧产生热能,在热力发动机中产生机械功,又可以作为能源材料用于燃料电池,或转换成固态氢用作结构材料。用氢代替煤和石油,不需要对现有的技术装备做重大的改造,现在的内燃机稍加改装即可使用。

4. 氢气的环境友好性和可再生性

氢气本身无毒,与其他燃料相比,氢气燃烧时最清洁,除生成水和少量氮化氢外不会产生诸如一氧化碳、铅化物和粉尘颗粒等对环境有害的污染物质,少量的氮气经过适当处理也不会污染环境。氢气通过化学反应产生电能(或热能)并生成水,而水又可以进行电解转化成氢气和氧气,如此周而复始,进行循环。

5. 氢气的可存储运送性

所有元素中,氢质量最小。在标准状态下,H_2的密度为 0.0899 g/L。氢可以以气态、液态或固态的金属氢化物形式出现,可以大规模存储,能适应储运及各种应用环境的不同要求。而可再生能源具有时空不稳定性,可以将可再生能源制成氢气存储起来。

6. 氢气的安全性

氢气不会产生温室气体,也不具有放射性和放射毒性。氢气在空气中的扩散能力很强,在泄漏时就可以很快地垂直上升到空气中并扩散,不会引起长期的未知范围的后继伤害。

氢气既可再生又来源广泛,每个国家都有丰富的资源,不像化石燃料那样分布不均,不会因资源分布的不合理而引起能源的争夺或引发战争。氢气的上述优点,使氢气可以满足人类社会资源、环境和可持续发展的要求,是一种理想的新的含能体能源。目前液氢已广泛用作航天动力的燃料,但氢能大规模的商业应用还有待解决以下关键问题。

(1) 廉价的制氢技术。氢是一种二次能源,它的制取需要消耗大量的能量,且目前制氢效率很低。因此,寻求大规模的廉价的制氢技术是各国科学家共同关心的问题。

(2) 安全可靠的储氢和输氢方法。氢气并非自燃燃料,它的燃点温度为 574 ℃,但不能就此认为氢气不易着火和燃烧。实际上,氢气在空气中或氧气中,都是很容易点燃的,这是因为氢气的最小着火能量很低。氢气在空气中的最小着火能量为 $9×10^{-5}$ J,在氧气中为 $7×10^{-6}$ J。如果用静电计测量化纤衣服摩擦产生的放电能量,则该能量比氢气在空气中的最小着火能量要大好几倍,这可从另一方面说明氢气的易燃性。氢气在空气中的着火能量随氢气的含量(体积分数)变化而变化,氢气在空气中的含量为 28% 时,其着火能量最小,随着氢气含量的下降,着火能量上升很快;当氢气含量减少到 10% 以下时,其着火能量增加一个数量级,当氢气的含量增加时,其着火能量也随之增加;当氢气的含量增加到 58% 时,其着火能量也增加一个数量级。在常压下,氢气与空气混合后的燃烧浓度范围很宽,体积分数为 4%~75%,只有乙炔和氨的可燃浓度范围比氢气宽。氢气和氧气混合后,其燃烧体积分数范围更宽,达到 4%~94%。

氢气与空气混合物的爆炸体积分数极限也很宽,氢气在空气中发生爆炸的体积分数为 18%~59%。由于氢易气化、着火、爆炸,因此如何妥善解决氢能的储存和运输问题也就成为开发氢能的关键。

1.4　产业标准体系

标准的制修订是产业高质量发展的重要基石并起着规范产业发展的作用,国家标准与标准化工作对氢能产业发展起到关键支撑作用。氢能在《氢气、氢能与氢能系统术语》(GB/T 24499—2009)中被定义为氢在物理与化学过程中释放的能量。一般认为氢能产业标准化是制定、发布、实施和管理氢能相关标准的过程,管理和规范对象是氢能产业链的上中下游各环节,包含氢能制取、储运、加氢站,以及燃料电池等领域的标准化工作。

1.4.1　管理机构

制定我国氢能产业国家标准的管理机构主要有全国氢能标准化技术委员会、全国燃料电池及液流电池标准化技术委员会、全国汽车标准化技术委员会电动车辆分技术委员会、全国气瓶标准化技术委员会车用高压燃料气瓶分技术委员会。

其中,全国氢能标准化技术委员会 2008 年批准成立,编号 SAC/TC309,简称氢标委,对口 ISO/TC197,由中国标准化研究院筹建,国家标准化管理委员会予以业务指导,负责制氢、储氢、加注,以及氢能应用、测试和安全等方面的国家标准的制定;全国燃料电池及液流电池标准化技术委员会编号 SAC/TC342,简称燃标委,对口 IEC/TC105,由中国机械工业联合会筹建,中国电器工业协会进行业务指导,主要负责制定燃料电池的术语、性能、通用要求和试验方法等方面的国家标准;全国汽车标准化技术委员会电动车辆分技术委员会编号 SAC/TC114/SC27,简称汽标委,在全国汽车标准化技术委员会(SAC/TC114)的组建下成立,由工业和信息化部筹建及进行业务指导,负责燃料电池在新能源车领域国家标准的制定;全国气瓶标准化技术委员会车用高压燃料气瓶分技术委员会,编号 SAC/TC31/SC8,由全国气瓶标准化技术委员会筹建,秘书处所在单位为浙江大学,负责车用压缩天然气瓶及车用高压氢气瓶等复合材料气瓶的标准化工作。

1 绪 论

截至2023年3月,国内已发布氢能领域的国家标准222项、行业标准94项、地方标准21项、团体标准214项,主要涉及基础通用、氢安全、氢制备、氢储存、氢输运、氢加注、氢应用等板块的技术要求、检验检测规范等。参与中国氢能产业国家标准起草的单位类型以科研院所居多,其中,中国科学院大连化学物理研究所在氢能国家标准的起草中发挥了重要作用。经统计全国标准信息服务平台上的103项氢能产业现行国家标准的第一起草单位,共计49家,起草标准数量排名前十的单位如表1-2所示。

表1-2 氢能产业国家标准第一起草单位数量统计表

序号	第一起草单位	单位类型	标准数量
1	中国科学院大连化学物理研究所	科研院所	13
2	同济大学	科研院所	9
3	浙江大学	科研院所	6
4	清华大学	科研院所	5
5	中国汽车技术研究中心	科研院所	5
6	中国标准化研究院	科研院所	4
7	上海神力科技有限公司	企业	4
8	新源动力股份有限公司	企业	4
9	北京航天试验技术研究所	科研院所	3
10	机械工业北京电工技术经济研究所	科研院所	3

1.4.2 标准指南

2022年1月,国家能源局综合司印发《2022年能源行业标准计划立项指南》,氢能列为2022年能源行业标准计划立项重点方向。2022年3月,国家发展改革委、国家能源局联合印发《氢能产业发展中长期规划(2021—2035年)》,文件指出:建立健全氢能政策体系,建立完善氢能产业标准体系,加强全链条安全监管。2022年4月,国务院安全生产委员会印发《"十四五"国家安全生产规划》,加快氢能等新兴领域安全生产标准制修订,推动建立政府主导和社会各方参与制定安全生产标准的新模式。2022年9月,国家能源局印发《能源碳达峰碳中和标准化提升行动计划》，其中指出：进一步推动氢能产业发展标准化管理，加快完善氢能标准顶层设计和标准体系。开展氢制备、氢储存、氢输运、氢加注、氢能多元化应用等技术标准研制，支撑氢能"制储输用"全产业链发展。2023年3月国家能源局综合司印发《2023年能源行业标准计划立项指南》，文件指出，要做好能源行业标准计划立项工作，其中，氢能领域包括基础与安全、氢制备、氢储存和输运、氢加注、氢能应用和其他方面的规划。

2023年7月，国家标准化管理委员会、国家发展改革委、工业和信息化部、生态环境部、应急管理部、国家能源局等六部门联合印发《氢能产业标准体系建设指南（2023版）》（以下简称《指南》）。这是国家层面首个氢能全产业链标准体系建设指南，对我国氢能中长期规划政策进行呼应和补充，将推动完善氢能制、储、输、用标准体系，加快关键环节、关键领域、关键产品的技术攻关和标准研制应用，提升氢能产业核心竞争力。《指南》明确了近三年氢能标准化工作重点任务，部署了核心标准研制行动和国际标准化提升行动等"两大行动"，提出了组织实施的有关措施。

《指南》提出了到2025年的发展目标：支撑氢能制、储、输、用全链条发展的标准体系基本建立，制修订30项以上氢能国家标准和行业标准。重点加快制修订氢品质检测、氢安全、可再生能源水电解制氢、高压储氢容器、车载储氢气瓶、氢液化装备、液氢容器、氢能管道、加氢站、加注协议、燃料电池、燃料电池汽车等方面的标准，打通氢能产业链上下游关键环节。《指南》系统构建了氢能"制、储、输、用"全产业链标准体系，涵盖基础与安全、氢制备、氢储存和输运、氢加注、氢能应用五个子体系，按照技术、设备、系统、安全、检测等进一步分解，形成了20个二级子体系、69个三级子体系。

《指南》还提出了标准制修订工作的重点。

在基础与安全方面，主要包括术语、图形符号、氢能综合评价、氢品质、通用件等基础共性标准以及氢安全基本要求、临氢材料、氢密封、安全风险评估、安全防护、监测预警、应急处置等氢安全通用标准，是氢能供应与氢能应用标准的基础支撑。在氢制备方面，主要包括氢分离与提纯、水电解制氢、光解水制氢等方面的标准，推动绿色低碳氢来源相关标准的制修订。

在氢储存和输运方面，主要包括氢气压缩、氢液化、氢气与天然气掺混、固态储氢材料等氢储运基本要求，容器、气瓶、管道等氢储运设备以及氢储存输运系统等方面的标准,推动安全、高效氢储运相关标准的制修订。

在氢加注方面,主要包括加氢站设备、系统和运行与安全管理等方面的标准,推动加氢站安全、可靠、高效发展相关标准的制修订。

在氢能应用方面,主要包括燃料电池、氢内燃机、氢气锅炉、氢燃气轮机等氢能转换利用设备与零部件以及交通、储能、发电、工业等领域氢能应用等方面的标准,推动氢能相关新技术、新工艺、新方法标准的制修订。

1.5 氢能发展趋势

1.5.1 能源结构

能源的发展,由最初的柴草时代,逐渐衍生出煤炭、石油、天然气,到如今的风、电、光伏、氢能等,逐渐实现清洁化,这也是未来能源的发展方向。清洁能源包括可再生能源和不可再生能源,不可再生能源包括洁净煤、洁净油等,可再生能源包括氢能、光伏、地热能等,其中氢能被认为是最为清洁的能源。氢能作为燃料燃烧,与传统的化石燃料不同,氢气和氧气通过燃烧产生热能,通过燃料电池转化成电能,而氢转化成电和热的过程中,只产生水,不产生温室气体和微细粉尘,水可循环制氢。因此,氢能被视为未来的终极能源,可以真正地实现零污染、零排放、可再生。

纵观全球及主要国家的能源结构如图1-1(纵坐标以煤炭当量计)和表1-3所示,全球正处于油气时代,能源结构主要以石油、天然气为主,一些发达国家如美国、德国、俄罗斯等已经实现了核能、水电等清洁能源的应用,而我国尚处于煤炭时代,全国62%的能源来源于煤炭,能源结构高碳化特征明显。

英国石油公司(BP)预测了2050年世界能源消费终端结构(图1-2),在快速转型模式(通过增加碳排放成本的方式降低碳排放)下,氢能占比为7%,而在净零模式(在快速转型模式基础上提高社会对清洁能源的使用比例)下,氢能占比为16%。

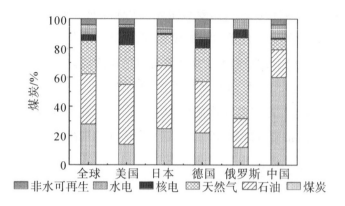

图 1-1　全球及主要国家能源结构

表 1-3　中国与全球能源结构对比

能源结构	全球占比/%	中国占比/%
天然气	48	19
烃、醇类	30	18
煤炭	18	62
电解水	4	1

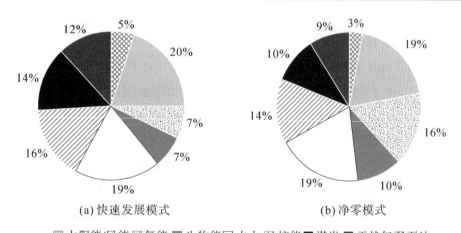

图 1-2　2050 年氢能在世界能源消费终端结构中的占比图

我国能源发展面临能源对外依存度高、环境污染严重以及温室效应加剧"三座大山",能源资源总体呈"多煤、少油、缺气"的结构特征,大量的石油、天然气能源进口依赖度较高;以煤为主的能源结构造成了巨大的环境压力。氢能作为可再生的清洁能源,其在能源结构中的占比呈现逐年升高的趋势,如图 1-3 所示,预计在 2050 年将达到 10%,将有效缓解我国能源结构中存在的问题。

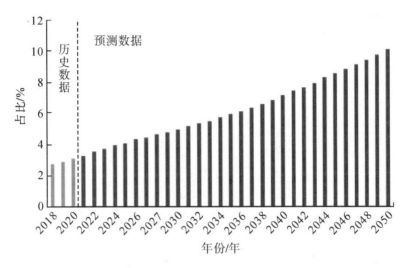

图 1-3 中国氢能的能源比重柱状图

1.5.2 氢能优势

氢能作为一种全球范围内大力发展的能源,不仅在清洁性具有优势,而且在应用方面也具备特别突出的优点,如作为化工燃料,热值高;利用氢能发电,发电建设成本低。氢气相较于天然气、汽油等化工燃料热值较高,约为天然气的 2.6 倍、汽油的 3 倍,如图 1-4 所示。

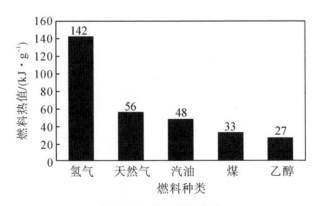

图 1-4 化工燃料热值

氢能在燃料电池的利用方面,通过化学能转化为电能,转化过程中产生的废热也可进一步利用,其效率可达83%。氢燃料电池的综合热效率相当于纯电动车的1.5倍、汽油车的2.75倍,具有较高的能量转化效率。同时,燃料电池车的碳排放量较低,相较于传统汽油车,碳排放量为汽油车的0.25倍,如图1-5所示。

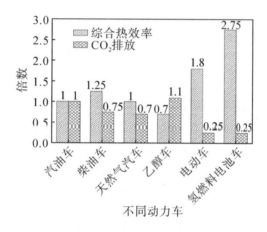

图1-5 氢燃料电池的综合热效率及CO_2排放

随着我国《"十四五"新型储能发展实施方案》的出台,新型储能技术也受到广泛关注,氢储能可以将风能、光能等可再生能源产生的不稳定的电能转化成化学能,在极端的条件下,大规模集中储氢能源可作为电网恢复的"黑启动"电源。从发电建设成本角度考虑,氢能源发电比风能发电、生物质能发电等建设成本低,约是风能发电的1/3,如图1-6所示。

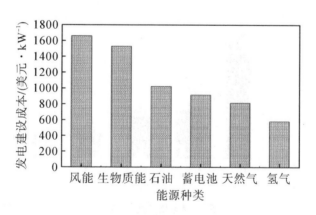

图1-6 不同能源发电建设成本

1.5.3 全产业链

氢能产业链通常由"制、储、输(含加)、用"四部分组成。制氢产业主要有化石能源制氢、工业副产氢、电解水制氢、生物质制氢等多种技术路线(图1-7)，产业链中还包含各类制氢相关设备的制造、制氢工厂及各类附属设施。储存、运输、加注是氢能产业的中间环节，包括高压气体储运装备、低温液态储运装备、新型储氢材料、加氢设备及加氢站建设运营等产业子环节，其技术体系如图1-8所示。氢能应用环节是其产业链末端，包括氢燃料电池及汽车应用，也包括氢及氢基燃料在工业、电力、建筑、医疗等领域的应用(图1-9)。

根据国际氢能委员会预测，到2030年全球氢能领域投资总额将达5000亿美元，到2050年氢能将满足全球18%的终端能源需求，氢能产业将创造3000万个工作岗位，减少60亿t二氧化碳排放并创造超过2.5万亿美元的市场价值，将为全球能源转型和减碳事业做出巨大贡献。根据中国氢能联盟预计，到2025年，我国氢能产业产值将达到1万亿元；到2050年，氢气需求量将接近6000万t，实现二氧化碳减排约7亿t，氢能在我国终端能源体系中占比超过10%，产业链年产值达到12万亿元，成为引领经济发展的新增长极。

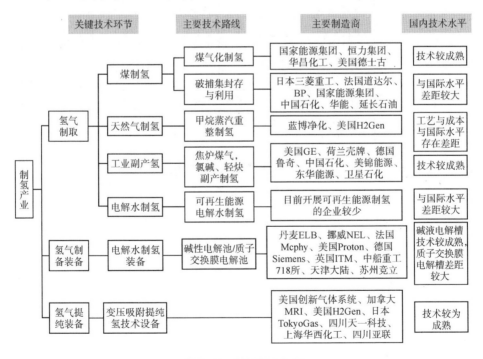

图1-7 制氢技术体系

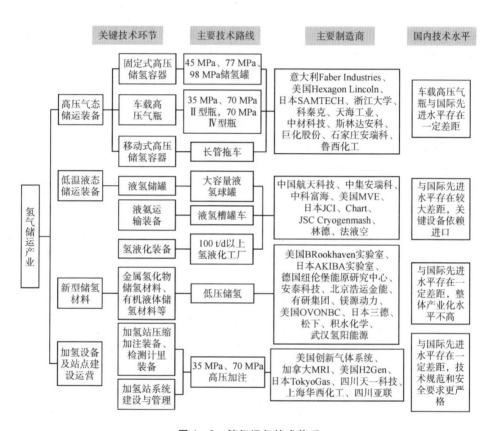

图 1-8 储氢运氢技术体系

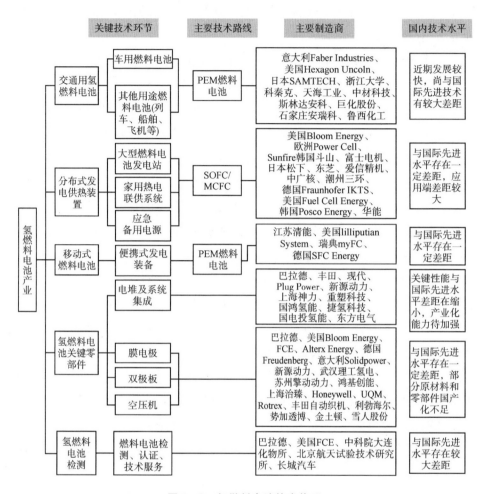

图 1-9 氢燃料电池技术体系

1.5.4 发展趋势

氢能是一种来源丰富、绿色低碳、应用广泛的二次能源,正逐步成为全球能源转型发展的重要载体之一。当前,一些主要的发达国家和经济体都把氢能视为能源转型的重要战略选择,并持续加大投入,加强布局,抢占氢能产业发展的制高点。我国是世界上最大的制氢国,可再生能源装机量全球第一,在清洁低碳的氢能供给上具有巨大潜力。虽然,我国已初步掌握氢能制备、储运、加注、燃料电池这些关键技术,在部分省市也开展了燃料电池汽车的示范应用。但是,我国氢能产业仍然处于发展的初期,面临产业创新能力不强、技术装备水平不高、支撑产业发展的基础性制度滞后等诸多挑战,需要加强顶层设计,引导产业健康、有序发展。

为系统谋划和整体推进我国氢能产业高质量发展,国家发展改革委、国家能源局联合印发了《氢能产业发展中长期规划 2021—2035 年》(以下简称《规划》)。《规划》科学分析了我国氢能产业的发展现状,明确了氢能在我国能源绿色低碳转型中的战略定位、总体要求和发展目标,从氢能创新体系、基础设施、多元应用、政策保障、组织实施等几个方面构建了我国氢能战略发展的蓝图。

《规划》明确了氢的能源属性,是未来国家能源体系的组成部分,充分发挥氢能清洁低碳特点,推动交通、工业等用能终端和高耗能、高排放行业绿色低碳转型。同时,明确氢能是战略性新兴产业的重点方向,是构建绿色低碳产业体系、打造产业转型升级的新增长点。

《规划》提出了氢能产业发展基本原则:①创新引领,自立自强。积极推动技术、产品、应用和商业模式创新,集中突破氢能产业技术瓶颈,增强产业链供应链稳定性和竞争力。②安全为先,清洁低碳。强化氢能全产业链重大风险的预防和管控;构建清洁化、低碳化、低成本的多元制氢体系,重点发展可再生能源制氢,严格控制化石能源制氢。③市场主导,政府引导。发挥市场在资源配置中的决定性作用,探索氢能利用的商业化路径;更好发挥政府作用,引导产业规范发展。④稳慎应用,示范先行。统筹考虑氢能供应能力、产业基础、市场空间和技术创新水平,积极有序开展氢能技术创新与产业应用示范,避免一些地方盲目布局、一拥而上。

《规划》提出了氢能产业发展各阶段目标:到 2025 年,基本掌握核心技术和制造工艺,燃料电池车辆保有量约 5 万辆,部署建设一批加氢站,可再生能源制氢量达到 10 万~20 万 t/a,实现二氧化碳减排 100 万~200 万 t/a。到 2030 年,形成较为完备的氢能产业技术创新体系、清洁能源制氢及供应体系,有力支撑碳达峰目标实现。到 2035 年,形成氢能多元应用生态,可再生能源制氢在终端能源消费中的比例明显提升。

《规划》部署了推动氢能产业高质量发展的重要举措:①系统构建氢能产业创新体系。聚焦重点领域和关键环节,着力打造产业创新支撑平台,持续提升核心技术能力,推动专业人才队伍建设。②统筹建设氢能基础设施。因地制宜布局制氢设施,稳步构建储运体系和加氢网络。③有序推进氢能多元化应用,

1 绪 论

包括交通、工业等领域,探索形成商业化发展路径。④建立健全氢能政策和制度保障体系,完善氢能产业标准,加强全链条安全监管。

《规划》要求,国家发展改革委建立氢能产业发展部际协调机制,协调解决氢能发展重大问题,研究制定相关配套政策。各地区、各部门要充分认识发展氢能产业的重要意义,把思想、认识和行动统一到党中央、国务院的决策部署上来,加强组织领导和统筹协调,压实责任,强化政策引导和支持,通过采取试点示范、宣传引导、督导评估等措施,确保规划目标和重点任务落到实处。

2023年12月,国家发改委发布了《产业结构调整指导目录(2024年本)》(以下简称《目录》),将氢能各产业链均纳入产业结构鼓励类目录,应用范围涉及多个行业和领域,首次单独将"氢能技术与应用"列入新能源领域鼓励类发展产业,且由"鼓励技术储备"上升到了"鼓励产业发展"阶段,为氢能产业的发展提供更多的政策支持和推动,同时也将促进氢能在能源体系中发挥更大的作用。

《目录》中涉及氢能的项目包括了电力、新能源、钢铁、石化化工、建材、机械、汽车、船舶及海洋工程装备共八大项,比对"2024年本"和"2019年本",涉及氢能产业部分的变化,内容如下。

(1)在"新能源"产业部分,"2019年本"表述为鼓励"高效制氢、运氢及高密度储氢技术开发应用及设备制造,加氢站及车用清洁替代燃料加注站";"2024年本"表述的则比较系统,而且将"氢能技术与应用"单列为"新能源"五大内容之一,进行了系统表述。氢能技术与应用的主要内容为可再生能源制氢、运氢及高密度储氢技术开发应用及设备制造,加氢站及车用清洁替代燃料加注站,移动新能源技术开发及应用,新一代氢燃料电池技术研发与应用,可再生能源制氢,液态、固态和气态储氢,管道拖车运氢,管道输氢,加氢站,氢电耦合等氢能技术推广应用。

(2)新增氢能在电力、钢铁、石化化工、建材、机械、船舶及海洋工程装备等领域的应用。其中,电力领域,鼓励"储氢(氨)新型储能技术推广应用";钢铁领域,鼓励"高炉富氢喷吹冶炼";石化化工领域,鼓励"二氧化碳加氢制化学品、可再生能源制氢、副产氢替代煤制氢等清洁利用技术";建材领域,鼓励"绿色氢能煅烧水泥熟料关键技术的研发与应用、玻璃熔窑利用绿色氢能成套技术及装备、基于氢能利用的节能陶瓷干燥窑及烧成窑炉装备、氢燃料电池石墨双极板生产及应用开发";机械领域,鼓励"氢能源储运低温密封、70 MPa 复合材料储氢气瓶组合阀门(公称工作压力 70 MPa、功能组件集成数≥6、标准状态泄漏率≤30 mL/h)、高效低噪燃料电池氢气再循环泵(流量≥300 L/min、系统效率≥60%、噪声≤70 dBA)、加氢站用高压高频严密切断氢气球阀(工作压力 45 MPa/90 MPa、启闭频次 35≥10 cycle/h)";船舶及海洋工程装备领域,鼓励"燃料电池动力船舶"。

参考文献

[1] 毛宗强,毛志明,余皓,等.制氢工艺技术[M].北京:化学工业出版社,2018.

[2] 毛宗强,等.氢安全[M].北京:化学工业出版社,2020.

[3] 吴朝玲,李永涛,李媛,等.氢气储存和运输[M].北京:化学工业出版社,2021.

[4] 蔡颖,徐建铁,闫俐辰,等.储氢技术和材料[M].北京:化学工业出版社,2018.

[5] 马杰,马云雷,闫俐辰,等.氢能及炼厂制氢技术低碳化转型发展[J].现代化工,2023,43(6):32-38.

[6] 丁瑶瑶.首个国家氢能全产业链标准体系建设指南出炉 标准化体系助推氢能产业发展步入快车道[J].环境经济,2023(15):36-39.

[7] 薛惠文.中国氢能产业国家标准引用及应用研究[D].太原:中北大学,2023.

[8] 张智,赵苑瑾,蔡楠.中国氢能产业技术发展现状及未来展望[J].天然气工业,2022,42(05):156-165.

[9] 吴昊,张鹏,张佳丽.碳中和视角下的氢能全产业链技术体系发展研究[J].水力发电,2022,48(06):17-22.

2

国内外氢能产业发展概况

在全球能源转型和应对气候变化的背景下,氢能产业的发展备受关注。近年来,美国、日本、欧盟等主要发达国家和地区均把发展氢能作为未来新能源技术创新的重大战略方向,根据自身资源禀赋、产业基础、现实诉求等因素,制定了分阶段分领域发展战略,并在实践中不断完善,逐步形成了各具特色的发展模式。在我国碳达峰碳中和目标部署下发展氢能产业,既是能源绿色低碳转型的重要抓手,也为目标实现提供了有力支撑。国内氢能产业呈现出蓬勃发展的态势。

2.1 国外氢能产业发展概况

2.1.1 美国

2.1.1.1 美国氢能发展战略的主要历程

美国是最早将氢能纳入能源战略的国家。早在1970年就提出了"氢经济"概念。2002年,美国发布《国家氢能发展战略》,标志着美国氢能产业从构想转入行动阶段,以后美国陆续出台《氢能技术研究与开发行动计划》《氢立场计划》《氢与燃料项目计划》等。2003年,以美国为首成立了氢能与燃料电池国际伙伴关系,并建立全球"氢安全委员会",建立氢安全知识工具平台,旨在多方位引领全球氢产业发展。自2004年以来,美国能源部平均每年投资氢能产业项目超过1.2亿美元,通过一系列项目布局和持续投资,奠定了氢能产业关键技术的全球优势地位。

美国政府自1990年至今颁布了多项推动氢能发展的政策和行动计划。概括起来,美国政府氢能政策的发展分为4个阶段(表2-1)。

美国政府确定氢能为能源供应的方向之一和开展氢能技术研发示范的时间长达33年,已经形成"制氢—运氢—储氢—用氢"的全技术链能力,为规模化发展氢能奠定了可靠的科学基础。经过多年探索,美国对氢能未来的应用方向具有较为成熟的认识。2019年11月,美国燃料电池和氢能源协会在其发布的《美国氢能经济路线图执行概要报告》中指出:在过去10年中,美国能源部对氢能和燃料电池每年资助约1亿~2.8亿美元的研发经费,尤其是2017年以来每年约投入1.5亿美元研发经费;美国能源部计划2020—2022年,实现氢能在小型乘用车、叉车、分布式电源、家用热电联产、碳捕捉等领域的应用;到2030年,预计美国氢能经济每年可产生约1400亿美元的收入,并在整个氢价值链中提供70万个工作岗位。

表2-1 美国氢能战略的4个阶段(1990—2030年)

阶段	时间	标志性政策	主要内容	目标	实施效果
论证阶段	1990—2001年	1990年,发布《氢研究、开发及示范法案》；1996年,发布《氢能前景法案》	制定氢能研发5年管理计划；投入1.6亿美元；论证氢能技术的可行性	突破氢生产、储运和应用过程中的关键技术	确定氢能产业的发展方向
核心技术研发阶段	2002—2012年	2002年,发布《国家氢能发展战略》；2005年,通过《能源政策法案》	计划在2015年前实现氢能商业化应用；开展氢能与燃料电池项目	正式启动氢能与燃料电池研究计划,推动氢能燃料电池充电基础设施建设。	建成了一批氢能应用基础设施

续表

阶段	时间	标志性政策	主要内容	目标	实施效果
推广应用阶段	2013—2020年	2014年，发布《全国能源战略》	2013年有63亿美元政府预算用于氢能、燃料电池、车用替代燃料研发	通过新材料的研发推动制氢技术的发展	加快氢能基础设施的建设及其在交通运输业中的应用
全面发展阶段	2020—2030年	2020年11月，美国能源部发布《氢能计划发展规划》	明确氢能发展核心技术领域、需求和挑战，提出氢能技术主要经济目标	开发可再生能源制氢、核能制氢等清洁制氢技术	计划在未来10年使清洁氢能价格降低80%至1美元/kg

2.1.1.2 美国氢能战略的主要特征

随着全球气候变化极端事件频发，在美国氢能技术研发体系日趋完善和成效日益彰显的前提下，美国政府将重点考虑氢能在实现碳中和目标中应发挥的作用。2021年2月，美国政府宣布重新加入《巴黎协定》，这促使美国在气候目标下重新定位氢能在能源结构和全球市场中的位置并做出新的部署。2020年11月，美国能源部在2002年规划基础上，发布最新版《氢能计划发展规划》，提出未来10年及更长时期氢能研究、开发和示范的总体战略框架，并设定了到2030年美国氢能发展的技术和经济指标，其主要内容包括以下几点。

(1) 设定氢能全链条中重点发展的技术和经济指标，期望通过技术创新，提高技术稳定性和效率，降低成本，加快一批氢能技术或产品的商业化应用(表2-2)。从表2-2中给出的明确技术指标和经济指标来看，美国有望在氢能全链条环节的一些技术领域率先实现商业化发展。

表2-2 美国《氢能计划发展规划》提出未来10年(2020—2030年)要达到的关键技术经济指标

技术阶段	技术经济指标
制氢阶段	电解槽：运行寿命8万h、成本300美元/kW、转换效率65%
运氢阶段	交通部门氢输配成本：初期降至5美元/kg，最终降至2美元/kg
储氢阶段	降低车载储氢系统的成本到8美元/(kW·h)。 降低便携式燃料电池电源系统成本到0.5美元/(kW·h)。 储氢罐用高强度碳纤维成本达到13美元/kg

续表

技术阶段	技术经济指标
用氢/氢产品阶段	工业和电力部门用氢价格:1美元/kg。 交通部门用氢价格:2美元/kg。 用于长途重型卡车的质子交换膜燃料电池系统成本降至80美元/kW,运行寿命达到2.5万h。 用于固定式发电的固体氧化物燃料电池系统成本降至900美元/kW,运行寿命达到4万h

(2)美国加大对氢能其他技术的设计和攻关,期望进一步为美国氢能经济提供更多的多元化选择(表2-3)。通过研究可再生能源、化石能源和核能制氢技术,开发多种氢源;通过开发氢能先进技术、储氢介质及储氢设施,满足各种规模的氢储运的需求;通过进一步开发高性能燃料电池和合成燃料产品等,拓展氢能应用领域。

表2-3 美国提出的氢能其他技术

技术阶段	氢能新技术
制氢阶段	在开发成本更低、效率更高、更耐用的电解槽的同时,研发可再生能源、化石能源和核能制氢技术等
运氢阶段	交通部门氢输配成本:初期降至5美元/kg,最终降至2美元/kg
储氢阶段	开发更高容量、质量和体积更小的储氢介质;开发大规模储氢设施
用氢/氢产品阶段	开发大规模、低成本、更耐用和更可靠的燃料电池。 开发以高浓度氢或纯氢为燃料的涡轮机。 开发氨生产及利用氢气和二氧化碳生产合成燃料的技术等

(3)开展氢能标准的研究和制定。为了配合氢能技术、设备、材料、制造工艺的产业化,美国计划开展标准化制造流程、质量控制和优化制造设计等研究,期望制定适用、统一的标准,保障氢能生产、输配、储存和应用等安全性、规模化、统一化和质量流程,以提供最佳实践经验和做法。

为了落实上述《氢能计划发展规划》,美国能源部于2021年6月启动首个名为"氢能攻关"(hydrogen shot)的计划并征集相关项目,目标是在未来10年(2021—2030年)使可再生能源、核能和热能转化制造清洁氢能的价格降低80%至1美元/kg(2021年可再生能源制氢价格为5美元/kg),增加5倍清洁氢能生产的产量,进一步减少碳的排放。该计划的项目征集信息主要为①从氢的生产、氢的来源和氢的应用基础设施方面,征求能够开展氢能示范项目的理想地区。此类地区应具备可用于清洁氢生产和基础设施建设的必要资源,包括但不限于水、可再生能源、核能、天然气,或从其他废物(如垃圾填埋物、废水处理物)中获得的能源资源。②分析氢能示范项目理想地区的现有和潜在用户及案例,如在工业、交通、化学品制造、保障电网安全和其他领域的需求案例。③研究氢能价值链下的温室气体和其他污染物减排潜力。④分析实施氢能示范项目可能需要的基础科学、基础或应用研究,以及创新的需求、需要的系统集成或原型设计设施。该计划使美国开始了从化石能源制氢(灰氢、蓝氢)为主,向以可再生能源制氢(绿氢)为主的转变。

2.1.2 日本

2.1.2.1 日本氢能源基本战略的发展历程

日本于1974年出台的"新能源开发计划"(又称"阳光计划"),把发展太阳能和燃料电池作为国家战略;1993年推出"能源与环境领域综合技术开发计划"(又称"新阳光计划"),其目的是促进能源开发及商业化;2002年,日本制定了《能源政策基本法》,并于次年10月出台了首个《能源基本计划》;2004年6月,日本政府公布"新能源产业化远景构想",力求全面发展新能源,摆脱对进口能源的依赖;2006年5月,日本政府颁布了《新国家能源战略》,并于同年6月正式出台了《2030年能源战略》,提出了发展各类新型能源的长期战略构想。2007年、2010年日本又对《能源基本计划》进行修改,2014年4月日本政府内阁会议通过了第4份《能源基本计划》,明确提出了加速建设和发展"氢能社会"的战略方向。

日本政府随后进一步把氢能列为与电力和热能并列的核心二次能源,提出在中长期内构建"氢能源社会"的目标。2014年日本发布了《氢能/燃料电池战略发展路线图》,详细描述了日本氢能技术使用三步走的战略:

第一阶段是2025年之前,快速扩大氢能的使用范围。该阶段的目标是大幅提高日本户用燃料电池装置的数量,并力求使燃料电池汽车大规模实现商业化。

第二阶段是2020年中期至2030年底,目标是全面引入氢发电和建立大规模氢能供应系统。从海外购氢的价格降到标准状态30日元/m^3,扩大日本商业用氢的流通网络,全方位发展氢发电产业等。

第三阶段从2040年开始零二氧化碳的供氢系统建立期。该阶段旨在通过收集和储存二氧化碳,全面实现零排放的制氢、运氢、储氢。

2014年7月日本发布首份《氢能源白皮书》,将氢能源作为日本发电的第三支柱,并预测随着家用燃料电池与燃料电池车的普及与用途扩大,到2030年将形成一个1万亿日元的国内市场,到2050年市场规模将扩大至8万亿日元。

日本政府于2017年4月召开"可再生能源·氢能源阁僚会议",指出要鼓励氢能源的发展,并在年底制定具体战略计划。同年12月26日,日本政府正式发布"氢能源基本战略",明晰"三步走"的路线,期待在2020年的东京奥运会上向世界展示先进的氢能源、氢燃料的创新成果,计划到2030年左右实现氢能源发电商用化,从而消减碳排放,提高能源自给率,并到2050年实现氢能源社会的目标。该战略同时指出,作为人口密度大、资源稀少的国家,日本之所以能够成为经济发展强国,靠的是科技发展和创新,因此希望此次氢能源战略成为带动日本能源技术发展和产业创新的牵引力,希望企业和国民都能理解和支持氢能源政策。

2.1.2.2 日本氢能源基本战略的主要内容

2017年12月,日本公布了"氢能源基本战略",意在创造一个"氢能社会"。该战略的主要目的是实现氢能与其他燃料的成本平价,建设加氢站,替代燃油汽车(包括卡车和叉车)和天然气及煤炭发电,发展家庭热电联供燃料电池系统。鉴于日本的资源状况,日本政府还将重点推进可大量生产、运输氢的全球性供应链建设(图2-1)。氢能源基本战略还设定了2020年、2030年、2050年及以后的具体发展目标(表2-4)。

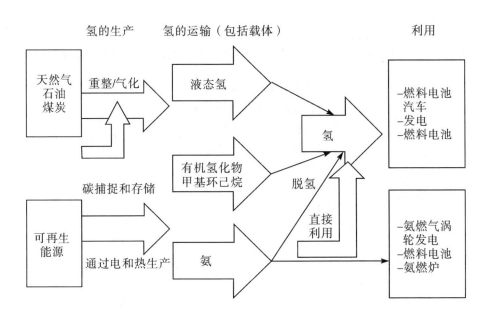

图 2-1 日本的氢能发展整体框架

表 2-4 日本氢能源基本战略目标

项目	2017年的状况	2020年的目标	2030年的目标	2050年及以后的目标
供给	氢能主要来自化石能源的副产品和天然气整合,正在进行氢能供应链的开发及量产示范	—	开拓国际氢能供应链开发国内电制气提供可再生的氢能供应	无二氧化碳排放的氢能(褐煤生产氢能同时结合碳捕捉和封存技术、利用可再生能源制氢)
产量	200 t/a	4000 t/a	形成30万t/a的商业化供应能力	500万t/a至1000万t/a,主要用于氢能发电
成本	10美元/kg	—	3美元/kg	2美元/kg
发电	研发阶段:氢能发电示范,建立环境价值评估系统	—	17日元/(kW·h)	12日元/(kW·h),取代天然气发电

续表

项目	2017年的状况	2020年的目标	2030年的目标	2050年及以后的目标
汽车	加氢站100座,燃料电池汽车2500辆 燃料电池公共汽车2辆 燃料电池叉车目前40辆	加氢站160座 燃料电池汽车4万辆 燃料电池公共汽车100辆 燃料电池叉车500辆	加氢站900座 燃料电池汽车80万辆 燃料电池公共汽车1200辆 燃料电池叉车1000辆	加氢站取代加气站,燃料电池汽车取代传统汽油燃料车,引入大型燃料电池车
燃料电池应用	家用热电联供分布式燃料电池23万个家庭	—	家用热电联供分布式燃料电池530万个家庭(占全部家庭的10%)	家用热电联供分布式燃料电池取代传统居民的能源系统

2.1.2.3 日本氢能源基本战略的主要特征

与以往的能源政策相比,"氢能源基本战略"将技术创新与节能环保置于能源政策的重要地位,并且重视将"氢能源"推向国际化。

首先,日本大力提倡发展氢能源与可再生能源,并且力求把氢能源的成本降低至与石油、天然气相同的水平。这需要技术水平的大幅提升来做支持和保障。日本氢能源目前的价格是标准状态100日元/m^3,到2030年争取达到标准状态30日元/m^3,最终实现标准状态20日元/m^3。虽然大力提高技术水平需要更多投资,但这些投资也极有可能最终依靠能源节约与技术优势来实现成本回收。

其次,将吸取福岛核事故的教训,优先考虑氢能源的安全问题。从生产、运输到消费,严格把控安全链,避免事故发生。实现氢能源的安全化供给需要多方面、各部门的共同协调。

最后,政策重点强调氢能源在应对全球气候变化方面的作用。日本积极推广氢能源,既希望与其他国家一起开发利用氢能源来完成减排目标、降低技术开发成本,又希望可以引领氢能源的先进技术,在此行业成为国际领导者。

1."氢能源基本战略"提高了日本落实减排目标的能力

日本政府在《巴黎协定》中承诺的减排目标是到2030年二氧化碳排放量比2013年削减26%,到2050年削减80%。但福岛核电事故后,日本核电站重启进程受到多重阻碍,因此被迫增加对液化天然气的进口,以火力发电来弥补电力供应缺口。虽然天然气比煤炭和石油燃料环保,但长期如此依然会有较多二氧化碳排放,给完成自主减排目标增加负担。因此,日本必须依靠安全的新能源来调整供给侧改革,推广和利用氢能源则是可行方法之一。"氢能源基本战略"对于应对气候减排具有以下意义。

第一,发展氢能源可以提高日本能源自给率,降低对一次能源进口的依赖,对安全减排有重要意义。氢气相对安全且稳定,便于储存和运输。安全的能源供给是日本有效实现减排的基础,是应对灾难及突发事件时的必备保障条件。

第二,"氢能源基本战略"的实施有利于日本能源供给多样化,为国民生活和企业生产降低成本,从而有助于日本多样化、低成本减排。"氢能源基本战略"计划到2050年将氢燃料发电的成本降低为与液化天然气同等水平,预计届时日本每年氢能供给量将达到500万~1000万t,装机容量将增至15 G~30 GW,可大幅替代火力发电。到2050年氢能源价格将降低到标准状态20日元/m^3,是目前市场价的1/5。

第三,实施"氢能源基本战略",可为日本企业创建商业交流平台,助力国内企业与技术走向国际,从而提高企业收益,使日本尽早实现减排成本回收。日本政府的大力支持提高了企业研发氢能源项目的积极性。例如,丰田公司氢能源汽车"MIRAI"得到日本政府多方面助力,日本政府为每辆"MIRAI"补贴约200万日元,且政府优先采购"MIRAI"作为公务用车。依靠政策支持有助于日本企业在国际竞争中保持优势。

2."氢能源基本战略"有助于提升日本在全球气候治理中的领导力

与以往的能源政策相比,"氢能源基本战略"的目的不只为满足国内能源需求,日本更希望在新能源环保领域以技术、战略领先世界,在全球气候治理中获得主导地位。"氢能源基本战略"的确定,意味着日本政府将大力支持产业界研发和推广氢能源,使之与国家长远目标联系在一起。日本政府不仅将氢能源视为用于民间和基础设施的新型环保能源,还希望其带来巨大商业利益。

2.1.3 欧盟

2.1.3.1 欧盟发展氢能战略的历程

欧盟氢能经过多年发展,"氢能技术和系统"产业被确定为欧盟未来六大战略性产业之一,欧盟在燃料电池和氢能源技术方面处于世界领先地位,并以其技术优势跻身全球氢能产业佼佼者行列。当前,清洁氢能、可再生能源发展和碳捕获、利用与封存技术一并成为全球去碳化三大共生性支柱,相互支撑推进欧盟"气候中立"目标。据国际氢能委员会统计,全球氢能产业链已有228个项目(含已建、在建和规划项目),其中欧洲的项目达126个、占55%,涵盖制氢、工业和交通应用等多个场景,并启动了多个综合氢经济项目(如"氢谷")。

2003年,欧盟开展了欧洲研究区(european research area,ERA)项目,其中包括建设欧洲氢能和燃料电池技术研发平台,重点攻关氢能和燃料电池领域的关键技术。2008年,欧盟出台燃料电池与氢联合行动计划项目(fuel cell hydrogen-joint undertaking,FCH-JU)。该项目在促进欧洲氢能和燃料电池应用方面发挥着至关重要的作用。2012年,欧盟实施Ene-field项目,项目包含欧盟12个成员国,9家燃料电池系统制造商,项目投资5300万欧元。2013年、2015年、2016年,欧盟先后启动Horizon 2020计划、Hydrogen Mobility Europe的H_2ME1计划和H_2ME2计划,后两个计划预计投资1.7亿欧元建设49座加氢站,1400辆氢燃料电池汽车。

在欧盟众多国家中,德国在推进氢能产业发展方面发挥着重要的引领和示范作用。2009年,德国政府就与法国液化空气集团、林德集团、壳牌、道达尔等公司共同签署了H_2 Mobility项目合作备忘录,计划在10年间投资3.5亿欧元,在德国境内建设加氢站。到2015年,德国已融资3.93亿欧元支持氢能产业及燃料电池技术发展,其中55%用于氢生产和运输基础设施建设。与此同时,德国汽车企业,如大众、宝马、奔驰等企业也都在大力发展氢燃料电池汽车。为进一步降低氢能和燃料电池技术成本和激发市场活力,2016年,德国修订氢能源交通战略规划并推出氢能和燃料电池技术国家创新计划。同年,德国成立了氢能交通公司,分阶段建设氢能交通设施网络,还计划在2019年前投资2.5亿欧元,用于氢燃料电池汽车研发和推广,实现规模化生产;德国政府也制定了基金项目,计划在2030年前建设400座加氢站(已建成71座加氢站);此外,德国还规划资金790万欧元,计划在2018年完成燃料电池驱动的零排放火车示范项目;2018年9月,氢动力列车正式下线,在库克斯港、不来梅港、布雷默沃德和布克斯特胡德之间约100 km的线路上运送乘客。

2014年,欧盟提出设立"欧洲共同利益重要项目",对事关欧盟未来经济和科技竞争力的关键技术、基础设施项目,在欧盟层面给予公共支持。相关产业界呼吁,欧盟应在未来5~10年,向与氢能相关的"欧洲共同利益重要项目"注入50亿~600亿欧元。

2019年,欧洲燃料电池和氢能联合组织主导发布了《欧洲氢能路线图:欧洲能源转型的可持续发展路径》报告,提出大规模发展氢能是欧盟实现脱碳目标的必由之路。该报告描述了一个计划:在欧盟部署氢能以实现控制2℃温升的目标,到2050年欧洲能够产生大约2250 TW·h的氢能,相当于欧盟总能源需求的1/4。

2020年,欧盟委员会正式发布了《气候中性的欧洲氢能战略》政策文件,宣布建立欧盟清洁氢能联盟。该战略制定了欧盟发展氢能的路线图,分三个阶段推进氢能发展。第一阶段(2020—2024年),安装至少6 GW的可再生氢电解槽,产量达到100万t/a;第二阶段(2025—2030年),安装至少40 GW的可再生氢电解槽,产量达到1000万t/a,成为欧洲能源系统的固有组成部分;第三阶段(2030—2050年),可再生氢技术应达到成熟并大规模部署,以覆盖所有难以脱碳的行业。

欧盟呼吁各成员国将氢能列入国家能源与气候发展的中长期目标规划。法国、德国、荷兰、葡萄牙和西班牙等国已发布了国家氢能战略,并与欧盟氢能战略非常一致,几乎所有国家都确立了电解氢的目标,到2030年累计达到20 GW以上。欧盟部分国家氢能政策如表2-5所示。

表 2-5 欧洲部分国家氢能政策概述

国家	绿氢产能	氢燃料电池车目标	氢产业结构	资金规模
法国	到 2030 年电解槽产能将达到 6.5 GW	到 2028 年将生产 2 万~5 万辆乘用车和轻型商务车，800~2000 辆重型汽车，400~1000 个加氢站	到 2028 年绿氢在氢气中的比例将达到 20%~40%	2020—2030 年将投资 70 亿欧元发展绿色氢能
德国	到 2030 年达到 5 GW 的电解槽容量，即 14 TW·h 的绿氢能量 到 2040 年将达到 10 GW 的电解槽容量	—	到 2050 年本土钢铁生产转型对绿氢的需求将超过 80 TW·h 到 2050 年精炼业和氨气生产转型对绿氢需求达到 22 TW·h	70 亿欧元用于升级氢气相关技术，36 亿欧元用于购买清洁汽车，34 亿用于加油和充电基础设施建设
意大利	到 2030 年达到 5 GW 的电解槽容量	到 2030 年氢燃料电池长途汽车将达到 4000 辆，同时逐步用氢燃料火车取代柴油火车（柴油火车目前占全部火车的 1/3）	到 2030 年氢气将占最终能源需求的 2% 到 2050 年氢能在全部能源供应的占比提升至 20%	绿氢项目投资金额为 50 亿~80 亿欧元，交通领域投入 20 亿~30 亿欧元
荷兰	到 2025 年将达到 0.5 GW 的电解槽容量 到 2030 年将达到 3 G~4 GW 的电解槽容量	到 2025 年将生产 1.5 万辆氢燃料电池汽车和 3000 辆重型汽车 到 2025 年将建成 50 个加氢站 到 2030 年将生产 30 万辆氢燃料电池汽车		

续表

国家	绿氢产能	氢燃料电池车目标	氢产业结构	资金规模
葡萄牙	到2030年,电解槽产能将达到2 G~2.5 GW	到2030年,公路运输中的氢能占燃料消耗的5%,海上运输中氢能占燃料消耗的3%~5%,建成50~100个加氢站	到2030年,最终能源消耗中绿氢占比1.5%~2%,向天然气网络中注入10%~15%的绿氢,建立50~100个加氢站	到2030年将有70亿~90亿欧元投资绿氢项目
西班牙	到2030年,电解槽容量将达到4 GW	到2030年生产150~220辆氢燃料电池公共汽车,5000~7500辆轻型和重型燃料电池汽车,建成100~150个加氢站	到2030年,绿氢占氢气总消耗量的25%	到2030年绿氢项目投资额约为90亿欧元

欧盟将氢能作为能源安全和能源转型的重要保障,积极利用自身优势,加快氢能商业化进程。欧盟在发展氢能方面有自身优势,一方面,风力和光伏发电发展快速,可以长期为绿氢的生产提供便利条件;另一方面,欧盟拥有较为完善的天然气基础设施,通过扩建可为氢能的运输提供支持。基于自身优势,欧盟在制氢、储运氢、氢利用和燃料电池等领域均取得了丰硕成果,并形成了完整的产业链,目前正积极进行商业化探索。

欧洲燃料电池和氢能联合组织在欧盟氢能发展过程中扮演重要角色,推动氢能的研发、创新和示范。欧洲的氢能研发应用不断取得突破,2018年6月,世界第一辆氢动力列车在德国北部试运行。2020年,欧盟生产和使用了约700 t氢气。氢气主要来源于天然气和炼油厂、石化行业的副产品。而氢气的主要消费端是炼油和化工行业。

在供应端,可再生的电解制氢被认为是制氢的主要途径。欧盟已安装超过140 MW的电解专用制氢设备,占全球产能的40%以上。欧盟成员国政府战略发出的强烈信号为进一步部署创造了动力,欧盟正在开发的输氢管道容量到2030年将超过20 GW,其中超过1 GW已在建设中或已承诺资金。

2.1.3.2 欧盟绿氢产业发展现状及前景

2020年7月,欧盟委员会发布"A hydrogen strategy for a climate-neutral Europe",构成了欧盟氢能发展方向的整体布局。2022年2月28日,欧盟纯净氢能合作伙伴组织发布"Strategic Research and Innovation Agenda 2021—2027",提出将可再生能源制氢、储氢与氢气分配、氢能交通应用、氢能供热和供电、交叉领域、氢谷和供应链相关技术,定位为2027年以前,氢能的重点开发领域,为产业的技术创新活动提供指引。2022年5月,欧盟委员会继续发布REPowerEU战略,该提案将此前的氢能相关目标进一步提升,体现欧盟迫切推动能源转型,摆脱对俄罗斯天然气的依赖的强烈诉求。

(1)政府+社会联盟共同推动氢能产业基础设施建设。

欧洲氢气主干网络计划提出,2040年建立长达3.97万km的氢气网络,连通21个国家,并在此后进一步延长。优化长途运氢成本,当距离大于1000 km,预计氢气的成本为0.11~0.21欧元/kg。在氢气网络中,现有天然气管道改造、新建管道比例接近69%。目前已有31%的输氢管道开始建设,为构建氢能生态打下基础。

欧盟委员会批准了欧洲共同利益重要项目(important project of common European interest,IPECI),通过该组织集聚资源,对制氢-储存、运输、分配-燃料电池、终端应用等产业全价值链提供支援。成员国利用公共资金、力量,或通过大量私人投资对新技术和项目建设进行援助,同时汇集专业知识、资源,协助关键技术的突破性创新。

(2)政府/社会资金支持。

在欧洲,质子交换膜(proton exchange membrane,PEM)制氢和碱性(alkaline,ALK)制氢的平均单位成本在2025年超过10亿美元/GW。氢能的普及需巨大的资本投入,在通过创新和规模经济实现降低成本之前,需要较大的资金支持。为了达成既定的氢能战略目标,多国发布相关法案,对氢能产业链的参与者提供支持。根据LCPDelta的统计,欧洲各国为支持相关项目提供的可用资金合计超过百亿欧元。

从各国的氢能战略路径来看,德国、法国和西班牙,将绿氢作为首选路径。英国和荷兰两国拥有较多的天然气基础设施布局,短期内倾向于将蓝氢碳捕集封存与利用(carbon capture,utilization and storage,CCUS)技术作为过渡路线同步发展,而后逐步扩大绿氢的占比。

(3)氢谷。

氢谷是欧盟推崇的氢能生态系统,依托丰富的可再生能源地域建设制氢站,以此为中心,带动周围产业对绿氢的应用,并逐步扩大基础设施的覆盖半径,形成大型的产业集群。

氢谷覆盖完整的产业链,生产、储存和运输和多种应用组合,生态系统内集中消耗大量的氢能,带来基础设施投入成本降低的同时改善了当地的能源结构和环境问题。

欧盟已规划的氢能项目在2030年有望提供超过600万t/a的低碳氢产能。由于欧洲大陆的北海、苏格兰等区域蕴含丰富的风能,且海上风电可提供巨大的氢容量和高负载率,因此主要的装机容量、制氢途径,也以海上风电转换电解制氢居多。

西班牙、英国、德国、荷兰是欧洲大型氢能项目的主要聚集地,传统能源巨头,依托深厚的资金、资源和基础设施布局,成为承做氢能项目的主要国家。

根据欧洲氢能战略的规划,2020—2024年和2025—2030年两个阶段,绿氢产量分别达到100万t/a和1000万t/a,对应欧洲电解制氢能力需求接近12.9 GW和133.8 GW。

根据Bloomberg NEF的统计数据,2022年全球生产能力排名前20的电解槽生产商中,欧洲8家入围,合计达到4.4 GW的生产量,占前20总数的31%。

由林德集团与ITM Power组建的合资公司,依托林德多年的氢产业经验,成长为欧盟PEM电解槽制造龙头,承做多个大型PEM电解槽项目,包括向林德销售PEM(24 MW)电解槽设施。在谢菲尔德建设电解槽工厂,目前容量达到约700 MW,未来容量将增加到1.5 GW。最新的堆栈平台产品MEP2.0,提高了压力和效率,多个MEP2.0堆栈撬块可集成到一个模块中,以部署大型项目。公司提供600 kW到100 MW规模的电解槽产品,致力于为客户提供灵活的解决方案。经过与壳牌、林德和苏格兰电力等公司的多年合作,形成市场口碑。固体氧化物电解槽(solid oxide electrolysis cell,SOEC)在高温运行,可使用廉价的镍电极,用蒸汽代替液态水作为氢原料,通过充分整合利用工业生产过程中产生的热量可降低对可再生电力的需求。公司作为欧洲SOEC电解槽的技术代表,在鹿特丹建造及运营了世界首台多兆瓦级制氢设备(2.6 MW,产氢量60 kg/h,效率高达85%)。2022年,公司D轮融资额度达到1.95亿欧元,2023年建成产能200 MW的SOEC电解槽。2023年1月,与纬湃科技达成战略合作伙伴关系,双方整合资源,进一步推动氢能技术产品工业化生产。

2.1.4 韩国

2.1.4.1 韩国氢能产业概况

韩国能源经济面临对外依存度过高的问题。早在2008年,韩国就将汽车产业与氢能发展相结合,发布《氢燃料电池汽车产业生态战略路线图》。经过十余年的发展,在2019年初,韩国政府发布《氢能经济发展路线图》,将2022年以前作为立法、研发及基建投资的准备期,2030年以前作为氢能推广发展期,计划到2040年实现氢能社会,并成为世界氢经济领导者。与日本发布的战略路线图高度相似,韩国《氢能经济发展路线图》,对氢燃料电池汽车及公交车提出明确的数量目标,并充分意识到加氢站的重要性。此外,韩国政府高度重视汽车产业与氢能协同发展,在2019年10月推出"氢能城市计划",并为氢燃料电池汽车提供了1304亿韩元的财政补贴。2019年12月底,韩国政府将安山、蔚山、完州与全州选为"氢经济示范城市",通过带动地方政府1:1的投资,为每个城市财政投资290亿韩元,在氢能城市建成氢生产、储运、综合利用统筹协同的"氢生态系统"。更具有意义的是,在2020年初,韩国颁布全球首部氢能发展立法——《促进氢经济和氢安全管理法》。

韩国在某些氢能领域走在了世界前列。2021年,现代汽车集团连续3年位居全球燃料电池车(fuel cell vehicles,FCV)销量第一,而且市场份额高达53.5%,几乎是一家独大。这除了有赖于现代汽车集团多年的坚持和努力之外,更离不开韩国政府的大力扶持。韩国专门成立了由国务总理牵头,8位部长及产学研各领域顶级专家构成的"氢能经济委员会",全面支持氢能产业化工作;并成立了"氢能产业政策自由特区",推进新技术验证和政策制度创新。

韩国政府还在一些城市试点建设氢能社会,于住宅、交通区域广泛引入氢能制冷、供暖、供电。同时,还有大量的补贴,比如对新建的加氢站给予30亿韩元补贴;消费者购买FCV能获得约一半车款的补贴。

值得一提的是,截至2021年10月,韩国现代NEXO氢燃料电池车累计销量已突破2万辆。由于韩国前期的政策扶持取得了良好效果,使得韩国现代汽车集团一跃成为全球FCV的领导者,该集团宣称到2028年所有的车型都将推出FCV版,到2030年FCV的成本将降到和纯电动车相同,到2040年氢能社会的美好愿景将全面实现。

现代汽车集团在2022年将氢燃料SUV现代NEXO以进口车的形式引进中国,实现氢燃料乘用车在中国市场的示范运行。

在燃料电池方面,韩国政府计划争取到2040年把燃料电池产量扩大至15 GW,为2021年韩国发电总量的7%～8%。

2.1.4.2 韩国《氢能经济发展路线图》主要内容

韩国政府认为,发展氢能经济能够减少温室气体和细颗粒物排放,帮助实现能源多元化,降低海外能源依存度;能够在交通运输领域(汽车和船舶制造)和能源领域(氢能发电)创造新市场和新产业;氢气生产、存储、运输、加氢站等基础设施建设能够带动其他相关产业,培育一批中小企业和骨干企业,成为未来增长引擎。

因此,2018年8月韩国政府将"氢能产业"确定为三大创新增长战略投资领域之一。9月,韩国产业通商资源部成立氢能经济推进委员会,并着手制定《氢能经济发展路线图》(以下简称《路线图》)。2019年1月,经过跨部门协商,韩国总统正式发布该《路线图》,宣布韩国将大力发展氢能产业,引领全球氢能市场发展。

《路线图》的愿景是以氢燃料电池汽车和燃料电池为核心,将韩国打造成世界水平的氢能经济领先国家。具体来说:到2040年,使韩国氢燃料电池汽车和燃料电池的国际市场占有率达到世界第一;使韩国从化石燃料资源匮乏国家转型为清洁氢能源产出国。韩国政府提出,如果该路线图顺利落实,到2040年可创造出43万亿韩元的年附加值和42万个就业岗位,氢能产业有望成为创新增长的重要动力。《路线图》主要涉及氢能产业发展五大领域。

(1)氢燃料电池移动出行。

目标:到2040年,累计生产620万辆氢燃料电池汽车,建成1200座加氢站。

① 到2040年,使氢燃料电池汽车累计产量达到620万辆。其中,290万辆面向韩国国内市场,330万辆用于出口,包括氢燃料电池轿车、氢燃料电池巴士、

氢燃料电池出租车等。

在氢燃料电池轿车方面,韩国政府计划到2025年,建成年产量达10万辆的生产体系,届时氢燃料电池轿车售价有望降至目前的一半,即3000万韩元左右,基本与燃油车价格持平。

在氢燃料电池巴士方面,韩国政府计划2019年在7个主要城市推广35辆氢燃料电池巴士,到2022年增至2000辆,到2040年进一步增至4万辆。

在氢燃料电池出租车方面,将于2019年在首尔地区进行试运行,到2021年推广至主要大城市,力争到2040年达到8万辆。

在氢燃料电池卡车方面,将于2020年启动研发及测试,到2021年推广至垃圾回收车、清扫车、洒水车等公共领域,其后逐步扩大至物流等商业领域,力争到2040年达到3万辆。

② 到2040年,建成1200座加氢站。为此,韩国政府在加氢站取得经济效益前为其提供设备安装补贴,并考虑新设加氢站运行补贴,为加氢站的设立和发展提供财政支持;将加强与SPC集团合作,将现有的液化石油气(liquefied petroleum gas,LPG)加气站和压缩天然气(compressed natural gas,CNG)加气站转换为可加氢气的融复合加气站;将放宽选址、距离等方面的限制,允许在城市中心区和公共办公区等主要城市中心地带建设加氢站;制定司机自助加氢方案;充分利用"监管沙盒"制度,放宽管制以积极吸引民间资本参与氢能产业投资。

(2)氢能发电。

目标:到2040年,普及发电用、家庭用和建筑用氢燃料电池装置。

① 到2040年,普及发电用氢燃料电池装置,使其总发电量达到15 GW(相当于韩国2018年全年发电总量的7%~8%)。具体为2019年上半年,根据可再生能源证书❶(renewable energy certificates,RECs)制度中规定的标准,新设氢燃料电池发电专用补贴,确保投资的稳定性;到2022年韩国国内氢燃料电池总发电量应达到1 GW,实现规模经济;到2025年氢燃料电池发电装置安装费

---

❶ 可再生能源证书,又称为绿色标签,可交易再生能源证书,是一种可以在市场上交易的能源商品,代表着使用清洁能源发电对环境的价值。它借用市场机制对使用者进行补贴,鼓励绿色能源应用。

用应下降65%，发电价格应下降50%，与中小型液化天然气装置发电价格持平。

② 到2040年，普及家庭用及建筑用氢燃料电池发电装置，使其总发电量达到2.1GW。韩国政府还考虑，强制要求公共机构和新商业建筑安装氢燃料电池发电装置。

③ 开发用于大规模发电的氢燃气轮机技术，力争2030年后通过验证并启动商业化。

(3) 氢气生产。

目标：到2040年，使氢气年供应量达到526万t，价格降至3000韩元/kg。

① 氢能经济发展早期将以"副产氢"和"氢提取"为主要方式制备氢气。"副产氢"是指在石油化工等工业生产过程中收集并利用作为附属产品的氢气，其年产量可达5万t，相当于25万辆氢燃料电池汽车的年度用氢量。对此，韩国要扩建相关基础设施。"氢提取"是指在天然气供应链上建设大规模的基地型氢气生产基地，在有需求的地区建设中小规模的氢气生产基地。对此，韩国要实现氢气提取装置的国产化并提高提取效率，包括采用生物质等多种氢提取方式。

② 建立海外生产基地，稳定氢气生产、进口和供需。

(4) 氢气存储和运输。

目标：构建稳定且经济可行的氢气流通体系。

① 通过多样化存储方法（如高压气体、液体、固体），提高储氢效率。

② 放宽对高压气体存储的相关规制，开发液化或液体储氢新技术，使其具有极高的安全性且经济可行。

③ 随着氢气需求的增长，加大对管式拖车及输氢管道的利用。通过使用轻型高压气态氢气管式拖车降低运输成本，并建设连接整个国家的氢气运输管道。

(5) 安全保障。

目标：构建全流程安全管理体系，营造氢能产业发展生态系统。

① 确保氢能经济的稳定发展。主要措施包括：在氢能生产、存储、运输、使用的全过程构建切实有效的安全管理体系，提高国民信赖度；制定氢能安全管理专门法令；按照国际标准制定及修订加氢站安全标准；设立氢能安全评估中

心;设立氢能安全体验馆,向国民推广普及氢能安全指南及正确的安全信息。

② 提高氢能技术竞争力并培养核心人才。主要措施包括:制定相关部门共同执行的氢能发展技术路线图;培养氢能安全管理和核心技术开发专业人才;2030—2040年,提议15项以上氢能相关国际标准,并积极参与国际标准化活动。

③ 完善支撑氢能经济发展的法律基础。对此,韩国已于2019年制定《氢能经济法》,为促进氢能经济发展奠定法律基础。

④ 培育氢能中小企业和中型企业。对此,政府将支持氢能技术开发,增加相关设备投资与维护费用支持。

⑤ 构建促进氢能经济发展的跨部门推进体系。主要措施包括:组建"氢能经济促进委员会",成立氢能经济专业振兴机构。

2.1.5 英国

2.1.5.1 英国氢能战略发展历程

近些年来,英国不断强化氢能领域的政策布局,不仅制定了专属的氢能政策和投资者路线图,还加大了对氢能产业资金的支持力度。其主要发展历程如下。

2020年11月英国政府正式公布"绿色工业革命"十点计划,以期在2050年之前实现温室气体"净零排放"目标。该计划中的第二点为氢能,目标是到2030年,实现5 GW的低碳氢能产能,供给产业、交通、电力和住宅领域。在10年内建成首个完全由氢能供能的城镇。

2020年12月英国发布了能源白皮书——《能源白皮书:赋能净零排放未来》。该文件再次重申了氢能产能目标,并提出2030年前建立4个低碳产业集群的目标。

2021年5月,英国核工业协会发布了《氢能路线图》,该路线图设定了到2050年英国核能制氢的目标,即1/3的氢需求(75 TW·h/a)由核能生产。《氢能路线图》概述了大规模和小型模块化反应堆如何为生产无碳氢(即绿氢)提供电力和热量,现有大型核电站可通过电解法大规模生产氢气,并预计将在未来10年内部署,使在工业集群附近制氢成为可能。路线图提出了发展核能制氢、实现低成本绿氢的政策建议。

2 国内外氢能产业发展概况

2021年8月英国发布《英国氢能战略》,明确指出在英国蓬勃发展的低碳氢产业是政府通过更清洁、更绿色的能源系统重建更好的计划的关键部分。

2021年10月,泰晤士河河口增长委员会正式推出《泰晤士河河口氢路线图》。这是英国在氢能领域的重大进步,将确保英国最终实现净零排放,同时可支持9000个工作岗位,并计划到2035年为英国经济带来38亿英镑的总增加值。该路线图确定了存在需求、供应、分销和储存机会的方方面面,汇总了投资市场的各项要求并对投资集群进行准确定位,与主要利益相关者建立了广泛的关系,同时凸显了在河口建立氢生态系统的竞争优势。

2021年10月英国发布了具有里程碑意义的《净零战略》,强调计划支持英国在最新的低碳技术方面获得竞争优势,包括从热泵到电动汽车、从碳捕获到氢能等。

2022年4月英国接连发布新版《能源安全战略》及《氢能投资者路线图》,明确提出到2030年将国内低碳氢产量从5 GW提高到10 GW。该路线图旨在响应英国低碳氢经济蓬勃发展的政府政策,展示氢能产业链的投资机会,包括:扩大氢能生产规模,刺激需求,启动氢价值链基础设施建设;提供净零氢基金降低融资成本,支持低碳氢大规模部署;建立支持性监管框架,建立氢能认证体系。

2023年1月,英国发布了《氢能和CCUS投资者路线图》,列出了未来十年内对该产业部门的支持措施,并计划吸引90亿英镑的私人资本投资英国的氢能项目。

2.1.5.2 英国《英国氢能战略》的主要内容

2021年8月17日,英国商务能源与产业战略部发布了《英国氢能战略》,这是英国政府发布的首个氢能战略。

《英国氢能战略》提出到2030年,氢将在英国化工、炼油厂、电力和重型运输(如航运、重型货车和火车)等高污染、能源密集型行业脱碳方面发挥重要作用,预计吸引40亿英镑的私人资本投资,新增9000余个高质量的工作岗位;2050年,英国20%~35%的能源消耗将以氢为基础,最终为英国2050年净零排放目标做出重要贡献。

针对战略目标的实施,英国政府制定了4个阶段的主要发展目标(表2-6),并按照时间轴同步推进氢气制取、储运、应用和市场相关部署,护航战略目标实现。保障措施如表2-7所示。

表2-6 英国《英国氢能战略》

发展阶段	阶段目标	关键行动与里程碑
(1)2022—2024年	生产:小规模的电解生产	2021年决定第一阶段CCUS集群
	运输:管道、就近卡车运输(非管道)或就地使用	2022年初启动净零氢基金; 2022年确定低碳氢标准; 2022年确定商业模式; 2023年试验社会供热
	应用:交通运输[公交车、大型货运卡车示范,铁路与航空(试验)];工业示范;社区供热(试验)	
(2)2025—2027年	生产:多地试点大规模采用CCUS技术的氢气生产项目,电解槽氢气项目生产规模不断扩大	2025年拥有1 GW的生产能力;2025年至少2个CCUS集群;2025年乡村供热试验。 2026年启动氢气供热。 21世纪20年代中期启动燃料电池重卡项目
	运输:专用小型集群管网,扩展卡车运输和小型存储	
	应用:工业应用;交通运输[大型货运卡车,铁路与航运(试验)],乡村供热(试验);与天然气混合	
(3)2028—2030年	生产:大规模采用CCUS技术的氢气生产项目和电解生产项目	2030年实现5 GW生产能力。 2030年建设供热试点城镇。 2030年实现40 GW海上风电的目标
	应用:广泛应用于工业;发电和灵活性;运输(重型货车、航运);供热试点城镇	
(4)2030年以后	生产:扩大生产规模与范围(例如核能、生物质)	第六个碳预算:到2035年实现与1990年相比减排78%的目标,到2050年实现净零排放
	运输:区域或国家网络以及与CCUS、天然气和电力网络集成的大规模存储	
	应用:包括钢材在内的所有终端用户,电力系统,更大的航运和航空,潜在的天然气掺氢转换	

表 2-7 保障措施

制氢方面	2022年初启动2.4亿英镑的净零氢基金,共同投资早期的制氢项目
	提供价值为6000万英镑的低碳氢资金支持
	2022年初敲定氢商业模式,从2023年第一季度开始分配第一批合同
	在2022年初提供有关生产战略和双轨方法的更多详细信息
氢运输、储存	2021年发起英国天然气系统信息收集工作,以评估21世纪20年代及以后系统的氢网络和储存需求
	提供价值6800万英镑的长期储能资金支持和价值为6000万英镑的低碳氢资金支持
氢应用	2021年底前发起一项工业设备的信息收集工作,就逐步淘汰的工业中碳密集型氢气生产进行统计
	提供3.15亿英镑工作能源转型基金
	2021年启动5500万英镑的工业燃料转换项目
	2023年建成氢供热社区,2025年建成供热村,到2030年建成潜在的氢供热试点城市
	为交通脱碳提供数百万英镑的支持,包括氢公交车、重型货车、航运、航空和多式联运枢纽的部署、试验和示范
创造市场	评估推动氢投资和部署的市场框架,并在2022年初提供更新
	评估氢项目面临的监管障碍,并在2022年初提供更新
	2022年底前完成对高达20%的氢气掺入现有天然气管网的指示性评估,并争取在2023年底做出最终决策

为保障《英国氢能战略》落实,英国政府还将推进10亿英镑投资计划,促进低碳氢经济发展(表2-8)。

表 2-8 10亿英镑部分投资计划

资金分配/英镑	支持项目
2.4亿	净零氢基金
3.15亿	能源转型基金的第二阶段,以支持工业转向包括氢能在内的低碳燃料
6000万	低碳氢供应链2期优选项目,以支持创新氢生产、运输和储存技术
6800万	长效储能示范优选项目

续表

资金分配/英镑	支持项目
1.83亿	交通脱碳,包括用于公共汽车、HGV卡车、航运和航空的氢技术试验和推广
1.05亿	5500万英镑的工业燃料转换优选项目
	4000万英镑的红色柴油更换优选
	1000万英镑的工业能效加速器

2.1.5.3 英国氢能产业发展的要点

(1)氢能产业供应链。

绿色、零碳氢可以减少工业、交通和供热行业的温室气体排放,它可以用来储存英国丰富的海上风能等可再生能源。确保氢能产业稳健发展则需完整的氢能产业供应链,持续提高绿色氢能源在环保方面的重要地位,早日实现"净零"目标。

(2)氢气制取技术。

① 废弃物制氢:废弃物制氢工艺是一种双赢的制氢方法,在处理废物的同时生产低碳氢。主要包括气化和暗光发酵。

气化:气化时产生的合成气主要成分是一氧化碳、氢气和甲烷。通过水煤气变换提高洁净合成气中 H_2/CO 的比值,然后通过变压吸附(pressure swing adsorption,PSA)或膜技术将氢气从合成气中分离出来。

暗光发酵:暗光发酵和混合暗光发酵以及光发酵可用于湿废物或污泥制氢。食物垃圾具有很高的可降解性和碳水化合物含量,因此是通过发酵产氢的理想选择。产品气体混合物含有氢气和二氧化碳,可通过 PSA 分离出氢气。同时,通过进一步增加光发酵步骤,可以提高和最大化暗光发酵的产氢率。

② 清洁氢制取:苏格兰的沿海地区拥有不受限制的水源、可供开发的土地、大规模的海上风能,使得生产绿色氢成为可能,同时苏格兰拥有丰富的可再生能源,包括陆上和海上风能及太阳能,为绿色制氢提供了巨大的潜力。

(3)氢气存储技术。

考虑到英国多孔的谷地地形,可优先考虑如下形式进行氢气存储。

① 盐洞穴存储:利用盐穴的高密封性将氢能大规模储存于地下盐穴之中,可用作短期储存或季节性储存。相比较于地面储存,地下盐穴储存具有储量

大、储气成本低、密封性好等优点,可达吉瓦级储量,同时还可节省优化地面土地资源,是大规模储氢的理想场所。

② 含水层储存:在注入的氢气大于储层毛管压力而小于盖层毛管压力的情况下,用氢气取代水所占据的多孔空间,并将储层孔隙喉道内的水排出,水向下和向外移动,在低渗透率的盖层与其边界之间形成一个密封层,将氢气包裹起来。

③ 枯竭的石油、天然气领域:与含水层储气一样,已探明的枯竭油气田可用于储气,且此种方式占全球地下储气系统总储量的 75%。枯竭油气田可被视为含水层的特定部分,含水层孔隙中只有残余水,而枯竭油气田孔隙主要为圈闭油气。

④ Hydrilyte 加氢器:澳大利亚氢储存开发商 Carbon280 公司的 Hydrilyte 加氢器首次在英国进行了测试。该项目展示了一种潜在的运输及储存氢的技术,使氢能够在燃料车上使用。Hydrilyte 加氢器包含一种无毒、无反应性的金属粉尘,悬浮在矿物油中,并在脱氢过程中释放。该系统提供了一种方便且安全的方式,可以在正常的大气温度和压力下储存氢气。

(4)加氢站部署。

目前英国有 15 个公共加氢站,其中最大的是佩里瓦尔的 Metroline,该站于 2021 推出,产能为 1500 kgH_2/d。排名第二的是位于伯明翰泰斯利能源公园的加氢站,该站的氢供给能力为 1200 kgH_2/d。

(5)氢能源供暖战略阶段。

英国计划在主要供暖气体中引入 20% 的混合氢。这就需要英国天然气公司销售相关的锅炉。目前许多锅炉已经被贴上了"氢混合准备就绪"的标签。预计 2026 年英国家庭的氢能源供暖可能经历三个主要阶段。

阶段 1:2023—2025 年,新的锅炉将按照新的"氢准备"标准建造。

阶段 2:2028 年,混合氢将被引入供气系统,且大多数锅炉将能够正常使用。

阶段 3:21 世纪 40 年代中期,当天然气供应转为 100% 氢气时,在英国销售的每一个新锅炉都将是一个氢气锅炉。

(6)氢能交通战略部署。

① 氢燃料汽车:氢燃料电池车通过将氢能转化为电能以驱动车辆,比现有

纯电动汽车更加环保。同时,由于其高能量密度和快速补充能量的特点,氢燃料电池车可将低温环境下的续航衰减弱化至最小,并将补能时间缩短到与燃油车接近。例如 Riversimple 开发了一款轻型、平民化、经济的氢动力汽车 Rasa,该车是一款搭载氢燃料的环保型电动车,1.5 kg 的氢燃料足够行驶 483 km。

② 氢燃料公交:英国当地运营的公交车队大约 2% 是零排放的,这些公交车采用电动或氢燃料电池。政府建立了零排放公交区域计划。该计划为伦敦以外的地方交通部门提供高达 1.2 亿英镑的资金,以支持零排放公交车的引进和相关基础设施的建设。

③ 氢燃料卡车:由于大型长途重型载重汽车的行驶距离长,载重要求高,因此在道路行业开发零排放方案方面是最具挑战性的。有些车辆由于经常使用,因此需要快速加氢以满足操作要求。政府将在本财政年度投资高达 2000 万英镑,用于氢燃料电池重型载重汽车的试验,以确定这些技术在英国的可行性、可交付性、成本和效益。

④ 氢燃料火车:英国进行了氢动力列车的试验,在英国西密德兰地区成功地完成了一次初步旅程。HyrfLeX 列车公司使用燃料电池将氢和氧结合起来发电、供热和用水。火车的一个车厢内装有的套件包括氢燃料罐、氢燃料电池和用于存储的锂离子电池。

⑤ 氢燃料飞机:英国研发了一款新型液氢飞机。此外,英国的一架氢燃料电池飞机完成了首飞。

⑥ 氢气运输中心:英国投资了 300 万英镑用于建设蒂斯谷氢运输中心。当地的商店、超市等行业和交通运输领域受益于尖端的氢技术,通过电力进行货物的运输和移动。当地运输运营商与运输研究和开发部门合作,提供无排放设备,如按需的区域巴士或零排放垃圾车。

(7) 相关项目助力氢能发展。

① 英国天然气电网公司计划建设首个氢镇。英国的天然气电网公司制定了 2030 年之前建设其第一个"氢镇"的计划,同时英国氢气网络计划已由能源网络协会发布,该计划详细描述了英国五家天然气网络公司助力氢能发展的计划。能源基础设施公司将确保氢气的安全输送,以及测试锅炉、加热器和炊具等家用电器燃气网络的性能,维护能源供应安全,确保天然气网络有能力满足氢气的使用需求。

② H_2 Green 部署英国加氢站供应协议,着眼柴油置换。伦敦可再生氢公司 H_2 Green 计划为英国的能源公司提供绿色氢,采用分散式氢气供应模式,并取代柴油。预计到 2030 年建设 2000 个加氢站,同时计划在英国开发本地化氢供应、储存和配送中心。

③ ITM Power 公司积极融入国际氢能平台。过去 10 年,ITM Power 集团一直积极参与英国以及欧盟的加氢站安全与技术标准制定核心流程,参与欧洲、英国和国际组织的重要合规项目、安全标准和加氢站的技术发展。研究项目包括 PRHYDE、MetroHyVe 和 MultHyFuel。这三个项目的内容分别表述为研究包括铁路和海运在内的中型和重型氢动力载具的燃料补充所需的技术发展;专注于为 HRS 提供计量支持,包括流量计量、氢质量控制和氢燃料电池杂质检测;推进系统安全性,允许氢用于多燃料零售系统。

2018 年,ITM Power(能量储存和清洁燃料公司)与壳牌合作建立了英国第一个油氢混合站。该油氢混合站为驾驶员提供了一系列的燃料选择,并与传统交通燃料共存。

2.1.6 俄罗斯

2.1.6.1 俄罗斯氢能开发历程

20 世纪 30 年代,莫斯科高等技术学校进行了汽车发动机加氢对汽油影响的研究。1941 年,由于卫国战争,研究被迫停止,该研究并没有取得明显效果。1961 年,苏联宇航员加加林乘坐宇宙飞船进入太空,他所驾驶的宇宙飞船加入了氢燃料,证明了氢能源作为动力的可能性。20 世纪 70 年代,由于石油危机,加之氢能源对环境污染较小,苏联科学家认识到氢能源的重要性,重新开始进行相关科学研究。20 世纪 80 年代至 2000 年,俄罗斯加大了科研投入,在"暴风雪"号航天飞机、"S184-U34"潜艇、"图 155"飞机等装置上尝试使用氢能源,进行了一定的技术储备,促进了氢能源研发,但没有大规模应用氢技术。2003 年,俄罗斯成立了非营利性的全国氢能源协会,其宗旨为促进氢能源发展。2015 年,俄罗斯签署了《联合国框架公约》,承诺在未来 10 年内碳排放量减半,正式与国际接轨。2019 年 11 月,在圣彼得堡进行了氢能源电车测试。2020 年 5 月,在莫斯科建造了俄罗斯首座加氢站。2020 年 6 月,俄罗斯氢能源总产量约 500×10^4 t/a,主要来源于石油加工中的甲醇生产。同时,俄罗斯开始研发核电厂制氢。

2.1.6.2 俄罗斯氢能战略的主要内容

2020年6月,俄政府发布《2035年前俄罗斯联邦能源战略》,明确规定"推动氢气生产和消费的发展,并引领俄罗斯进入氢气生产和出口的世界一流国家",明确提出2024年俄氢能出口量达到20万t,2035年达到200万t的目标。2020年10月,俄政府发布《"2024年前俄罗斯联邦氢能发展"行动计划》,计划到2024年建成由传统能源企业主导的俄罗斯氢能全产业链,提出利用核电站制氢和研制甲烷-氢燃气轮机的先行试验思路;俄联邦政府负责确保行动计划的执行,国家主要机构和大型能源企业参与,俄能源部负责监控其执行情况,于每年3月底前向联邦政府提交相关报告。此计划聚焦氢能发展的战略规划与监测、国家鼓励及支持氢能发展的措施、推动形成生产潜力、实施氢能领域优先试点项目、科技开发与高科技解决方案研制、完善监管框架和国家标准化体系、发展人力资源、开展国际合作等8个方面,对形成高性能出口导向型、以现代技术为基础、以高素质人才为保障的氢能产业指明了优先方向。

2021年8月,俄政府正式批准通过了《俄罗斯联邦氢能发展构想》,细化了俄氢能发展中期(2024年前)与长期(2035年前)阶段的目标、任务、战略倡议、关键措施及远期(2050年前)的发展方向。第一阶段(2021—2024年)将推动氢能在国内市场的使用,创建氢产业集群并实施试点项目。第二阶段(2025—2035年)以启动首批商业制氢项目为抓手,计划建设以出口为导向的大型氢气生产设施。根据全球低碳经济发展和对氢气需求的不同情景预测,2035年俄罗斯出口氢气将达200万~1200万t,2050年将达1500万~5000万t。

2021年12月,俄能源部在氢能总体战略的基础上制定了《国家低碳氢能发展综合计划》。该计划主要围绕低碳氢和可再生氢的生产、出口和消费情况进行规划,设想了俄低碳氢能未来发展的四种情景。以"发展氢气出口"为基线情景,其后依次为"加速发展氢气出口""能源部情景"(即出口为主,内需为辅)和"国内氢市场集约发展"三大情景。最理想情景下,俄低碳氢出口量在2030年达到640万t,2050年达到3000万t;2030—2050年俄用于国内消费、交通运输和补充燃料(即加氢站)的低碳氢产量将分别达到60万~120万t、150万~525万t、300万~1050万t。预计总投资为260亿美元,其中约90亿美元用于建设相关物流基础设施。

2.1.6.3 俄罗斯氢能产业布局

为响应政府号召,俄能源企业分别凭借已有资源、技术和设施等"各显神通",先行试点制氢,并对新建电厂与制氢实现同步规划。从低碳氢生产工艺角度分析,俄企的首选是依托低廉充足的天然气资源优势,以天然气为原料,借助二氧化碳捕集与封存技术,通过甲烷水蒸气重整法制备"蓝氢"。也有企业选择甲烷热解法制备"绿松石氢"(也称"蓝绿氢"或"青氢"),该方法将甲烷在500～700 ℃高温下转化为气态氢和固态碳,此过程不会直接排放二氧化碳,耗电远小于电解制氢,但比甲烷水蒸气重整制氢消耗更多的天然气。其次是通过核电生产"黄氢"。再次是在水电、风电厂安装电解槽来制备"绿氢"。作为俄国首批氢气生产商,俄罗斯天然气工业股份公司(Gazprom)和俄罗斯国家原子能公司(Rosatom)在产业链"生产、储存、运输、加工、使用"各环节综合发力,水电巨头En+集团、新能源公司俄罗斯纳米技术集团(Rusnano)等重点推出了水电和风电制氢项目(表2-9)。

表2-9 俄罗斯主要能源企业氢能产业布局

企业	布局方向	代表项目及产量目标
俄罗斯国家原子能公司	利用原有核电站的高效电力和热能制氢	在摩尔曼斯克的科拉核电站建设1 MW的电解槽(年产150 t氢气,未来可扩产至10 MW,于2023年投入运营;2028年在附近新建2台发电机组,2033年左右投产
	新建核能技术站制取清洁氢气	计划2033年前推出俄罗斯首座制氢核电站,2036年前投入商业运营,2023年前电子公司阿夫里坎托夫机械制造试验设计局完成核能技术站高温气冷堆装置的技术设计工作
	利用天然气制取低碳氢气(甲烷水蒸气重整法)	俄罗斯国家原子能公司海外公司、法国液化空气公司与萨哈林州政府合作建设天然气制氢工厂,计划2024年生产约3万t氢气,2030年升至10万t。项目可行性研究已于2022年2月完成。俄罗斯天然气工业股份公司将为项目供应天然气
	利用可再生能源制氢	计划2024年在加里宁格勒、2025年在萨哈林地区利用风电电力电解水制氢,分别销往国内、欧洲市场和亚太市场

续表

企业	布局方向	代表项目及产量目标
俄罗斯国家原子能公司	试验将氢能应用于铁路交通领域	与萨哈林州政府、俄罗斯铁路公司以及俄罗斯运输机械控股集团合作在萨哈林岛研发氢燃料电池列车试点项目,计划2024年试车
俄罗斯天然气工业股份公司	利用可再生能源制氢	子公司Gazprom Energoholding计划在摩尔曼斯克地区利用水电电力制氢,预计2024年生产2000 t氢气,2030年生产2万t氢气
	氢能工业和交通领域应用试点	2021年起研制并测试甲烷-氢动力的燃气轮机,2024年前研究将氢和甲烷-氢应用于燃气轮机、燃气锅炉和各类交通工具
俄罗斯En+集团	依托现有水电站制氢	计划2024年利用伊尔库茨克州的伊尔库茨克、布拉茨克、乌斯季伊利姆斯克水电站,卡累利阿共和国奥斯克水电站的余电电解水制氢(总产能为9 GW/a,其中228 MW/a可用于制氢)预计氢年产量分别为4200 t、3000 t、5400 t、5200 t。将以液态氢或氨的形式销往韩国、日本和芬兰
	新建水电站制氢	计划利用2030年建成的克拉斯诺亚尔斯克边疆区莫特金水电站的电力制氢,预计年产氢11.56万t
	在氢气储运环节布局	2024年起试生产用于在公路、铁路和海路运输液化氢和氨的铝罐式集装箱。该项目的初步可行性研究已经完成
诺瓦泰克公司	利用天然气制氢	2027年在亚马尔半岛萨别塔港建设采矿化工联合工厂"鄂毕天然气化工综合体",加工天然气并运用二氧化碳捕集和长期地下储存技术生产氢、氨等低碳产品,预计可年产氨220万t
H4能源公司	利用可再生能源制氢	与欧亚矿业等合作伙伴在摩尔曼斯克利用水电制氢,预计2024年氢气产量为1.7万t,2030年达到17万t
俄罗斯纳米技术集团	利用可再生能源制氢	与意大利国家电力公司(ENEL)在摩尔曼斯克利用风电制氢,预计2024年氢气产量为1.2万t

2021年10月,俄罗斯工业和贸易部公布了33个低碳和无碳氢氨生产项目的点位地图,项目选址大多既靠近欧洲或亚太两大主要市场,又临近天然气、风

力、水力等资源富集地。2022年2月,俄罗斯能源部进一步明确将形成五大氢能产业集群。第一是面向亚洲的萨哈林集群,其中包括俄罗斯国家原子能公司负责开发的"蓝氢"项目和H4能源公司、H2清洁能源公司合作开发的"绿氢"项目;第二是雅库特集群,由东北联盟商业银行负责,主要发展"蓝氢"项目;第三是亚马尔集群,由诺瓦泰克公司和能源基金共同开发,秉持发展低碳且环境友好的北极地区原则,以生产"蓝氢"为主;第四是东西伯利亚集群,由En+集团公司牵头,立足伊尔库茨克州、后贝加尔边疆区的水电、太阳能优势开发"绿氢"项目;第五是为欧洲客户量身建设的西北集群,俄罗斯国家原子能公司、俄罗斯纳米技术集团和H2清洁能源公司合作开发"绿氢"项目。

在运输环节方面,管道和罐式集装箱将是俄罗斯氢能产业的首选。管道运输规模大、距离远、损耗低,可通过改造已有的天然气管道输氢或者直接在天然气中掺氢进行输送,能最大程度利用俄现有的天然气管网,经济效益高。俄罗斯天然气工业股份公司估算,如果通过管道向欧洲输氢,最高可达其设计输气量的70%。En+集团公司完成了通过铝罐式集装箱运输液化氢和氨的可行性研究,未来可用于公路、铁路运输和海运。

在应用技术方面,俄主要试验方向是氢动力的公共交通和重型货物运输、燃气轮机和飞机发动机等。俄罗斯国家原子能公司、俄罗斯铁路公司和俄罗斯运输机械控股集团研发了氢燃料电池列车试点项目,将设计和建造一列由1节车头和6节车厢组成的试验客运列车,并建立制氢设施、换氢网络和试点试验场,计划2024年试车。在工业应用上,俄罗斯从2020年开始研发功率为65 MW的俄首台甲烷-氢燃气轮机,于2022年8月成功研发出可用于纯氢或甲烷-氢燃气轮机的通用燃烧器。

为保持技术领先,推动氢技术出口,俄罗斯试图通过国内、国际层面的科技合作攻克氢能产业链中的关键技术难题。2020年,由俄罗斯托木斯克理工大学牵头,俄罗斯科学院西伯利亚分院催化研究所、化学物理研究所、石化合成研究所与萨马拉国立技术大学、萨哈林国立大学共同成立了俄国第一家氢能技术开发联盟,命名为"氢技术谷",研究范围覆盖从氢气生产到使用的全产业链。俄罗斯天然气工业股份公司、俄罗斯铁路公司、西布尔集团、俄罗斯国家原子能公司、谢韦尔钢铁公司等大企业也加入该联盟,这为打通各环节、各企业间的技术壁垒,整合资金和技术力量,提升产业整体效能创造了平台。

2.1.7 加拿大

2.1.7.1 加拿大氢能战略发展历程

多年来,加拿大一直重视对氢能的系统研究,其中包括研发燃料电池车的世界巨头加拿大巴拉德公司,开发燃料电池测试系统技术的 Hydrogenics 公司和研发氢气压缩机的 Dynetech 工业公司等。2003 年以来,加拿大在氢能源技术利用方面相继提出了"氢村庄""氢公路""氢机场"等项目。这些项目开发的主要目标:一是改进现有氢技术和燃料电池技术并进行商业化开发;二是降低价格,为商业化和社会化创造条件。

2003 年 12 月开始实施的"氢村庄"项目旨在通过工业、政府和学术界的协作,加速加拿大氢技术和燃料电池技术的商业化进程。作为一个长期性项目,"氢村庄"将在一个特定的地区示范多项氢技术,其中包括氢燃料车、氢气/电池双用车、燃料电池车和家用氢能电源等,并将为氢气生产提供综合性的支持。未来"氢村庄"的做法将在其他地方推广,以便在加拿大逐步建立起具有一定规模的氢气技术基础设施。

2004 年 4 月开始实施的"氢公路"项目是由加拿大多个政府部门和众多企业共同参与的一个氢燃料电池综合开发项目。

此外,2003 年 8 月一个代表加拿大燃料电池企业的工业团体已经在考虑将从安大略省的温莎到魁北克省的蒙特利尔之间 900 km 的高速公路建成"氢走廊"项目,在走廊上将有足够的加氢站供应氢能公共汽车、货车和其他氢能展示车辆加氢。

加拿大将发展氢能产业作为战略重点,旨在实现能源结构多元化和到 2050 年实现"碳中和"。加拿大是低碳氢或零碳氢的低成本提供者之一,其燃料电池和电解槽制造能力得到了国际认可。2020 年 12 月 11 日,加拿大发布了政府增强版气候计划——"健康的环境和健康的经济"(a healthy environment and a healthy economy)。旨在通过大力发展低碳转型产业推动经济复苏,同时致力于到 2030 年将排放量降到 2005 年水平的 32%~40%,并在 2050 年实现净零排放。

加拿大的半数温室气体排放与汽油、柴油和航空燃料等的最终使用有关,要实现净零排放目标,就需要用零碳能源载体取代碳基燃料。加拿大政府认为,氢能产业有望在其履行相关承诺和保证到2050年实现"碳中和"方面发挥重要作用。同时,发展氢能产业还可以帮助加拿大保持其在全球能源生产领域的地位,应对能源领域风险和挑战,为加拿大经济带来新的增长动力。对于油砂生产商而言,通过使用氢气减少碳排放,也可以帮助他们保有所占原油市场份额并继续获得投资。

加拿大是世界上生产零碳或低碳氢成本最低的国家之一。在低碳电力充足的省份,通过电解水生产"绿氢",价格为(2.5~5.0)美元/kg。在天然气成本低、地质条件适合永久封存二氧化碳的地区,通过天然气生产"蓝氢",即将天然气通过蒸汽甲烷重整或自热重整制成的氢,价格为1.5~2.0美元/kg。"蓝氢"的批发成本仅为柴油的1/2,零售成本为柴油的1/3。因此,在需求规模足够大的情况下,加拿大可以凭借丰富的"蓝氢"和"绿氢"生产资源,从氢气生产中获得规模收益。

2020年12月加拿大联邦政府发布了国家氢能战略,旨在促进氢能生产以及清洁氢的使用和出口。该战略与加拿大国内各地区的相关计划互为补充,共同规划了加拿大的氢能前景。

2.1.7.2 加拿大《国家氢能战略》的主要内容

(1)2050年目标。

加拿大政府计划通过发展氢能,到2050年实现如下目标:①高达30%的能源以氢的形式输送;②成为全球前三大清洁氢生产国,国内供应量超过2000万t/a;③建立低碳氢供应基地,交货价格达到1.50~3.50加元/kg;④超过500万辆燃料电池汽车投运;⑤建立全国加氢网络;⑥在当前通过天然气供应的能源中,实现50%以上由氢气掺混现有天然气管道和新建专用输氢管道来提供;⑦通过低成本氢气供应网络带动新兴产业发展;⑧造就约35万个氢能行业岗位;⑨国内市场氢能直接部门收入超过500亿美元;⑩形成有竞争力的氢出口市场;⑪相关CO_2减排量最高达到1.9亿t/a。

(2)发展路径。

近期(至2025年)奠定氢经济基础。规划和开发新的氢供应和分配基础设施,以支持成熟应用的早期部署,同时支持新兴应用的示范。清洁燃料标准等法规将是推动氢能行业近期投资增长的基础,同时还需出台新的政策和监管措施。

中期(2025—2030年)实现氢能产业增长和多样化。随着终端应用的技术成熟度达到或接近商业化,氢能应用将聚焦于实现价值最大化。

长期(2030—2050年)氢能市场快速扩张。随着部署规模的扩大和新商业应用的增多,在氢能供应和分配基础设施的支持下,加拿大将开始受益于氢经济。

(3)行动举措。

该战略针对加拿大氢能发展提出在8个方面采取32项行动,具体包括以下内容。

战略合作:战略性利用现有和新的合作伙伴关系,合作规划促进氢能发展。具体行动包括:①通过政府间工作组、跨多级政府和独立团体进行协作,确定优先部署领域,并分享通过早期部署获得的知识、最佳做法和经验教训;②利用领先的氢能和燃料电池专业知识,扩大合作伙伴,加速跨价值链的项目部署;③促进区域部署中心的跨部门合作,展示氢能多种应用的优势。

降低投资风险:建立资金计划、长期政策和商业模式,以鼓励投资发展氢经济。具体行动包括:①实施长期政策以确保产生持续的氢需求,并降低建造氢能供应和分配基础设施的私营投资风险;②启动多年期计划并形成清晰的长期监管环境,支持氢能生产和终端应用项目,包括项目的可行性评估;③开发区域部署中心,验证和实施整个价值链(生产、分配到终端应用)的商业案例;④促进各级政府和私营部门的共同资助。

研发创新:采取行动支持进一步技术研发,制定研究重点,促进利益相关方之间的合作,以确保加拿大在氢能和燃料电池技术方面保持全球竞争优势和领先地位。具体行动包括:①制定战略性基础研究优先事项,确保持续取得氢能技术进展并提升经济性,设定技术性能和成本目标;②投入专门资金持续支持研发,以确保加拿大保持氢能和燃料电池的技术领先地位;③利用学术界、政府实验室和私营部门实验室的专业知识,创建区域研究中心,并鼓励以任务为导向进行研究、开发和试点部署;④支持企业基础研究项目,协调审查和信息共享,促进联邦实验室、工业界、学术界以及国际合作伙伴之间的合作。

规范和标准:更新并制定规范和标准,以适应行业的快速变化,消除国内和国际部署障碍。具体行动包括:①更新、协调并确认规范和标准,以支持部署并促进新技术和基础设施在早期市场的采用;②成立规范和标准工作组,其中包括有管辖权的省级主管部门,以共享经验教训并确定准则和标准的差异;③制定基于性能的标准,并确保不会将氢排除在更广泛的法规、标准和规定之外;④促进加拿大在国际标准和认证方面的领导和参与(例如制定全球碳强度指标、天然气系统中氢的掺混标准等),简化国际贸易。

扶持性政策和法规:确保各级政府将氢能纳入清洁能源路线图和战略,并鼓励其应用。具体行动包括:①确保各级政府在制定新的政策、计划和法规时考虑氢能在加拿大未来能源体系中的重要作用;②鼓励政府更新现有政策、计划和法规,以促进国内氢能生产和终端应用的增长;③确保氢能成为国家和地区级综合清洁能源路线图的一部分;④制定基于性能的标准,定义氢能的碳强度阈值,明确政府支持项目的时间进度要求。

公众意识:在技术快速发展的时期,从国家层面引导公民和社区了解氢能安全性、用途和益处。具体行动包括:①支持氢能区域部署中心的社区参与;②开展宣传和推广活动,对政府行业、公众和其他重要影响者进行氢能安全、用途和效益方面的宣传教育;③为氢能早期市场开发一套工具和资源,以帮助终端用户进行定量评估,并依托政府运营网站管理工具和资源;④支持工业界和学术界合作开发氢能课程,进行技能培训,开发下一代人才库,为新的氢能发展机遇做好人力准备。

区域规划:实施多层次、协同的政府工作,促进制定区域氢能发展规划,确定氢气生产和终端应用的具体计划。具体行动包括:①多级政府共同努力促进区域氢能规划的制定,确保联邦政府参与以及国家氢能战略取得协同效应;②确定建立区域氢能中心的机会,涵盖整个价值链相关项目;③制定和实施区域氢能规划,涵盖公用事业、主要相关行业以及清洁技术公司;④确定与其他省/地区协调和交叉的领域,以促进和加速氢能整体应用。

国际市场:与国际伙伴合作,确保在全球推广包括氢气在内的清洁燃料,促进加拿大工业在国内外蓬勃发展。具体行动包括:①发展领先的加拿大品牌,使加拿大成为全球低碳氢及其应用技术的首选供应商;②投资氢能基础设施,将氢能供应与国际市场联系起来,例如用于氢气运输的液化设施以及从加拿大西部到美国的氢气管道;③开展国内旗舰项目,突出加拿大的专业知识,吸引国内市场投资,并在国际上推广;④利用现有国际论坛、组织展现加拿大的领导地位,并开拓新的市场机会。

2.2 我国氢能产业发展概况

2.2.1 我国氢能产业发展背景

我国关于氢能的研究始于20世纪50年代,最早的氢能研究是为了服务我国的航天事业,利用氢气高热值的特点,对作为火箭燃料的液氢的生产、H_2/O_2燃料电池的研制与开发进行了大量工作。在1974年液氢实验成功,为氢氧发动机的研制奠定了重要的基础。其后国家立项开展长征三号运载火箭的研制。1984年国家第一颗地球静止轨道通信卫星发射成功。1986年国家开始立项研制长征三号甲运载火箭,使火箭的运载能力得到很大的提升。2003年11月中国加入了"氢能经济国际合作伙伴",成为其首批成员国之一。在中国公布的《国家中长期科学和技术发展规划纲要(2006—2020年)》和《国家"十一五"科学技术发展规划》中都列入了发展氢能和燃料电池的相关内容。

2015年12月12日,195个国家在气候变化巴黎大会上通过了《巴黎协定》,对2020年以后全球应对气候变化的行动做出了统一安排,这是历史上第一个关于气候变化的全球性协定,是21世纪初签署的"最重要的国际协定"。《巴黎协定》的长期目标是将全球平均气温较前工业化时期上升幅度控制在2 ℃以内,并努力将温度上升幅度限制在1.5 ℃以内。2016年9月3日,全国人大常委会批准中国加入《巴黎气候变化协定》,中国成为第23个完成了批准协定的缔约方。

2020年9月22日,习近平在第七十五届联合国大会一般性辩论上宣布,中国将提高国家自主贡献力度,采取更加有力的政策和措施,二氧化碳排放力争于2030年前达到峰值,努力争取2060年前实现碳中和。实现碳达峰碳中和,是以习近平同志为核心的党中央经过深思熟虑做出的重大战略决策,是着力解决资源环境约束突出问题、实现中华民族永续发展的必然选择,也是构建人类命运共同体的庄严承诺。

2021年9月,中共中央、国务院印发《关于完整准确全面贯彻新发展理念做好碳达峰碳中和工作的意见》(以下简称《意见》),这是国家级顶层碳达峰碳中和工作意见,是各方面工作开展的纲领。2021年10月,国务院印发《2030年前碳达峰行动方案》。这两个文件,是国家落实双碳目标的纲领性文件,也被视作"1＋N"政策体系中的"1"和"N"中为首的文件。《意见》,作为"1",是管总管长远的,在碳达峰碳中和"1＋N"政策体系中发挥统领作用。《意见》将与《2030年前碳达峰行动方案》共同构成贯穿碳达峰、碳中和两个阶段的顶层设计,这两个文件都对氢能产业发展做出了非常明确的部署,要求统筹推进氢能制储输用全链条发展,加快氢能技术研发和示范应用,探索在工业、交通运输还有建筑这些领域规模化的应用。

通过深入分析世界部分经济体的碳中和目标及实现路径,结合我国制定的碳达峰、碳中和实现路径,其启示和借鉴如下。

(1) 碳排放管控是大势所趋、关乎人类命运的。

温室气体被公认为全球变暖的元凶,对于人类社会的存续与发展而言,全球变暖如同"灰犀牛"一般,是正在逼近且影响巨大的威胁。自工业化革命以来,人类活动所造成的温升已经达到1℃左右,并且温升已经对人类的生产、生活以及自然界产生影响。权威报告指出如果维持现状,不加以管控,2100年全球平均气温将升高3℃,这将意味着地球可能将不再适宜人类居住。

根据联合国政府间气候变化专门委员会的统计来看,对于温室效应贡献最大的温室气体是二氧化碳,占76％;排行第二的甲烷对于温室效应的贡献占16％;第三名的含氟气体占2％。由于二氧化碳是主要温室气体,其他温室气体多为二氧化碳排放过程的伴生产物。因此,管控二氧化碳排放是减少温室效应、应对气候变化的有效手段。

对以二氧化碳为代表的温室气体进行管控,已成为全球应对气候变化,实现人类社会可持续发展的基本共识。为实现人类社会可持续发展,各国纷纷积极响应对二氧化碳的管控。全球已有超过140个国家和地区提出了碳中和目标。

(2) 抢占可再生能源技术制高点。

可再生能源是典型的制造驱动型产业,碳中和的实现将进一步巩固中国在该产业的领先地位。在可再生能源领域,中国技术处于世界前列。未来,随着全球特别是中国可再生能源的迅猛发展和可再生能源成本的大幅下降,可再生能源高技术领域的竞争会越来越激烈。而中国可以借助自身优势,抢占可再生能源技术制高点。

石化能源是典型的资源驱动型产业,石化能源的核心环节在于勘探开采,而可再生能源的核心环节在于能源种类转化。根据国际能源署数据显示,中国在水电、风电、光伏、生物质发电领域均领跑全球;2022年中国可再生能源发电装机量(12.13亿kW)占世界新能源发电装机总容量(33.72亿kW)的35.97%。中国不仅仅占据了清洁能源的最大市场,而且在全球清洁能源的供应链当中扮演着关键的角色。中国锂电池市场规模占全球比重近七成,已连续六年成为全球最大的锂电池市场,行业总产值突破1.2万亿元;太阳能光伏制造业中,中国拥有全球90%以上的晶圆产能、2/3的多晶硅产能和72%的组件产能。

(3)倒逼能源消费结构调整、减少油气对外依存。

能源与全球国际政治秩序、经贸格局密切相关,碳中和可以倒逼中国调整优化能源消费结构,减少对外依存,保障国家能源安全。不可再生的化石能源在中国能源消费结构中占主导,而石油和天然气进口依存度高。在2022年中国能源消费结构中,煤炭消费占比56.2%、石油占比17.9%、天然气占比8.5%、非化石能源占比17.4%。2022年中国的石油进口依存度为71.2%左右,而天然气进口比例降至40.2%。减少对外依存是保证国家能源安全的首要任务。

能源生产的国情造就了能源消费结构,使得中国的能源转型路径不会走从以煤炭为主,到以油气为主,再到以可再生能源为主的发展路径,而是将从以煤为主过渡到煤炭、石油、天然气(含非常规天然气)、可再生能源和核能并存的多元能源结构,最终实现以可再生能源为主体的能源结构。

长期以来,中国的能源禀赋经常被概括为"富煤、缺油、少气",而忽略了丰富的可再生能源资源。目前,中国风能和太阳能的已开发量远低于技术可开发资源量的十分之一,再加上可观的海洋能、生物质能、地热、水能、太阳能热利用等资源,中国的可再生能源资源基础十分丰厚,未来将成为主导能源。

(4)差异化的低碳转型之路。

不同国家和地区的碳中和发展思路再一次表明差异化的低碳转型之路是尊重客观事实的科学抉择。全国碳达峰以及碳中和行动需统筹谋划,明晰各地碳排放的贡献、责任和潜力。结合各省区市碳排放历史趋势、自然资源禀赋与经济社会发展战略定位,"一省一策"给出转型指导路线,具体化能源生产、消费和碳排放等相关指标,并引导各省区市在城市层面制定差异化发展路线。同时,需建立一套科学、合理的碳达峰评价机制,识别已达峰区域,并为未达峰区域制定碳达峰行动方案提供重要参考。对于已达峰、经济较发达区域,应探索试点碳中和实践机制,从气候治理机制、政策与技术等角度提出可借鉴、可复制的碳中和模式。

工业部门在所有部门中碳中和实现难度最大,需要在能源效率、低碳燃料、碳捕集和国际合作等方面取得进展,需要技术和政策层面的有力支持。能源利用效率的不断提高和能耗强度的持续改善,对碳排放总量增长起到明显抑制作用。在制定行业专项双碳行动时,为保障产业链安全,需客观面对能源密集型产业(如钢铁、石化、化工行业)低碳转型难度大的现状。发展氢能产业既是能源绿色低碳转型的重要抓手,也为碳达峰碳中和目标提供了有力支撑。

2.2.2 我国氢能产业相关政策

2019 年,氢能源产业首次被写入国务院《政府工作报告》;2020 年起,国家统计局首次将氢能纳入《能源统计报表制度》;2020 年 4 月,《中华人民共和国能源法(征求意见稿)》首次将氢能列入能源范畴;2021 年 3 月,《中华人民共和国国民经济和社会发展第十四个五年规划和 2035 年远景目标纲要》中将氢能与储能等前沿技术和产业领域列为前瞻谋划未来产业。伴随着国家"十四五"规划的定调,地方出台的"十四五"规划也将发展氢能列入其中,全国大多数省、自治区、直辖市的"十四五"规划都将发展氢能列入其目标(表 2-10)。

表 2-10 我国中央及部分地区"十四五"规划

序号	地区	政策名称	氢能产业相关的政策要点
1	国家	《中华人民共和国国民经济和社会发展第十四个五年(2021—2025 年)规划和 2035 年远景目标纲要草案》	在氢能与储能等前沿科技和产业变革领域,组织实施未来产业孵化与加速计划,谋划布局一批未来产业
2	云南省	《云南省国民经济和社会发展第十四个五年规划和二〇三五年远景目标纲要》	培育和发展氢能产业。到 2025 年,全省电力装机达到 1.3 亿 kW 左右,绿色电源装机比重达到 86% 以上

续表

序号	地区	政策名称	氢能产业相关的政策要点
3	天津市	《天津市国民经济和社会发展第十四个五年规划和二〇三五年远景目标纲要》	加强非道路移动污染源治理,更换港口作业机械和运输车辆优先使用电能、氢能、天然气等清洁能源,提高低排放港口作业机械比例,逐年降低柴油车运输比重,推动港作船舶低硫燃油使用率达到100%。搭建氢能协同创新平台,推进氢能、氢燃料电池发动机技术攻关。打造"氢能小镇",加快加氢站基础设施建设。推动氢能产业高质量发展,加快制氢、加氢设施建设,拓展示范应用场景,打造氢能产业高地
4	内蒙古自治区	《内蒙古自治区国民经济和社会发展第十四个五年规划和2035年远景目标纲要》	明确提出瞄准氢能、碳捕集封存等五大领域,统筹推进风光氢储等新能源开发利用。依托鄂尔多斯和乌海燃料电池汽车示范城市建设,发展规模化风光制氢,探索氢能供电供热商业模式,建设绿氢生产基地
5	青海省	《青海省国民经济和社会发展第十四个五年规划和二〇三五年远景目标纲要》	加大推广太阳能制氢等技术,支持建设氢能储能,探索开展氢能绿色开发利用,加强氢能技术创新应用
6	上海市	《关于本市"十四五"加快推进新城规划建设工作的实施意见》	科学布局燃料电池汽车终端设施,探索新城加氢站合理布局建设,统筹新建加油站有限建设,全面推进绿色交通体系实施。推广太阳能光热建筑一体化技术,推进太阳能与空气源热泵热水系统应用,探索绿氢分布式能源工程示范
7	贵州省	《贵州省国民经济和社会发展第十四个五年规划和二〇三五年远景目标纲要》	在六盘水、贵阳、毕节、黔西南等地开展氢加工、氢燃料电池等应用试点,推动氢能全产业链示范项目建设。加快发展甲醇汽车、氢燃料汽车,推进氢能与新能源汽车产业的融合发展,开展氢燃料电池汽车关键核心技术产业化攻关和示范应用

续表

序号	地区	政策名称	氢能产业相关的政策要点
8	江西省	《江西省国民经济和社会发展第十四个五年规划和二〇三五年远景目标纲要》	聚焦氢能等新能源装备细分领域,谋划一批试点示范项目。打造一批重大应用场景,培育未来发展新引擎
9	重庆市	《重庆市国民经济和社会发展第十四个五年规划和二〇三五年远景目标纲要》	支持长寿、涪陵、南川、綦江—万盛重点发展先进金属材料、化工合成材料、复合材料、电子材料和页岩气、氢能等产业。重点发展:纯电动、插电式混合动力、氢燃料电池整车
10	江苏省	《江苏省国民经济和社会发展第十四个五年规划和二〇三五年远景目标纲要》	实施未来产业培育计划,前瞻布局氢能等领域。建设50条含氢能汽车在内的产业链
11	甘肃省	《甘肃省国民经济和社会发展第十四个五年规划和二〇三五年远景目标纲要》	推动氢能、电池、储能等新兴企业
12	黑龙江省	《黑龙江省国民经济和社会发展第十四个五年规划和二〇三五年远景目标纲要》	探索可再生能源制氢,开展绿色氢能利用
13	陕西省	《陕西省国民经济和社会发展第十四个五年规划和二〇三五年远景目标纲要》	抓紧布局人工智能、氢能,立足氢能资源优势,引进国内外氢能先进装备企业,加快形成氢能储运、加注及燃料电池等产业链。支持榆林、渭南、铜川、韩城等建设规模化副产氢纯化项目。形成2~3个千吨级燃料电池级氢气工厂,具备万吨级氢气资源储备和升级基础
14	吉林省	《吉林省国民经济和社会发展第十四个五年规划和二〇三五年远景目标纲要》	加强基于可再生能源转化的氢能高效利用。建设白城高载能高技术基地,突破氢能制储。建设白城氢燃料电池车等生产基地,打造中国北方"氢谷",建设年产12万吨氢气生产线及配套设施

续表

序号	地区	政策名称	氢能产业相关的政策要点
15	四川省	《四川省国民经济和社会发展第十四个五年规划和二〇三五年远景目标纲要》	重点培育氢能及燃料电池等产业,打造一批新兴产业未来增长引擎
16	福建省	《福建省国民经济和社会发展第十四个五年规划和二〇三五年远景目标纲要》	加快引进和培育制氢、储运氢、加氢站相关设备、氢燃料动力电池系统、电堆及其核心部件等产业化项目,打造东南沿海氢燃料电池汽车产业制造高地
17	湖南省	《湖南省国民经济和社会发展第十四个五年规划和二〇三五年远景目标纲要》	积极推进氢能、核能利用,稳步推进氢能发展,推进建设岳阳氢能示范城市
18	宁夏回族自治区	《宁夏回族自治区国民经济和社会发展第十四个五年规划和二〇三五年远景目标纲要》	围绕风能、光能、氢能等新能源产业,高标准建设新能源综合示范区。推进氢能制备、存储、加注等技术开发
19	海南省	《海南省国民经济和社会发展第十四个五年规划和二〇三五年远景目标纲要》	以炼化和化工企业工业副产氢净化提纯制氢为初期启动资源,一体化发展氢能源"制、储、运、加、用"产业,推动氢燃料电池应用,构建特色鲜明、优势突出、可持续发展的氢能产业体系。研究制定氢燃料汽车产业发展及配套基础设施规划
20	北京市	《北京市国民经济和社会发展第十四个五年规划和二〇三五年远景目标纲要》	加快氢能燃料电池、储能、能源互联网装备等技术突破及成果转化落地。市内邮政、快递、旅游等车辆基本实现纯电动或氢燃料电池汽车替代。加快推进氢能源汽车加氢站规制建设,建设氢能产业示范工程
21	辽宁省	《辽宁省国民经济和社会发展第十四个五年规划和二〇三五年远景目标纲要》	重点开发氢能及燃料电池技术,合理利用钢铁、石化行业副产氢气资源,积极发展氢能产业。重点发展氢燃料电池关键零部件及集成系统,支持大连建设氢燃料发动机生产基地和燃料电池应用示范区,推进氢能商业化、产业化、集群化,先行先试。重点发展制氢装备、储运氢装备、氢燃料电池以及氢燃料电池汽车等。到2025年,氢能产业主营业务收入达到100亿元

续表

序号	地区	政策名称	氢能产业相关的政策要点
22	湖北省	《湖北省国民经济和社会发展第十四个五年规划和二〇三五年远景目标纲要》	积极推进地热能、氢能等开发利用
23	河南省	《河南省国民经济和社会发展第十四个五年规划和二〇三五年远景目标纲要》	布局加氢等设施，示范推广氢电油气综合能源站，提高工业副产氢纯化水平，开展可再生能源电解水制氢示范，培育氢能产储运用全产业链
24	山西省	《山西省国民经济和社会发展第十四个五年规划和二〇三五年远景目标纲要》	拓展氢能、先进能源等技术创新试点示范。培育氢燃料电池汽车产业，建设氢燃料电池汽车产业集群。有序布局制、储、加、运、输、用氢全产业链发展。重点建设晋能控股（潞安）化工新材料R-GAS下游制氢，山西美锦氢燃料电池动力系统及氢燃料商用车零部件生产、雄韬氢能大同产业园等项目
25	安徽省	《安徽省国民经济和社会发展第十四个五年规划和2035年远景目标纲要》	加快先进储能，高性能燃料电池等核心技术攻关，推动氢能和生物质能规模化应用
26	广东省	《广东省国民经济和社会发展第十四个五年规划和2035年远景目标纲要》	突破燃料电池关键零部件核心技术，打造多渠道，多元化氢能供给体系。加快培育氢能等新兴产业，建设燃料电池汽车示范城市群。拓展氢源渠道。推广清洁能源制氢，扩大氢能利用规模
27	广西壮族自治区	《广西壮族自治区国民经济和社会发展第十四个五年规划和2035年远景目标纲要》	超前布局氢能，储能等未来产业，探索氢能开发利用
28	山东省	《山东省国民经济和社会发展第十四个五年规划和2035年远景目标纲要》	发展以核电、氢能、智能电网及储能等为支撑的新能源产业成为重要支柱产业。加强氢能源技术攻关，组织建设氢能利用等一批科技示范工程。打造山东新能源氢燃料电池制造基地、临沂氢能源产业园、淄博氢能源全产业链基地项目，完善加氢站规划布局，支持青岛港建设"中国氢港"，积极探索光伏、风电等可再生能源制氢和低谷电力制氢，培育"光伏＋氢储能"一体化应用新模式

续表

序号	地区	政策名称	氢能产业相关的政策要点
29	河北省	《河北省国民经济和社会发展第十四个五年规划和2035年远景目标纲要》	攻关氢能技术，建设一批包括氢能在内的高含金量应用场景，加速氢能产业规模化、商业化进程，打造全国氢能产业发展高地，重点建设张家口市可再生能源示范区和氢能示范城市。合理布局加氢站、输氢管线，推进坝上地区氢能基地建设
30	新疆维吾尔自治区	《新疆维吾尔自治区国民经济和社会发展第十四个五年规划和2035年远景目标纲要》	推进风光电储一体化清洁能源发电示范工程，开展智能光伏、风电制氢试点。推进风能、光伏发电，进行电解水制氢
31	浙江省	《浙江省国民经济和社会发展第十四个五年规划和二〇三五年远景目标纲要》	全面提升能源安全保障能力。大力发展可再生能源，安全高效发展核电，鼓励发展天然气分布式能源、分布式光伏发电，有序推进抽水蓄能电站和海上风电布局建设，加快储能、氢能发展，到2025年清洁能源电力装机占比超过57%，高水平建成国家清洁能源示范省

2022年3月，国家发改委发布《氢能产业发展中长期规划（2021—2035年）》。这是国家首次将氢能产业列入国家中长期能源发展规划并出台单独文件。近些年来，我国陆续出台了一系列涉及氢能产业发展的政策，对推动氢能产业的健康有序发展发挥了重要作用，如表2-11所示。

表2-11 我国氢能产业相关政策

发布时间	部门	法规/政策	特点
2012年6月	国务院	《节能与新能源汽车产业发展规划（2012—2020年）》	首次对燃料电池汽车未来发展要达到的科技指标做了规划，提出到2020年燃料电池汽车、车用氢能源产业要达到与国际同步的水平，动力电池模块比能量达到300 W·h/kg以上

续表

发布时间	部门	法规/政策	特点
2015年5月	国务院	《中国制造2025》	实现燃料汽车的运行规模进一步扩大,达到1000辆的运行规模,到2025年制氢、加氢等配套基础设施基本完善,燃料电池汽车实现区域小规模运行
2016年4月	国家发展改革委、国家能源局	《能源技术革命行动计划（2016—2030年）》	提出15项重点创新任务,其中包括氢能与燃料电池技术创新
2016年11月	国务院	《"十三五"战略性新兴产业发展规划》	进一步发展壮大与氢能源相关的新能源汽车、新能源、节能环保等战略性新兴产业。通过产业集聚,以产业链和创新链协同发展为途径,培育新业态、新模式、发展特色产业集群,带动区域经济转型,形成创新经济集聚发展新格局
2016年12月	国家发展改革委、国家能源局	《能源生产和消费革命战略（2016—2030)》	探索藻类制氢技术。大力推进纯电动汽车,燃料电池等动力替代技术发展
2020年4月	财政部等五部委	《关于完善新能源汽车推广应用财政补贴政策的通知》	提出燃料电池乘用车按燃料电池系统的额定功率进行补贴
2020年4月	国家能源局	《中华人民共和国能源法(征求意见稿)》	将氢能纳入能源范畴
2020年9月	国家发展改革委等四部委	《关于扩大战略性新兴产业投资培育壮大新增长点增长极的指导意见》	加快制氢加氢设施建设
2020年9月	财政部等五部委	《关于开展燃料电池汽车示范应用的通知》	首次在新能源汽车领域对氢能的发展应用给与资金补贴和政策支持

2.2.3 我国氢能产业规划解读

2022年3月,国家发改委对《氢能产业发展中长期规划(2021—2035年)》(以下简称《规划》)进行了解读,相关内容如下。

(1)《规划》既是能源绿色低碳转型的重要抓手,也为碳达峰碳中和目标提供了有力支撑。具体表现在以下三个方面。

一是能源供给端,氢能与电能类似,长远看,将成为未来清洁能源体系中重要的二次能源。一方面,氢能能量密度高、储存方式简单,是大规模、长周期储能的理想选择,通过"风光氢储"一体化融合发展,为可再生能源规模化消纳提供解决方案。另一方面,随着燃料电池等氢能利用技术开发成熟,氢能-热能-电能将实现灵活转化、耦合发展。

二是能源消费端,氢能是用能终端实现绿色低碳转型发展的重要载体。从生产源头上加强管控,严格限制化石能源制氢,鼓励发展可再生能源制氢,赋予了氢能清洁低碳这一关键属性。扩大清洁低碳氢能在用能终端的应用范围,有序开展化石能源替代,能够显著降低用能终端二氧化碳排放。例如,推广燃料电池车辆,减少交通领域汽油、柴油使用;将氢能作为高品质热源直接供能,减少工业领域化石能源供能,直接推动能源消费绿色低碳转型。

三是工业生产过程,氢气是重要的清洁低碳工业原料,应用场景丰富。例如,作为还原剂,在冶金行业替代焦炭;作为富氢原料,在合成氨、合成甲醇、炼化、煤制油气等工艺流程替代化石能源等。通过逐步扩大工业领域氢能应用,能够有效引导高碳工艺向低碳工艺转变,促进高耗能行业绿色低碳发展。

(2)《规划》对于推动氢能产业清洁低碳发展做了5个方面的部署。

一是确定了氢能清洁低碳发展原则。着力构建清洁化、低碳化、低成本的多元制氢体系,重点发展可再生能源制氢,严格控制化石能源制氢。

二是制定了氢能绿色低碳发展目标。规划到2025年,可再生能源制氢成为新增氢能消费的重要组成部分;2030年,形成较为完备的清洁能源制氢及应用体系;2035年,可再生能源制氢在终端能源消费中的比重明显提升,对能源转型发展起到重要支撑作用。

三是部署了可再生能源制氢相关领域的技术攻关任务。我国将持续推进绿色低碳氢能制取、储存、运输、加注和应用等各环节关键核心技术研发,加快提高可再生能源制氢转化效率和单台装置制氢规模,持续开展光解水制氢等氢能科学机理研究,构建氢能产业高质量发展的技术体系。

四是统筹推进清洁、低碳、低成本制氢产业体系建设。结合资源禀赋特点和产业布局,因地制宜选择和发展制氢技术。在焦化、氯碱、丙烷脱氢等行业集聚地区,优先利用工业副产氢;在可再生资源丰富地区,优先开展可再生能源制氢示范,逐步扩大应用规模;同时,将推进固体氧化物电解池制氢、光解水制氢、海水制氢、核能制氢等技术研发。

五是完善支持氢能绿色低碳发展的政策与制度保障体系。研究探索可再生能源发电制氢支持性电价政策,完善可再生能源制氢市场化机制,推动完善清洁低碳氢能标准体系。

(3)做好氢能产业规范管理。

一是深入领会《规划》提出的氢能产业发展总体思路、目标定位和任务要求,合理把握产业发展进度。各地方在研究制定氢能产业发展相关规划、支持政策时,应充分考虑本地区发展基础和条件,统筹谋划、合理布局,按照《规划》统一部署,不搞齐步走、一刀切。严禁不顾本地实际,盲目跟风、一哄而上,防止低水平重复建设,避免造成基础设施和资源浪费。

二是各地方要综合考虑本地区氢能供应能力、产业基础和市场空间,在科学论证基础上,合理布局氢能制备、储运、加注、应用等产业链相关项目,稳慎有序推进项目建设。严格履行项目审批程序,严格落实能耗管控责任和生态环保要求,严格执行项目建设、运营标准规范。牢牢把握氢能安全生命线,加大全产业链各环节安全管理力度。严禁以建设氢能项目名义"跑马圈地"。

三是各地方要切实履行本地区氢能产业管理主体责任,加强组织领导和统筹协调,强化政策引导和支持;严禁在氢能产业规划制定、投资规模、招商引资、项目建设等方面相互攀比。

中国科学院院士、清华大学教授欧阳明高对《氢能产业发展中长期规划(2021—2035年)》进行了解读,具体内容如下。

(1)坚持绿色低碳路线,主攻可再生能源制氢,牢记发展氢能的初心使命。

实现双碳目标必须推动可再生能源规模化发展。可再生能源的主要载体就是电和氢,在动力、储能方面两者具有互补性。作为无碳工业原料,氢具有不可替代性。氢能的战略地位和经济合理性主要取决于可再生能源转型中的大规模、长周期能量储存与多元化终端利用需求。虽然可再生能源制氢在生产、储运、利用全链条上存在能源转化效率问题,但随着可再生能源装机不断扩大,效率问题可转化为成本问题。因此,可再生能源制氢是坚持绿色低碳发展道路的必然选择。

(2)坚持创新引领、自立自强,实现氢能科技新突破。

氢能技术链条长、难点多,现有技术经济性还不能完全满足实用需求,亟须从氢能制备、储运、加注、氢储能系统等主要环节创新突破,重点突破"卡脖子"技术。例如,严重影响燃料电池寿命和使用成本的质子交换膜,70MPa高压四型瓶的高强度碳纤维和安全阀,加氢站离子压缩机、加注枪的核心零部件等。同时,也要面向氢能科技前沿开展基础研究和应用基础研究。例如,电解水制氢催化剂和阴离子膜、光电催化制氢、基于超导强磁场高效磁制冷的氢液化循环以及中压深冷气态储氢、新一代固体氧化物燃料电池和能够可逆运行的固体氧化物燃料电池/固体氧化物电解池(solid oxide fuel cell,solid oxide electrolysis cell,SOFC/SOEC)等新一代氢能科技。在全球氢能产业竞争中,我们要抓住机遇,努力实现氢能科技革命性突破,推进氢能与燃料电池技术的全面成熟,促进氢能在交通、工业等重点应用领域大规模市场渗透,抢占国际前沿阵地。

(3)坚持安全为本、示范先行,探索科学合理的产业生态。

类似电池安全之于电动汽车和电化学储能行业,氢安全在氢能产业发展中的作用不言而喻,必须努力做到万无一失。要建立氢能全产业链数据监控平台,建立安全评价和检测体系,尤其是要注重一线工作人员的安全培训,严格按照安全规范进行日常操作。例如,张家口市专门成立张家口氢能研究院,建立氢能全产业链安全监控平台和数据库,并联合中国特检院建设氢能装备检测中心,着力维护张家口市氢能燃料电池公共交通系统安全运营;已成功举办的2022年冬奥会,为保障北京和张家口赛区的1000余辆燃料电池汽车、20多座加氢站运营安全,专门设立了冬奥示范氢安全国际专家咨询委员会,汇聚全球氢安全管理经验,确保冬奥会绿色出行安全。

值得注意的是,燃料电池车辆只是氢能应用的突破口,长远发展应逐步拓展到交通、电力、化工、冶金等领域多元应用,充分发挥氢能在能源绿色低碳转型和行业绿色发展中的重要支撑作用。

(4)坚持市场主导、政府引导,遵循新兴产业发展规律。

我国纯电动汽车应用区域主要集中在东部、中部和南部,而北部、东北部、西北部分布较少。相比之下,燃料电池受温度影响较小,电池余热可灵活转化利用,并且我国东部、东北部、西北部地区的可再生能源资源较为丰富,由可再生能源制取的清洁低碳氢能供应能力强,燃料电池汽车具有较大的市场应用潜能。

对照我国纯电动汽车从孕育到高质量发展的历程,我国燃料电池汽车产业比纯电动汽车产业发展滞后约10年,目前仍处于产品导入期,正在进入应用成本快速下降的成长期。根据国内外主要燃料电池厂商产品测试数据,预计今后十年燃料电池成本将大幅下降、性能稳定提升。

2.2.4 各地氢能产业专项规划

我国除西藏、港澳台之外,各省(自治区)、直辖市先后都制定了氢能产业发展的实施方案(发展规划)或相关规划。

(1)北京市:《北京市氢能产业发展实施方案(2021—2025)》。

总体目标:以科技创新驱动为核心,强化政策引领和产业培育,建设国际一流的研发设计、国际交流和应用推广平台,努力把北京市建设成为具有国际影响力的氢能产业城市与科技创新中心,驱动京津冀氢能产业协同发展,合力构建氢能与燃料电池全产业链,形成氢能低碳化、规模化生产与应用,着力打造"区域协同、辐射发展、国内领先、世界一流"的产业创新高地,促进产业可持续发展。

阶段目标:以冬奥会和冬残奥会重大示范工程为依托,2023年前,实现氢能技术创新"从1到10"的跨越,培育5~8家具有国际影响力的氢能产业链龙头企业,京津冀区域累计实现产业链产业规模突破500亿元,减少碳排放100万吨。交通运输领域,推广加氢站及加油加氢合建站等灵活建设模式,力争建成37座加氢站,推广燃料电池汽车3000辆;分布式供能领域,在京津冀区域开展氢能与可再生能源耦合示范项目,推动在商业中心、数据中心、医院等场景分布式供电/热电联供的示范应用;开展绿氨、液氢、固态储供氢等前沿技术攻关,实现质子交换膜、压缩机等氢能产业链关键技术突破,全面降低终端应用成本超过30%。

2025年前,具备氢能产业规模化推广基础,产业体系、配套基础设施相对完善,培育10~15家具有国际影响力的产业链龙头企业,形成氢能产业关键部件与装备制造产业集群,建成3~4家国际一流的产业研发创新平台,京津冀区域累计实现氢能产业链产业规模1000亿元以上,减少碳排放200万吨。交通运输领域,探索更大规模加氢站建设的商业模式,力争完成新增37座加氢站建设,实现燃料电池汽车累计推广量突破1万辆;分布式供能领域,在京津冀范围探索更多应用场景供电、供热的商业化模式,建设"氢进万家"智慧能源示范社区,累计推广分布式发电系统装机规模10MW以上;建设绿氨、液氢、固态储供氢等应用示范项目,实现氢能全产业链关键材料及部件自主可控,经济性能指标达到国际领先水平。

(2)上海市:《上海市氢能产业发展中长期规划(2022—2035年)》。

发展目标:到2025年,产业创新能力总体达到国内领先水平,制储输用产业链关键技术取得突破性进展,具有自主知识产权的核心技术和工艺水平大幅提升,氢能在交通领域的示范应用取得显著成效。建设各类加氢站70座左右,培育5~10家具有国际影响力的独角兽企业,建成3~5家国际一流的创新研发平台,燃料电池汽车保有量突破1万辆,氢能产业链产业规模突破1000亿元,在交通领域带动二氧化碳减排5万~10万t/a。

到2035年,产业发展总体达到国际领先水平,建成引领全国氢能产业发展的研发创新中心、关键核心装备与零部件制造检测中心,在交通、能源、工业等领域形成丰富多元的应用生态,建设海外氢能进口输运码头,布局东亚地区氢能贸易和交易中心,与长三角地区形成协同创新生态,基本建成国际一流的氢能科技创新高地、产业发展高地、多元示范应用高地。

(3)天津市:《天津市氢能产业发展行动方案(2020—2022年)》。

发展目标:聚焦核心技术研发和先进装备制造,打造资源生产供给基地、装备研发制造集群、技术协同创新平台、氢能应用示范中心,构建技术、产业、应用融合发展的氢能产业生态圈,到2022年,氢能产业总产值突破150亿元。

技术产业方面:到2022年,培育和引进一批氢气制备和储运、氢燃料电池生产制造、科技研发和配套服务等企业,引育2至3家在氢燃料电池及核心零部件、动力系统集成、检验检测等领域具有国际竞争力的优势龙头企业,积极争取国家有关氢能产业集群的试点,初步形成氢能全产业链发展格局。

推广应用方面:到2022年,力争建成至少10座加氢站、打造3个氢燃料电池车辆推广应用试点示范区,重点在交通领域推广应用,开展至少3条公交或通勤线路示范运营,累计推广使用物流车、叉车、公交车等氢燃料电池车辆1000辆以上;实现其他领域应用突破,建成至少2个氢燃料电池热电联供示范项目。

(4)重庆市:《重庆市氢燃料电池汽车产业发展指导意见》(2020—03—17)。

近期目标(2019—2022年):到2022年,氢燃料电池汽车产业链体系初步形成,在技术链层面达到国内先进水平;在产业链层面,氢燃料电池汽车产业集群初步形成,建成国家级质量检测机构1个,引进和培育氢燃料电池电堆和核心零部件企业6家,整车量产车型超过5个;在示范推广层面,建成加氢站20座,氢燃料电池汽车运行规模力争达到1000辆。

中期目标(2023—2025年):到2025年,全市基本形成氢燃料电池汽车全产业链竞争优势。在技术链层面,氢燃料电池关键技术达到国内先进水平;在产业链层面,全市氢燃料电池相关企业超过100家,其中有全国影响力的整车企业2家、动力系统企业3家、核心零部件企业10家;在示范推广层面,建成加氢站30座,在区域公交、物流等领域实现批量投放,氢燃料电池汽车运行规模力争达到2000辆。

远期目标(2026—2030年):到2030年,成为具有全球影响力的氢燃料电池汽车产业基地和应用城市;总体技术达到国际先进;产业集群全面建成,核心零部件企业超过15家,其中上市企业5家,核心零部件本地化配套率达到50%,建成国际化氢燃料电池汽车研发技术中心1个;在示范推广层面,形成氢燃料电池汽车产业链和价值链辐射周边,带动未来社会能源转型。

(5)陕西省:《陕西省"十四五"氢能产业发展规划》。

总体目标:到2025年,氢能发展的政策环境体系基本形成,氢燃料电池实现本省研发生产,示范应用取得显著效果,初步建立较为完整的供应链和产业体系。形成若干个万吨级车用氢气工厂,建成投运加氢站100座左右,力争推广各型燃料电池汽车1万辆左右,一批可再生能源制氢项目建成投运,绿氢装备、氢气储运装备、燃料电池整车等环节技术达到国内先进,氢能在冶金、化工领域实现拓展应用,全产业链规模达1000亿元以上。

到2030年,全省形成较为完备的氢能产业技术创新体系和绿氢制备及供

续表

发布时间	部门	法规/政策	特点
2020年11月	国务院	《新能源汽车产业发展规划(2021—2035)》	提出要攻克氢能储运、加氢站和车载储氢等氢燃料电池汽车应用支撑技术。因地制宜开展多种制、储、运氢技术应用,提高氢燃料经济性。根据氢燃料供给和消费需求,合理布局加氢基础设施
2021年9月	财政部等五部委	《关于启动燃料电池汽车示范应用的通知》	在北京、上海和广东启动首批燃料电池汽车示范应用工作
2021年10月	国务院	《2030年前碳达峰行动方案》	明确加快氢能技术研发和示范应用,探索在工业、交通运输、建筑等领域规模化应用
2021年11月	国家能源局、科技部	《"十四五"能源领域科技创新规划》	攻克高效氢气制备、储运、加注和燃料电池关键技术,推动氢能与可再生能源融合发展
2021年11月	工信部	《"十四五"工业绿色发展规划》	开展可再生能源电解制氢重大降碳工程示范,鼓励氢能作为替代性清洁能源在钢铁、水泥、化工等行业的应用
2021年12月	财政部等五部委	《关于启动新一批燃料电池汽车示范应用工作的通知》	要求河北、河南省有关部门要切实加强燃料电池汽车示范应用工作组织实施
2022年1月	国家发改委、国家能源局	《"十四五"现代能源体系规划》	适度超前部署一批氢能项目,着力攻克相关核心技术,实施氢能多场景示范应用,实施异质能源互联互通示范
2022年3月	国家发改委	《氢能产业发展中长期规划(2021—2035年)》	明确了氢能的战略定位、总体要求和发展目标,从氢能创新体系、基础设施、多元应用、政策保障、组织实施等构建了我国氢能战略发展的蓝图
2023年8月	国家标准委等六部委	《氢能产业标准体系建设指南(2023版)》	系统构建了氢能制、储、输、用全产业链标准体系
2023年12月	国家发改委	《产业结构调整指导目录(2024年本)》	其中可再生能源制氢,液态、固态和气态储氢,管道拖车运氢,管道输氢,加氢站,氢电耦合等氢能技术推广应用等均为鼓励类

应体系,可再生能源制氢规模化应用,有力支撑碳达峰目标实现。

(6)内蒙古自治区:《内蒙古自治区"十四五"氢能发展规划》。

总体目标:到2025年,自治区氢能产业顺利实现起步,生产规模从小到大,产业布局从分散到聚集,技术水平从起步到领先的突破性发展,初步形成国内领先的氢能制取、储运和应用一体化发展的产业生态集群,基本构建全国重要的绿氢生产输出基地、燃料电池重卡示范基地、氢能装备生产制造基地,成为国内领先、国际知名的氢能产业发展聚集地,打造"北疆绿氢城"的新名片,助力自治区能源行业转型升级发展。

利用风光制氢成本低和氢能应用场景多优势,通过技术引进和行业领军企业带动等方式,发展新能源制氢、氢能装备制造、储运基础设施、氢能综合应用,突破绿氢生产、高压气态储氢、液氢储运设备的集成设计及制造技术;开展"多能互补+氢""源网荷储+氢"等类型示范项目15个以上,氢能供给能力达160万t/a,绿氢占比超30%,制氢成本具有一定竞争力;有序布局加氢站等基础设施建设,加氢站(包括合建站)达到60座;加速推广中重型矿卡替代,在公交、环卫等领域开展燃料电池车示范,累计推广燃料电池汽车5000辆;探索绿氢在储能、冶炼、分布式发电、热电联供等领域示范应用,打造10个以上氢能应用示范项目;培育或引进50家以上氢能产业链相关企业,包括5～10家具有一定国际竞争力的龙头企业,初步形成一定的产业集群。带动氢能产业总产值超过1000亿元。

(7)山西省:《山西省氢能产业发展中长期规划(2022—2035年)》。

发展目标:到2025年,形成较为完善的氢能产业发展制度政策环境,协同创新能力进入全国前列,基本构建较为完备的产业链体系。氢能示范应用取得明显成效,在不新增碳排放的前提下,初步建立以工业副产氢和可再生能源制氢就近利用为主的氢能供应体系。燃料电池汽车保有量达到1万辆以上(全国约5万辆),部署建设一批加氢站,应用规模全国领先。可再生能源制氢量显著增长,成为新增氢能的重要组成部分,有力推动二氧化碳减排。

到2030年,燃料电池汽车保有量达到5万辆,可再生能源制氢在交通、储能、工业等领域实现多元规模化应用,形成布局合理、产业互补、协同共进的氢能产业集群,有力支撑山西省实现碳达峰。

到2035年,形成国内领先的氢能产业集群。可再生能源制氢在终端能源消费中的比重大幅提升,为山西省能源绿色低碳转型提供坚强支撑。

(8) 吉林省：《"氢动吉林"中长期发展规划(2021—2035年)》。

近期目标(2021—2025年)：逐步构建氢能产业生态，产业布局初步成型，产业链逐步完善，产业规模快速增长。到2025年底，打造吉林西部国家级可再生能源制氢规模化供应基地、长春氢能装备研发制造应用基地，逐步开展横向"白城—长春—延边"氢能走廊建设。开展可再生能源制氢示范，形成可再生能源制氢产能达6万～8万t/a。探索天然气掺氢技术示范应用。试点建设"绿色吉化"项目，建成改造绿色合成氨、绿色甲醇、绿色炼化产能达25万～35万t；超前布局基础设施，2025年建成加氢站10座；氢燃料电池汽车运营规模达到500辆；试点示范氢燃料电池在热电联供、备用电源的应用。引进或培育3～4家具有自主知识产权的氢能装备制造企业、燃料电池系统及电堆生产企业，其中，龙头企业1家，推动全产业链"降成本"。2025年氢能产业产值达到100亿元。

中期目标(2026—2030年)：全省氢能产业实现跨越式发展，产业链布局趋于完善，产业集群形成规模。到2030年，持续强化和发挥吉林西部国家级可再生能源制氢规模化供应基地、长春氢能装备研发制造应用基地引领作用，推进吉林中西部多元化绿色氢基化工示范基地、延边氢能贸易一体化示范基地建设。加快"白城—长春—延边""哈尔滨—长春—大连"氢能走廊建设，初步建成全省立体氢能网络。可再生能源制氢产能达到30万～40万t/a，建成加氢站70座，建成改造绿色合成氨、绿色甲醇、绿色炼化、氢冶金产能达到200万t，氢燃料电池汽车运营规模达到7000辆。加大氢燃料电池在热电联供、备用电源、应急保供、调峰、特种车辆上的应用。引进或培育5家燃料电池电堆及零部件企业，推动产业链重点环节产品自主化，其中，龙头企业3～5家。氢能产业产值达到300亿元。

远期目标(2031—2035年)：将我省打造成国家级新能源与氢能产业融合示范区，在氢能交通、氢基化工、氢赋能新能源发展领域处于国内或国际领先地位，成为全国氢能与新能源协调发展标杆和产业链装备技术核心省份，"一区、两轴、四基地"发展格局基本形成，氢能资源网格化布局延伸全域，提升通化、白山、延边等地资源开发利用水平。依托延边氢能贸易一体化示范基地，"哈尔滨—长春—大连"氢能走廊，开展相关能源化工产品和装备向国内外销售，打造国内氢基产品贸易增长极。可再生能源制氢产能达到120万～150万t/a，建成加氢站400座，建成改造绿色合成氨、绿色甲醇、绿色炼化、氢冶金产能达到600

万 t,氢燃料电池汽车运营规模达到 7 万辆。氢能产业产值达到 1000 亿元。

(9)山东省:《山东省氢能产业中长期发展规划(2020—2030 年)》。

发展目标:通过 10 年左右的努力,实现山东省氢能产业从小到大、从弱变强的突破性发展,打造"中国氢谷""东方氢岛"两大品牌,培育壮大"鲁氢经济带"(青岛—潍坊—淄博—济南—聊城—济宁),建成集氢能创新研发、装备制造、产品应用、商业运营于一体的国家氢能与燃料电池示范区,成为国内领先、国际知名的氢能产业发展高地,为推动新旧动能转换,实现高质量发展提供重要保障。

2020 年到 2022 年,为氢能产业全面起步期。产业发展制度体系逐步完善,聚集 100 家以上的氢能产业相关企业,燃料电池发动机产能达到 20000 台,燃料电池整车产能达到 5000 辆,加快布局燃料电池轨道交通、港口机械、船舶及分布式发电装备产业,氢能产业总产值规模突破 200 亿元。工业副产氢纯化、燃料电池发动机、关键材料及动力系统集成等核心技术率先取得突破,达到国内先进水平。有序推进加氢基础设施建设,累计建成加氢站 30 座(含与其他能源合建站);试点示范取得初步成效,燃料电池汽车在公交、物流等商用车领域率先示范推广,省域内累计示范推广燃料电池汽车 3000 辆左右;实现燃料电池在应急电源、通信基站、储能等领域的试点示范。

2023 年到 2025 年,为氢能产业加速发展期。氢能产业链条基本完备,培育 10 家左右具有核心竞争力和影响力的知名企业,燃料电池发动机产能达到 50000 台,燃料电池整车产能达到 20000 辆,燃料电池轨道交通、港口机械、船舶及分布式发电装备产业实现突破,氢能产业总产值规模突破 1000 亿元。燃料电池发动机、关键材料、零部件和动力系统集成等核心技术接近国际先进水平。制氢、储(运)氢、加氢及配套设施网络逐步完善,氢能在商用车、乘用车、船舶、分布式能源、储能等应用领域量化推广,累计推广燃料电池汽车 10000 辆,累计建成加氢站 100 座,氢能在电网调峰调频、风光发电制氢等领域应用逐步推广。

2026 年到 2030 年,为氢能产业塑造优势期。氢能产业规模质量效益全面提升,形成一批具有自主知识产权的国内国际知名企业和品牌。关键技术取得重大突破,综合指标达到世界先进水平,在氢能领域形成创新引领优势。建立氢能产业与大数据、物联网、人工智能等新一代信息技术和共享经济、智慧交通、新型智慧城市等新业态深度融合的新型智慧生态体系。

(10)河北省:《河北省氢能产业发展"十四五"规划》。

发展目标:产业规模显著提升。到2022年,氢能关键装备及其核心零部件基本实现自主化和批量化生产,氢能产业链年产值150亿元。到2025年,培育国内先进的企业10~15家,氢能产业链年产值达到500亿元。

核心技术不断突破。到2022年,基本形成涵盖氢能产业全链条的技术研发、检验检测体系。突破规模化纯水、海水电解制氢设备的集成设计及制造技术,开发高压车载储氢系统,研制制/加氢站关键设备,突破核心技术。到2025年,基本掌握高效低成本的氢气制取、储运、加注和燃料电池等关键技术,显著降低应用成本。

应用领域持续扩大。到2022年,全省建成25座加氢站,燃料电池公交车、物流车等示范运行规模达到1000辆,重载汽车示范实现百辆级规模;氢气实现在交通、储能、电力、热力、钢铁、化工、通信、天然气管道混输等领域试点示范。到2025年,累计建成100座加氢站,燃料电池汽车规模达到1万辆,实现规模化示范;扩大氢能在交通、储能、电力、热力、钢铁、化工、通信、天然气管道混输等领域的推广应用。

(11)河南省:《河南省氢能产业发展中长期规划(2022—2035年)》。

发展目标:到2025年,氢能产业关键技术和设备制造领域取得突破,产业链基本完备,产业链相关企业达到100家以上,氢能产业年产值突破1000亿元。发挥基础设施引领作用,适度超前布局建设一批加氢站。氢能应用领域不断拓展,交通领域氢能替代初具规模,推广各类氢燃料电池汽车5000辆以上,车用氢气供应能力达到3万t/a,氢气终端售价降至30元/kg以下,绿色低碳比例不断提高,建成3~5个绿氢示范项目。郑汴洛濮氢走廊基本建成,郑州燃料电池汽车城市群示范应用取得明显成效,初步建成氢能国家级先进制造业集群。

到2035年,氢能产业规模扩大,质量效益全面提升,氢气制、储、运、加及氢燃料电池等关键技术自主创新能力基本形成,综合指标达到世界先进水平,培育一批具有自主知识产权的知名企业和品牌,氢能产业链优势更加明显。氢能供应网络不断完善,低成本绿氢供应比例进一步提高,液化储氢、管道输氢经济性优势进一步体现。氢能在交通领域应用基本实现产业化,在储能、分布式能源、工业等领域融合应用不断拓展,适应氢能发展的政策体系基本完善。建成世界一流的燃料电池汽车产业基地、国内领先的氢能产业集群。

(12)浙江省:《浙江省加快培育氢能产业发展的指导意见》。

发展目标:到2022年,通过技术突破、产业培育和推广应用,力争走在全国氢能产业发展前列。

创新研发。氢燃料电池电堆、关键材料、零部件和动力系统集成等核心技术取得较大突破,总体技术水平国内领先。

产业发展。氢燃料电池整车、系统集成以及核心零部件等产业链全面形成,氢燃料电池整车产能达到1000辆,氢燃料发动机产量超过1万台,氢能产业总产值超过100亿元。

企业培育。力争培育形成一批具有较强竞争力、国内领先的氢燃料电池整车、发动机及零部件等优势龙头企业。

推广应用。氢燃料电池在公交、物流、船舶、储能、用户侧热电联供等领域推广应用形成一定规模,累计推广氢燃料电池汽车1000辆以上。

加氢设施。在现有加油(气)站以及规划建设的综合供能服务站内布局建设加氢站,力争建成加氢站30座以上,试点区域氢气供应网络初步建成。

到2025年,基本形成完备的氢能装备和核心零部件产业体系;氢燃料电池电堆、关键材料、零部件和动力系统集成核心技术接近国际先进水平;加氢设施网络较为完善,氢能在汽车、船舶、分布式能源等应用领域量化推广,成为国内氢能产业高地。

(13)湖南省:《湖南省氢能产业发展规划》。

发展目标:以跻身全国氢能产业发展第一方阵为目标,全力打造氢能工程机械之都,实现湖南氢能产业的跨越式发展。

2022—2025年为全省氢能产业培育期,形成氢源和燃料电池整车双轮驱动、100家以上氢能产业相关企业全面发展格局,氢能全产业链初具规模。工业副产氢利用率明显提升,可再生能源制氢实现突破,氢能在工程机械、交通运输、港口、分布式发电等领域的示范应用逐步推广。建成加氢站10座,推广应用氢燃料电池汽车500辆,氢能基础设施逐步完善。

2026—2030年为全省氢能产业市场开拓期,产业集群进一步壮大,形成5~10家具备核心竞争力的氢能企业。氢能产业链特色环节竞争力明显提高,氢能工程机械之都名片基本形成,中部地区氢源基地初具雏形。氢能技术创新体系逐步完善,在制氢、储氢、燃料电池等领域实现阶段性技术突破。氢能示范应用场景进一步拓展,"绿氢"在工业领域的示范应用实现起步。

2031—2035年为全省氢能产业规模化应用期,氢能产业链整体达到国内先进水平。形成完备的氢能技术自主创新和开放合作体系,核心技术实现关键性突破。氢能产供储销网络基本建成,"绿氢"在终端能源消费占比明显提升,为我省能源供应保障以及绿色低碳转型提供有力支撑。

(14)湖北省:《湖北氢能产业发展规划(2021—2035年)》。

空间发展布局:按照合理配置、重点突出、有序协调的原则,汇聚优势资源,强化示范引领,构筑"一核、两带、一廊"的空间发展布局,即武汉氢能产业核心创新示范区,"武汉+襄十随孝"氢燃料电池汽车产业带、"武汉+宜荆荆黄"氢能制造带,依托长江汉江航道构建"氢化长江"产业长廊,打造氢能全产业链生态。

加氢站建设路径:将依托湖北省内优势企业,按照由点及面、由专用向公用、由城市向城际发展的思路,合理配套、适度超前推进加氢站布局。

推进氢能强省建设:充分发挥政府引导推动力和企业主体创造力,以武汉为核心,襄阳、宜昌为关键节点,打造区域优势明显、省内和长江中游城市群协同的氢能产业发展集群。

(15)新疆维吾尔自治区:《自治区氢能产业发展三年行动方案(2023—2025)》。

发展目标:到2025年,形成较为完善的氢能产业发展制度政策环境。初步构建以工业副产氢和可再生能源制氢就近利用为主的氢能供应体系,推动建立集绿氢制、储、运、加、用为一体的供应链和产业体系。建设一批氢能产业示范区,可再生能源制氢量达到10万t/a,推广氢燃料电池车1500辆以上。适度超前部署建设一批加氢站。积极争取纳入国家氢燃料电池汽车示范城市群。以绿氢产业为主攻方向,推动能源结构实现清洁低碳绿色转型,为全方位推动高质量发展提供坚实保障。

充分发挥骨干企业和科研院所带头引领作用,汇聚优势资源,聚焦氢源开发、氢能应用统筹全区氢能产业布局。发挥好示范区在吸引投资、发展实体经济方面的平台作用,打造各类企业分工协作、协同高效的产业集群。在乌鲁木齐建设氢能创新发展示范区,打造氢能产业创新研发、装备制造、商务会展、商业应用基地。制氢方面,在化工行业集聚地区,充分利用工业副产氢资源,发展氢气提纯技术,提高工业副产氢利用率,带动煤炭、化工等传统行业转型升级和绿色发展;在风光资源丰富地区,积极推进可再生能源电解水制氢和氢储能,逐步降低制氢成本。氢储运加方面,优先推进氢气就近利用,探索推进高效、智能氢气输送管网的建设和运营;合理配套、适度超前推进加氢站布局建设,优先在氢气资源丰富、应用场景成熟的城市重点布局。应用方面,开展绿氢炼化产业示范,推动工业领域深度脱碳。探索季节性储能和电网调峰,集聚带动绿氢中下游产业发展。推动氢能车辆在特种作业车、物流、市政交通、旅游等方面应用。

(16)宁夏回族自治区:《宁夏回族自治区氢能产业发展规划》。

发展目标:到2025年,形成较为完善的氢能产业发展制度政策环境,产业创新能力显著提高,氢能示范应用取得明显成效,市场竞争力大幅提升,初步建立以可再生能源制氢为主的氢能供应体系。可再生能源制氢能力达到8万t以上,力争实现二氧化碳减排达到100万～200万t。布局建设一批加氢站,基本实现燃料电池车辆规模化应用。

创新能力建设。建成氢能标准研究、检测试验等公共服务平台,主导或参与制修订绿氢耦合煤化工、天然气掺氢、加氢站建设等领域国家、地方或行业标准2项以上。新建重点实验室、工程研究中心、企业技术中心等创新载体3家以上。氢能科技研发和创新能力有效提升,一批核心关键技术获得孵化转化。

产业集聚发展。建成1个应用场景丰富、产业链构建齐全、引领带动作用显著的氢能特色产业示范区。加快实施一批绿氢生产及应用重大产业化项目,带动骨干企业做大做强,培育和引进行业龙头企业10家以上。氢能基础设施配套基本完善,建成加氢站10座以上。协同发展、特色鲜明的氢能产业集群初步形成。

应用示范推广。稳步推动氢能在耦合煤化工、冶金、交通运输、天然气掺氢、储能及民用热电联供等领域的应用示范。可再生氢替代煤制氢比例显著提升,天然气掺氢推广应用成效明显,氢燃料电池重卡保有量500辆以上,完成国家氢燃料电池汽车示范城市群创建任务;氢能装备及氢能汽车零部件加工等配套产业有序发展。

展望 2030 年,可再生能源制氢能力达到 30 万 t 以上,形成较为完备的氢能产业技术创新体系、可再生能源制氢及供应体系。产业布局合理有序,可再生能源制氢广泛应用,节能降碳效果明显,有力支撑碳达峰目标实现。

(17)甘肃省:《甘肃省人民政府办公厅关于氢能产业发展的指导意见》。

发展目标:到 2025 年,氢能产业创新能力显著提高,基础设施加快建设,实现多元化应用场景示范,初步形成有规模有效益的氢能产业发展格局。

技术创新取得一系列突破,创新体制机制有效建立。在高效氢气净化和氢燃料电池催化材料、大容量高压气态储运装备、低温真空液氢储运装备、大规模氢(氨)储能与发电调峰、管道输氢和天然气掺氢等领域实现技术突破。建立产业研究、技术研究、公共服务等创新平台,形成有效的创新体制机制。

基础设施加快建设,形成供需平衡的供应网络体系。建成可再生能源制氢能力达到 20 万 t/a 左右的制氢、储氢基地,建成一批氢气充装站及加氢站,开展短距离气态配送体系、长距离液氢输送和管道输氢综合互补的输氢网络体系建设。

完成多元化应用示范,初步实现氢能产业规模化发展。涵盖工业、交通、储能、发电等领域的多元应用全面发展,示范项目建设取得突出成效,氢燃料电池汽车在交通领域示范应用达到一定规模,绿氢与其他应用领域协同耦合发展格局初步形成。氢能在各行业减碳作用明显,减少碳排放 200 万 t/a 左右。引进培育氢能企业 20 家以上,年产值达到 100 亿元。

(18)江西省:《江西省氢能产业发展中长期规划(2023—2035 年)》。

发展目标:当前到 2025 年,全省氢能产业制度政策环境逐步完善。氢能产业发展基础日益夯实,产业发展跟进战略取得积极成效。氢能技术研发领军人才及专业化团队加快集聚,产业创新能力逐步提高。可再生能源制氢量达到 1000 t/a,成为新增氢能消费和新增可再生能源消纳的重要组成部分。氢能应用试点、示范项目有序多元化增加,全省燃料电池车辆保有量约 500 辆,投运一批氢动力船舶,累计建成加氢站 10 座。氢能在钢铁、有色、合成氨等工业领域示范项目扎实开展。燃料电池发动机产能进一步扩大,燃料电池应用场景进一步丰富。全省氢能产业总产值规模突破 300 亿元。

2026 年到 2030 年,基本掌握氢能产业核心技术和关键设备制造工艺,产业链基本完备,区域集聚、上下游协同的产业体系逐步成形。产业发展主要特征与国内先进水平差距快速缩小,部分领域比较优势初步显现,多种清洁制氢路线齐头并进发展,电-氢及氢-电系统综合能效显著提高,燃料电池分布式发电、氢储能、氢冶炼、绿氢等示范应用广泛开展,氢能在交通、工业等领域再电气化和深度减碳进程中发挥重要作用,有力支撑碳达峰目标实现。

2031年到2035年,氢能产业发展安全形势稳定,氢能产业规模、质量效益、创新能力进一步提升,产业局部取得重大突破并形成国内领先优势,氢能与电力、交通、工业等多领域广泛实现较高水平融合,可再生能源制氢基本实现市场化,成为全省能源和产业脱碳的重要保障,在能源和产业绿色低碳转型发展中起到有力的支撑作用。

(19)安徽省:《安徽省氢能产业发展中长期规划》。

发展目标:到2025年,在可再生能源电解水制氢、氢的纯化与分离、储氢装备及材料、燃料电池电堆及核心零部件等领域突破一批关键技术,建成10个以上国家级和省级创新平台。在氢制备、氢储运、加氢站、燃料电池等重点环节,引进培育一批拥有自主知识产权、核心竞争力强的龙头企业。形成以工业副产制氢为主体,可再生能源电解水制氢为重点的氢源实现途径。开展在交通运输、储能等领域试点应用。初步形成与燃料电池汽车等示范推广相协调的氢能基础设施和储运体系。力争燃料电池系统产能达到10000台/年,燃料电池整车产能达到5000辆/年,加氢站(包括合建站)数量达到30座,氢能产业总产值达到500亿元。

到2030年,基本形成涵盖氢能产业全链条的技术研发、生产制造、检验和检测体系,在清洁煤制氢、规模化可再生能源电解水制氢、储氢装备及材料、燃料电池系统及整车制造等领域技术突破取得显著进展,氢储运及燃料电池技术成熟度和可靠性明显提升。形成以高压气态氢储运、低温液态氢储运为主,多种储运氢技术相互协同的氢储运体系。在交通运输、储能、分布式发电等领域示范应用加快,在部分领域实现规模化应用。制氢成本大幅降低,可再生能源制氢广泛应用,有力支撑碳达峰目标实现。力争燃料电池系统产能超过30000台/年,燃料电池整车产能超过20000辆/年,加氢站(包括合建站)数量超过120座,氢能产业总产值达到1200亿元。

经过十五年左右的努力,到2035年,可再生能源制氢在终端能源消费中的比重明显提升,构建涵盖交通、储能、工业等领域的多元氢能应用生态,形成创新能力强、产业化水平高、配套设施完善、示范应用领先的氢能产业体系,打造具有重要影响力的氢能产业发展示范区和集聚发展高地。

(20)四川省:《四川省氢能产业发展规划(2021—2025年)》。

总体目标:到2025年,四川氢能产业发展初具规模,核心技术实现阶段性突破,保持国内领先、达到国际同步水平。形成一批具有自主知识产权和较强市场竞争力的氢能核心产品。氢能产业链进一步优化,应用场景进一步拓展,燃料电池汽车实现规模化商业应用,将四川打造成为国内国际知名的氢能产业基地、示范应用特色区域和绿氢输出基地。

提升技术水平:到2025年,燃料电池核心技术、氢气制储运加技术实现阶段性突破。车载电堆寿命、电堆体积功率密度、系统经济性、低温启动等燃料电堆各项指标显著提升。氢气制备、储运、加注等多个核心环节实现自主突破。

扩大示范效应:到2025年,燃料电池汽车(含重卡、中轻型物流、客车)应用规模达6000辆,氢能基础设施配套体系初步建立,建成多种类型加氢站60座;氢能示范领域进一步拓展,实现热电联供(含氢能发电和分布式能源)、轨道交通、无人机等领域示范应用,建设氢能分布式能源站和备用电源项目5座,氢储能电站2座。

培育产业龙头企业:到2025年,逐渐健全强化氢能产业链,培育国内领先企业25家,覆盖制氢、储运氢、加氢、氢能利用等领域。其中核心原材料企业2家,制氢企业7家,储运和加氢企业6家,燃料电池及整车制造企业10家。

(21)辽宁省:《辽宁省氢能产业发展规划(2021—2025年)》。

近期目标(2021—2025年):①产业发展目标。到2025年,全省氢能产业实现产值600亿元,集聚100家以上氢能产业相关企业,培育10家左右具有核心竞争力和影响力的知名企业,具有自主知识产权和核心技术的燃料电池发动机产能达到1万台,燃料电池船舶、轨道交通、无人机、分布式能源产业实现突破,初步形成氢能全产业链发展格局。②技术创新目标。到2025年,形成涵盖氢能产业全链条的技术研发、检验检测体系,在制氢、氢气储运、燃料电池电堆、燃料电池系统、燃料电池汽车等领域的核心技术接近国际先进水平,力争实现燃料电池比功率大于4.0 kW/L,成本低于2000元/kW,电解水制氢耗能量低于标准状态4.5 kW·h/m³。③应用推广目标。到2025年,全省燃料电池车辆

(含公交车、乘用车、重型卡车、牵引车、环卫车等)保有量达到 2000 辆以上,燃料电池叉车保有量达到 1000 辆以上,燃料电池船舶保有量达到 50 艘以上,燃料电池轨道交通车辆保有量达到 10 辆以上,分布式发电系统、备用电源、热电联供系统装机容量达到 100 MW,加氢站 30 座以上。

远期目标(2026—2035 年):①产业发展目标。到 2035 年,形成完备的氢能产业体系,装备制造迈向高端,全省氢能产业领域国际国内知名的龙头企业超过 50 家,具有自主知识产权和核心技术的燃料电池发动机产能达到 30 万台,氢能产业产值突破 5000 亿元。②技术创新目标。到 2035 年,在制氢、氢气储运、燃料电池电堆、燃料电池系统、燃料电池汽车等领域的核心技术达到世界领先水平,实现燃料电池成本低于 500 元/kW,电解水制氢耗能量低于标准状态 4 kW·h/m³。③应用推广目标。到 2035 年,全省燃料电池汽车(含公交车、乘用车、重型卡车、牵引车、环卫车等)保有量达到 150000 辆以上,燃料电池叉车保有量达到 50000 辆以上,燃料电池船舶保有量达到 1500 艘以上,燃料电池轨道交通车辆保有量达到 50 辆以上,分布式发电系统、备用电源、热电联供系统装机容量达到 1000 MW,加氢站 500 座以上。

(22)福建省:《福建省氢能产业发展行动计划(2022—2025 年)》。

发展目标:到 2025 年,福建氢能产业发展初具规模,特色氢能产业集群初步构建,核心技术实现阶段性突破,达到国内领先水平,形成一批具有较强市场竞争力的氢能核心产品和符合我省产业结构、具备特色技术优势的氢能产业技术路线,氢燃料电池汽车初步实现规模化商业应用。

技术创新方面。强化氢能产业基础研发,到 2025 年,培育组建一批国家、省级氢能与燃料电池研发创新平台,氢燃料电池电堆、关键材料、零部件和动力系统集成等核心技术取得较大突破,形成一批具有商业化推广能力的创新项目,核心产品在稳定性、长寿命、经济性等方面大幅提升,拥有自主氢能品牌产品,核心技术水平国内领先。

产业培育方面。逐步健全强化氢能全产业链,到 2025 年,培育 20 家具有全国影响力的知名企业,氢能产业链关键技术达到国内领先水平,覆盖氢能制备、存储、运输、加注、燃料电池和应用等领域,氢能产业核心装备及关键零部件,基本实现本地制造,实现产值 500 亿元以上。

示范应用方面。以交通领域应用为引领,到 2025 年,全省燃料电池汽车

(含重卡、中轻型物流、客车)应用规模达到 4000 辆,覆盖全省主要氢能示范城市的基础设施配套体系初步建立,力争建成 40 座以上各种类型加氢站。

(23)青海省:《青海省氢能产业发展中长期规划(2022—2035 年)》。

近期目标(2022—2025 年):氢能产业培育期。基本建成适合我省特色的氢能发展政策体系和管理体制,应用示范渐次落地,绿氢装备制造实现零的突破,产业基地初显雏形,氢能产业培育初见成效。到 2025 年,绿氢生产能力达 4 万 t 左右,建设绿电制氢示范项目不少于 5 个,燃料电池车运营数量不少于 150 辆,矿区氢能重卡不少于 100 辆,建设 3～4 座加氢示范站(包括合建站)。在化工、冶金、能源等领域开展绿氢示范应用。引进或培育 10 家氢能企业,绿氢全产业链产值达到 35 亿元。

中期目标(2026—2030 年):氢能产业成长期。产业链趋于完善,初步建立氢能产业集群,应用场景进一步扩大。到 2030 年,绿氢生产能力达到 30 万 t,绿氢在储能、化工、冶金、天然气掺氢管线等领域示范应用取得实效,氢能汽车规模超过 1000 辆,加氢站(包括合建站)超过 15 座,力争建成 1 个园区内天然气管线掺氢示范项目。引进或培育 50 家氢能企业,绿氢全产业链产值达到 160 亿元。到 2030 年底,燃料电池动力系统成本降至 3000 元/kW。

远期目标(2031—2035 年):氢能产业壮大期。形成国内领先的氢能制取、储运和应用一体化发展产业集群,构建氢能产业高质量发展格局。到 2035 年,绿氢生产能力达到 100 万 t,实现绿氢在工业、交通、能源等领域大规模应用,远距离纯氢外输管道规划建设取得实质性进展。引进或培育氢能企业超过 100 家,绿氢全产业链产值达到 500 亿元。

(24)黑龙江省:《黑龙江省新能源汽车产业发展规划(2022—2025 年)》。

发展目标:经过持续努力,打造新能源汽车先进制造业集群。到 2025 年,全省新能源汽车产业整体实力明显增强,技术创新能力显著提升,产销规模持续增长。动力电池、驱动电机、增程器、DHT 混动系统、负极材料、汽车电子、氢燃料电池等关键领域技术取得新的突破。产品特色优势突出、专业化协作分工合理、供应链体系完善的新能源汽车产业发展体系初步形成。

产业规模稳步增长。省内汽车及零部件企业生产经营规模不断扩大,整车及零部件—负极材料—测试试验"三足鼎立"的新能源汽车发展新格局基本形成。到 2025 年,黑龙江省新能源汽车总产量达到 10 万辆,力争全产业链实现主营业务收入450亿元,其中整车300亿元,零部件90亿元,汽车后市场60亿元。

关键技术取得突破。新能源整车开发、技术创新和测试试验等方面创新能力实现新提升,动力电池、驱动电机、增程器、DHT混动系统、负极材料、汽车电子、氢燃料电池等关键领域技术取得新的突破,到2025年,培育10家专精特新中小企业,实施一批重大技术攻关专项。

产业链条协同发展。形成基于创新链共享、供应链协同、数据链联动、产业链协作的大中小企业融合发展的产业生态,从原材料到整车并延伸至后市场协同发展的新能源汽车产业体系基本建成,产业链供应链上下游协同发展水平明显提高。到2025年,省内规上零部件企业数量稳步增加,争取引进10家新能源汽车产业链上的优质企业。

推广应用持续深入。公交车、网约车、物流车等公共领域用车电动化进程加快,私人领域新能源汽车新车销售占比逐步提高,居民区、高速公路、城乡公共领域相结合的充换电体系建设相对完善,关键场景和重点区域开展智能网联汽车道路测试和示范应用。到2025年,累计推广新能源汽车10万辆,累计建成各类充电桩2.5万个,换电站20座,新建加氢站5座。

展望2035年,我省新能源汽车产业综合实力显著增强。新能源整车及关键零部件规模化效应凸显,整车测试、负极材料等特色产业集群具备较强国际竞争力,纯电动汽车渗透率大幅提高,燃料电池汽车和高度自动驾驶汽车在技术研发和产业化上取得新的突破,充换电服务网络基本全域覆盖。

(25)广东省:《广东省加快建设燃料电池汽车示范城市群行动计划(2022—2025年)》。

目标要求:到示范期末,实现电堆、膜电极、双极板、质子交换膜、催化剂、碳纸、空气压缩机、氢气循环系统等八大关键零部件技术水平进入全国前五,形成一批技术领先并具备较强国际竞争力的龙头企业,实现推广1万辆以上燃料电池汽车目标,年供氢能力超过10万t,建成加氢站超200座,车用氢气终端售价降到30元/kg以下,示范城市群产业链更加完善,产业技术水平领先优势进一步巩固,推广应用规模大幅提高,全产业链核心竞争力稳步提升。到2025年末,关键零部件研发产业化水平进一步提升,建成具有全球竞争力的燃料电池汽车产业技术创新高地。

(26)江苏省:《江苏省氢燃料电池汽车产业发展行动规划》。

发展目标:至2021年,产业规模与技术水平处于全国领先地位,产业政策体系逐步建立,技术标准持续完善,示范应用不断扩大,初步建立完整的氢燃料电池汽车产业体系,成为我国氢燃料电池汽车发展的重要基地。

产业规模持续扩大。氢能及氢燃料电池汽车相关产业主营收入达到500亿元,整车产能超过20000辆,电堆产能达到50万kW以上。

技术创新不断增强。在原材料、电堆及核心零部件、系统集成与控制等领域突破一批关键技术,实施一批重大产品创新项目;加快相关标准的制定和推广。

产业链条逐步完善。聚焦制氢储运、燃料电池、系统集成、整车制造及测试等环节,加快产业集群培育,建成1~2个具有国际竞争力的产业集聚区。

优势企业加速涌现。形成1~2家有国际影响力的氢燃料电池汽车整车及关键零部件龙头企业,建成1~2家具有国际领先水平的氢燃料电池汽车产业技术研发与检验检测中心。

基础设施加快建设。建设加氢站20座以上,培育一批以氢燃料电池客车、物流车为代表的示范运营区。

至2025年,基本建立完整的氢燃料电池汽车产业体系,力争全省整车产量突破1万辆,建设加氢站50座以上,基本形成布局合理的加氢网络,产业整体技术水平与国际同步,成为我国氢燃料电池汽车发展的重要创新策源地。

(27)海南省:《海南省清洁能源汽车发展规划》。

在该规划中涉及氢能发展的主要内容如下。

部署燃料电池汽车综合应用生态建设,超前部署省内燃料电池汽车发展,面向氢能的全生命周期应用,引导建设商业化运营综合示范区。推动省内氢能产业发展,率先开展公共交通、租赁等领域的示范应用,落实商业化运营组织管理、政策保障等措施,探索互联网与新能源深度融合的氢燃料汽车创新商业模式。创建产业集聚与应用示范园区,提升产业链创新活力,吸引人才、资金和上下游企业进一步集聚,大力推进制氢、运氢、加氢等国内外优势资源整合与良性互动,积极申请国家氢燃料电池汽车试点示范。紧紧抓住氢燃料汽车作为战略性新兴产业培育和发展的引导性机遇,谋求在若干领域取得先发优势,确立海南在加氢设施建设、示范运营、测试开发、应用评价等细分领域的核心竞争力,助推规模化和商业化市场进程。

氢能源科学有序供给布局。加快研究海南省燃料电池汽车产业发展方案，在具备基础条件的海口、三亚等周边区域，开展氢能应用示范园区建设，配合氢燃料汽车的示范运营和超前规划市场化应用。省内积极探索氢能由危化品转为能源管理的科学路径，为国内有效破除制约氢能和燃料电池汽车发展的标准检测障碍和市场准入壁垒提供先行经验。加快推进绿色能源革命，强化智慧能源技术创新，在天然气、光伏、核能等能源制氢领域，加大力度支持研发和产业化应用。提前布局氢能产业和加注基础设施建设，建设清洁低碳、安全高效的现代能源体系。

《海南省高新技术产业"十四五"发展规划》也明确指出：发展风电制氢、水电制氢和核电制氢等可再生能源制氢，解决可再生能源消纳和核电消纳，形成绿色、多元化氢能供应体系，提高海南当地的氢能供给率。利用油气产业副产氢气，在洋浦、东方建设氢能充装站，降低氢能成本。率先在汽车、船舶等交通领域启动氢能应用示范，实现上游制氢规模和下游氢能消纳方式和消纳规模的协同发展，有效满足清洁能源汽车的交通出行需要。

(28)广西壮族自治区：《广西能源发展"十四五"规划》。

该规划对发展氢能产业提出如下要求。

探索氢能等新型能源开发利用。统筹推进氢能基础设施建设，积极探索氢能开发利用。在丙烷脱氢、氯碱、焦化等行业聚集地区发展工业副产氢，优化氢气提纯技术，鼓励就近消纳，降低工业副产氢供给成本。在可再生能源资源条件好、发电成本低、氢能储输用条件较好地区，探索开展可再生能源富余电力制氢。积极推动氢能在工业、交通、储能、分布式发电等领域的多元化应用。因地制宜开发利用地热能，开发合浦盆地大山角块段等浅层地热资源，探索干热岩开发利用。探索海洋能等新型能源开发利用和创新应用。

发挥沿海石油化工产业优势培育工业副产氢，开展钦州石化产业园等工业副产氢开发利用示范。在南宁、梧州等多能互补项目探索开展可再生能源富余电力制氢，探索北部湾海上风电富余电力制氢、核能制氢。在南宁、柳州等市建设一批加氢站。

(29)贵州省：《贵州省"十四五"氢能产业发展规划》。

发展目标："十四五"期末，初步建立氢能全产业链，初步拓展氢能应用场景，为建设西南地区氢能循环经济产业新高地，创造贵州省能源结构转型新增氢能产业方面：聚集超30家产业链相关企业，10家重点企业，超过5家行业核心知名企业；燃料电池发动机系统产能达5000台(套)/年，燃料电池整车产能达5000辆/a；核心技术、基础材料及关键零部件研发制造水平达到国内领先，接近国际先进水平。重点突破氢气纯度实时检测技术、液氢储运商业化技术、生物质制氢关键技术等。以焦化副产氢为核心，可再生能源制氢为辅的多种氢源供氢总产能超过1万t/a。氢能产业总投资规模超100亿元，产业链及相关产业年产值突破200亿元。

氢能应用方面：建成加氢站15座(含油气氢综合能源站)；在物流运输、城建运输、旅游客运及公交客运领域，示范运营燃料电池重卡、物流车、环卫车、大巴车、公交车及特种车辆1000辆；在氢储能、燃料电池多能联供、备用电源、绿氢化工、绿氢冶金、天然气掺氢等领域布局示范；建设氢气输送管道20 km，固定式多能联供装机超10 MW。规划中还公布了氢气制取、氢气利用、装备制造、研发平台等四大方向共63个氢能重点项目，十四五期间总投资达550亿元。

参考文献

[1] 魏风,任小波,高林,等.碳中和目标下美国氢能战略转型及特征分析[J].中国科学院院刊,2021,36(9):1049-1057.

[2] 郑嘉禹,杨润青.美国正式重返《巴黎协定》[J].生态经济,2021,37(4):1-4.

[3] 陆颖.美国产业界发布氢能经济路线图[J].科技中国,2020(11):100-102.

[4] 伊文婧.日本氢能社会构建的背景、实现路径及对我国的启示[J].中国经贸导刊,2020(8):101-104.

[5] 毕珍珍.日本的氢能源基本战略与全球气候治理[J].国际论坛,2019(2):140-154.

[6] 顾阿伦,孟翔宇,刘滨,等.氢能在日本能源发展战略中的地位和作用[J].中国经贸导刊,2019(6):35-37.

[7] 魏蔚,陈文晖.日本的氢能发展战略及启示[J].全球化,2020(2):60-71.

[8] 吴善略,张丽娟.世界主要国家氢能发展规划综述[J].科技中国,2019(7):

91-97.

[9] 贾英姿,袁璇,李明慧.氢能全产业链支持政策:欧盟的实践与启示[J].财政科学,2022(1):141-151.

[10] 董一凡.欧盟氢能发展战略与前景[J].国际石油经济,2020,28(10):23-30.

[11] 斯里尼瓦桑,周希舟,张东杰.欧洲氢能发展现状前景及对中国的启示[J].国际石油经济,2019,27(04):18-23.

[12] 高慧,杨艳,赵旭,等.国内外氢能产业发展现状与思考[J].国际石油经济,2019,27(04):9-17.

[13] 陕西巨丰投资资讯有限责任公司.欧洲氢能发展现状与前景[R].2023-03-17.

[14] 史英哲,赵盈盈.欧洲主要国家氢能政策概述[R].2021-04-24.

[15] 张艳枫.《韩国＜氢经济路线图＞》主要内容及启示[J].全球科技经济瞭望,2019,34(11-12):4-5.

[16] 氢能首席观察员.全球首部氢法/韩国政府颁布《促进氢经济和氢安全管理法》[EB/OL].(2020-02-12)[2023-04-17].hhttp:/chuneng.bjx.com.cn/news/20200212/1042142.shtml.

[17] 人民资讯.英国"亮剑",首个国家级氢能战略正式发布[EB/OL].(2021-08-20)[2023-04-23].https://baijiahao.baidu.com/s?id=1708610103545967633&wfr=spider&for=pc.

[18] 樊豪斌.英国南约克郡区域建设"氢能源经济圈"的方案启示[EB/OL](2021-08-22)[2023-04-23].https://m.thepaper.cn/baijiahao_14160019.

[19] 张翼燕.英国"绿色工业革命"十点计划[J].科技中国,2021(4):93-95.

[20] 杨明清,杨一鹏.俄罗斯氢能源开发现状及未来发展[J].石油化工节能,2021,11(10):51-54.

[21] 李琰,胡光玥.俄罗斯氢能发展现状与展望[J].国际石油经济,2022,30(11):40-47.

[22] 孙莉.加拿大实现碳中和的政策部署与路径[J].全球科技经济瞭望,2022,37(1):8-11.

[23] 加拿大发布国家氢能战略提出2050愿景[EB/OL].(2021-01-25)[2023-04-25].https//xueqiu.com/1716143381/169876029.

[24] 程文姬,赵磊,郗航,等."十四五"规划下氢能政策与电解水制氢研究[J]. 热力发电,2022,51(11):181-188.
[25] 东方财富网.贵州省"十四五"氢能产业发展规划[EB/OL].(2022-07-22)[2023-05-03]. https://caifuhao.eastmoney.com/news/20220722000932963426590.

3

我国规模化制氢的技术经济

制氢作为氢能产业链开端,对能源企业立足氢能市场和构建企业核心竞争力起着至关重要的作用。根据制备方式及制备过程中碳排放量的不同,氢能被分为"灰氢""蓝氢"和"绿氢"三类。世界能源理事会将制备过程中伴有大量CO_2排放的氢称为"灰氢";将与CO_2捕集、利用和封存技术结合制氢装置生产的氢,且每生产 1 kg 氢气排放二氧化碳等同物的量不大于 14.51 kg 称为"蓝氢",又称低碳氢;将由风力发电、水电、太阳能、原子能发电等可再生能源制取的氢,且每生产 1 kg 氢气排放二氧化碳等同物的量不大于 4.90 kg 称为"绿氢",又称清洁氢。"绿氢"制备过程完全没有碳排放。各种规模化制氢技术的经济性是氢能产业发展的关键。

3.1 电解水制氢的技术经济分析

3.1.1 技术原理

绿氢,作为一种理想的清洁能源,通过利用可再生能源进行电解水产生,其生产过程和燃烧后的排放基本实现零碳排放。这一特性使得"绿氢"在未来能源需求中占据了重要的地位,它符合全球对于可持续、清洁能源的追求。根据所使用的电解质不同,电解水的方式被细分为碱性水电解、质子交换膜电解、固体氧化物电解和碱性阴离子交换模电解等四种。每一种方式都有其独特的优势和适用场景,为氢能的规模化生产和应用提供了多种可能性。

3.1.1.1 碱性水电解制氢

碱性水电解制氢技术是一种经过验证且可靠的方法,广泛应用于大规模制氢场景。这种技术的安全性和长期稳定性已得到广泛认可,并且已经实现了商业化应用。在过去的几年里,碱性水电解制氢技术取得了显著进步,主要体现在两个方面:效率和成本的优化。通过持续改进,电解槽的效率得到了提高,从而降低了与生产氢气相关的运营成本。同时,通过增加操作电流密度,进一步降低了投资成本,使得大规模制氢成为更具经济效益的选择。

碱性电解槽的工作原理如图3-1所示。碱性电解槽由两个电极组成,彼此之间被气密的隔膜分开,并浸没在高浓度的碱性液体电解质中。在电解过程中,阴极产生氢气,而阳极则产生氧气。产生的氢气纯度很高,通常可以达到99%或更高,无需额外的纯化步骤。然而,需要注意的是,用于电解的水必须非常纯净,因为水中的杂质会降低电解效率并可能损坏电极。

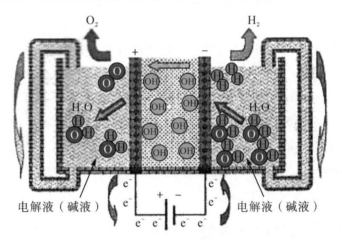

图3-1 碱性电解槽原理

目前已经开发出了具有极高产氢能力的电解槽,每小时产氢量可达到500~760 m³,耗电量为2150~3534 kW·h。为了确保安全运行和防止易燃气体混合物的形成,实际操作中会对氢气产率进行限制,通常在额定范围的25%~100%。此外,操作温度和电解压力也有一定的限制,以确保最佳性能和安全性。

3.1.1.2 质子交换膜电解制氢

质子交换膜(proton exchange membrane,PEM)电解制氢是一种基于质子传导概念的水电解技术,自1978年以来,这种电解制氢技术已经由美国的通用电气公司实现商业化。尽管PEM电解槽在某些方面具有显著的优势,但目前其应用仍然受到一些限制。

PEM电解槽的核心在于其质子传导的原理(图3-2)和聚合物膜电解质的采用。这种设计使得氢气和氧气的生成得以在相对较低的温度下进行,通常低于80 ℃。此外,由于聚合物膜的低气体渗透性,这种电解槽产生的氢气纯度非常高,通常可达99.99%。这大大降低了形成易燃混合物的风险,使得PEM电解槽在某些安全要求较高的应用场景中具有优势。

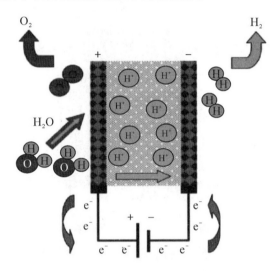

图3-2 PEM电解槽原理

然而,PEM电解槽也存在一些明显的缺点。聚合物电解质和贵金属基电极成本较高,导致PEM电解槽投资和运行费用较高,制约其进一步推广应用。此外,虽然PEM电解槽的使用寿命相对较短,可能需要更频繁的维护和更换。未来,为了进一步推广PEM电解槽的应用,需要努力解决这些问题,特别是在提高制氢能力和降低成本方面。

德国的Hoeller公司针对PEM电解槽在降低成本方面进行了一些创新性的研究。开发了一种优化电池表面技术,旨在减少贵金属的使用,同时达到提高操作压力的目的。这种技术有望降低成本并提高电解槽的性能。

3.1.1.3 离子交换膜电解制氢

离子交换膜电解制氢技术正逐渐成为电解技术领域备受关注的新型技术,

它结合了 PEM 电解和传统隔膜基碱液电解的优点。离子交换膜电解槽的原理主要是通过选择性透过阳离子或阴离子的电离膜,实现阳离子和阴离子的分离。阴离子交换膜(anion exchange membrane,AEM)电解槽由两个电极(阳极和阴极)和一个带有孔隙结构的 AEM 膜组成。当电解槽中施加电势时,阳极吸引阴离子,而阴极吸引阳离子(图 3-3)。这些离子通过 AEM 膜中的孔隙结构传输。AEM 膜的作用是将 OH^- 从阴极传导到阳极,同时阻隔气体和电子在电极间直接传递。

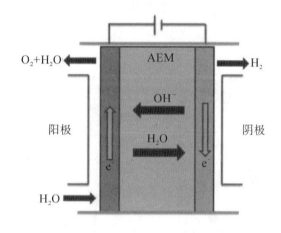

图 3-3　AEM 电解槽原理

研究表明,AEM 电解槽在高温下展现出良好的性能,催化剂的选择对 AEM 电解槽的性能影响显著,使用不同的催化剂,电流密度会有显著的变化。

在碱性聚合物薄膜电解槽中,为了降低成本并提高性能,科研人员尝试应用了非贵金属电解催化剂。经过对不同气体在不同温度下还原 NiMo 氧化物合成电解制氢催化剂的研究,发现 H_2/NH_3 还原的 $NiMo-NH_3/H_2$ 催化剂在 1.57 V、80 ℃时表现尤为突出。其电流密度高达 1.0 A/cm^2,能量转化效率达 75%。

德国 Evonik 工业公司利用其深厚的气体分离膜技术背景,成功研发了一种适用于 AEM 电解槽的专利聚合物材料。目前,该技术正处于中试规模生产阶段,下一步将确保系统的稳定性、提升电池性能标准,并进一步推进大规模生产。这一创新为 AEM 电解槽的商业化应用开辟了新道路。

尽管 AEM 电解槽展现出巨大的潜力,但目前仍面临一些挑战。高导电率、耐碱性的 AEM 材料的缺乏是制约其大规模应用的主要因素之一。在 AEM 电解槽的商业化进程中,贵金属电催化剂的使用无疑增加了装置的成本,这在一定程度上限制了其广泛应用。此外,CO_2 进入电解槽薄膜会降低电解性能,这也是一个需要解决的问题。为了推动 AEM 电解槽的进一步发展,未来的研究将聚焦于以下几个方面:①研究和开发新型 AEM 材料,这些材料应具备高导电率、离子选择性以及长期在碱性环境中保持稳定性的特点。这不仅可以提高电解效率,也有助于扩大 AEM 电解槽的应用范围。②研发不含贵金属且高性能的电解催化剂来替代现有的贵金属催化剂是降低成本的关键。③降低 AEM 电解槽的整体成本也是推动其商业化的重要步骤。通过采用廉价原材料、优化合成步骤以及扩大生产规模等方法,可以降低 AEM 电解槽的制造成本。④通过改进工艺和优化操作条件,降低电解槽内 CO_2 含量,进而提高 AEM 电解槽电解性能。

3.1.1.4 固体氧化物电解制氢

在 20 世纪 60 年代,美国和德国便开始了对固体氧化物电解槽(solid oxide electrolyzer cells,SOEC)利用高温水蒸气进行电解的相关研究。这种电解方式的效率要高于碱性电解槽和 PEM 电解槽。SOEC 电解槽的工作原理如图 3-4 所示。在固体氧化物电解槽的工作过程中,循环的氢气与水蒸气首先从阳极进入,随后水蒸气在到达阴极后被电解,生成氢气。同时,在阴极生成的 O^{2-} 通过固体电解质,向阳极迁移,并在此过程中释放出电子。

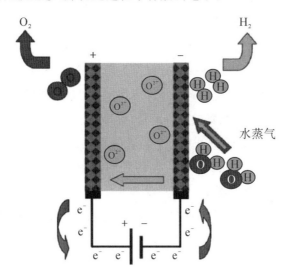

图 3-4　SOEC 电解槽原理示意图

固体氧化物电解槽与其他类型的电解槽有所不同,如碱性和质子交换膜电解槽。在 SOEC 中,电极直接与水蒸气接触并发生反应,因此需要增大电极与水蒸气的接触界面面积。为此,SOEC 的电极通常采用多孔结构设计。水蒸气电解的核心目的是提高能效,降低传统液态水电解工艺的经济成本。虽然温度升高会使水分解反应所需的总能量略有上升,但它显著降低了对电能的需求。随着电解过程温度的提升,部分必要能量以热能的形态被引入,从而大幅减轻了对电能的依赖。

SOEC 作为一种先进的电解技术,能够利用高温热源生产氢气。由于高温气冷核反应堆能够达到 950 ℃ 的极端温度,核能具备为 SOEC 提供能源的能力。此外,地热能等可再生能源也具备为蒸汽电解提供热源的潜力。在高温条件下操作 SOEC 不仅可以降低电池的电压,还能加快反应速率,从而提高整体效率。当然,高温条件对材料热稳定性和系统密封性的要求也较高。为了确保长期可靠运行,需要研发更加耐高温和稳定的材料。

SOEC 阴极产生的气体是氢气混合气,需要进一步分离和提纯以获得高纯度氢气,这一过程相比常规液态水电解增加了额外成本。质子导电陶瓷如锆酸锶的应用为降低 SOEC 成本提供了新的方法。这种陶瓷材料在约 700 ℃ 展现出卓越的质子电导率,有助于在阴极产生高纯度氢气,从而简化了蒸汽电解装置的设计和操作流程。

近期研究聚焦于一种特定设计的 SOEC,它采用氧化钙稳定的氧化锆陶瓷管作为核心支撑结构。这种设计的创新之处在于外层表面涂覆了一层超薄(厚度小于 0.25 mm)的多孔镧钙钛矿材料作为阳极,同时采用了 Ni/Y_2O_3 稳定的氧化钙金属陶瓷作为阴极。在苛刻条件下(1000 ℃,电流密度 0.4 A/cm^2,输入功率 39.3 W)测试时,该装置的氢气产量(标准状态)达到了 17.6 L/h,显示出其高效的产氢能力。然而,SOEC 一个显著的问题是电池之间连接处存在的高欧姆损耗,这会导致过电压的产生。与传统的管状电池相比,平面电池具有更紧凑的结构和更高的制氢效率。要实现 SOEC 在工业领域的广泛应用,仍需克服电解槽的长期稳定性问题以及在长期运行过程中可能出现的电极老化和失活现象。

李星国对上述四种电解水制氢方法进行了深入的分析和比较,详细阐述了它们各自的技术特点和性能,如表 3-1 所示。

表3-1 四种电解水制氢技术和特性比较

特性		碱性水电解制氢	质子交换膜电解制氢	固体氧化物电解制氢	离子交换膜电解制氢
发展状况		商用化	商用化	研发和示范	研发中
电解效率/%		52~67	56~68	74~84	52~67
工作温度/℃		70~90	50~80	700~850	40~60
工作压力/MPa		<3	<7	0.1	<3.5
电解质		20%~30%（质量分数）KOH 或 NaOH	常用 Nafion 膜（全氟磺酸质子交换膜）	Y_2O_3/ZrO_2	1 mol/L KOH 或 $NaHCO_3$
电极/催化剂	O 侧	镀镍多孔不锈钢	Ir 氧化物	钙钛矿，SILSCF、LSM	Ni 或 NiFeCo
	H 侧	镀镍多孔不锈钢	碳黑@Pt 纳米颗粒	Ni/YSZ	Ni
电流密度/(A/cm^2)		0.2~0.8	1.5~3	0.3~1	0.2~2
成本 CAPEX(系统)/(USD/kW)		600	1000	>2000	
规模(标准状态)		1000 m^3/h	单堆 100 m^3/h		
电堆寿命/h		50000	60000	20000	5000
能耗/(kW·h/kg)		50~78	50~83	46~50	40~69
负载波动范围		15%~110%	0~160%	30%~125%	5%~100%
启动时间		1~10 min	1 s~5 min	>20 min	<5 min
上下波动		0.2%~20%（每秒）	100%（每秒）		
停机		1~10 min	数秒	不易频繁停启	

续表

特性	碱性水电解制氢	质子交换膜电解制氢	固体氧化物电解制氢	离子交换膜电解制氢
整体系统	氢氧侧等压设计,系统组成和操作复杂,成本高;氢水分离器容积大,系统留存氢气量多,安全性低,氢氧不完全隔离,难以通过多电解槽集成大规模系统	氢氧侧可压差设计,系统组成简单、紧凑、小型化,成本低;氢水分离器容积小,系统留存氢气量少,安全性高;氢氧两侧物理隔离,便于通过电解槽集成,可集成 10 M～100 MW 的超大规模系统	高温工作,系统复杂,成本高;陶瓷工艺,难以加工大面积的组件,尚不具备商业化条件	
特点	最为成熟、大规模生产、商业化程度高、无贵金属催化剂,成本低,有毒污染大、纯度低、体积大,工作压力不够高	成本高(质子交换器、铂和铱等贵金属催化剂)、无污染、产业化程度低;电流密度大,系统响应快,负荷波动范围宽;效率高,气体纯度高,体积小;性价比提升空间大	部分电能被热能取代、转化效率高、无贵金属催化剂;成本高、工作温度高;工作压力低、未实现产业化	可以依靠镍基等非贵金属催化剂,可承载高电流密度,效率高,灵活性强

3.1.2 影响因素

王明华对光伏发电碱性电解水制氢的成本进行了深入剖析,并强调了多个关键因素对绿氢成本的影响。提出影响制氢成本的主要因素涵盖电价、系统规模、设备投资、电解效率、运行时间和管理质量提升等多个方面。

3.1.2.1 新能源电价对绿氢项目的影响

在新能源领域,绿氢项目正逐渐成为关注的焦点。但要使其真正普及,降低成本是关键。其中,电价对绿氢项目的成本产生显著影响。为此,以某 5000 m^3/h

(标准状态)的光伏制氢项目为例,剖析电价与绿氢成本之间的关系,该项目全过程制氢电耗(标准状态)为 5.4 kW·h/m³,对应的制氢效率为 55%。

从图 3-5 可以看出,电价对制氢成本有显著影响:随着电价上升,电价在制氢成本中的比重逐渐增大,且成本随电价的增高迅速上升。低电价时,经营成本、折旧与财务费用占比较大。电价为 0 时,制氢成本高达 11.88 元/kg H_2。这表明,电价是氢能产业发展的关键因素。随着技术的进步和成本的降低,氢能产业有望在未来实现更广泛的应用和推广。

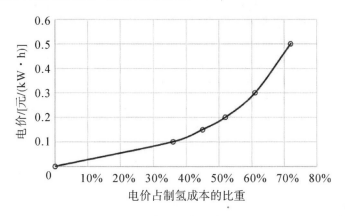

图 3-5 电价与成本的关系

当用电成本降低至 0.2 元/(kW·h)以下,新能源制氢的全成本仍然较高(表 3-2),远超化石能源制氢成本。为降低成本,除政策支持外,因地制宜、采取合适策略也至关重要。在新能源资源丰富的地区,离网规模化制氢可降低电价。同时,技术创新和智能化制氢系统的发展也是降低成本的重要方向。总之,降低绿氢成本需多方面努力,以推动绿色低碳能源发展。

3.1.2.2 规模效应对绿氢项目的影响

制氢规模是降低单位投资造价水平的关键因素。通过对 3 个不同规模的制氢项目进行深入研究,分析规模效应对绿氢项目的影响。

如图 3-6 所示,随着设备台(套)数的增加,单套设备工程费用呈现下降趋势。当设备达到一定规模时,例如 15 套以上,单套设备工程费趋于平缓,约为 1200 万元/套。这表明在一定规模以上,设备的投资成本相对稳定。这一现象的产生,主要是因为随着设备数量的增加,规模效应使得设备的采购成本、安装成本等得到分摊,从而降低了单套设备的成本。

表3-2 新能源电价对制氢成本的影响分析

项目		内容					
电价(含税)/[元/(kW·h)]		0.50	0.30	0.20	0.15	0.10	0
制氢成本/(元/kg)	制氢可变成本(考虑电、水、原料)	27.38	16.77	11.46	8.81	6.16	0.21
	制氢经营成本(加上工资、修理费、生产费、管理费)	32.70	22.09	16.78	14.13	11.48	5.53
	制氢全成本(加上折旧、摊销、利息)	37.68	27.07	21.76	19.11	16.46	10.51
	电价占制氢成本的比例	72%	61%	52%	45%	36%	0
制氢总成本(含税)/(元/kg)		42.58	30.59	24.59	21.60	18.60	11.88

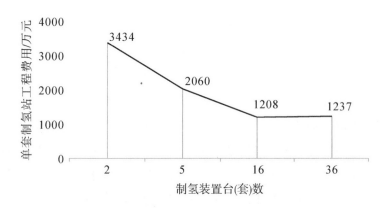

图3-6 规模效应对单套制氢工程费用的影响

不同规模的制氢成本的构成如表3-3所示。由表3-3可以看出,尽管随着台(套)数的增加,制氢成本有所下降,但下降幅度并不大。这表明规模效应在降低制氢成本方面的作用是有限的。因此,在制定制氢项目投资决策时,不能单纯地追求规模效应,还需要综合考虑其他因素,如设备选型、工艺流程、原材料成本等。例如,优化设备选型和工艺流程可以提高设备的使用效率和生产效率,从而降低制氢成本。同时,选择合适的原材料来源和供应商也可以降低采购成本和运输成本。

表 3-3 不同规模的制氢成本构成

单位:元/kg

项目	5 台(套)	15 台(套)
制氢可变成本(考虑电、水、原料)	11.46	11.69
制氢经营成本(加上工资、修理费、生产费、管理费)	16.78	16.25
制氢全成本(加上折旧、摊销、利息)	21.76	20.21
电价占制氢成本的比例/%	52	55
制氢总成本(含税)	24.59	22.61

此外,不同规模的制氢项目成本构成存在差异。随着规模的扩大,固定成本占比逐渐增加,而变动成本占比逐渐减少。这表明在制定制氢项目投资决策时,需要综合考虑规模效应和成本构成因素。如果只关注规模效应而忽略了成本构成因素,可能会导致投资决策的失误。例如,在小型制氢项目中,由于固定成本较低,可以适当增加变动成本的投入,以提高生产效率和产品质量。而在大型制氢项目中,由于固定成本较高,需要更加注重规模效应和成本控制。

3.1.2.3 设备投资对绿氢项目的影响

当前标准状态 1000 m^3/h 电解槽的设备费用较高,占据制氢成本的 2/3。规模效应虽有助于降低费用,但碱性电解槽技术的成熟限制了成本降低空间。降低电解槽成本需优化材料和工艺、改进技术和工程设计。未来 10 年,通过技术改进和规模扩张,有望将电解槽成本降至 500 万元,使制氢成本下降 5%~10%。实现这一目标需克服技术和工程等方面的挑战。

对于电解槽制造企业而言,扩大生产规模是降低成本的必然选择。然而,单纯追求规模效应并不足以降低整个项目的投资成本。设备选型、工艺流程、原材料成本等因素同样重要。此外,政策支持和资金扶持对于推动电解水制氢技术的发展至关重要。政府应鼓励企业加大研发投入和技术创新,同时提供适当的税收优惠和补贴,以降低企业的投资风险和成本压力。

3.1.2.4 效率对绿氢项目的影响

从热力学的角度来看,电解水制氢的效率对项目的成本和效益具有显著影响。根据电解水反应方程、Gibbs 自由能与可逆电位的关系以及法拉第定律,理论上,单位体积电解水制氢耗电(标准状态)为 2.95 kW·h/m³,即 33 kW·h/kg。这一数值为制氢效率提供了基础参照。目前大多数电解槽在实际操作中的直流侧电耗(标准状态)为 4.3～4.6 kW·h/m³,使得整个制氢系统的电耗(标准状态)达到 5～5.5 kW·h/m³。这一数值明显高于理论值,表明在效率方面存在一定的提升空间。

技术的进步为提高电解水制氢效率提供了可能,Hysata 公司推出新型"毛细管供电电解槽",将电解水制氢的能源成本降低至 41.5 kW·h/kg,折算到直流侧的电耗(标准状态)为 3.7 kW·h/m³。这一创新证明了技术进步对降低能耗的重要性,并展示了效率提升的巨大潜力。

此外,效率的提升对降低制氢总成本具有积极影响。如图 3-7 所示,当制氢效率从 60% 提升至 70%,制氢总成本可以下降 8.2%。这一数据直观地展示了效率与成本之间的关系,进一步强调了提升效率在降低绿氢项目成本中的关键作用。

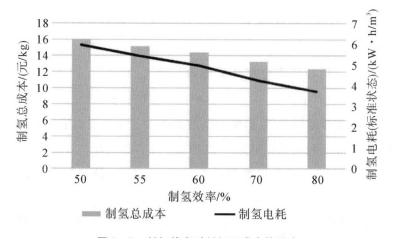

图 3-7 制氢效率对制氢总成本的影响

3.1.2.5 设备利用率对绿氢项目的影响

对于达到一定规模效应(15000 m³/h 及以上)的制氢项目,设备利用率对项目的成本和经济效益具有显著影响。在假定电价不变[0.15 元/(kW·h)]及制氢效率不变(5.36 kW·h/m³)的情况下,单位质量制氢成本随着设备利用率(运行时长)的变化情况如图 3-8 所示。

分析发现,可变成本与耗电量、制氢效率、耗水量及销售费用紧密相关。折

3 我国规模化制氢的技术经济

算成单位制氢成本后,可变成本保持不变。这意味着在既定的技术和运营条件下,可变成本不会随着设备利用率的提升而发生变化。然而,固定成本(如工资福利、维修费用等)和折旧摊销利息会随着设备利用率的提升而发生变化。随着设备运行时间的增加,产量相应提升,单位制氢成本呈现下降趋势。这一发现表明,在规模效应下,通过提高设备利用率可以有效降低单位制氢成本。

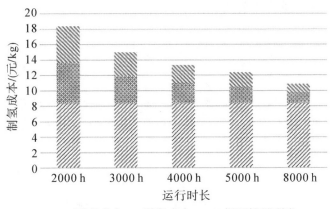

图 3-8 设备利用率对单位制氢成本的影响

3.1.2.6 管理质量提升对绿氢项目的影响

随着建设项目的增多,管理质量的提升成为降低制氢总成本的关键因素之一。随着经验的积累和技术的不断进步,工资、维修、管理、制造等费用都有所下降,从而进一步降低了绿氢项目的总成本。在保持其他费用不变的情况下,如果由于管理质量的提升使得这些费用下降50%,制氢总成本将相应下降10%。这一结论是基于对多个费用因素的深入分析和综合评估得出的,如表3-4所示。

表 3-4 固定成本下降对制氢成本的影响

项目	内容					
除折旧摊销利息外的固定成本下降比例/%	0	10	20	30	40	50
制氢总成本/(元/kg)	14.41	14.21	13.82	13.52	13.23	12.93

3.1.2.7 降低电解水制氢成本的有效途径

降低电解水制氢成本的有效途径主要包括降低电价和提高设备利用率。如图3-9所示,随着电价的降低,电解制氢成本也随之降低,同时电力成本在总成本中的占比也相应降低。电力成本每下降 0.1 元/kW·h,氢气成本平均下降 5.96 元/kg。此外,随着电解槽每年工作时间的延长,单位氢气固定成本逐渐降低,制氢成本也随之下降。这一发现强调了设备利用率的提高对降低制氢成本的重要作用。为了进一步降低电解水制氢的成本,需要继续关注电价的降低和设备利用率的提高。这不仅有助于提高电解水制氢的经济可行性,还有助于推动绿氢项目的大规模应用和可持续发展。

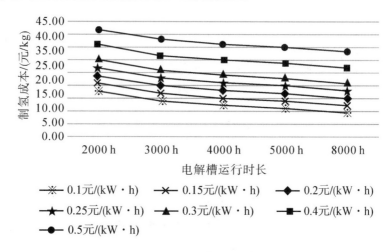

图 3-9 不同条件下制氢成本与设备利用率的关系

3.1.3 成本对比

电解水制氢的成本如表 3-5 所示。在不同电价和运行时长的前提下,对应的电解水制氢成本在 12.11 元/kg 至 26.67 元/kg 之间。

表 3-5 电解水制氢的成本

单位:元/kg

电价/[元/(kW·h)]	不同运行时长对应的成本		
	2000 h	3000 h	4000 h
0.10	17.72	13.98	12.11
0.15	20.71	16.96	15.09
0.2	23.69	19.94	18.07
0.25	26.67	22.93	21.05

目前,煤价设定为1000元/t。考虑煤制氢、"煤制氢＋碳价"以及"煤制氢＋碳捕集与封存(carbon capture and storage,CCS)"三种情况。

在煤制氢的情况下,成本为15元/kg。当考虑到碳价(50元/t)时,成本增加至16.1元/kg。而当采用煤制氢结合CCS技术时,成本进一步上升至19.4元/kg。当前的新能源电价为0.25元/(kW·h),电解水制氢的成本在21.05～26.67元/kg,这一成本仍然高于"煤制氢＋CCS"的成本。然而,随着新能源电价的下降,电解水制氢的成本优势逐渐显现。

当新能源电价降至0.20元/(kW·h),电解水制氢的成本为18.07～23.69元/kg(kW·h),这一成本已经低于"煤制氢＋CCS"的成本。进一步降低电价至0.15元/(kW·h),电解水制氢的成本为15.09～20.71元/kg,这一成本已经低于"煤制氢＋碳价"的总成本。而当电价降至0.10元/(kW·h),电解水制氢的成本为12.11～17.72元/kg,这一成本已经低于煤制氢的基本成本。

随着碳中和目标的逐步实施以及新能源电价的不断下降,"绿氢"的生产成本将逐渐接近甚至低于传统的"灰氢"生产成本。这一趋势表明,随着技术的进步和政策支持的加强,绿氢在未来有望成为更具竞争力的选择。

3.2 可再生能源制氢的技术经济

3.2.1 光伏发电制氢

光伏制氢工程项目面临经济性问题,当前的成本核算模型未能充分考虑关键因素,导致实际制氢成本远超预期。为解决这一问题,需在制定成本核算模型时全面考虑设备、运营、能源消耗和市场价格等因素,并在项目规划阶段进行优化。政府和企业也应采取措施,如提供政策支持、加大研发投入和推广先进技术,以降低项目成本,提高经济效益,推动绿氢产业的可持续发展。

李晓霞等构建了光伏制氢项目经济性分析模型,通过这一模型,对比研究了采用不同方式平抑光伏出力波动的经济性。这些研究不仅为光伏制氢项目工程方案设计提供了科学依据,而且为项目投资方和决策者提供了重要的参考。通过精细化成本核算模型和深入的经济性分析,可以更加准确地预测项目投运后的实际制氢成本,从而制定更加科学合理的运营策略。这有助于提高光伏制氢项目的经济性,降低实际制氢成本,促进项目的可持续发展。

3.2.1.1 基于光伏出力特性研究的光伏制氢工程方案构架设计

光伏场站发电功率与太阳辐射强度有着密切的关系。以西北地区某光伏场站为例，随着太阳辐射强度的增加，光伏场站的发电功率也随之增长，呈现出强烈的正相关性。在首年，该场站的年利用时间达到了 1884 h，但到了末年，这一数字下降至 1593 h。这意味着，尽管光伏技术日益成熟，但场站的年利用时间仍然呈现逐年下降的趋势。场站的发电出力时间主要在 6:00 至 9:00 时段，这正是太阳辐射强度逐渐增强的时刻。在这一时间段内，光伏处于高功率运行状态，发电量达到峰值。然而，在其他时间段，尤其是中午过后，光伏的发电功率明显降低，大部分时间处于较低的运行功率状态。这种出力模式使得光伏场站的发电呈现出早晚弱、中午强的特点。这种昼夜间歇性的发电模式直接导致了场站本身的利用时间较低。

在光伏制氢项目工程设计方案中，研究者指出了一些关键因素，以确保项目的经济性和可行性。推荐采用分布式离网光伏制氢方案，这种方案可以更好地适应本地化的能源需求，并提高能源利用的灵活性。在选择光伏装机容量时，必须谨慎考虑其与制氢设备额定功率的匹配度。如果光伏装机容量过大，超过了制氢设备的额定功率，可能会导致大量的弃光现象，这不仅浪费了宝贵的能源，还可能对环境造成负面影响。而如果光伏装机配置容量小于或等于制氢设备额定功率，则可能会导致制氢装备长时间低负荷运行，降低设备的有效利用时间，从而影响项目的经济效益。此外光伏场站发电功率具有明显的随机性和波动性特征，统计资料表明，光伏发电波动主要集中在 5 min 的时间尺度上，波动幅值主要分布在光伏装机容量的 40% 以下。

在光伏制氢项目中，为了确保制氢设备的安全稳定运行，必须解决其对光伏场站出力波动性的耐受性问题。由于碱性电解水制氢设备需要达到一定的额定功率才能正常运行，且其升负荷速率有限，这使得它在面对光伏出力的波动时显得较为脆弱。为了平抑光伏出力的波动性，光伏制氢工程方案通常采用两种主要方案：配置储能容量和接入电网。配置储能容量可以在光伏出力低谷时储存能量，并在高峰时释放，从而平抑出力的波动。然而，储能方案的成本相对较高，且储能技术的成熟度和循环寿命也是需要考虑的重要因素。另一方面，接入电网也是一种有效的平抑光伏出力波动性的方案。当具备接入电网的条件时,可以利用电网的稳定性来平抑光伏出力的波动,同时还可以通过电网进行电力的调度和调节。然而,接入电网的可行性很大程度上取决于当地的电网条件和政策规定。有些地区可能对可再生能源的并网有严格的限制或要求,这可能会影响接入电网的可行性。

3.2.1.2 光伏制氢项目经济性分析模型构建

该研究构建了一套光伏制氢项目经济性评价模型,其主要的边界条件已在表 3-6 中详细列出。为了更好地说明这一模型的应用,以一个典型的年制氢规模 2400 m^3 的光伏制氢项目为例进行说明。此外,研究人员还建立了一套投资评价模型,其主要边界条件已在表 3-7 中列出。

表 3-6 光伏制氢项目经济性评价模型主要边界条件

项目	数值
制氢设备成本/(元/m^3)	10000
年运行天数/d	330
单位制氢能耗/(kW·h/m^3)	5
光伏年运维费用/(元/W)	0.05
储能电池成本/[元/(kW·h)]	1200
储能电池寿命/a	9
项目经营周期/a	25
折旧年限/a 及残值率/%	20,5
运维费率/%	1
职工人数/人	10
人均年工资/(万元/a)	10

表 3-7 光伏制氢项目投资评价计算边界条件

项目	数值
增值税率	13%
城建税	5%
教育附加	3%

续表

项目	数值
地方附加税	2%
印花税	0%
企业所得税税率	15%
城建税	5%
贷款费率	5%
贷款比例	0.7
贷款年限/a	15

经济性评价模型主要考虑以下费用：

①建设投资费用：主要包括光伏电站、制氢设备、储氢设备以及储能设备的投资建设成本。该费用是项目的基础设施建设费用，是项目经济性评价的重要部分。

②运维费用：这包括了设备运维费用、水费、电费、土地租金、人工费、管理费以及日常运维费用。该费用是项目在运营过程中持续产生的，对项目的经济性有直接影响。

③贷款费用：按照5%的年利率，15年的贷款年限，等额本金的方式进行贷款，贷款金额设定为总投资额的70%。

④税费：主要考虑增值税、企业所得税以及附加税等税费。税费是项目在经济运行中需要承担的额外成本，对项目的经济性有直接的影响。

3.2.1.3 接入电网对光伏制氢工程经济性影响分析

(1)接入电网对光伏制氢工程的积极作用。

为了充分利用光伏能源并确保制氢设备的稳定运行，需要寻求一种有效的电力补充和平抑波动的方法。一个可行的策略是适当增加光伏场站的装机容量，使其超过制氢设备的额定功率。通过储能站，可以有效平抑这种功率差距，确保制氢设备在更长时间内维持在高功率运行状态。这不仅能提高设备的有效利用时间，还能发挥储能站调节电力供需、稳定输出功率的作用。然而，这种配置方案也会增加装备投资成本，因此需要在经济性方面进行细致的权衡和论证。从减少固定资产投资的角度出发,另一种有效的策略是引入电网电力作为补充。通过与电网的互联,我们可以利用电网的稳定性来平抑光伏出力的波动,同时还能在必要时为制氢设备提供稳定的电力供应。这种方案的优势在于能够降低对储能设备的依赖,从而降低投资成本。然而,接入电网的可行性在很大程度上取决于当地的电网条件和政策规定。因此,在选择接入电网方案时,我们需要充分了解当地的电网结构和政策环境,以确保项目的顺利实施。

(2) 接入电网与储能对制氢系统经济性影响对比分析。

在特定的制氢案例情景下,深入探讨接入电网和引入储能设备两种方案对光伏制氢工程经济性的影响。构建光伏制氢项目经济性分析模型,在低谷时段(8 h)能满功率运行的基础上,对比两种模式的经济性:一是接入电网的电力补充(包括平电和峰电的使用),二是引入储能设备,利用低谷时段储存电量。通过详细分析发现:在相同日制氢产量条件下,采用储能设备模式时的单位制氢成本和8%内部投资收益率下的氢气售价明显高于接入电网模式。

(3) 下网电费计价模式对制氢项目经济性影响。

目前,主流的下网电费计价模式主要有两种:平均交易电价计价和峰谷平电分时段计价。平均交易电价计价模式是指在一段时间内固定电价不变,用户按照这一平均电价支付电费。这种计价方式相对简单明了,用户可以较为准确地预测电费支出。然而,这种模式未能充分反映电力供需关系和用电负荷的变化,可能导致用电高峰时段的供电压力和低谷时段的电力浪费。通过在高峰时段适当调高电价,可以鼓励用户减少高峰时段的用电量,转而在低谷时段用电。这种方式能够更好地平衡电力供需,提高电力系统的运行效率,并有助于缓解供电压力。同时,对于制氢项目而言,合理利用低谷电价时段进行电力补充和平抑光伏波动,可以有效降低制氢成本。

西北某地区 1~10 kV 等级电力平均交易电价计价和峰谷平电分时段计价的计价标准,以及两种计价模式下不同电价水平的网电最大使用量,如表 3-8 所示。

研究结果显示,峰谷平电分时段计价模式在制氢成本方面表现优于平均交易电价计价模式。采用峰谷平电分时段计价,随着谷电用量的增加,下网电费和单位制氢成本均呈现下降趋势。具体而言,制氢成本从 27.81 元/kg 降低至 19.79 元/kg,而 8% 内部投资收益率下的氢气售价也从 42.4 元/kg 降低至

24.9元/kg。然而,当谷电用量达到最大时,随着平电用量的增加,制氢成本与氢气售价呈现先略下降然后上升的趋势。最低的制氢成本与8%内部投资收益率下的氢气售价分别为19.48元/kg(平电用量为5 MW·h)和24.82元/kg(平电用量15 MW·h)。值得注意的是,当开始使用峰电时,随着峰电用量的增加,制氢成本与氢气售价均呈现上升趋势。

表3-8　西北某地区峰谷电力计价表

名称	时间段	电价/[元/(kW·h)]	最大使用量/(MW·h/d)
高峰时段	8:00—12:00　18:30—22:30	0.746425	84.04
平时段	6:30—8:00　12:00—18:30	0.504725	61.08
低谷时段	22:30—6:30	0.263025	96

在平均交易电价模式下,随着网电用量的增加,光伏制氢工程的制氢成本变化较小,但8%内部投资收益率下的氢气售价呈现下降趋势,从42.4元/kg下降至31.3元/kg。这表明,在平均交易电价模式下,制氢成本相对稳定,但氢气售价可能受到市场供需关系的影响而下降。

综合对比两种电力交易模式,光伏制氢工程通过接入电网能够显著提升工程经济性。采用峰谷平电分时段计价模式进行电力交易的制氢成本与8%内部投资收益率下的氢气售价均低于平均交易电价计价模式。这表明,峰谷平电分时段计价模式更能降低制氢成本和提高氢气售价,从而提高工程的经济性。在峰谷平电分时段计价模式下,谷电对光伏制氢工程的制氢成本与售价的降低贡献最大。因此,光伏制氢工程应优先采用谷电作为补充电力,以最大限度降低制氢成本和提高经济效益。

刘庆超等人的研究以标准状态$1000 \text{ m}^3/\text{h}$水电解制氢为例,分析制氢成本与电价的关系(表3-9)。研究显示,要使光伏发电制氢的成本具有优势,其电价必须控制在0.3元/(kW·h)以下。基于当前的市场价格,进一步对100 MW光伏发电的直流系统造价进行详细的计算,如表3-10所示。

在另一项研究中,以一类资源区域为例,考虑了各种参数如光伏利用时间、装机容量等,并测算了在满足内部收益率为8%的条件下,不同造价下的电价。这些计算结果如表3-11所示。

表 3-9 光伏发电制氢成本

项目	内容				
电价/(元/kW·h)	0.24	0.34	0.44	0.54	0.74
制氢成本(标准状态)/(元/m³)	1.5	2	2.5	3	4

表 3-10 光伏发电直流系统造价

项目	不同设备设施对应的造价					
	光伏组件	光伏支架	汇流箱	线缆	基础	合计
造价/万元	17000	3000	500	500	2000	23000

表 3-11 不同造价反算电价

项目	内容			
造价/亿元	1.6	1.8	2	2.3
电价/(元/kW·h)	0.1895	0.211	0.233	0.266

刘传亮等学者深入研究了 ALK 制氢技术,特别关注了各种限制条件下,光伏发电离网制氢规模如何影响光伏制氢的经济效率。研究比较了不同比例的 PEM 制氢与 ALK 制氢结合的经济效益。以新疆某 60 MW 的光伏发电厂为例,该厂的弃电率约为 3%,而上网电价为 0.35 元/(kW·h)。研究表明,大约需要 4.8 kW·h 的电力来产生 1 m³ 的氢气。

如表 3-12 所示,当氢气生产规模达到 700 m³/h,用于生产氢气的能源消耗和电力可调节范围会有所增加。此时,弃电的使用率可以达到 90%。然而,如果氢气生产规模超过这个数值,弃电率的增加幅度会变得有限。关于设备的选择,学者们建议将小规模的 PEM 制氢与 ALK 制氢相结合。这种组合可以减少制氢系统的启动时间,并增强系统的负荷调节能力。表 3-13 展示了不同 PEM 制氢占比对项目经济性的影响,为后续的决策提供了重要的参考信息。

光伏电厂大规模制氢的经济性主要取决于弃光弃电的利用程度。离网制氢系统由于能利用这部分能源,经济性相对较好。PEM 制氢由于成本较高,现阶段并不适合大规模应用。西北地区光伏离网制氢的经济性评价涉及众多因素,包括技术路线、规模、弃电率、上网电价等。因此,针对具体项目需进行综合评估,以确定其经济可行性。

表 3-12 3%弃电率下制氢规模对项目经济性的影响

项目	不同制氢规模对应的内容						
	300 m³/h	400 m³/h	500 m³/h	600 m³/h	700 m³/h	800 m³/h	900 m³/h
投资成本/万元	520	660	800	940	1080	1220	1360
耗电功率/MW	1.4	1.9	2.4	2.9	3.4	3.8	4.3
弃电利用率/%	45	56	68	80	90	92	92
内部收益率/%	5.8	6.7	7.5	8.3	9.1	9.2	9.2

表 3-13 PEM 制氢占比对项目经济性的影响

项目	不同 PEM 制氢占比对应的内容					
	0	3%	5%	8%	10%	15%
1000 m³/h 投资成本/万元	1500	1590	1650	1720	1770	1920
一年折算设计工况运行时长/h	1660	1715	1743	1793	1826	1909
内部收益率/%	9.90	8.10	5.60	4.30	2.20	−0.06

3.2.2 陆上风电制氢

3.2.2.1 主要技术特征

在我国,风电作为一种清洁、可再生的能源,近年来得到了迅猛的发展。然而,随之而来的是弃风问题的出现,这使得部分风能资源未能得到有效利用。尽管目前弃风问题已经得到了较大程度的缓解,但离实现可再生能源的健康持续发展仍有一段距离。

为了更好地解决风电发展中的弃风问题,研究人员将目光转向了风电制氢技术。这种技术为解决风电消纳提供了新的思路,为实现可再生能源的高效利用提供了新的途径。通过电解水制氢储能,可以将风能转化为氢能,从而将氢作为清洁和高能的燃料用于各种应用场景。一方面,风电制氢技术可以实现电力到燃气的互补转换,这意味着在电力需求较低的时段,多余的风电可以被用来生产氢气,并将这些氢气储存起来。当电力需求增加时,储存的氢气可以被用来供应燃气网络,从而平衡电网负荷,提高风电的消纳能力。另一方面,风电制氢技术还可以实现可再生能源的多途径高效利用,除了直接将氢气用于燃气网络外,氢气还可以通过燃料电池等高效清洁技术被直接利用。燃料电池是一种高效、清洁的能源转换技术,能够将氢气转化为电能和热能,且排放物仅为水蒸气。因此,将氢能用于燃料电池不仅可以提高能源利用效率,还有助于减少环境污染。

孙鹤旭等在对风电制氢系统(图 3-10)的研究中,认为风电制氢的主要技术特征如下。

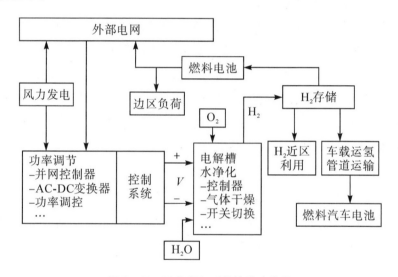

图 3-10 风电制氢系统的基本结构

(1)风力发电机需要具备强大的抗风波动能力。由于风能是一种间歇性能源,其供应的不稳定性是风电制氢系统面临的一大难题。为了确保稳定的电力输出,风力发电机不仅要能够承受极端天气条件下的强风,还需要具备在低风速条件下高效运行的能力。发电机还应配备先进的控制策略,以平滑输出功率的波动,防止对电解槽造成过大的冲击。

(2)风电制氢电解槽的性能对整个系统的效率和稳定性至关重要。高效的能源转换是电解槽的核心任务,因此,电极和催化剂等材料的优化选择至关重要。这不仅关乎制氢效率,还直接影响到电解成本。电解槽还需要具备出色的抗功率波动能力,以确保在风力供应不稳定的情况下,氢气生产能够保持稳定。

这不仅有助于提高氢气的纯度,还有利于延长电解槽的使用寿命。

(3)风电制氢集成控制系统作为整个系统的"大脑",负责协调和控制各个子系统的工作。它不仅要实现制氢功率的灵活分配,以应对风力供应的变化,还需要精确控制制氢电压,以确保整个制氢过程的高效运行。该系统还需具备高度的安全预警和故障处理能力,以应对可能出现的各种意外情况。同时,对于储氢和用氢环节的安全管理也是该系统的重要职责之一。

3.2.2.2 四种方案分析

时璟丽等提出了一种创新方案,该方案旨在将北方地区产生的弃风电量转化为氢气。并深入分析了四种不同的风电制氢方案,对其经济性进行了全面的估算。在进行分析时考虑的主要因素:在经济性方面,电解水制氢的投资和运维成本是基本固定的,变动的是电力的价格。但对其经济性影响最大的是氢产品的市场和售价。氢产品的市场需求决定了制氢设备的年运行时间和运行方式;售价的影响更为显著,且市场需求和售价往往关联度非常紧密;氢气的运输成本在不同销售方式下存在显著差异,不可忽视。制定氢气销售策略时,必须仔细考虑运输成本,以确保经济效益。

(1)方案1:自备电厂且氢气就地利用。

方案1(图3-11)是在风电场附近制氢,风电与氢生产厂采用自备电厂模式,利用弃风电量进行电解水氢气生产。氢气在当地(如在20 km左右的范围内)有一定市场,可以直接用于工业。

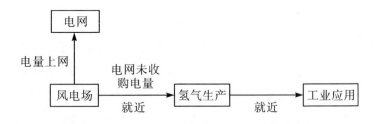

图3-11 方案1自备电厂且氢气就地利用模式

基本方案利用5万kW风电场弃风电量制氢,考虑风电弃风且可用于制氢的比例为14.8%,且全部集中于采暖季,则可用于制氢的电量为1628万kW·h。按照4.5 kW·h/m^3的制氢电耗,年可生产氢气量360万m^3,则适合配备3个电解制氢设备单元。产氢能力1800 m^3/h,年满运行2000 h。

初始投资:每个单元电解槽投资为700万元左右,再考虑储存、压缩以及建筑等其他投资,1800 m^3/h 的氢气生产厂投资约3000万元。

运行成本:不含电费的运行成本主要是水费、日常运维及人员工资等。电解水制氢需要纯水,耗水量约1 kg/m^3,不含电费的年总运行成本约130万元。

大修费:电解槽寿命一般15 a,在中期需要大修一次,大修费用按照成本的10%～20%考虑。

电费:电费主要取决于风电供电方式和电价,方案1采用的是风电场和制氢企业地域靠近、自供电模式,电价可以协议确定。

根据上述条件和参数进行测算,可以看出:(1)若自供电的协议价格为0.35元/(kW·h),为了确保氢气生产项目达到8%的投资回报率,氢产品的价格需设定为3.65元/m^3。其中,购电费为1.58元/m^3,运维费(含大修)为0.42元/m^3,投资和财务费用为0.83元/m^3,税收和利润为0.82元/m^3。(2)若风电协议电价为0.2元/(kW·h),则氢产品的价格可以在3.65元/m^3的基础上下降约0.7元/m^3,即在约3元/m^3就可有较好的经济效益。

方案1的关键点是,在风电场附近建设制氢设备,当地有氢气的需求。方案1中,一个5万kW的风电场配备了氢气生产设备,每年可生产氢气360万 m^3。然而,这样的规模既远未达到化工生产所需的氢气量(年需求量可达上亿立方米),又超出了通常的灌装氢气需求。因此,找到合适的市场是关键。

方案1中选用的电解制氢设备,每小时能处理600 m^3 的氢气,采用了模块化设计。这一设备既可作为固定装置,也可作为可移动的集装箱式装置,具备高度的灵活性。根据过去几年各地风电运行的实际情况,风电弃风的程度在不同时段和不同地区都有一定的差异。集装箱式的电解制氢设备便于移动,可灵活选择限电地区的风电场进行配置,从而提高整个寿命期的效益。

(2)方案2:自备电厂且氢气外输利用。

方案2(图3-12)是在风电场附近制氢,风电与氢生产厂采用自备电厂模式,利用弃风电量进行电解水氢气生产。氢气在当地没有市场,需要通过管道或者槽车等专用车辆运输到氢市场需求端(在300 km范围内),直接用于工业。

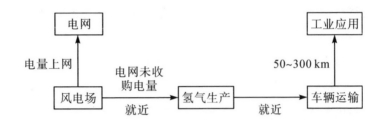

图 3-12　方案 2 自备电厂且氢气外输利用模式

方案 2 与方案 1 的主要差异在于增加了将氢气运输到需求地区的成本。初步估算显示,方案 2 的运输成本或氢气售价需要增加 2 元/m³。在购电价格为 0.35 元/(kW·h)的条件下,氢产品的价格需达到 5.65 元/m³。其中,购电费为 1.58 元/m³,运维费(含大修)为 0.42 元/m³,初投资和财务费用合计 0.83 元/m³,氢气运费为 2 元/m³,税收和利润为 0.82 元/m³。然而,按照当前市场情况,这种模式的竞争力相对较弱。

(3)方案 3:直供且氢气就地利用。

方案 3(图 3-13)是在氢市场需求端制氢,采用风电直供模式,氢气直接用于工业。

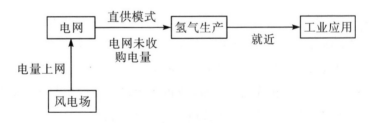

图 3-13　方案 3 风电直供且氢气就地利用模式

方案 3 中的设备、初始投资、运行成本等条件同方案 1,主要差别是采用了风电直供模式,因此制氢的电价水平会有较大的变化。

按照国家关于直供电的有关规定。直供电价格由发电企业与用户协商确定,并执行国家规定的输配电价,输配电价则按对应电压等级的大工业用户电价扣除平均购电价格的原则测算,并缴纳随电价收取的政府性基金与附加费。

根据目前的电价水平,"三北"地区的输配电价格在 0.15~0.2 元/(kW·h),各类政府性基金和附加费用在 0.05 元/(kW·h)左右。因此,相比方案 1,相当于电费增加了 0.2~0.25 元/(kW·h),即成本增加 1 元/m³。如果风电供电价格为0.35元/(kW·h),则氢气售价需要达到4.65元/m³(其中电费成本2.58元/m³),竞争力弱。但相比方案2的外输氢气方案,使用直供电更合算一些。

在直供电模式下,风电价格达到0.35元/(kW·h)是不太可能的。如果制氢完全依赖电网购电,且制氢设备运行2000 h,我们完全可以使用电网的低谷电进行制氢。假设基本电价为每年264万元[1万kVA,22元/(kVA·月)],低谷电价为0.3元/(kW·h),每天利用6 h低谷电力,全年生产2190 h。据此计算,购电费为796万元,折合为2.02元/m³。为了确保合理利润,氢气售价需达到4.07元/m³。

因此,直供电模式下,氢制造厂所付出的电价不能超过0.45元/(kW·h),即风电的电价不能超过0.23元/(kW·h)。但即便如此,氢气的售价仍较高(4.07元/m³)。只有当风电直供电价低至0.02元/(kW·h)的情况下,氢气的售价可以达到3元/m³的低价。

(4)方案4:自备电厂且氢气接入天然气管网。

方案4(图3-14)是在风电场附近制氢,风电与氢生产厂采用自备电厂模式,氢产品通过管道接入当地天然气管网。

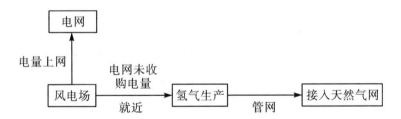

图3-14 方案4自备电厂且氢气接入天然气管网利用模式

方案4与方案1的主要差异在于氢气的应用方式。通过新建管网,方案4将氢气接入当地的天然气管网。然而,氢气的热值仅为12791 kJ/m³,仅为天然气的三分之一。根据国家政策,增量气的含税价格为2.29~3.32元/m³。

为了推动风电制氢技术的发展,与天然气行业和管理部门的协调至关重要。通过争取优惠政策,例如在天然气管网中增加氢气输配比例,且不调整用户端价格,氢气的价格可以达到与天然气增量气门站相当的水平,即3元/m³。然而,在这种情境下,天然气供气和管网运行企业仍然采用平进平出的价格模式,这意味着他们并未充分考虑输气管网的成本。基于上述条件,为了达到约 8% 的投资回报率,制氢企业购电价格不应超过 0.244 元/(kW·h)。

3.2.2.3 典型项目分析

张理等提出了一种利用风电通过碱性电解水制氢的方法,并以氢燃料电池车作为终端应用。利用平准化成本分析和内部收益率法,分析了制氢及储运等环节的成本效益变化,并建立了风电全电量制氢的经济分析模型。这一模型与并网发电进行了经济性对比,为新能源消纳受限地区的风电产业发展提供了新的思路。

据《中国氢能源及燃料电池白皮书 2019》预测,工业和交通领域作为氢能消费的重要支柱,其需求将持续上升,尤其在 2030 年前将呈现显著增长,随后增速逐渐放缓。考虑到氢能产业目前正处于导入期,预计自 2025 年开始将进入快速成长期,对氢气价格和风电场投资等成本进行了如下合理假设。

a. 在氢能市场的起步阶段,即 2030 年前,高纯度氢气的出厂价格稳定在平均 30 元/kg 的水平(这一数值参考了当前各地的平均最低出厂价格)。随后,这一价格将逐年下降 5%。

b. 风电场的建设成本和碱性电解水装置系统成本的变化情况具体如表 3-14 所示。

表 3-14 风电场建设成本和电解水制氢装置单位造价

项目	2020 年	2021 年	2025 年	2030 年
风电场单位建设成本/(元·kW^{-1})	6700	6400	5200	4500
电解水装置造价/(万元·$台^{-1}$)	250	200	160	120

注:表中电解水装置指单位氢气生产能力 1000 m^3/h 的电解水装置。

(1) 风电制氢经济性评价。

内部收益率作为一个关键的财务指标,有效地评估了项目的投资回报率与风险之间的平衡。在基准收益率取电力行业基准收益率 8% 的情况下,风电制氢在 2020 年已经接近这一行业基准,显示出其在经济上的稳健性。更为积极的是,自 2021 年起,风电制氢开始具备投资回收条件,意味着投资者可以在短期内开始获得回报。这一趋势表明,风电制氢不仅仅是一个长期投资项目,而且是一个可以快速获得经济收益的领域。这种早期的投资回收为投资者提供了更人的信心,也促使更多的资金和资源流向这一领域。而 2027 年预计将是风电制氢发展的一个关键节点,风电制氢的内部收益率将在这一年达到峰值。然而,同时也必须注意,2027 年之后风电制氢的投资收益可能开始呈现下降趋势。这并不意味着风电制氢失去了吸引力,而是提醒投资者需要更加谨慎地评估未来的市场动态和潜在风险。尽管如此,风电制氢的总体收益率在"十四五"期间仍然具有竞争力,这表明它仍然是一个值得考虑的投资方向。

结合市场需求增长的趋势,可以预测在未来的几年中,风电制氢将进入一个快速发展的阶段。随着技术的进步和市场需求的增长,风电制氢有望成为氢能市场需求的重要补充。这种发展趋势不仅对于投资者来说是一个巨大的机会,而且对于整个氢能产业乃至更广泛的社会经济领域都将产生深远的影响。

(2)与并网发电的经济性比较。

自 2019 年起,风电并网发电价格开始实施指导价制度,这一制度以总量控制和电网消纳能力为前提,采用竞争配置的方式确定,旨在促进风电产业的可持续发展。对于 2020 年的陆上风电,上网电价指导价设定为 0.47 元/(kW·h),这一价格水平下,风电场并网发电的内部收益率可以达到相当高的 17.35%。从 2021 年开始,新增的集中式陆上风电项目将全面实现平价上网,标志着风电产业正逐步迈向成熟阶段。与此同时,以安徽省内现行火电标杆电价 0.3844 元/(kW·h)作为参考,风力并网发电的内部收益率也相当可观,约为 13.29%。表 3-15 详细对比了 2020 年和 2021 年并网发电与制氢两种模式在经济性方面的差异。从数据中可以明显看出,风电并网发电在特定条件下具有显著的经济优势。

在 2020 年的补贴退坡期间,风电制氢相较于并网发电不具备经济竞争力。然而,随着 2021 年全面实现平价上网,风电制氢的经济性已接近并网发电。

表 3-15 2020 年、2021 年并网发电和制氢经济性对比

项目	2020 年	2021 年
风电指导价/[元/(kW·h)]	0.47	0.3844
并网发电模式内部收益率/%	17.35	13.29
风电制氢模式内部收益率/%	7.94	12.18

3.2.3 海上风电制氢

中国在风电领域的发展一直处于全球领先地位,尤其在2022年,在海上风电的开发方面取得了显著进展。据统计,中国的新增吊装容量和累计吊装容量均呈现出显著的增长趋势。这不仅彰显了中国在风电技术上的实力,也表明了其对于可再生能源发展的坚定决心。技术的进步和经验的积累使得中国海上风电项目的平均度电成本持续降低。最新的数据显示,这一成本已降低至约0.33元/(kW·h),相较于之前有了明显的下降。这不仅提高了风电的经济性,也进一步增强了其在能源结构中的竞争力。在"十四五"期间,中国沿海省份已经制定了雄心勃勃的海上风电发展规划。预计总容量将达到约5000万kW,这一数字远超过以往任何时期。这一规划的实施将为中国风电产业的发展提供强大的推动力。展望未来,中国对于海上风电的发展抱有更高的期望。预测到2050年,中国海上风电的累计装机容量有可能达到0.8亿~1亿kW。这意味着在未来的十几年中,中国海上风电将经历一个快速的增长期。为了实现这一目标,预计在"十五五"期间,中国将新增约1亿kW的海上风电装机规模。值得注意的是,这一新增装机容量的大部分将位于深远海海域。这表明中国不仅在近海地区积极发展风电,也在积极探索深远海风电的潜力,以实现更广泛的能源覆盖和更高效的能源利用。

田甜等对我国海上风电制氢技术经济性做了系统研究,认为风电制氢是提高风电利用率和缓解弃风的有效手段,已成为海上风电发展和研究的热点方向。

为了全面评估各种制氢方案的经济效益,需要综合考虑技术可行性、设备投资成本、运行维护成本等多个因素,对海上风电岸上制氢、海上平台制氢及管道输氢和海上平台制氢及船舶运氢3种海上风力发电制氢技术方案进行经济性比较。在各种海上风电制氢技术方案中,海上平台制氢及船舶运氢方案展现出了明显的优势。与其他两种方案相比,它具有更高的经济性,这主要得益于其较低的设备投资成本和运行维护费用。此外,该方案对离岸距离的敏感性较低,即使在较远的海域,其等年值费用也基本保持稳定。这使得海上平台制氢及船舶运氢方案成为一种具有广泛应用前景的技术方案,尤其适合用于大规模海上风电开发项目。

海上风电岸上制氢方案和海上平台制氢及管道输氢方案的经济性会随着离岸距离的增加而增加。这主要是因为这两种方案在长距离输送过程中需要更多的设备和投资,同时增加了运营和维护的难度和成本。因此,在选择这两种方案时,应充分考虑离岸距离、地形地貌、海洋环境等因素的影响,以确保其经济可行性。

3.2.3.1 海上风力发电制氢技术方案

海上风电岸上制氢技术,即通过海底电缆将风电传输上岸并在岸上制氢,是一个可行的选择。然而,这一方案受到海底电缆技术的限制。高压交流技术虽然成熟且成本较低,但存在一些技术问题如谐振和在线损耗。相比之下,高压直流技术提供了更灵活的控制,没有距离限制,但换流设备的造价较高。

海上平台制氢技术提供了一种新的可能性。通过在海上平台就地制氢,可以减少对输电网络的依赖,降低电力传输损耗和海底电缆的投资成本。这一方案的优势在于其独立性和灵活性,适用于各种规模和条件的风电项目。然而,这也需要考虑到平台建设和运营的成本,以及氢气储存和运输的挑战。

在氢气的储运方面,压缩气态和低温液态是两种主要的方式。压缩气态氢气可以通过管网或车、船舶等运输工具进行输送,适用于大规模的氢气输送。管网输送具有稳定性和连续性,适合长期、大量的氢气供应;而车、船舶运输则更加灵活,适用于中小规模和分散的用户需求。对于低温液态的液氢,虽然目前国内还没有专门用于液氢运输的船舶,但其输运方式一般采用车船输送。

(1)海上风电岸上制氢技术方案。

海上风电经交流输电岸上制氢系统拓扑结构如图 3-15 所示。海上风电经交流输电岸上制氢系统是一个集成了多个子系统和技术环节的复杂能源转换和传输系统。该系统的核心目标是将海上风电转化为氢气,并通过交流输电技术将电能从海上传输到岸上制氢站。海上风电场是整个系统的能源来源,安装在风机上的发电机将风能转化为交流电能。海上升压站汇集了来自各个风机的电能,通过变压器将电压升高,以便通过海底电缆进行长距离传输。陆上变电站和陆上换流站是连接海上风电场和岸上制氢站的桥梁。制氢站利用电解水或其他方法将直流电能转化为氢气。氢气可以作为清洁能源储存起来,或在需要时用于发电或其他工业用途。

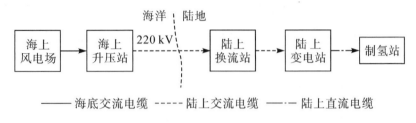

图 3-15　海上风电经交流输电岸上制氢系统拓扑结构

海上风电经直流输电岸上制氢系统拓扑结构如图 3-16 所示。海上风电经直流输电岸上制氢系统是一种先进的能源转换和传输方案，其核心在于将海上风电转化为直流电，并通过海底电缆输送到岸上制氢站。与传统的交流输电系统相比，直流输电系统在传输过程中避免了能量损失和电压降落，从而提高了能源的传输效率和稳定性。该系统的构成部分包括海上风电场、海上升压站、海上换流站、陆上变电站和制氢站。这些组成部分协同工作，将风能转化为氢能，并实现能源的高效传输。与交流输电系统不同，直流输电系统需要海上换流站。换流站的作用是将海上风电场输出的交流电转换为直流电。这一过程涉及复杂的电力电子技术和控制策略，以确保电流的稳定和高效转换。

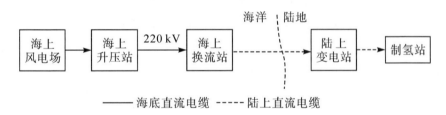

图 3-16　海上风电经直流输电岸上制氢系统拓扑结构

在海上风电经交流和直流输电岸上制氢系统中，为了确保长距离输电的效率和稳定性，海上换流站的电压通常为经过海上升压站汇流升压后的电压。这种高电压等级有助于减少输电损耗并提高传输效率。而在海上平台制氢及船舶运氢系统和海上平台制氢及管道输氢系统中，海上换流站的电压则直接与海上风电场输出的电压相对应，通常为 33 kV。这种较低的电压等级更适合于近距离的电力传输和利用，能够减少对设备的绝缘要求和降低投资成本。

不同电压等级的换流站单位投资成本存在显著的差异。研究数据显示，220 kV 电压等级的换流站成本比 33 kV 电压等级的换流站成本高出约 10%。这一成本差异主要源于更高电压等级的换流站需要更先进和复杂的电力电子技术和设备来确保稳定性和可靠性。这些技术和设备通常具有更高的研发和制造成本,从而推高了整体的投资成本。这种成本差异也反映了不同系统对于技术和设备要求的差异。更高的电压等级需要更高级的电力电子转换技术和控制策略来确保系统的稳定运行。这不仅涉及设备的选择和设计,还需要对系统进行全面的仿真和测试,以确保在实际运行中的性能和安全性。

(2)海上平台制氢及船舶运氢技术方案。

海上平台制氢及船舶运氢系统拓扑结构如图 3-17 所示,海上平台制氢及船舶运氢系统是一个集成化的能源转换和运输系统,其核心目标是将海上风电转化为氢气,并通过船舶进行运输。该系统由海上风电场、海上换流站、海上制氢站、岸上运氢中转站和运氢船舶组成。海上风电场通过高效的风力发电机将风能转化为交流电。海上换流站将海上风电场输出的交流电转换为电解槽所需的直流电。直流电通过海底电缆传输至海上制氢站。在海上制氢站,直流电被用于驱动电解槽进行氢气生产。电解槽利用电流将水分子分解成氢气和氧气,从而实现氢气的生产。最后,生产出的氢气通过专门的运氢船舶运输至陆上的运氢中转站。

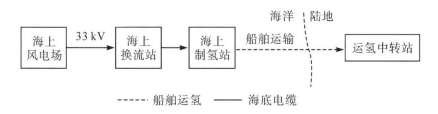

图 3-17 海上平台制氢及船舶运氢系统拓扑结构

(3)海上平台制氢及管道输氢技术方案。

海上平台制氢及管道输氢系统拓扑结构如图 3-18 所示,海上平台制氢及管道输氢系统是一个集成了海上风电场、海上换流站、海上制氢站、运氢中转站和输氢管道的复杂能源转换系统。海上风电场利用风能驱动风力发电机,将风能转化为交流电。海上换流站将海上风电场输出的交流电转换为电解槽所需的直流电。直流电通过电缆传输至海上制氢站。在海上制氢站直流电被用于驱动电解槽进行氢气生产。生产出的氢气通过专门的管道输送至岸上的运氢中转站。

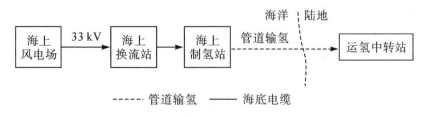

图 3-18 海上平台制氢及管道输氢系统拓扑结构

3.2.3.2 三种海上风力发电制氢方率经济性对比分析

某总装机容量为 300 MW 的海上风电场,在离岸距离 25 km、50 km、75 km 的条件下,其海上风电岸上制氢、海上平台制氢及船舶运氢和海上平台制氢及管道输氢三种方案的经济性分析如下。计算出年产氢量约为 1.55×10^8 m³。在考虑经济性时,不仅要关注氢气的产量,还要关注不同方案下的成本构成。因此,需要对每种方案进行细致的成本分析,包括设备购置、运营维护、运输等方面的费用的综合评价。

1)三种方案成本分析

在评估海上风电岸上制氢系统的经济性时,除了关注设备投资成本外,设备的年维护费率也是关键因素之一。系统中各设备的年维护费率如表 3-16 所示。在海上风电岸上制氢系统中,由于岸上制氢站位于靠近海边的位置,我们可以忽略海上升压站和陆上变电站之间的陆上电缆,将其视为海底电缆进行处理。这种处理方式有助于简化系统设计和分析,同时也有助于减少相关成本。在对比不同方案的经济性时,为了保持公平性,我们在海上平台制氢及管道输氢和海上平台制氢及船舶运氢方案中,将氢气运输上岸的运氢中转站设置在与海上风电岸上制氢系统中的岸上制氢站相同的位置。这种设置方式有助于确保各方案在设备成本、维护成本和损耗成本等方面具有可比性。电解槽、氢气压缩机和集装管束箱是系统中的重要设备,其总成本较低,但维护费率也不容忽视。根据估算,这些设备的年维护费率约为 1%。

表 3-16 各设备年维护费率

设备	年维护费率/%
交流电缆	1.2
陆上变电站	1

续表

设备	年维护费率/%
海上换流站	2
直流电缆	0.5
船舶	0.2

(1)海上风电岸上制氢方案成本分析。

海上风电岸上制氢方案的经济参数如表3-17所示。其中,交流电缆成本已经考虑了无功补偿的影响。据交能网统计数据,2018年每座加氢站的成本为0.12亿元。氢气压缩机的成本占42%,经过计算,其成本为504万元。

表3-17 海上风电岸上制氢经济参数

系统构成	费用构成	费用
交流电缆	设备	887 万元/km
陆上变电站	设备+安装	(43.47+5.22)万元/MW
海上换流站(220 kV)	设备+安装	(220+77)万元/MW
直流电缆	设备	550 万元/km
陆上换流站(220 kV)	设备+安装	(220+26.4)万元/MW
碱性电解槽	设备+安装	(201+24.1)万元/MW
氢气压缩机	设备	504 万元/台
集装管束箱	设备	120 万元/个

当前我国海上风电场项目经验有限,施工成本相对较高。陆上风电的基础施工和机组安装费用占总投资额约10%,而海上风电则高达35%以上。集装管束箱是存储氢气的关键设备,其成本也需考虑。根据表3-17中数据,海上风电经交流和直流输电岸上制氢系统对应不同离岸距离的固定资产成本分别如表3-18、表3-19所示。

表 3-18　海上风电经交流输电岸上制氢系统投资成本

离岸距离/km	投资成本/万元					
	交流海底电缆	陆上变电站	陆上换流站	碱性电解槽	氢气压缩	集装管束箱
25	22175					
50	44350	14607	73920	67530	504	12240
75	66525					

表 3-19　海上风电经直流输电岸上制氢系统投资成本

离岸距离/km	投资成本/万元					
	海上换流站	直流海底电缆	陆上变电站	碱性电解槽	氢气压缩	集装管束箱
25		13750				
50	89100	27500	14607	67530	504	12240
75		41250				

不同离岸距离下,交流和直流输电的损耗也有所不同,300 MW 额定功率通过交流电缆直流电缆的损耗如表 3-20 所示。风电场年利用时间取 4000 h,海上风电上网电价取 0.061 万元/(MW·h)。

表 3-20　不同输电距离的交流电缆和直流电缆损耗

输电距离/km	损耗/MW	
	交流电缆	直流电缆
25	7.23	1.04
50	14.45	2.08
75	21.68	3.12

根据经济性模型和数据,可以得出海上风电岸上制氢系统的成本构成,其中固定资产成本占据主导地位,而维护和损耗成本相对较小。海上风电经交流输电岸上制氢系统和海上风电经直流输电岸上制氢系统年成本构成分别如图 3-19、图 3-20 所示。随离岸距离增大,总成本增加,交流输电系统的固定资产成本及年损耗成本增长幅度最大。这些分析结果有助于我们更好地了解海上

风电岸上制氢系统的经济性,为决策者提供有价值的信息。

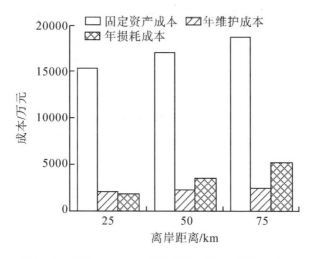

图 3-19　海上风电经交流输电岸上制氢系统成本构成

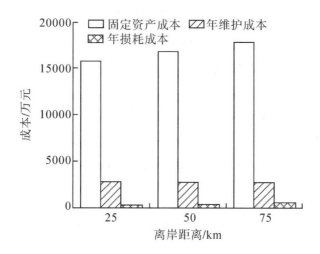

图 3-20　海上风电经直流输电岸上制氢系统成本构成

(2)海上平台制氢及管道输氢方案成本分析。

在评估海上风电岸上制氢系统的经济性时,输氢管道的费用是一个不可忽视的因素,经济参数如表 3-21 所示。我国已经建设了多条输氢管道,其中巴陵—长岭氢气输送管道和济源—洛阳氢气输送管道的投资成本分别为 456 万元/km 和 616 万元/km。取两者的均值作为输氢管道的单位投资成本,即 536 万元/km。然而,与陆地管道相比,海洋管道的建设成本要高出很多。通常情况下,海洋管道的成本会比同距离、同规模的陆地管道高出40%~70%。在此情境下,取中间值55%作为海洋管道成本增加的比例。这意味着,在相同的条件下,海洋管道的建设成本将是陆地管道的1.55倍。结合输氢管道的单位投资成本和海洋管道成本增加的比例,可以估算出海底氢气管道的费用为831万元/km。

表3-21 海上平台制氢及管道输氢经济参数

系统构成	成本构成	费用
海上换流站(33 kV)	设备+安装	(200+70)万元/MW
碱性电解槽	设备+安装	(201+70.35)万元/MW
氢气压缩	设备	504万元/台
氢气运输管道	设备	831万元/km

海上风电场需要应对台风和防腐等问题,设备和安装的费用相较于陆上会有所增加。目前尚未有专门针对海上制氢的碱性电解槽成本数据,因此在处理时将其与岸上制氢的电解槽成本视为相同。仅考虑安装成本的差异,以岸上电解槽成本作为参考。

根据表3-21中数据,海上平台制氢及管道输氢方案对应不同离岸距离的固定资产成本如表3-22所示。

表3-22 海上平台制氢及管道输氢系统投资成本

离岸距离/km	固定资产成本/万元			
	海上换流站	碱性电解槽	氢气压缩	氢气管道
25				20775
50	81000	81405	504	41550
75				62325

海上平台制氢及管道输氢方案中氢气管道年维护费用为2.5万元/(a·km),平均能量损失为1.4万元/(a·km)。海上平台制氢及管道输氢系统的成本主要由固定资产成本构成,随着离岸距离的增加而增长显著,相比之下,维护成本和损耗成本相对较小。这些成本构成如图3-21所示,其中固定资产

成本占据主导地位。

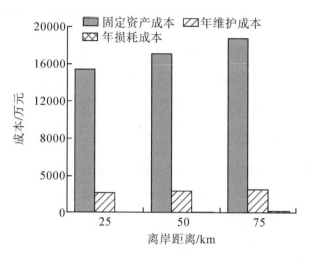

图 3‑21　海上平台制氢及管道输氢系统成本构成

(3) 海上平台制氢及船舶运氢方案成本分析。

表 3‑23 展示了海上平台制氢及船舶运氢方案的经济参数。氢气运输船舶采用集装箱船舶。据统计，2019 年每个标准箱（twenty-feet equivalent unit，TEU）的船舶造价为 0.67 万美元，折合人民币约为 4.6 万元。每个 TEU 的配货毛重为 17.5 t。考虑到海上风电岸上制氢系统每天需要 102 个集装管束箱来存储氢气，假设船舶每天运输一趟，也需要同样的数量。每个集装管束箱的船舶价格是其原本价格的 2 倍，因为每个集装管束箱的额定质量是 TEU 船舶配货毛重的两倍。根据表 3‑23 中的数据，我们可以计算出海上平台制氢及船舶运氢系统在不同离岸距离下的固定资产成本，具体数据如表 3‑24 所示。

表 3‑23　海上平台制氢及船舶运氢经济参数

系统构成	成本构成	费用
海上换流站(33 kV)	设备+安装	(200+70)万元/MW
碱性电解槽	设备+安装	(201+70.35)万元/MW
氢气压缩	设备	504 万元/台
集装箱船舶	设备	9.2 万元/TEU
集装管束箱	设备	120 万元/个

表 3-24 海上平台制氢及船舶运氢方案投资成本组成

离岸距离/km	固定资产成本/万元				
	海上换流站	碱性电解槽	氢气压缩	集装管束箱	船舶
25					
50	81000	81405	504	12240	938.4
75					

船舶运输氢气的损耗成本在这个系统中几乎可以忽略不计。由于氢气的特殊性质,它在运输过程中的损失非常小,这意味着大部分氢气都可以安全地运送到目的地。虽然船舶的运行费用是实际存在的,但与整个系统的总成本相比,这部分费用相对较小。具体来说,每航行 100 km,2 万 t 集装箱船舶耗油量约 5453 L,按照柴油价格 7 元/L 计算,运行成本为 38171 元。这个费用相对于整个系统的投资和运营成本来说,影响较小。固定资产成本在这个系统中占据主导地位。这意味着在建设、安装和维护风电制氢设备和相关基础设施方面需要大量的投资。根据经济性模型和提供的数据,计算出海上平台制氢及船舶运氢系统的各部分成本。该系统的成本中固定资产成本占据了大部分。随着离岸距离的增加,固定资产成本和维护成本保持不变,而运行成本会有所增加。

2)不同方案等年值费用比较

基于综合投资成本和年运行维护成本的考量,图 3-22 展示了 300 MW 海上风电场不同制氢方案的等年值费用随离岸距离的变化曲线。经济性比较表明,基于交流输电系统的海上风电岸上制氢方案在离岸距离增加时,等年值费用呈现出最为显著的上涨趋势。这一结果凸显了交流输电系统在长距离传输中的高成本。相比之下,海上平台制氢及管道输氢方案的等年值费用增长幅度次之。这一方案在中等离岸距离范围内具有较好的经济性,因为管道输氢能够保持较低的运输成本和损耗。基于直流输电系统的海上风电岸上制氢方案的等年值费用增长幅度相对较小。这表明直流输电系统在短距离传输中具有较高的经济性,能够有效地降低传输损耗和成本。海上平台制氢及船舶运氢系统的等年值费用受离岸距离的影响相对微弱。这可能是因为船舶运输的灵活性较高,能够根据需求调整运输量和路线,从而在一定程度上降低成本。

3 我国规模化制氢的技术经济

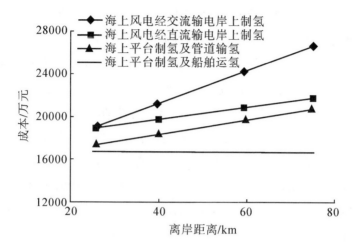

图 3-22 300 MW 风电场不同风电制氢系统等年值费用随离岸距离的变化

在探讨海上风电制氢方案的经济性时，对比了三种方案：海上风电岸上制氢、海上平台制氢及管道输氢、海上平台制氢及船舶运氢。研究结果显示，海上平台制氢及船舶运氢方案在离岸距离变化时展现出良好的经济性。具体来说，随着离岸距离的增加，该方案的等年值费用基本保持稳定，与其他方案相比更为经济。这一结论基于对设备投资成本和运行维护成本的综合分析，考虑了各方案在不同离岸距离下的成本表现。同时发现，海上风电岸上制氢方案和海上平台制氢及管道输氢方案的等年值费用均随离岸距离的增加而增加。然而，两者之间的费用差距随离岸距离的加大而缩小。这表明，虽然管道输氢方案在中等离岸距离范围内具有较好的经济性，但在更远的离岸距离下，其优势逐渐减小。另外，在海上风电岸上制氢方案中，经直流输电系统的等年值费用相较于海上平台制氢及管道输氢方案更高。但随离岸距离的增加，两者之间的费用差距逐渐缩小。这一趋势表明，在长距离传输中，交流输电系统的成本逐渐超过直流输电系统。

张森等学者对海上风能岸上制氢的经济性进行了深入研究，并对风电输电上岸后的两种主要利用模式进行了比较。这两种模式分别是(1)直接将风电转化为电能并销售给电网或其他电力消费者；(2)利用风电生产氢气，这是一种新兴的能源利用方式，将风能转化为氢能储存，并在需要时进行利用。在研究过程中，首先对碱性电解槽和质子交换膜电解槽这两种主要的制氢技术的工作特性进行了深入比较。通过分析,建立了制氢系统产氢量的数学模型,为后续的经济性分析提供了基础。随后,为这两种风能利用模式建立了详细的经济分析模型。这些模型考虑了初始投资、运营成本、能源产出等多个方面,从而为全面的经济性评估提供了框架。研究还进一步深入探讨了影响风电制氢经济性的关键因素。结果显示,氢价是决定风电制氢经济性的核心因素。在当前市场条件下,当氢价为 46.93 元/kg、风电上网电价为 0.5318 元/(kW·h)时,风电制氢模式展现出显著的经济优势。研究也强调了一个重要的事实:氢价的高度不确定性。由于氢能市场仍在发展初期,其价格受到未来供需关系、技术进步和政策环境等多种因素的影响。这意味着决策者在考虑采用风电制氢模式时,必须对未来氢市场的发展有深入的理解和准确的预测。

3.2.4　水力发电制氢

在我国的能源结构中,水力资源扮演着至关重要的角色。尽管我国的能源种类多样,但水力资源的储量丰富,其战略地位不容忽视。据统计,水力资源的剩余可采总储量仅次于煤炭,占据了 35.4% 的份额。这表明,水力资源在我国能源领域的地位举足轻重,为我国的能源供应提供了长期、稳定的保障。从发电的角度看,水力资源具有巨大的开发潜力。每年以技术可开发量计算,水力资源可以替代 1143 亿 t 的原煤。这一数字惊人,它突显出水力发电在低碳能源发展、能源结构调整以及节能减排方面的巨大潜力。通过合理开发和利用水力资源,我国不仅能够优化能源结构,降低对化石燃料的依赖,更能有效地减少温室气体排放,为保护生态环境做出积极贡献。

目前,我国的水电事业已经取得了显著成就。水电装机容量和年发电量分别突破了 3 亿 kW 和 1 万亿 kW·h。然而,与发达国家相比,我国的水电开发程度仍然较低,仅为 37%。这意味着,我国的水力资源仍有巨大的开发空间。预计到 2050 年,剩余水能资源的技术可开发量将达到 3.6 亿 kW,年发电量将达到 1.9 亿 kW·h,分别占可开发总量的 55% 和 63%。这一数据预示着我国水电事业在未来仍有广阔的发展前景。此外,利用水力发电来制氢也是一个值得探索的领域。这不仅可以解决大型水电企业面临的弃水问题,提高企业的经济效益,还在一定程度上弥补了电解水制氢技术的高耗能和高成本的缺陷。通过这种方式,水电企业可以进一步拓展其业务范围,实现多元化经营,提高整体竞争力。

3.2.4.1 大型水电企业制氢可选择的方案

四川省正大力推广电解水制氢技术,旨在促进清洁能源的应用和减少碳排放。为了确保稳定的电力供应并降低成本,四川省计划将电解水制氢企业纳入直供电企业名录,确保其享受最低的输配电价。在这一政策背景下,四川省的大型水电企业面临两种建设电解水制氢站的方案选择。方案一考虑在电站厂区内或附近建设制氢站,利用电站的厂用电进行供电。制出的氢气经过加压后,通过氢气排管车运送至加氢站。这一方案的优势在于可以利用现有的水电资源,但可能需要额外的运输成本和设备。方案二倾向于在氢气的主要消费地区建立制氢站,以便直接享受直购电企业的电价政策。这样不仅可以降低运输成本和距离,还能避免长途运输带来的安全隐患。

两种方案特点对比如表 3-25 所示。

表 3-25 两种方案特点对比

项目	方案一	方案二
建设运营成本	(1)制氢站占地地价较低(位于水电站站区); (2)氢气运输成本较高	(1)制氢站占地地价较高; (2)氢气运输成本低,但存在过网电费
使用电源	(1)使用电站厂用电; (2)无过网费,电费成本大幅下降; (3)存在很大不确定性,过网费政策难以突破	(1)大电网下电,与电厂签订直供电协议; (2)存在过网费; (3)只需加入直购电用户名册,容易实现
安全管理	运输距离长,安全管理压力较大	运输距离短,安全管理压力较小
需要解决的问题	(1)水电站站内制氢现阶段还没有尝试,制氢为危化品生产,按国家规定新建危化品生产要进入化工园区; (2)利用水电站站厂电制氢突破零过网费还具有一定困难	(1)确保项目用地; (2)落实享受 0.105 元/(kW·h)输配电价和到付电价不高于 0.3 元/(kW·h)的政策

根据表 3-25,方案一的优势主要体现在两个方面:一是能够将电费成本降到最低,二是由于大型水电站通常位于偏远地区,因此制氢站的用地成本也明显低于方案二。然而,方案一也面临一些挑战。首先,考虑到氢气作为危险化

学品的特性,能否在电站厂区或附近建设制氢站是一个需要政府和企业共同解决的问题。其次,方案一还面临配网政策的限制,直接使用厂用电进行制氢需要政策的突破。此外,由于运输距离较长,方案一在安全管理方面的压力明显高于方案二。

3.2.4.2 电解水制氢项目建设方案的经济性对比

以四川省某水电站为例,其位于乐山市沙湾县,装机容量为700 MW,距离成都 150 km。如果在这个水电站附近建设一座日制氢量为 500 kg 的制氢站,并且将氢气输送到成都进行消纳,那么两种方案的经济性对比如下。

1)固定资产投资对比

两种方案对比,固定资产投资差别主要是成都用地成本远高于乐山用地成本,其他固定资产投资基本相同(表 3-26)。

2)可变成本对比

根据表 3-27 可知,方案一氢气制造成本较低,但运输成本高,综合来看两种方案制氢可变成本相差不大。

表 3-26 固定资产投资对比

序号	名称	方案一/万元	方案二/万元	备注
(一)	设备及安装	2030	2030	包含电解水制氢主设备、氢气纯化设备、辅助设备、纯水装置、压缩机、储氢瓶组、消防设备、站控系统等
(二)	土建	400	1225	
1	土地	100	925	占地约 3333 m^2
2	厂房及室外工程	300	300	
(三)	运输车辆	400	400	包含两辆车头和四组槽罐
	合计	2830	3655	

表 3-27 可变成本对比

项目	方案一	方案二	备注
电费单价/(元/kW·h)	0.19	0.3	方案一电费电价使用电站成本电价；方案二电价使用四川省拟出台电解水制氢政策电价
制氢电费成本/(元/kgH$_2$)	11.704	18.48	制氢综合电耗按照 61.2 kW·h/kgH$_2$ 计算
水费单价/(元/t)	3.468	4.43	水费单价按照乐山、成都工业用水价格计算
制氢水费成本/(元/kgH$_2$)	0.031	0.04	制氢用水量按理论上的 9 kg/kgH$_2$ 计算
运输距离/km	150	30	
运输成本/(元/kgH$_2$)	8.4	1.68	运输成本按照标准状态 0.5 元/(m^3 H$_2$·100 km)计算
1 kg 氢气成本/(元/kgH$_2$)	20.135	20.2	

3) 人工成本对比

人工成本对比如表 3-28 所示。

表 3-28 人工成本对比

项目	方案一	方案二
人员配置	(1)站长 1 人，工作人员 3 人，后勤保安 1 人； (2)运输车辆司机 2 人	(1)站长 1 人，工作人员 3 人，后勤保安 1 人； (2)运输车辆司机 2 人
人均人工成本/[万元/(a/人)]	10	15
人工成本/(万元/a)	70	105

4) 内部收益率对比分析

(1) 现行政策、消纳形势下两种方案的内部收益率。

以 20 年投资收益期为基准，综合考虑了氢气销售量的增长和氢气单价的下降趋势。同时，根据税收政策，特别是小微企业的"三免三减半"优惠，以及水电原材料的增值税抵扣,进行了税收上的调整。根据提供的参数和内部收益率的表格(表 3-29 和表 3-30),可以明显看出,无论是方案一还是方案二,均未显示出足够的经济吸引力。方案二甚至呈现出了亏损状态。

(2)考虑可能的优惠政策条件下的两种方案的内部收益率。

要提升电解水制氢项目的经济吸引力,有两个主要策略:降低电价和获得政府补贴。然而,考虑到水电企业的成本电价已无下降空间,而 0.3 元/(kW·h)的到付电价也已接近极限,这两个方案似乎都不太可行。鉴于此,政府对电解水制氢项目给予一次性补贴成为一个更可能的优惠措施。即便如此,即使在政府给予 800 万元的一次性补贴后,项目的内部收益率仍然未能达到 8%(表 3-31),表明项目的经济吸引力仍然较差。

表 3-29 计算参数列表

项目	方案一	方案二	备注
固定资产投资/万元	2730	2730	
20 年固定资产残值	5%	5%	
土地使用费/万元	100	925	
年人工费/万元	70	105	
年办公费/万元	20	20	
增值税税率	16%	16%	
企业所得税税率	25%	25%	
制氢单位成本/(元/kg)	20.135	20.2	
电费成本/元	11.704	18.48	
水费成本/元	0.031	0.04	
运输成本/元	8.4	1.68	
第 1~5 年售氢量/kg	73000	73000	
第 6~10 年售氢量/kg	127750	127750	
第 11~20 年售氢量/kg	182500	182500	
第 1~5 年售氢价格/(元/kg)	50	50	
第 6~10 年售氢价格/(元/kg)	45	45	

续表

项目	方案一	方案二	备注
第 11~20 年售氢价格/(元/kg)	40	40	
氢能补贴/(元/kg)	15	15	四川省现行补贴标准

表 3-30 现行政策下的项目内部收益率 IRR

项目	方案一	方案二
内部收益率 IRR	1.46%	-1.37%

表 3-31 考虑一次性补贴条件下项目内部收益率 IRR

项目	方案一	方案二
给予项目一次性补贴 400 万元	2.27%	-0.27%
给予项目一次性补贴 800 万元	4.40%	1.05%

(3) 优化消纳的情况下两种方案的内部收益率。

电解水制氢项目的经济性受到多方面因素的影响，其中消纳是关键因素之一。优化消纳形势可以提高项目内部收益率，从而使其更具经济吸引力。在当前技术、政策条件下，电解水制氢项目的经济性仍然不尽如人意，需要采取多种措施来提高其内部收益率。解决电解水制氢项目经济性的合理途径包括电价政策、项目补贴、消纳保障等多方面的措施，这些措施需要共同作用来推动电解水制氢项目的发展。在氢能市场化初期，电解水制氢项目面临满负荷运行的挑战，实现这一目标需要大量的市场需求和相应的配套设施。提高电解水制氢项目的经济性需要综合考虑多个因素，包括技术、政策、市场需求等，并需要政府、企业和研究机构的共同努力来实现。优化消纳条件下项目内部收益率 IRR 如表 3-32 所示。

表 3-32 优化消纳条件下项目内部收益率 IRR

项目	方案一	方案二
第 1~10 年平均负荷 80% 第 11~20 年满负荷运行	6.68%	3.67%
第 1~20 年满负荷运行	11.15%	8.24%

3.3 煤气化与焦化制氢技术经济

3.3.1 煤气化制氢

我国煤储量相对丰富,2022 年原煤产量为 45.6 亿 t,同比增长 10.5%。经多年发展,我国煤化工的规模和技术均居世界前列。

毛宗强等对煤气化制氢作了系统论述,其主要内容如下。

煤气化制氢是一种利用煤炭资源生产氢气的方法。将煤炭气化,得到以 H_2 和 CO 为主要成分的气态产品,这一过程的关键在于控制气化反应的条件,以保证气态产物的质量和产量。气态产物需要经过一系列的净化处理,以去除其中的杂质和有害物质。净化处理后的产物以一氧化碳和氢气为主,需要经过变换反应将一氧化碳转化为二氧化碳和氢气,最后提纯氢气。工艺过程如图 3-23 所示。

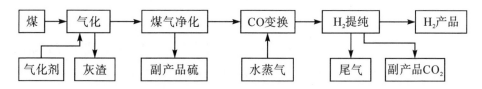

图 3-23 煤气化制氢工艺过程

中国石化工程建设公司对惠州炼油分公司 150 kt/a 煤制氢装置(采用 GE 水煤浆气化技术)与 150 kt/a 天然气制氢装置的 H_2 成本进行了详细的计算比较,并得出了以下结论:

如表 3-33 所示,煤制氢的成本远低于天然气制氢。惠州炼油分公司炼油一期和南京惠生煤制氢装置同时印证了煤制氢成本低于天然气制氢的事实。

表 3-33 H_2 成本敏感性分析

项目	内容							
天然气价格/(元/m³)	2.0	2.5	3.0	3.5	4.0	4.5	5.0	5.5	6.0
天然气制氢成本/(元/t)	8662	10855	13061	15683	18909	22134	25360	28585	31811
煤价格/(元/t)	600	650	700	750	800	850	900	950	1000
煤制氢成本/(元/t)	10513	11005	11497	11994	12492	12996	13508	14209	14583

3 我国规模化制氢的技术经济

杨小彦以 9 万 m^3/h 的制氢规模为基准,结合 2017 年上半年原材料价格,对不同制氢工艺的成本进行了比较,结果如表 3-34 所示。

从表 3-34 中可以看出,制氢成本由低到高的顺序为煤制氢、天然气制氢、干气制氢、重油制氢。其中,煤制氢的成本仅为 0.82 元/m^3,展现出良好的经济性。此外,随着国内煤气化工艺的逐渐成熟,其技术和经济性优势日益凸显。这为氢气生产提供了更为稳定和经济的选择,有助于推动氢能产业的发展。因此,从成本和经济性的角度来看,煤气化制氢工艺具有明显的优势。在未来,随着技术的进步和成本的进一步降低,煤气化制氢有望成为氢气生产的主要技术路线。

表 3-34 不同制氢工艺的成本比较

成本项目	煤制氢		天然气制氢		干气制氢		重油制氢	
原材料	煤单价/(元/t)	用煤量/(t/tH_2)	天然气单价/(元/m^3)	用天然气量/(m^3/tH_2)	干气单价/(元/t)	用干气量/(t/tH_2)	重油单价/(元/t)	用重油量/(t/tH_2)
	7.55	400	2.55	3 641	3.17	2 850	4.40	4 100
辅助材料/(元/t)	89		100		76		34	
燃料及动力/(元/t)	3 731		2 982		5 294		3 440	
直接工资/(元/t)	149		149		149		149	
制造费用/(元/t)	2 622		1 109		1 109		2 099	
副产物/(元/t)	−446		0		−969		−517	
单位生产成本/(元/t)	9 165		13 624.55		14 693.5		23 245	
折算后单位生产成本/(元/m^3)	0.82		1.22		1.31		2.08	

韩大明等总结了规模为标准状态 14 万 m^3/h 的不同煤制氢装置气化工艺的投资和成本对比如表 3-35 所示。

表 3-35　不同煤制氢装置气化工艺的投资和成本对比

项目	投资/万元	原料煤价格/(元/t)	标准状态 H_2 成本/(元/m^3)
碎煤加压	188343	480	1.03
U-GAS	197022	410	1.17
WHG	237937	410	1.37
SE-东方炉	146836	410	0.89
GE	194812	410	1.04

根据表 3-35 的数据,可以得出以下结论:在标准状态 14 万 m^3/h 煤制氢装置中,气流床气化技术中的干煤粉(WHG)投资最高,比其他四种高出 21%～62%。这主要是由于干煤粉气化技术所需的设备、技术和材料较为先进,同时其生产过程也较为复杂。与此同时,干煤粉气化技术的氢气成本也是最高的,这可能与该技术的能效和生产效率有关。碎煤加压气化技术与水流床气化技术中的水煤浆气化技术(GE)相比,制氢成本相当,但投资略低。碎煤加压气化技术具有较低的投资成本,这可能与其技术成熟度和设备普及程度有关。然而,碎煤加压气化产生的废水量大,且不易处理,这可能对环境造成一定的影响。流化床气化技术 U-GAS 的投资和制氢成本介于干煤粉与水煤浆气化技术之间。流化床气化技术具有一定的投资和成本优势,但该技术目前还处于逐步成熟期,需要经过时间的考验和不断地完善。SE-东方炉(干煤粉气流床气化技术)与其他气化炉相比,其投资和制氢成本均为最低。这表明 SE-东方炉具有较高的能效和生产效率,同时也表明该技术在煤制氢工艺中具有较大的潜力。

李庆勋等研究人员在研究中,针对不同原料的制氢成本进行了深入分析。以 $9×10^4$ m^3/h 规模的制氢装置,并采用了煤、干气和天然气作为原料的项目为对象,结果表明投资和原料成本是影响生产成本的主要因素。具体来说:水煤浆制氢装置的投资成本最高,达到了 12.4 亿元,而单位投资成本也较高,为 13772 元/(m^3·h)。这主要是因为水煤浆气化技术所需的设备、技术和材料较为先进,同时其生产过程也较为复杂。天然气制氢和干气制氢的投资成本相当,约为 6 亿元,单位投资成本为 6620 元/(m^3·h)。这表明这两种制氢工艺在投资方面具有一定的优势,因为它们所需的设备和工艺相对简单,技术成熟度较高。在原料成本方面,煤的价格为 600 元/t,天然气的价格为 2.5 元/m³,干气的价格为 2850 元/t。这些数据表明,天然气的原料成本最低,而煤的原料成本最高。因此,在考虑制氢成本时,选择天然气作为原料可以降低生产成本。

根据上述数据和计算,不同原料制氢的生产成本存在显著差异。具体来说,煤制氢的成本最高,而天然气制氢和干气制氢的成本相对较低。这表明在考虑制氢成本时,原料的选择对生产成本具有重要影响。因此,在制定制氢工艺方案时,需要综合考虑原料的供应、价格和制氢工艺的技术成熟度等因素。

表 3-36 不同制氢路线制氢成本分析

成本项目	煤制氢/(元/t)	天然气制氢/(元/t)	干气制氢/(元/t)
原材料	4530	9103	9035
辅助材料	89	100	76
燃料及动力	3731	2982	5294
直接工资	149	149	149
装置投资	2622	1109	1109
成本合计	11121	13443	15663
扣除副产品	-446	0	-969
单位生产成本	10675	13443	14694

李家全等的研究表明,煤制氢是我国当前最主要的低成本制氢方式,但制氢过程伴有大量的 CO_2 排放,不符合低碳发展要求,需要和碳捕集与封存(CCS)技术结合。在其评估中结合 CCS 技术的煤炭制氢碳足迹和成本,发现:煤炭制氢结合 CCS 技术后,碳足迹由 22.66 kg 当量 CO_2/kgH_2 下降至 10.52 kg 当量 CO_2/kgH_2,同时制氢成本增加 49.80%,达到了 14.01 元/kgH_2,但相比其他制氢技术仍具有成本优势。因此,我国在中短期氢气产业发展规划中,要推行煤炭制氢结合 CCS 技术,实现低碳发展,在长期规划中,应将其定位成过渡性制氢技术,推动氢气供给结构向更加低碳的方向调整,以支撑 2060 年"碳中和"目标的顺利实现。

3.3.2 焦炉气制氢

煤在950~1050℃条件下进行干馏可获得三种产物:焦炭、焦油和煤气。2022年我国焦炭产量为4.73亿t,其煤气产量为2034亿m^3,该煤气通称为焦炉煤气或焦炉气。随着环保意识的日益增强和冶金企业转型升级的需求,焦炉煤气的综合利用已成为行业关注的焦点。其中,焦炉煤气中氢气的高效分离与利用更是具有重大意义。由于焦炉煤气中含有大量的氢气,其体积分数通常超过50%,甚至达到55%。这意味着从焦炉煤气中分离出的氢气量非常可观。然而,一些中小型焦化企业存在"只焦不化"的问题,导致大量焦炉煤气被放散或燃烧,其中包含的氢气也随之被浪费。据统计,每年由于这种浪费所损失的氢气量高达200亿m^3,这不仅造成了资源的巨大浪费,还加剧了环境污染。

因此,对焦炉煤气进行综合利用,特别是对其中氢气的分离与利用,已成为行业发展的迫切需求。这不仅满足了国家环保战略的要求,减少了温室气体的排放,同时也为企业的转型升级提供了新的发展路径。此外,分离出的高纯氢气还可作为合成气等化工原料,满足市场的迫切需求。

李海洋对焦炉煤气制氢技术和经济性进行了研究,其主要内容如下:

3.3.2.1 技术工艺过程

(1)焦炉煤气制H_2工艺技术。

焦炉煤气制氢技术是一种将焦炉煤气转化为高纯度氢气的工艺。该技术主要包括预处理、变压吸附(PSA)提氢和尾气再生三个主要步骤。焦炉煤气经过煤气压缩机的增压,预处理工序被用来清除其中的焦油、苯、萘、氨、有机硫和无机硫等杂质。经过预处理后的煤气,再被送入净化煤气压缩机进行再次增压,然后进入变压吸附(PSA)工序。在PSA塔中,氢气被吸附剂吸附,而其他气体则被排出。随着吸附剂的吸附能力逐渐饱和,通过降低压力或通入氮气等方法使氢气解吸,从而实现氢气的提取。塔顶的氢气可能含有少量氧气,因此根据产品氢的质量要求,可能还需要进行脱氧和干燥等处理,具体工艺过程如图3-24所示。

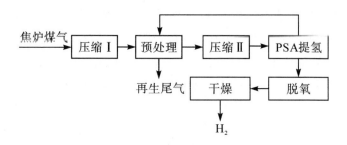

图 3-24 焦炉煤气制 H_2 工艺(无转化)过程

此外,焦炉煤气中含有的甲烷和其他碳氢化合物也可以通过水蒸气转化反应转化为氢气,从而增加产品氢的产量。这种转化过程不仅提高了氢气的产量,还有助于减少温室气体的排放。再生尾气可用于转化炉的燃料,而剩余的再生尾气则返回焦炉作为自热燃料,具体工艺过程如图 3-25 所示。

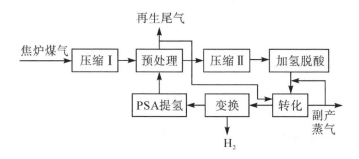

图 3-25 焦炉煤气制 H_2 工艺(有转化)过程

(2)焦炉煤气制 H_2 联产 CNG 工艺技术。

焦炉煤气制 H_2 联产 CNG 工艺技术是一种将焦炉煤气转化为高纯度氢气和压缩天然气(CNG)的工艺。该技术主要包括变换、脱硫脱碳、甲烷化、变压吸附提氢和真空变压吸附(vacuum pressure swing adsorption,VPSA)提甲烷等主要步骤。焦炉煤气经过煤气压缩机的增压和预处理工序,清除其中的杂质。预处理工序包括对焦油、苯、萘、氨、有机硫和无机硫等杂质的去除,以获得较为纯净的煤气。预处理后的煤气进入变换工序,通过与补充的水蒸气反应,将一氧化碳(CO)转化为氢气(H_2)。变换气随后进入脱硫和脱碳工序,以进一步去除其中的硫和碳氧化物等杂质。由于国家标准对天然气中一氧化碳的含量有较高要求,需要采用甲烷化技术来净化脱碳气中少量的一氧化碳。经过甲烷化处理的气体随后进入变压吸附(PSA)工序进行提氢。PSA 是一种高效的提氢技术,利用压力和吸附剂的差异,可以将氢气与其他气体有效分离。塔顶的氢气即为产品氢,而塔底气则送至真空变压吸附工序进行提甲烷处理。VPSA 是一种将甲烷与其他气体分离的工艺,塔底气经过干燥和压缩后作为产品 CNG。塔顶气则作为预处理的再生气源,实现资源的循环利用,具体工艺过程如图 3-26 所示。

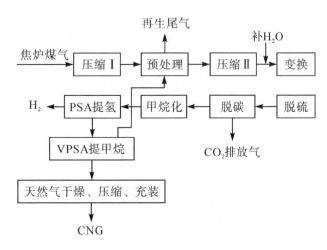

图 3-26　焦炉煤气制 H_2 联产 CNG 工艺过程

3.3.2.2　主要物料数据及公用工程消耗计算

以年产 100 万 t 焦炭副产的 50000 m³/h 的焦炉煤气为例,分别计算各工艺过程的主要物料数据及公用工程消耗,具体结果如表 3-37 所示。从产品氢量的角度来看,经过转化的焦炉煤气制氢工艺(工艺 2)具有最高的产氢量。在公用工程电消耗方面,两种焦炉煤气制氢工艺的消耗均相对较少,尤其是不经过转化的简单工艺(工艺 1)。而在公用工程蒸汽消耗方面,经过转化的工艺(工艺 2)不仅能够满足自身需求,还能对外输出蒸汽。

表 3-37　主要物料数据及公用工程消耗

项目		制 H_2		制 H_2 联产 CNG
		工艺 1(图 3-24)	工艺 2(图 3-25)	工艺 3(图 3-26)
原料量/ (m³·h⁻¹)	焦炉煤气	50000	50000	50000
	富 CO_2 气			

续表

项目		制 H_2		制 H_2 联产 CNG
		工艺 1(图 3-24)	工艺 2(图 3-25)	工艺 3(图 3-26)
主要产品量/ $(m^3 \cdot h^{-1})$	H_2	23980	62205	26496
	CNG	—	—	13014
	再生尾气	26858	1046	8589
主要公用工程	电/ $(kW \cdot h \cdot h^{-1})$	7878	10728	14554
	循环水量/ $(t \cdot h^{-1})$	830	880	1576
	除盐水量/ $(t \cdot h^{-1})$	0.4	53.1	5.45
	饱和蒸汽量/ $(t \cdot h^{-1})$	3.1	−31.2	20.9

注：本表采用工业级二氧化碳进行计算；负值为副产外输；仪表风、氮气等消耗量较少，未计表中。

3.3.2.3 成本效益计算

主要计算参数如表 3-38、表 3-39 所示，成本效益计算结果如表 3-40 所示。

表 3-38 主要项目价格

项目	单价	项目	单价
焦炉煤气	0.5 元/m^3	蒸汽价格	150 元/t
H_2	1.5 元/m^3	电价格	0.6 元/$(kW \cdot h)$
CHG	2.5 元/m^3	循环水价格	0.3 元/t
再生尾气	按焦炉煤气热值折算	除盐水价格	8 元/t
工业级 CO_2	300 元/t		

表 3-39　主要基础参数

项目	参数	项目	参数
年满负荷运行时间/h	8000	定员	36 人
生产年限/a	15	人员工资	80000 元/(a·人)
折旧年限/a	10	维修费	固定资产的 3%
残值率/%	3	其他制造费	固定资产的 1%

注：本表采用常规数据，企业可根据自身情况调整。

由表 3-40 可知，工艺 2 虽然相对投资较大，但其经济效益（年净利润）最佳。

表 3-40　主要成本效益数据

项目	制 H_2		制 H_2 联产 CNG
	工艺 1	工艺 2	工艺 3
相对建设投资	1	2.39	2.62
年净利润/万元	9.523	29.483	14.564
单位原料加工费/(元·m^{-3})	0.64	0.66	0.86
电费在成本中占比/%	14.77	19.51	20.31
原料费用在成本中占比/%	78.13	75.76	58.14
税后投资回收期/a	2.05	1.80	2.61

注：由于存在多个技术工艺，本文均统一按单位原料加工费计；含建设期 1 a。

另外，不论采用哪种工艺，电费和原料费用在总成本中均占据较高比例。这两项费用合计高达 78.45%～95.27%，其中电费占比为 14.77%～20.31%，而原料费用占比更是高达 58.14%～78.13%。这意味着电价和焦炉煤气的价格对成本效益有着显著影响，企业需要重点关注这两个因素。

除上述工艺外，郭建刚等采用了另一种工艺流程，即焦炉煤气经过压缩、净化和 PSA 提氢后得到氢气，再将氢气压缩并充装后出售。以氢气产量为标准状态 1000 m^3/h 为例，根据现行市场价格对制氢过程中的主要物料和公用工程消耗进行了估算，具体结果如表 3-41 所示。

表 3-41 主要物料数据和公用工程消耗

序号		名称及规格	年耗量	单价/元
（一）	（1）	原辅材料	焦炉煤气	$21248×10^4$ m³	0.55
	（2）		预处理吸附剂	167600 kg	1.37
	（3）		高效吸油剂	30880 kg	1.04
	（4）		氧化锌脱硫剂	176000 kg	2.35
	（5）		预加氢催化剂	20400 kg	2.7
	（6）		一加氢催化剂	10200 kg	2.7
	（7）		分子筛	10000 kg	1.33
	（8）		脱氧剂	2125 kg	2.65
（二）	（1）	公用工程	电	$5044.16×10^4$ kW·h	0.53
	（2）		循环水	$18.96×10^4$ t	5.05

产品产出包括氢气和解析气两部分，产品产量及价格的具体信息如表 3-42 所示。考虑到国家对加氢站有一定的补贴政策，暂按氢气售价为标准状态 1.97 元/m³ 进行计算。

表 3-42 产品数据

序号	名称及规格	产量	单价/元
（1）	氢气	$8000×10^4$ m³	1.97
（2）	解析气	$12294×10^4$ m³	0.69

在制定方案时，做出了以下基础假设来测算成本：建设投资总额设定为 22270.95 万元，项目的计算期为 15 年，其中建设期为 1 年。设计定员为 50 人，每人每年的工资预计为 10 万元。折旧方面，将房屋和构筑物的折旧年限设定为 30 年，机器和设备的折旧年限则为 14 年。两者均按照 5% 的残值率进行折旧计算。修理费按固定资产原值的 3% 进行估算，其他制造费用按固定资产净值的 2% 进行估算。得出的各项成本利润的具体情况，如表格 3-43 所示。主要成本费用的构成如表 3-44 所示。

表 3-43　成本利润情况

序号	项目	指标
1	年均营业收入/万元	23892.35
2	年均总成本费用/万元	19260.26
3	年均净利润/万元	3381.13
4	静态投资回收期/a	6.04
5	净现值/万元	11679.14
6	年均营业净利率/%	14.15%

表 3-44　主要成本费用构成

序号	项目	金额/万元	占总成本比例
1	年均外购原材料	12248.05	63.59%
2	年均外购燃料动力	3734.36	14.20%
3	年均折旧摊销	1219.74	6.33%
4	年均工资薪酬	500.00	2.60%

根据表 3-43 和表 3-44 的测算结果，焦炉煤气制备燃料电池车用氢气项目年均净利润达到 3381.13 万元，年均营业净利率为 14.15%。这表明该项目具有相当可观的盈利能力。同时，静态回收期仅为 6.04 年，远低于行业基准投资回收期（通常为 9 至 11 年）。这进一步证明，该项目的投资回报能力强大，财务生存能力也相当稳健。

在总成本构成中，原材料和燃料动力成本是主要的成本项，其中原材料占比高达 77.79%。在这部分成本中，焦炉煤气的购置成本占据主导地位，高达 94%。这意味着焦炉煤气的价格波动对总成本有重大影响。脱硫剂和吸附剂的成本合计占比为 5%，虽然比例不高，但考虑到它们的采购量可能很大，因此实际金额可能相当可观。其他原料合计占比仅为 1%，表明这部分成本相对较低。在燃料动力方面，电费是最大的成本项，占比达到 96.55%。随着能源价格的上涨和环保要求的提高，电费可能会进一步增加。

3.4 天然气制氢的技术经济分析

天然气作为地球上储量巨大的化石能源之一,长久以来一直是工业中氢气制备的主要原料。其成分甲烷,是各类化合物中氢原子质量占比最大的化合物,这一特性使得天然气在氢气生产中具有独特的地位。由于其储量巨大且易得,天然气成为工业生产中不可或缺的资源。在工业生产中,由于甲烷的化学结构稳定,通常采用水蒸气、氧气等便宜易得的介质与甲烷反应,生成合成气。这一过程是氢气制备的关键步骤,通过化学转化与分离,最终得到纯度较高的氢气。这种制备技术不仅简单易行,而且原料成本低廉,因此在许多国家占据了压倒性的优势地位。天然气的直接无氧芳构化技术可以将天然气转化为不含CO的氢气以及高价值的芳烃产品。此外,天然气的直接裂解也是近年来研究的热点。通过这一技术,可以将天然气转化为不含CO的氢气以及高价值的碳纳米材料产品。

目前虽然天然气制氢的路线(图3-27)较多,但在工业化大规模生产中主要采用的是天然气蒸汽转化制氢工艺,李承阳对该生产工艺的技术经济作了系统的分析。

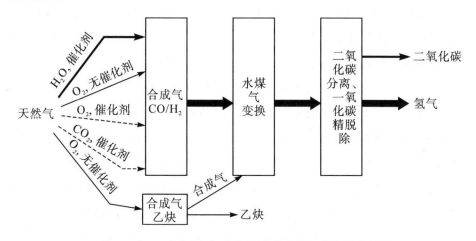

图3-27 天然气(经合成气)制备氢气的几条主要路线

3.4.1 单位成本分析

天然气蒸汽转化制氢技术是一种成熟的过程,其主要工艺过程包括预处理、蒸汽转化、一氧化碳变换和PSA吸附等步骤(图3-28)。

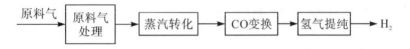

图 3-28 天然气蒸汽转化制氢工艺过程

取天然气的价格为 1.5 元/m^3。以 1.5 元/m^3 的天然气价格和其他原料价格进行成本估算。原料及副产价格的具体数据如表 3-45 所示。

表 3-45 天然气制氢主要消耗

项目	单位消耗/tH_2	单位价格
天然气	4392 m^3	1.5 元/m^3
循环水	254 t	0.3 元/t
耗电	877 kW·h	0.45 元/(kW·h)
副产蒸气(4MPa)	9.5 t	140 元/t

在天然气制氢项目的投资估算和成本估算中,采用装置能力指数法和要素成本法。投资估算主要采用装置能力指数法,根据中石化宁波院的类似项目数据,估算出 10 万 m^3/h(7.14 万 t/a)天然气制氢项目的投资约为 6.4 亿元。进一步计算得到,生产 H_2 的单位投资为 8964 元/t。成本估算采用了要素成本法,根据用途分类估算可变成本和固定成本。参照中石化经研院的测算办法,设定项目年投资回报率为 10%。

在天然气制氢项目的投资估算和成本估算中,采用了两种方法:装置能力指数法和要素成本法。使用装置能力指数法进行投资估算,这种方法基于中石化宁波院的类似项目数据,通过比较不同装置的能力,来估算项目的总投资。根据数据,10 万 m^3/h(7.14 万 t/a)天然气制氢项目的投资约为 6.4 亿元。为了更精确地计算单位产品的投资成本,采用生产 H_2 的单位投资为 8964 元/t 这一数据。在成本估算方面,采用要素成本法。这种方法根据产品的用途分类估算可变成本和固定成本。可以更准确地了解项目运营过程中各项成本的具体情况,从而为制定成本控制策略提供依据。此外,还参照了中石化经研院的测算办法,设定项目年投资回报率为 10%。这一设定是基于市场环境和企业的预期收益,有助于评估项目的盈利能力和投资风险。具体的成本估算内容如表 3-46 所示。

表 3-46　天然气制氢成本估算

项目	天然气制氢	单位数量/(元/t)
固定成本	折旧	897
	直接工资	195
	修理及其他	1091
	小计	2165
可变成本	天然气	6588
	公用工程	471
	副产	-1333

天然气价格是影响天然气制氢成本的关键因素。设定天然气价格浮动区间为 $1\sim3$ 元$/m^3$。在保持其他原料和副产品价格不变的情况下,计算了不同天然气价格下的单位成本,并得到了如图 3-29 所示的结果。

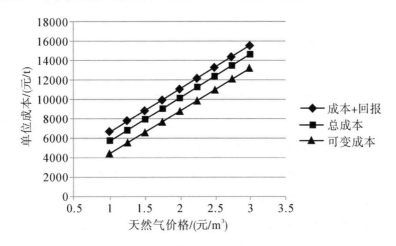

图 3-29　制氢成本随天然气价格的变化关系

可以看出,随着天然气价格的上升,单位成本也随之增加。这主要是因为天然气成本在制氢总成本中占据较大比重,其价格的波动对单位成本的影响较大。当天然气价格提高时,可变成本占总成本的比例进一步增大,这表明制氢项目对天然气价格非常敏感。进一步分析图 3-29,可以得出当总成本为 9500 元/t 时,对应的天然气价格为 1.86 元$/m^3$。为了确保至少 10% 的投资回报率,制氢项目所能承受的最高天然气价格为 1.66 元$/m^3$。

3.4.2 竞争力的分析

现将标准状态 10 万 m^3/h 天然气制氢与 12.5 万 m^3/h 煤制氢项目进行技术比对,具体对比情况如表 3-47 所示。通过对比,可以发现煤制氢在工艺技术上相较于天然气制氢存在明显的劣势。在能耗方面,煤制氢的水耗和氧耗均高于天然气制氢。这表明在相同的生产条件下,煤制氢需要消耗更多的水和氧气才能完成相同的氢气产量。

表 3-47 不同原料制氢技术对比

项目	天然气制氢	煤制氢
工艺	蒸汽转化	Texaco 水煤浆气化
压力/MPa	1.0~2.5	2.5~4
原料煤耗	—	0.6 kg/m^3
原料气耗	0.47~0.55 m^3/m^3	—
氧耗	—	0.4 m^3/m^3
新鲜水	<1 kg/m^3	4 kg/m^3

天然气制氢和煤制氢在投资和成本方面存在显著差异。根据石化设计院的相关项目资料,10 万 m^3/h(标准状态)天然气制氢的投资约为 6.4 亿元,单位投资为 6400 元/m^3,明显低于煤制氢的单位投资。这主要是因为天然气制氢采用了蒸汽转化工艺,技术成熟且设备成本相对较低。相比之下,12.5 万 m^3/h(标准状态)煤制氢的投资约为 15.8 亿元,单位投资高达 12640 元/m^3。这主要是因为煤制氢采用了 Texaco 水煤浆气化技术,虽然技术成熟但仍需要较大的设备和基础设施投入。研究人员还通过测算得到了氢气成本加回报值对应不同工艺路线的原料价格。具体数据如表 3-48 所示。从表中可以看出,随着原料价格的增加,氢气成本加回报值也随之上升。对于天然气制氢,其成本加回报值相对较低,表现出较好的经济性。这表明在天然气价格相对稳定的情况下,天然气制氢具有较大的市场竞争力。而对于煤制氢,其成本加回报值相对较高,表明其经济性相对较差。这主要是因为煤的价格波动较大,且煤制氢的工艺技术成本也较高。

表3-48 氢气成本对应不同工艺的原料价格

氢气成本＋回报/(元/t)	天然气价格/(元/m³)	原煤价格/(元/t)
8000	1.32	73
8500	1.43	137
9000	1.54	200
9500	1.66	264
10000	1.77	327
10500	1.89	391
11000	2.00	454
11500	2.11	517
12000	2.23	781

氢气成本＋回报与天然气价格及煤价的关系如图3-30所示，研究者可根据此图比较不同技术路线的经济性。

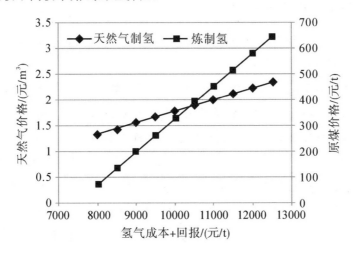

图3-30 不同成本下的原料价格变化关系

3.5 炼厂制氢路线选择的经济性

氢气在现代化炼油厂中发挥着重要作用，是各类油品生产、精制过程中的核心原料。它不仅用于产品的碳氢比调节，还广泛应用于脱除硫、氮以及金属杂质等环节，确保油品的质量达到要求。随着炼油技术的不断进步，各种加氢工艺在炼油厂中得到了广泛应用。加氢裂化、汽柴油加氢、润滑油加氢、蜡油加氢、渣油加氢以及航煤加氢等装置都需要消耗大量的氢气,这些工艺通过加氢,改善油品的性质,提高产品质量。在典型的大型炼油厂中,氢气成本仅次于原油成本,居于生产成本的第二位。随着国际原油价格的波动以及炼油厂对氢气需求的不断增加,控制氢气成本已成为提高炼油厂经济效益的关键。

马文杰等系统地对比分析了各种制氢技术的工艺流程、投资、消耗等关键因素。深入研究了轻烃蒸汽转化、重质油气化、煤/石油焦气化和焦炉气制氢等技术路线,并对这些技术进行了综合技术经济评价及成本分析。研究结果表明,煤/石油焦制氢技术在总成本上具有显著优势,其氢气的生产成本最低,为 0.74 元$/m^3$;相比之下,重质油制氢技术的成本最高,达到 1.42 元$/m^3$;在当前市场行情下,天然气制氢的成本仍然高于煤制氢,为 0.87 元$/m^3$。除了考虑成本因素外,煤/石油焦制氢技术的另一大优势在于其对炼油厂物料平衡的优化作用。这使得煤/石油焦制氢成为我国炼油厂补充氢源的重要发展方向。

3.5.1 炼油厂氢气的来源

炼油厂主要通过两个途径获取氢气:一是炼油装置自身副产的氢气,二是通过专门的制氢装置生产氢气。

炼油装置自身副产的氢气是炼油厂氢气的重要来源。其中,重整装置是主要的产氢来源,其产氢量可达到重整加工原料油量的近4%。此外,炼油厂中还存在许多富氢气体来源,如催化裂化、加氢处理等装置产生的气体。这些气体成分复杂,通常含有大量的氢气和一氧化碳。为了满足炼油厂对氢气的需求,通过制氢装置生产氢气成为一种必要的补充手段。主要包括轻烃蒸汽转化、重质燃料非催化部分氧化等技术路线。其中,轻烃蒸汽转化技术是较为成熟且广泛应用的一种制氢技术,它利用轻烃(如天然气)作为原料,通过蒸汽重整反应生成氢气。部分炼油厂制氢装置氢气来源如表3-49所示。

表3-49 部分炼油厂制氢装置氢气来源

项目	制氢原料	供氢规模/(万 $m^3 \cdot h^{-1}$)	投产时间
中石化九江分公司	煤、石油焦	10	2015年10月
中石化南化分公司	煤	9	2014年4月
中石化茂名石化分公司	煤、石油焦	18.8	2014年1月

续表

项目	制氢原料	供氢规模/(万 m³·h⁻¹)	投产时间
中石化扬子分公司	煤	6	2014年1月
福建联合石化公司	脱油沥青	6	2009年
中石化镇海炼化分公司	脱油沥青	9	1984年建成化肥装置，2009年改为全供氢
中石化齐鲁分公司	煤、石油焦	3.5	2008年10月
中石化青岛炼化分公司	天然气	3	2008年
中石化金陵分公司	煤、石油焦	13.7	2005年9月

3.5.2 工艺流程设计方案

3.5.2.1 轻烃蒸汽转化路线

(1)天然气制氢。

天然气制氢的主要工艺装置包括天然气压缩、加氢脱硫、天然气蒸汽转化、CO变换和PSA氢气提纯等。天然气压缩装置是整个制氢工艺的第一步，它负责对原料天然气进行压缩，提高其压力，以便进行后续的加氢脱硫和蒸汽转化等工艺。加氢脱硫装置是用于去除原料天然气中的硫化物和硫醇等有害物质的装置。蒸汽转化装置是制氢过程中的核心装置之一，它利用水蒸气和天然气在高温和催化剂的作用下进行反应，将天然气中的甲烷转化为氢气和一氧化碳。CO变换装置是将蒸汽转化过程中产生的一氧化碳进行变换反应的装置。一氧化碳变换反应是在高温和催化剂的作用下将一氧化碳和水蒸气转化为氢气和二氧化碳。PSA氢气提纯装置是用于将制氢过程中产生的氢气进行提纯的装置。PSA技术是一种基于吸附原理的分离技术，可以将氢气与其他气体进行选择性吸附，从而实现氢气的提纯。

此外，为了确保制氢过程的稳定性和安全性，还需要其他辅助设施的支持。例如，需要设置燃料气供应系统、冷却水系统、安全阀和压力表等监测仪表、以及紧急停车系统和消防设施等安全保障措施。同时，为了降低生产成本和提高经济效益，还需要对整个制氢过程进行优化和控制，实现资源的合理利用和能源的有效回收。工艺过程如图 3-31 所示。

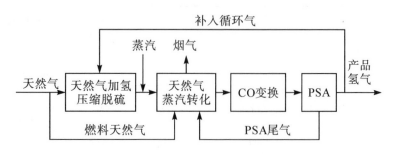

图 3-31 天然气制氢过程

(2) 干气制氢。

干气制氢主要工艺装置有干气压缩加氢脱硫、干气蒸汽转化、CO 变换、PSA。其工艺过程与天然气制氢极为相似，工艺过程如图 3-32 所示。

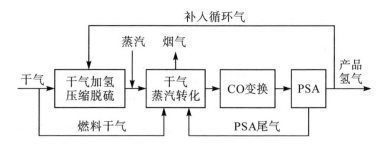

图 3-32 干气制氢过程

(3) 石脑油制氢。

石脑油制氢主要工艺有石脑油脱硫、蒸汽转化、CO 变换、PSA。其工艺流程与天然气制氢极为相似，工艺过程如图 3-33 所示。

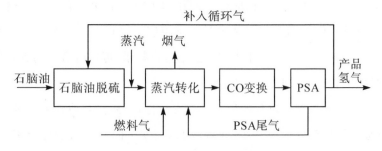

图 3-33 石脑油制氢过程

3.5.2.2 重质油部分氧化路线

渣油、脱油沥青等重质油气化工艺是一种经过数十年应用并已成熟的制氢生产工艺，曾经广泛应用于化肥工业。尽管随着技术的不断进步，新的工艺路线不断涌现，但目前仍有部分炼油厂选择采用这种路线来生产氢气。

重质油气化工艺与煤气化工艺在原理和流程上具有一定的相似性，都涉及将重质原料转化为气体产物的过程。这两种工艺都需要经过一系列的化学反应和物理分离过程，以实现高效、低成本的氢气生产。在重质油气化工艺中，主要工艺装置包括空分装置、油气化装置、耐硫变换装置、低温甲醇洗装置、PSA装置以及制冷单元等。这些装置通过协同工作，实现了从重质原料到高纯度氢气的转化。工艺过程如图3-34所示。

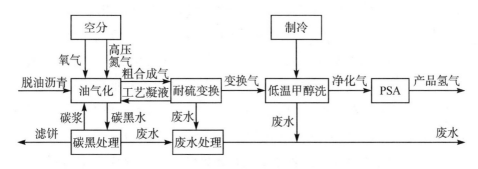

图3-34 重质油制氢过程

3.5.2.3 煤/石油焦部分氧化路线

近年来，煤气化技术在我国取得了显著的发展，并广泛应用于化肥、甲醇、乙烯、乙二醇、煤制油、煤制天然气等大宗化学产品的生产中。煤气化技术作为一种高效、清洁的能源转化方式，通过将煤炭转化为合成气或燃料气，为化工、能源和电力等行业提供了可靠的原料和能源。石油焦作为一种重要的化石能源，具有高热值和良好的成浆性等特点，被广泛应用于燃烧、电炉冶炼、制氢等领域。然而，石油焦的灰熔融温度高、气化反应活性低等缺点也限制了其在气化领域的应用。为了克服这些缺点，科研人员通过添加合适的助熔剂与煤掺烧等方法，提高了石油焦的气化反应活性，使其成为一种可行的气化原料。

煤气化装置通常配套有酸性气体脱除单元，该单元采用先进的技术手段，对气化过程中产生的酸性气体进行脱除，以降低硫排放等污染物。这种配套设施不仅提高了气体的纯度,还大大降低了环境污染,使得气化制取合成气成为环境效益最优的石油焦利用途径之一。

煤气化技术作为高效、清洁的能源转化方式,近年来在我国取得了显著的发展。根据流体力学条件,煤气化技术可分为固定床、流化床和气流床三种不同技术类型。每种类型都有其独特的特点和适用范围。固定床气化技术采用块(碎)煤进料,炉内存在温度梯度。这种技术下的气化炉出口温度较低,粗合成气中 CH_4 含量较高,有效气($CO+H_2$)产率相对较低,而且有机物含量较高且成分复杂。此外,固定床气化技术还存在一些环保问题,如废气排放和灰渣处理等。流化床气化技术采用碎煤进料,灰渣可以循环使用。虽然这种技术在某些方面有所改进,但仍存在气化温度较低、粗合成气成分复杂等缺点。此外,流化床气化技术对原料煤的反应活性要求较高,限制了其应用范围。

气流床气化技术可以有效地将煤炭转化为合成气,并且合成气的成分相对较为纯净,适用于各种规模的煤制氢项目。在气流床气化技术中,根据进料方式的不同,可分为粉煤气化和水煤浆气化。其中,水煤浆气化在制氢领域的应用更为广泛。水煤浆气化技术具有较低的一次投资、较高的操作压力、更成熟和稳定的操作,以及更多的制氢业绩(尤其在石油焦气化上)。

煤/石油焦制氢主要工艺装置有空分、水煤浆气化、耐硫变换、低温甲醇洗、PSA 以及为低温甲醇洗提供冷量的制冷单元,工艺过程如图 3-35 所示。

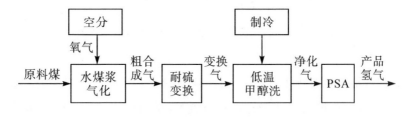

图 3-35 煤/石油焦制氢工艺过程

3.5.2.4 焦炉气部分氧化路线

焦炉气是一种富含氢气和甲烷的燃气,其潜在的能量密度高,因此被视为一种有价值的原料,尤其在制取氢气方面具有巨大的潜力。然而,焦炉气中的杂质成分,如二氧化碳、氮气、焦油、硫化氢、氨和萘等,使得其处理和提纯变得复杂。这些杂质不仅增加了氢气分离和提纯的难度,还对预处理过程提出了更高的要求。

为了简化处理流程并提高原料的利用率,科研人员提出了一种非催化部分氧化工艺。这种工艺利用高纯度的氧气和蒸汽作为反应剂,与焦炉气在特定的气化炉中进行反应。这种非催化部分氧化反应的主要产物是合成气,其主要成分是氢气和一氧化碳。这一过程不仅提高了原料的利用率,而且有效地将焦油、萘和有机硫等杂质转化为更简单的分子,从而降低了下游处理的难度。此外,这种非催化部分氧化工艺的另一大优势在于其灵活性。通过调整工艺参数,该工艺能够适应不同来源和组成的原料气,包括焦炉气和天然气。这种灵活性使得该工艺能够更好地应对原料供应的波动,从而提高了整个生产过程的稳定性。

焦炉气制氢主要工艺装置有空分、常规脱硫、非催化部分氧化、精脱硫、CO变换、PSA等,工艺过程如图3-36所示。

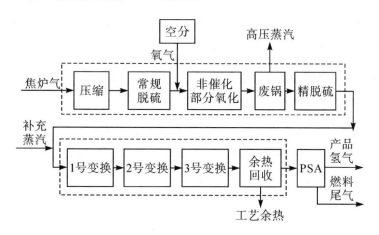

图3-36 焦炉气制氢工艺过程

3.5.3 综合技术经济分析

3.5.3.1 成本估算基础

在比较各种制氢工艺技术路线时,为了确保公平性和可比性,选择10万 m^3/h 的工业氢气生产线作为基准。年操作时间设定为8000 h,这是基于实际生产需求和设备运行状况而定的。对于氢气产品的质量,要求纯度大于99.9%,以满足大多数工业用途的要求。同时,为了确保产品的环保性和安全性，将 CO 和 CO_2 的含量限制在 20×10^{-6} 以下。在成本估算方面，采用了中国石化均价作为基准价格。选择这一价格作为基准是因为它反映了中国市场的实际情况，并且可以与其他方案的价格体系保持一致。通过这种方式，可以更加准确地比较各种制氢工艺技术路线的成本效益。原材料价格如表 3-50 所示，其中包含了各种方案的成本估算结果。

表 3-50 原材料价格

项目	单价	项目	单价
天然气	2.11 元/m³	煤	410 元/t
炼油厂干气	2.86 元/m³	石灰石	250 元/t
石脑油	2917 元/t	焦炉气	1.11 元/m³
脱油沥青	2000 元/t	甲醇	1750 元/t
减压渣油	2500 元/t		

3.5.3.2 综合技术经济指标

根据原料消耗、公用工程消耗、产品及副产品、投资情况测算综合能耗及制氢成本，综合技术经济指标如表 3-51 所示。

煤制氢的投资成本较高。与天然气制氢相比，煤制氢的投资成本明显偏高。这主要是因为煤制氢工艺需要更为复杂的设备和更高的技术要求。但是，在钢材等原材料价格下跌时，这些高成本可以被部分对冲，使得煤制氢在经济性上具有更大的竞争力。

煤制氢的能耗问题不容忽视。由于原料煤的高热值，煤制氢的能耗相对较高。通过有效的公用工程管理和优化，煤制氢的能耗可以得到有效控制。实际上，煤作为原料，其综合利用价值远远超过单纯的燃料用途。

从成本角度来看，虽然采用干气、石脑油、重质油和焦炉气制氢的方法看似成本较低，但在实际操作中，这些方法往往受到原料供应、技术成熟度等因素的制约。相比之下，煤制氢的生产成本虽然较高，但在低油价和低原材料价格的市场环境下，其相对生产成本较低的优势得以凸显。

表 3-51 综合技术指标

项目		天然气制氢	干气制氢	石脑油制氢	重质油制氢	煤焦制氢	焦炉气制氢
原料消耗	天然气/(m³·h⁻¹)	38730	—	—	—	—	—
	干气/(m³·h⁻¹)	—	37 116	—	—	—	—
	石脑油/(t·h⁻¹)	—	—	26.5	—	—	—
	脱油沥青/(t·h⁻¹)	—	—	—	37.9	—	—
	减压渣油/(t·h⁻¹)	—	—	—	3.0	—	—
	原料煤/(t·h⁻¹)	—	—	—	—	69.9	—
	石灰石/(t·h⁻¹)	—	—	—	—	2.2	—
	焦炉气/(m³·h⁻¹)	—	—	—	—	—	79692
公用工程消耗	10.0 MPa 蒸汽/(t·h⁻¹)	—	—	—	205	—	—
	4.0 MPa 蒸汽/(t·h⁻¹)	85.3	93.9	122.8	34.0	127.0	110.0
	1.0 MPa 蒸汽/(t·h⁻¹)	—	—	10.0	—	—	—
	循环冷却水/(t·h⁻¹)	639.0	612.4	1420.0	17423.0	15147.0	10810.0
	电/kW	7450.0	6520.0	3310.0	7332.0	10304.0	1978.0
	脱盐水/(t·h⁻¹)	150.4	157.3	212.3	—	145.5	—
	燃料气(干气)/(m³·h⁻¹)	—	—	5 531.1	—	—	—
	甲醇/(kg·h⁻¹)	—	—	—	32.0	32.0	—
	锅炉水/(t·h⁻¹)	—	—	—	—	—	122.0
产品及副产品	H₂/(m³·h⁻¹)	100000	100000	100000	100000	100000	100000
	10.0 MPa 蒸汽/(t·h⁻¹)	—	—	—	—	—	56.0
	5.8 MPa 蒸汽/(t·h⁻¹)	126.3	143.0	193.0	—	—	—
	0.5 MPa 蒸汽/(t·h⁻¹)	—	—	—	—	16.7	16.0
	蒸汽冷凝液/(t·h⁻¹)	42.7	45.4	66.2	83.0	68.5	132.0
	工艺余热/(GJ·h⁻¹)	—	—	—	274.235	59.453	41.868
	燃料气/(m³·h⁻¹)	—	—	—	—	—	4311
能耗指标	1000 m³ 氢气能耗/GJ	12.541	13.051	11.540	20.334	23.692	16.664
总投资	以天然气制氢投资 E 为基础	E	1.02E	1.07E	1.99E	2.48E	1.46E

续表

项目		天然气制氢	干气制氢	石脑油制氢	重质油制氢	煤焦制氢	焦炉气制氢
成本	单位总成本/(元·m^{-3})	0.87	1.10	0.92	1.42	0.74	0.96
	单位生产成本/(元·m^{-3})	0.86	1.09	0.91	1.41	0.73	0.95

注：H_2纯度为99.9%，压力为表压。

根据上述分析，炼油副产品在制氢原料中的经济性较低。在干气、石脑油和重质油等副产品的制氢过程中，其成本相对较高，不具有市场竞争力。因此，将这些原料用于炼油深加工可能更符合经济效益。焦炉气制氢技术在某些条件下可能具有应用价值，但它的应用受到地理位置的限制，必须邻近焦化厂才能实现经济运输和利用。这限制了焦炉气制氢技术的广泛应用。相比之下，天然气制氢和煤/石油焦气化制氢在成本方面具有一定的优势。天然气的价格相对稳定，且天然气制氢技术成熟，设备成本较低。特别是在低油价的市场环境下，天然气价格的大幅降低使得天然气制氢的成本相对较低，具有较好的经济性。

从成本角度来看，煤/石油焦气化制氢在补充氢源方面具有更大的竞争力。大规模的煤/石油焦气化制氢不仅具备成本优势，而且可以进一步优化炼油厂的物料平衡。这种技术不仅可以为炼油厂提供所需的氢气，还可以通过有效的资源利用和物料循环，降低生产成本并提高经济效益。因此，大规模煤/石油焦气化制氢应继续成为我国炼油厂补充氢源的主要发展方向。

3.6 生物质制氢的技术经济分析

生物质是一种宝贵的能源资源，其定义广泛，包括所有通过光合作用形成的有机体，涵盖了各种动植物和微生物。生物质具有许多特征，使其成为理想的可再生能源。生物质分布广泛，几乎可以在任何有阳光和水分的地方生长，使得它成为一种资源丰富的能源。同时，生物质具有可再生性，这意味着它是一种可持续的能源，不会像化石燃料那样耗尽。此外，生物质在燃烧过程中产生的二氧化碳量与其生长过程中吸收的二氧化碳量大致相等，因此被视为碳中性。作为第四大能源，它是人类历史上长期依赖的重要能源之一，为人类的生产和生活提供了必要的动力。同时,利用生物质能也是实现能源可持续发展的重要途径之一,有助于减少对化石燃料的依赖,降低温室气体排放,保护环境。

生物质制氢法是一种环保、可持续的能源生产方式,它利用生物质资源,通过气化或微生物催化脱氧的方法来制取氢气。生物质制氢法的优势在于其环保效益显著。由于生物质中硫、氮等有害物质的含量远低于化石燃料,因此在使用生物质制氢法的过程中,可以大幅度降低硫化物、氮化物的排放,从而减少对环境的污染。此外,生物质制氢法还可以有效降解生物质,将其转化为可利用的能源,减少对自然资源的依赖,降低温室气体的排放,进一步保护环境。与传统的化石燃料制氢法相比,生物质制氢法更加环保和可持续。化石燃料制氢法在生产过程中会产生大量的二氧化碳等温室气体,加剧全球气候变化。而生物质制氢法则是一种负碳制氢技术,它在生产过程中吸收的二氧化碳量与其释放的二氧化碳量基本相等,从而实现碳循环,降低碳排放。生物质制氢法的推广和应用,将有助于降低国家对化石燃料的依赖,增加可再生能源的比重,促进国家能源结构的多样化发展。

多年来,世界各国对生物质制氢进行了广泛的研究,并形成了一系列主要的技术路线,如图 3-37 所示。

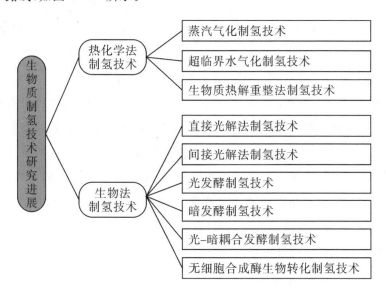

图 3-37 生物质制氢技术路线

3.6.1 生命周期

在进行生物质制氢工艺的环境评估时,需要明确评估的范围和关键环节。具体包括确定制氢过程的系统边界、定义功能单元,以便对各阶段的能耗和温室气体排放进行准确测量和评估。

3.6.1.1 系统边界和功能单元

生物质制氢生产系统的生命周期边界如图3-38所示。生物质制氢过程的环境评估需要明确系统边界和各个子系统的划分。在生物质制氢过程中,有三个关键子系统:(1)生物质秸秆的生产与运输(SS1);(2)秸秆预处理和气化(SS2);(3)制氢、净化和输运(SS3)。这些子系统涵盖了从原料获取到最终产品的整个制氢过程。

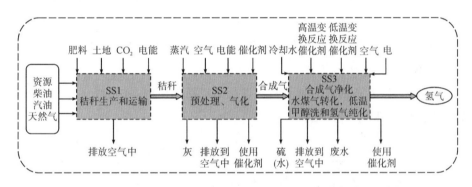

图3-38 生物质制氢生产系统生命周期边界

在评估这些子系统的环境影响时,需要深入考虑碳排放、生命周期能耗以及温室气体排放。在系统边界范围内,除了生物质秸秆外,还有其他主要能量输入,如煤炭、柴油和电力等。这些能源的消耗将直接影响到生物质制氢过程的能效和碳排放量。在温室气体排放方面,二氧化碳是主要的温室气体之一,它在生物质制氢过程中的排放主要来源于化石燃料的消耗和生物质的氧化。此外,氮氧化物和甲烷也是重要的温室气体,它们在制氢过程中的排放主要与生物质的预处理和气化过程有关。

3.6.1.2 生命周期清单

① 秸秆的生产与运输阶段。秸秆的生产与运输阶段是生物质制氢过程的基础。中国拥有丰富的秸秆资源,每年的秸秆产量将近10亿t。此外,秸秆的运输

也是能耗的一个重要方面。玉米秸秆的平均传输距离与煤炭的平均传输距离相当,均为 600 km。这表明生物质制氢过程与煤制氢过程在驱动能量上相等。

② 制氢阶段。进入制氢阶段,生物质被转化为氢气。在这一过程中,生物质秸秆作为主要原料,每小时可制氢气 1004.5 kg,同时消耗 10990 kg 生物质秸秆。生物质原料的低热值为 14.1 MJ/kg,整个制氢过程的能源消耗为 154959 MJ。

③ 氢气净化运输阶段。高纯度氢气由变压吸附装置生产,其质量为 1004.5 kg。

3.6.2 技术经济

在生物质制氢过程中,原材料成本、设备费和折旧费是主要的生产成本组成部分。其中,原材料消耗占总生产成本的比重最大,达到了 44.7%。生物质作为一种低成本原料,尽管消耗量大,但生物质制氢的生产成本仍然保持在较低水平。其次是折旧和设备费,分别占据了总生产成本的 20.2% 和 17.8%。这两项成本主要是由设备和基础设施的投入和长期使用所产生的。生物质制氢在可再生能源领域具有一定的经济竞争力。

生物质制氢工艺在抗价格风险方面表现较好。这主要归功于其使用可再生的生物质作为原料,以及在应对原料价格波动时的稳定性。这为生物质制氢工艺在可再生能源领域的商业化和可持续发展提供了有力支持。通过进一步优化生产工艺、降低能耗和提高设备效率,有望进一步降低生物质制氢的生产成本,提高其经济性能和市场竞争力。

在生物质制氢工艺中,各单元的能量效率存在差异。通过模拟计算,得到了各单元的能量效率数据(图 3 - 39)。空分单元(air separation unit,ASU)的能量效率为 58.00%,这是整个工艺流程中能效最低的环节。这意味着在空分单元中,有一部分能量被浪费,需要进一步优化以提高能效。生物质预处理装置(biomass pretreatment unit,BPU)、气化单元(gasification unit,GU)、水煤气变换单元(water gas shift unit,WGSU)、酸性气体脱除单元(removal unit,RU)、变压吸附单元(pressure swing adsorption unit,PSAU)、克劳斯单元(Claus unit,CU)和燃气和蒸汽涡轮机单元(gas and steam turbine units,GS-TU)的能量效率分别为 97.37%,64.60%,90.60%,95.80%,98.80%,45.20%

和88.62%。这些单元的能效较高,表明在这些环节中能量得到了较好的利用。综合各单元的能效数据,可以得出生物质制氢工艺的整体能效表现。通过对比各单元的能效数据,可以发现工艺流程中存在一些瓶颈环节,需要进一步优化和改进,以提高整体能效和制氢效率。为了提高生物质制氢工艺的整体能效和制氢效率,需要对各单元进行深入分析和研究,找到能效瓶颈并进行优化。此外,加强技术研发和创新也是提高能效和制氢效率的重要途径。

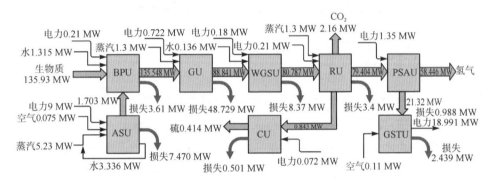

图3-39 生物质制氢工艺的能流

3.7 化学链制氢的技术经济分析

3.7.1 基本原理

在应对全球能源危机和气候变化的挑战中,可再生能源和碳减排技术的研究成为重要的研究领域。化学链制氢技术作为一种创新的能源转化方式,受到了广泛关注。这种技术结合了化学链燃烧和蒸汽铁法制氢,旨在实现高效、清洁的氢能生产。化学链制氢技术的核心在于利用化学反应链将燃料转化为氢气,同时实现二氧化碳的捕集和污染物的去除。这一技术的提出可以追溯到1983年,此后,随着技术的不断发展,越来越多的学者开始探索将化学链燃烧与蒸汽铁法制氢相结合的可能性。

化学链反应装置的设计是该技术的关键之一。整个装置由三个反应器组成,分别是燃料反应器、蒸汽反应器和空气反应器(图3-40)。这些反应器协同工作,按照特定的步骤进行操作,以实现高效、清洁的氢气生产。在燃料反应器中,燃料与载氧体发生反应,完全氧化为二氧化碳和水。这个过程不仅将燃料转化为二氧化碳和水,同时载氧体被还原为还原态。这一步骤实现了从载氧体中释放氢气的过程。

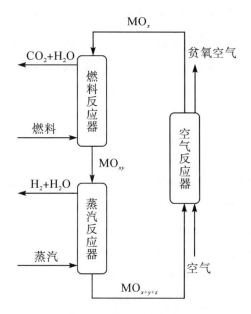

图 3-40 化学链制氢原理

以 CH_4 和 Fe_2O_3(载氧体)为例,其化学链制氢涉及的反应见式(3-12)~式(3-15)。

还原过程:
$$4Fe_2O_3 + CH_4 = 8FeO + CO_2 + 2H_2O - 351.3 \text{ kJ} \quad (3-12)$$

蒸汽氧化过程:
$$3FeO + H_2O = Fe_3O_4 + H_2 + 71.9 \text{ kJ} \quad (3-13)$$

空气氧化过程:
$$4Fe_3O_4 + O_2 = 6Fe_2O_3 + 476 \text{ kJ} \quad (3-14)$$

总过程:
$$3CH_4 + 2H_2O + 2O_2 = 3CO_2 + 8H_2 + 473 \text{ kJ} \quad (3-15)$$

化学链制氢(chemical looping hydrogen generation,CLHG)作为一种创新的能源转化方式,具有许多显著的优势:①该技术简化了整个系统,省去了传统水蒸气重整过程中所需的水汽变换装置和 H_2 及 CO_2 的提纯分离装置;②CLHG过程只需要一种固体颗粒——载氧体,相比之下,传统的水蒸气重整过程需要使用多种催化剂和吸附剂,这种减少使得操作过程更为简便,同时也降低了对各种催化剂和吸附剂的需求;③CLHG 过程在生成 H_2 的过程中,可以直接将蒸汽反应器出口的气体冷凝,无需经过复杂的 H_2 净化过程;④在环境友好性方面,燃料不直接与氧气接触,避免了热力型和快速型 NO_x 的生成,从而大大减少了污染气体的排放;⑤CLHG 过程的燃料燃烧产物主要是 CO_2 和水蒸气。

3.7.2 技术经济

3.7.2.1 生物质化学链气化制氢工厂的模拟

赵亮对生物质化学链气化制氢工厂进行模拟和优化,该工厂的物流过程如图 3-41 所示。生物质化学链气化制氢工厂的物流过程是一个复杂而关键的环节,它涉及多种物质的运输和转换。生物质作为主要的原料,需要从生物质持有方如农户、木材加工企业、蔗糖加工企业等收集起来,经过初步的处理和干燥,然后运输到制氢工厂;除了生物质之外,新鲜的石灰石也是重要的原料,它被直接从供应商处运输到制氢工厂;失效的石灰石和产生的灰渣需要被运至灰渣处理厂进行处理;产品氢是生物质化学链气化制氢工厂的主要产出,它会被运输至氢用户。

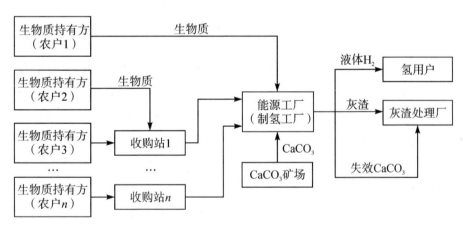

图 3-41 生物质制氢工厂物流过程

生物质在压力 0.11 MPa,终温 650 ℃时气相产物中 H_2、CO、CO_2 和 CH_4 的单位质量体积,以及热解后的固体残余质量与给料的质量比,如表 3-52 所示。

生物质化学链气化制氢系统以生物质为原料,水蒸气为气化剂,通过物理和化学过程,实现了高效、清洁的氢气生产。该系统的核心部分包括气化炉和燃烧炉,如图3-42所示。

表3-52 气相产物组成

v_{H_2}/(L/kg)	v_{CO}/(L/kg)	v_{CO_2}/(L/kg)	v_{CH_4}/(L/kg)	Ys/%
26.29	167.61	29.42	66.39	27.3

注:Ys指热解后固体残余质量与给料的质量比。

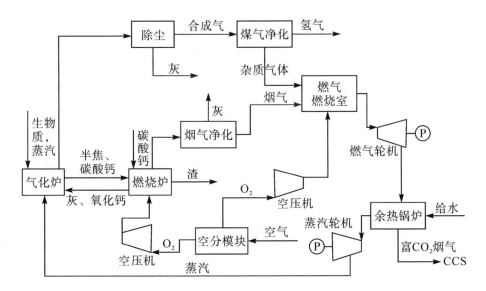

图3-42 以CaO为碳载体的生物质化学链气化制氢系统

生物质制氢工艺是一个复杂且高效的能源转化过程。通过气化炉中的一系列化学反应,生物质被转化为富含氢气的合成气。这一过程中,CaO作为CO_2吸收剂,确保了氢气的纯度和产率。生物质与水蒸气在气化炉中经过裂解和重整,转化为合成气。这个过程的关键在于控制温度和压力,以便获得高纯度的氢气。通过使用CaO作为CO_2吸收剂,可以有效去除合成气中的CO_2,进一步提高氢气的纯度。未完全气化的半焦和吸收CO_2生成的$CaCO_3$被送入燃烧炉中。在这里,纯氧作为氧化剂助燃半焦并煅烧$CaCO_3$,进一步释放出能量。这个燃烧过程释放的热量为整个工艺提供了所需的能量,同时也为后续的发电环节提供了动力。空气经过低温深冷空分处理,得到纯净的氧气。一部分供给燃烧炉作为半焦的氧化剂,另一部分通过空压机升压后进入燃气轮机燃烧室。

在燃烧室中，纯净的氧气与从合成气中分离出的其他含碳杂质气体共同燃烧，释放出的能量推动燃气轮机透平转动，进而驱动发电机产生电能。燃气轮机尾气进入余热锅炉，加热给水产生蒸汽。一部分蒸汽用于驱动蒸汽轮机做功，另一部分则作为气化剂注入气化炉。这种能量回收利用的策略提高了整个系统的能效。余热锅炉排除的富含 CO_2 的烟气可以与碳捕集与封存（carbon capture and storage，CCS）技术结合，实现 CO_2 的富集和减排。这一环节是实现环保目标的关键，通过捕集和压缩 CO_2，有效减少了温室气体排放。整个生物质制氢工艺不仅生产出纯净的氢气，而且利用燃气轮机和蒸汽轮机驱动发电机产生电能。这是一个综合利用能源的过程，将生物质的化学能转化为电能和氢能，实现了高效、清洁的能源转化。

通过对生物质日耗量 2300 t/d 的生物质化学链制氢工厂的计算，得到的主要结论如下。

(1) 在初级运输过程中，生物质的运输成本大约为 21960 元/天，同时会产生约 81 t/d 的 CO_2 排放量。石灰石的运输成本为 8506 元/天，对应的 CO_2 排放量为 32 t/d。灰渣的运输成本为 12855 元/天，其 CO_2 排放量为 48 t/d。

(2) 以我国的实际情况出发，采用离散事件模拟软件 EXTEND SIM 对生物质的次级运输过程进行模拟。生物质从收购站到工厂的运输过程以及生物质在厂内的移动过程中，农闲时节最低可变物流成本 7076 元/d 为条件，农忙时节最大燃料运输量 11239 t/d。次级运输总成本为 57897 元/d，同时产生了 21.45 t/d 的 CO_2 排放量。

(3) 通过试验和模拟，评估了生物质化学链气化制氢单元的性能，并建立模型。考察了各种参数，如压力、温度、[Ca]/[C] 和 $[H_2O]/[C]$，对合成气成分、H_2 产量、气化炉碳酸化率、燃烧炉碳酸钙煅烧率以及气化炉冷煤气效率的影响。敏感性分析显示，$[H_2O]/[C]$ 是影响 H_2 产量和气化炉产气效率的关键因素。通过参数优化，实现了生物质化学链气化制氢单元的最大制氢产量为 106.4 gH_2/kg 生物质。

(4) 以工厂效率最大化为目标、ASPEN 模拟软件为工具，对生物质化学链气化制氢系统的附属部件，燃气轮机、空分单元、蒸汽轮机、余热锅炉等进行建模。结果表明，在生物质耗量 2300 t/d、氢气产量为 210 t/d、制氢效率为 70.31% 的条件下，全厂理论效率最高可达 74.85%。

(5)该系统环保优势显著,烟气中CO_2浓度高达95.8%,若对CO_2进行富集提浓处理,H_2产品的碳排放为178 kg CO_2/tH_2。

3.7.2.2　生物质气化-化学链制氢技术

(1)生物质气化-化学链制氢技术。

生物质气化-化学链制氢技术主要包括两个模块:气化模块和制氢模块。气化模块是整个技术的核心部分,主要涉及生物质的热解和气化。在这一模块中,生物质在空气或氧气条件下被气化,生成主要由氢气、一氧化碳、二氧化碳和少量甲烷组成的合成气。气化炉是核心设备,它对整个技术的运行起着至关重要的作用。其中,下吸式气化炉是生物质气化-化学链制氢技术的核心设备,其结构简单、操作方便,能够连续稳定地运行。

以下吸式气化炉为核心的生物质气化单元如图3-43所示,该气化单元将生物质高效转化为可燃气,并联产高温蒸汽。整个气化炉分为三个区域:干燥热解区、高温燃烧区和还原气化区。在干燥热解区,生物质原料在100~600 ℃的温度范围内进行脱水干燥和贫氧热裂解,产生大量水蒸气、焦油和可燃气。这一区域的主要作用是使生物质原料初步转化为气体和液体产物。这种转化过程是在较低的温度和压力下进行的,旨在最大限度地提取生物质中的能量。进入高温燃烧区后,生物质热解炭和热解油气与富氧高温条件相结合,使焦油发生热裂解反应。这一区域通过燃烧过程进一步转化热解炭和热解油气,释放出更多的能量。燃烧反应释放出的热量也为后续的气化过程提供了所需的热量。在还原气化区,生物质热解炭在贫氧富水蒸气条件下发生还原反应,生成大量的一氧化碳和氢气。这一区域通过还原反应将热解炭转化为高附加值的合成气,提高了燃气热值。合成气的热值得到显著提升,使其成为有价值的能源产品。整个下吸式气化炉的工作流程实现了生物质的高效转化和利用。所得到的燃气热值可达10 MJ/m^3(标准状况下)以上,这表明该气化单元具有较高的能效和产率。

制氢模块则是对气化模块产生的合成气进行进一步处理,以提取和纯化氢气,同时原位分离CO_2。传统的生物质气化制氢方法通常通过热化学方式将生物质气化转化为混合燃气或合成气。这一过程会产生大量的二氧化碳,且分离能耗较高。相比之下,化学链技术提供了一种更为优化的解决方案(图3-44)。

该技术通过使用某种化学介质,将特定的化学反应分解为若干个次级化学反应。这种分解方式可以达到优化流程、便于分离等目的,从而提高了整个制氢过程的效率和可操作性。

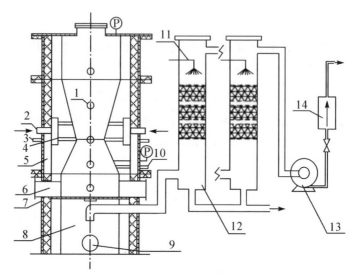

1—热电偶孔;2—气化介质入口;3—水通入口;4—空气预热室;5—蒸汽发生室;
6—催化剂入口;7—炉壁;8—灰室;9—排灰口;10—蒸汽出口;11—喷淋器;
12—喷淋塔;13—罗茨风机;14—气体流量计。

图 3-43 生物质气化单元

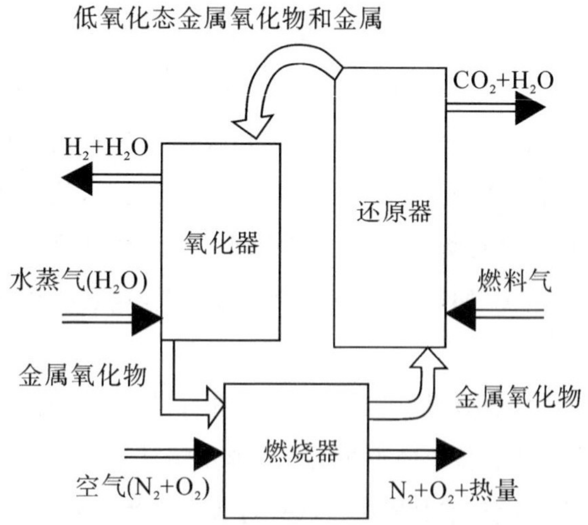

图 3-44 化学链制氢技术原理

在化学链技术的核心过程中，Fe基载氧体发挥了至关重要的作用。在还原反应器中，Fe_2O_3与燃料气中的CO发生反应，将CO氧化为CO_2，同时自身被还原为FeO。这一过程有效地将CO转化为无害的CO_2，同时释放出能量。反应过程中产生的CO_2经过冷凝后被捕获并储存于二氧化碳储罐中，确保了产物的有效分离和储存。完成还原反应后，氧化反应器中的水蒸气与已还原的制氢材料进行反应，再生并产生氢气。这一步反应中，氢气作为清洁能源被高效地生产出来，并且产生的氢气经过冷凝后可以直接供给燃料电池进行发电。这种直接将氢气用于发电的方式避免了传统制氢方法中氢气运输和储存的难题。再生反应完成后，燃烧反应器中的空气将制氢材料完全氧化，完成完全再生过程。再生后的制氢材料再次回到还原反应器中，开始新的循环。这种循环过程确保了材料的可持续利用，同时也实现了整个制氢过程的零排放。化学链技术的应用彻底改变了传统制氢方法的局限性和复杂性。通过简化的工艺流程和降低能耗，化学链技术为生物质制氢技术的发展开辟了新的途径。此外，由于整个过程实现了清洁、负碳排放的目标，因此这种技术对于应对全球气候变化和推动可持续发展具有重要的意义。

(2)生物质气化-化学链制氢系统在电厂的应用。

生物质气化-化学链制氢技术的优势在于其可持续性和环保性。利用废弃的生物质资源作为原料，既减少了废物排放，又为可再生能源的生产提供了新的途径。此外，与传统的制氢方法相比，该技术无需高温高压的条件，降低了对设备的依赖和安全风险。在氢气纯度方面，该技术严格控制氢气品质，确保其纯度符合标准。对于大容量氢冷发电机组，氢气纯度通常要求不低于96%。这是因为氢气的纯度对发电机的效率和安全性具有至关重要的影响。理论上，氢气纯度每下降1%，发电机的通风摩擦损耗及转子摩擦损耗将增加11%。这意味着纯度不足不仅会导致发电效率下降，还会增加机组的运行成本。此外，低纯度的氢气还会影响发电机的冷却效果，降低其绝缘性能，从而威胁机组的安全运行。

因此，马鞍山当涂发电有限公司在生物质气化-化学链制氢技术方面的突破具有重要的实际意义。通过提高氢气的纯度和生产效率，该技术为可再生能源的发展和能源结构的优化提供了有力支持。随着技术的进一步成熟和推广应用，我们有望在未来看到更多的清洁能源项目落地，为应对全球能源危机和气候变化挑战做出贡献。

马鞍山当涂发电有限公司目前一期工程建设 2×660 MW 超临界燃煤机组。发电机组氢气冷却参数如表 3-53 所示。

表 3-53 发电机组氢气冷却参数

氢气系统容积/m^3	最高允许氢气压力/MPa	额定氢气压力/MPa	压力允许变化/MPa	湿度(额定氢气压力下)	额定入口氢气纯度/%	最小入口氢气纯度/%
110	0.42	0.4	0.02	$-25\ ℃\leqslant$ 露点温度 $\leqslant -5\ ℃$	$\geqslant 98$	$\geqslant 95$

注：氢气纯度为体积分数。

在项目建成前，马鞍山当涂发电有限公司每年通过外部采购氢气的方式需要花费约 27 万元。考虑到马鞍山地区其他发电厂采用外购氢瓶供氢的经济性分析，并结合马鞍山当涂发电有限公司的实际运行情况，可以得出外购氢瓶供氢年运行费用为 26.87 万元。

马鞍山当涂发电有限公司附近的水稻、小麦、油菜籽和棉花等农作物的种植量大，每年可产生大量的稻壳和秸秆等生物质燃料，总产量可达 20 万 t。为生物质气化-化学链制氢系统提供了充足的原料来源，完全满足系统的生物质原料需求。经过成本和收益计算，该系统的制氢成本主要包括设备折旧、原料成本等。而收益则主要来自销售氢气的收入，最终的制氢收益为 51 万元。

生物质气化-化学链制氢系统在电厂中的应用带来了革命性的变革。这一系统充分利用生物质资源，通过先进的制氢技术，实现了高效、清洁的能源生产。与传统的制氢方法相比，生物质气化-化学链制氢系统具有显著的优势。该系统能够满足发电机组的冷却需求，并产生富余的氢气。这种富余的氢气可以被有效利用，进一步提高了能源的利用效率。通过增设压缩和提纯工艺等设备，这些富余的氢气可以被转化为高纯度的氢气，进而用于燃料电池发电。与传统外购氢瓶供氢方式相比，生物质气化-化学链制氢系统虽然在前期需要较大的设备投入，但它带来了多方面的长期效益。一方面，该系统降低了对外部能源的依赖，提高了能源的自给率。另一方面，由于生物质资源的可持续利用，该系统有助于减少废物排放，降低对环境的影响。此外，生物质气化-化学链制氢系统的应用还有助于推动可再生能源技术的发展和进步。随着技术的不断成熟和优化,该系统有望在未来发挥更大的作用,为全球能源危机和气候变化挑战提供有效的解决方案。

参考文献

[1] 毛宗强,毛志明,余皓.制氢工艺与技术[M].北京:化学工业出版社,2018.
[2] 张微.制氢技术进展及经济性分析[J].当代石油化工,2022,30(7):31-36.
[3] 李星国.氢气制备和储运的状况与发展[J].科学通报,2022,67(4-5):425-436.
[4] 王明华.新能源电解水制氢技术经济性分析[J].现代化工,2023,43(5):7-11.
[5] 李晓霞,丁女良,位召祥,等.光伏制氢工程项目经济性影响因素分析[J].电力勘测设计,2022(11):6-11.
[6] 刘庆超,杨畅,周正华,等.光伏发电制氢技术经济可行性研究[J].科技前船,2019(11):92-93.
[7] 刘传亮,郭万贵,孔心璇,等.西此地区宽功率光伏离网制氢技术进展与发展前景[J].动力工程学报,2022,42(8),762-768.
[8] 时璟丽,高虎,王红芳.风电制氢经济性分析[J].中国能源,2015,37(2):11-14.
[9] 张理,叶斌,尹晨旭,等.风电制氢经济性及发展前景分析[J].东北电力技术,2020,41(7):5-9,37.
[10] 孙鹤旭,李争,陈爱兵,等.风电制氢技术现状及发展趋势[J].电工技术学报,2019,34(19):4071-4083.
[11] 赵靓."十五五"中国海上风电度电成本展望[J].风能,2023(2):34-37.
[12] 田甜,李怡雪,黄磊,等.海上风电制氢技术经济性对比分析[J].电力建设,2021,42(12):136-144.
[13] 中国长江三峡集团有限公司.三峡新能源江苏大丰海上风电项目全部机组并网发电[J].电世界,2020,61(1):56.
[14] 方世杰,邵志芳,张存满.并网型风电耦合制氢系统经济性分析[J].能源技术经济,2012,24(3):39-43.
[15] 张森,郝振波,朱振涛,等.海上风能岸上制氢的经济可行性分析[J].电力建设,2023,44(3):148-153.
[16] 孙嘉忆.瑞士Axpo和Rhiienergie公司共建水电站制氢工厂[J].热力动力

工程,2023,3813).73.

[17] 侯永宽.四川水电制氢样本[J].能源,2020(4):40-41.

[18] 甘霖,朱云翔.大型水电企业电解水制氢经济可行性分析[J].动力与电气工程,7019(32):22-24.

[19] 杨小彦,陈刚,殷海龙,等.不同原料制氢工艺技术方案分析及探讨[J].煤化工,2017,45(6):40-43.

[20] 韩大明,刘莹,孙小会.煤制氢气工艺路线技术经济性探讨[J].河南化工,2017,34(2):41-42.

[21] 李庆勋,刘晓彤,刘克峰,等.大规模工业制氢工艺技术及其经济性比较[J].天然气化工(C_1化学与化工),2015,40(1):78-82.

[22] 李家全,刘兰翠,李小裕,等.中国煤炭制氢成本及碳足迹研究[J].中国能源,2021(1):51-54.

[23] 李海洋.焦炉煤气制氢气和天然气工艺及成本效益研究[J].化学工程,2021,49(11):73-78.

[24] 郭建刚,刘伟言.焦炉煤气制氢成本效益及敏感性分析[J].冶金财会,2022(9):51-54.

[25] 王奕然,曾令志,娄舒洁,等.天然气制氢技术研究进展[J].石化技术与应用,2019,37(5):361-366.

[26] 李冰阳.天然气间接转化的技术经济分所[D].北京:中国石油大学(北京),2018.

[27] 马文杰,尹晓晖.炼油厂制氢技术路线选择[J].洁净煤技术,2016,22(5):64-69.

[28] 马杰,马云雷,闫俐辰,等.氢能及炼厂制氢技术低碳化转型发展[J].现代化工,2023,43(6):32-38.

[29] 尹正宇,符传略,韩奎华,等.生物质制氢技术研究综述[J].热力发电,2022,51(11):37-48.

[30] 周天,赵叶静,刘志强,等.生物质制氢与煤制氢过程的技术经济分析与生命周期评价[J].中南大学学报(自然科学版),2022,53(7):2733-2745.

[31] 孙立,张晓东.生物质热解气化原理与技术[M]北京:化学工业出社,2013.

[32] 高明.化学链制氢研究进展[J].能源研究与利用,2022(6):29-33.

[33] 鲁誉,刘牧天,肖英杰,等.新型甲醇重整—化学链氢电联产系统热力学分析[J].工程热物理学报,2021,42(01):2481-2490.

[34] 安阳,袁思杰,吴曼,等.铁基载氧体煤化学链制氢的强化反应[J].中国粉体技术,2022,28(1):87-94.

[35] 王鹏程.改性$NiFe_2O_4$载氧体甲烷化学链制氢反应性能研究[D].重庆:重庆大学,2021.

[36] 郑浩,孙朝,曾亮.化学链技术在低碳制氢领域的研究进展[J].中南大学学报(自然科学版),2021,52(1):313-329.

[37] 陈俊杰.镍铁氧体化学链共制备氢与合成气实验研究[D].武汉:华中科技大学,2020.

[38] 高磊,徐玉胜,曹晏.煤化学链制氢技术研究进展[J].2022,50(21):49-51,76.

[39] 赵亮.生物质化学链气化制氢工厂的模拟与优化[D].杭州:浙江大学,2023-01.

[40] 高明,张辉,宋峰,等.生物质气化—化学链制氢技术在电厂的设计和应用[J].能源研究与利用,2023(2):34-37.

[41] 李博文,唐宇翔,王帅.化学链吸附强比气化制氢系统的然力学研究[J].能源化工,2020,41(6):11-15.

4

氢气的储运技术与装置

氢气储运技术与装置的发展对实现氢能的大规模应用起着重要支撑作用。国家发展改革委、国家能源局印发的《氢能产业发展中长期规划2021—2035年》提出：以安全可控为前提，积极推进技术材料工艺创新，支持开展多种储运方式的探索和实践。提高高压气态储运效率，加快降低储运成本，有效提升高压气态储运商业化水平。推动低温液氢储运产业化应用，探索固态、深冷高压、有机液体等储运方式应用。开展掺氢天然气管道、纯氢管道等试点示范。逐步构建高密度、轻量化、低成本、多元化的氢能储运体系。

现阶段，我国主要以高压气态长管拖车的运输方式为主，液态储运、固态储运，还都处于产业化示范验证前期。加氢站作为氢能产业商业化发展的重要基础设施，正在按照需求导向有序推进网络建设。

4.1 氢储存

由于氢气的体积能量密度相对偏低，大约是天然气（在20 MPa压力下）的三分之一，并且仅为煤的二十分之一，因此氢气储运技术的不断进步对于推动氢能的大规模应用显得尤为关键。2020年11月，国务院办公厅印发《新能源汽车产业发展规划（2021—2035）》，指出要攻克氢能储运、加氢站、车载储氢等燃料电池汽车应用支撑技术。

中国氢能产业的发展需要突破大容量且低成本的储氢技术难关。根据储存状态的不同,可以将氢气储存技术划分为多个类别,包括气态高压储氢、低温液态储氢、超临界态储氢、有机液态储氢、固态材料储氢以及地下储氢技术。这些技术的研发和应用对于推动氢能产业的进步和实现氢能的大规模应用具有重要意义。

4.1.1 气态高压储氢

高压气态储氢技术,作为目前发展最为成熟且应用最广泛的储氢手段,其核心原理是将氢气压缩至高密度气态后,在高压环境下进行储存。这种技术的储氢密度直接受压力影响,而压力的上限则取决于储罐的材质强度。实验数据显示,氢气的质量密度会随着压力的增加而提升,尤其是在 30~40 MPa 的压力区间内,增长速率较快。然而,当压力超过 70 MPa 后,其质量密度的变化就不再显著。基于这些考量,为了确保储氢效率与安全性,储罐的工作压力通常应控制在 35~70 MPa。

4.1.1.1 储氢技术

(1)高压常温储氢。

高压气氢储运技术已成为当前最常用的氢能储运手段。为了提升氢气的储存效率,通常采用高压压缩方法将氢气储存于特殊设计的容器中。高压气氢储运技术承压容器结构相对简单,能够在较宽的工作条件下稳定运行,同时易于循环利用。然而,这项技术也存在明显的不足之处。尽管通过高压压缩能够提升氢气的储存密度,但整体而言,其储氢密度仍然偏低,会有一定的氢气能量损失。在高压常温储氢的研究中,储存压力与可储存的氢气量之间存在着正相关关系;但二者关系并不是线性的,氢气的密度并不会随着压力的持续升高而等比例增加。当储存压力升高到 200 MPa 时,氢气的密度仅达到 70 kg/m³。一旦压力超过 70 MPa,储量的增长幅度会显著减小。这表明在追求更高储存量的同时,压力的增长所带来的效益逐渐递减。为了平衡储存量和安全性,储存压力一般被限制在 35~70 MPa。这个范围的选择是基于对氢气储存效率、容器材料承受能力以及安全性的综合考虑。此外,还需要特别关注高压储存带来的安全隐患。过高的储存压力可能导致容器承受不住而发生破裂,同时氢脆现象也可能加剧容器的损坏和氢气的泄漏。这些安全问题都是在实际应用中需要严格控制和防范的。高压常温储氢技术在实际应用中需要权衡储存量、压力和安全性之间的关系。

(2)低温压缩储氢。

低温压缩储氢是利用低温环境将氢气高度压缩,实现高效、安全的储存方式。具体而言,通过将氢气冷却至极低的 41 K 温度并同时施加 35 MPa 的压力,可以实现高达 81 g/L 的体积密度。这一数值是在常温 70 MPa 条件下压缩氢气密度(40 g/L)的两倍,突显了其在提高储氢密度方面的显著优势。与高压常温储氢相比,低温压缩氢气存储技术在相对较低的储存压力下就能达到更高的密度(图 4-1),从而提高了储存效率。而与低温液态储氢相比,这项技术又能有效减少液化氢储存过程中的蒸发损失,进一步增强了其实用性。

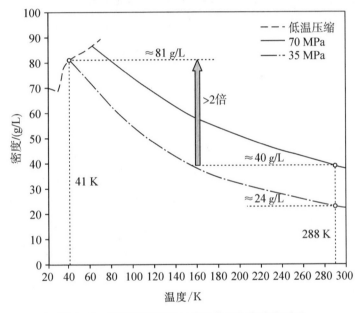

图 4-1 低温压缩氢气与常温高压氢气密度对比

4.1.1.2 储氢气瓶

高压储氢气瓶在压缩氢的广泛应用中占据核心地位,特别是在加氢站和车载储氢领域的应用。随着应用端需求的持续提升,尤其是在车载储氢方面的需求,高压储氢气瓶的发展不断追求更轻的质量和更高的压力。不同高压储氢气瓶的具体特征和参数如表 4-1 所示。

(1)全金属储氢气瓶。

自 19 世纪末起,金属压力容器的发展便受到了工业需求的推动,特别是在碳酸饮料的生产中储存二氧化碳的需求。近年来,随着氢能储存需求的不断增长,金属储氢气瓶的性能和安全性成为研究的重点。这些气瓶由于质量较大,导致储氢密度相对较低,其质量储氢密度大约在1%～1.5%,因此通常适用于固定式、小储量的氢气储存场景。同时,氢气的分子渗透作用使得钢制气瓶容易受氢气腐蚀,进而出现氢脆现象,增加了气瓶在高压下失效和爆裂的风险。为了提升金属储氢气瓶的性能和安全性,研究人员主要集中在金属的无缝加工技术、失效机制等方面。这些研究不仅有助于理解金属储氢气瓶在氢气储存过程中的行为特性,还有望为金属储氢气瓶的设计、制造和使用提供更为科学、可靠的依据,从而推动氢能储存技术的进一步发展。

表4-1 不同类型储氢瓶对比

项目	Ⅰ型	Ⅱ型	Ⅲ型	Ⅳ型
材质	钢、铝等	钢制内胆纤维缠绕瓶	铝内胆纤维缠绕瓶	塑料内胆纤维缠绕瓶
工作压力/MPa	17.5～20	26.3～30	30～70	>70
介质相容性	有氢脆、有腐蚀性	有氢脆、有腐蚀性	有氢脆、有腐蚀性	有氢脆、有腐蚀性
质量储氢密度/%	≈1	≈1.5	≈2.4～4.1	2.5～5.7
体积储氢密度/(g·L^{-1})	14.28～17.23	14.28～17.23	35～40	38～40
使用寿命/a	15	15	15～20	15～20
成本	低	中等	最高	高
车载是否可以使用	否	否	是	是

(2)纤维复合材料缠绕气瓶。

纤维复合材料缠绕气瓶,包括Ⅱ型瓶、Ⅲ型瓶和Ⅳ型瓶。其中,Ⅱ型瓶采用了环向增强技术,其纤维并未彻底缠绕。这种设计使得其工作压力得到了提高,可承受26～30MPa。然而,由于Ⅱ型瓶的内胆为钢制,其质量并未得到有效降低,因此其和Ⅰ型瓶的质量储氢密度接近。因此,在应用场景上,Ⅱ型瓶仍然受到一定的限制。随着技术的不断进步,纤维复合材料缠绕气瓶在减轻质量、提高储氢密度以及拓宽应用场景等方面仍有巨大的发展潜力。纤维复合材料缠绕制造的Ⅲ型瓶和Ⅳ型瓶是目前主流的高压储氢气瓶。它们的核心构造包括内胆和外围的碳纤维缠绕层。这种复合结构通过螺旋和环箍式的纤维缠绕方式，显著强化了内胆的承压能力。为了确保气瓶的安全性和防止氢气泄漏，还特别在内部设置了衬垫，它作为氢气和复合层之间的阻隔层，有效防止了氢气通过复合层微小裂缝的逸出。然而，与国外的先进技术相比，我国的高压储氢气瓶研发进程相对滞后。这主要由于高性能碳纤维材料的获取难度以及纤维缠绕技术的成熟度限制。尽管如此，我国已经在 35 MPa 铝内胆碳纤维缠绕的Ⅲ型瓶上取得了显著进展，标志着我国在这一领域正稳步前进。

不同类型的储氢气瓶在内胆材料上有所区别：Ⅲ型瓶采用的是铝合金内胆，而Ⅳ型瓶则选用了聚合物材料作为内胆。这种材料选择上的差异也反映了不同技术路径和发展重点。随着技术的不断进步和市场的日益拓展，未来我国有望在高压储氢气瓶领域实现更大的突破和创新。表 4-2 为不同类型储氢瓶对比数据。

表 4-2　不同类型储氢瓶对比

机构名称	技术特点	70 MPa Ⅳ型瓶应用情况
美国 Quantum	35/37 MPa Ⅳ型储氢瓶、组合阀、移动加氢系统 Tishield10 氢气瓶：70 MPa，紫乙烯内胆＋外缠绕碳纤维	—
日本丰田 TOYOTA	35/37 MPa Ⅳ型储氢瓶、组合阀 MRAL 氢气瓶：70 MPa，156 L 塑料内胆＋外缠绕碳纤维	日本丰田 Mirai 汽车配套
挪威 Hexagon	35/37 MPa Ⅳ型储氢瓶、组合阀 Trishield 气瓶：70 MPa，塑料内胆＋外缠绕碳纤维	美国福特汽车配套 戴勒姆汽车配套
韩国 ILJIN	碳纤维复合材料以及增强纳米复合材料内衬 氢气：70 MPa，塑料内胆＋外缠绕碳纤维	韩国现代氢能 电动车配套
加拿大 Dynetek	35/37 MPa Ⅳ型储氢瓶 氢气瓶：70 MPa，塑料内胆＋外缠绕碳纤维	法国米其林 EV 系统 现代汽车途胜 FCEV

(3)高压储氢气瓶材料。

高压储氢容器对材料的要求极高，必须满足安全、可靠、经济高效，并且与氢气之间不能存在强烈的相互作用或反应。在高压储氢气瓶的制造中，不同类型的气瓶采用了不同的材料。对于Ⅰ型、Ⅱ型和Ⅲ型瓶来说,典型的材料主要包括铝(如7060合金)和钢(如铬-钼钢)。这些金属材料具有良好的机械性能和耐腐蚀性,能够在高压下保持结构的稳定性和氢气的密封性。而Ⅳ型瓶则采用了聚合物材料(聚酰胺基聚合物等)作为内胆。这些聚合物材料具有良好的化学稳定性和耐氢气渗透性,能够有效隔离氢气与外部环境,确保储氢过程的安全可靠。在纤维复合材料缠绕气瓶的制造中,高性能纤维是主要的增强体。表4-3列出了几种常见纤维的力学性能,这些数据为纤维复合材料缠绕气瓶的设计和制造提供了重要的参考依据。通过选择合适的纤维材料和优化其含量、张力、缠绕轨迹等参数,可以制造出性能优异、安全可靠的高压储氢气瓶,推动氢能储存技术的发展和应用。

表4-3 纤维力学性能

高性能纤维类型	弹性模量/GPa	抗拉强度/MPa	伸长率/%
玻璃纤维	70~90	3300~4800	5
芳纶纤维	40~200	3500	1~9
碳纤维	230~600	3500~6500	0.7~2.2

4.1.1.3 高压复合储氢罐

随着固态储氢技术的不断进步,高压复合储氢容器作为一种新型储氢方式应运而生,它将储氢粉体材料置于储氢罐中,从而实现了气态和固态氢气的混合储存。这种储氢系统的核心原理在于,利用储氢材料的吸氢特性进行固态储氢,同时利用储氢罐内粉体材料间的空隙作为额外的储氢空间。图4-2展示了高压复合储氢罐的结构示意图。通过这种方式,不仅储氢材料本身可以储存氢气,储氢粉体材料之间的空隙也成为有效的储氢场所,从而显著提高了储氢容量,展现了气-固复合储氢的优越性。这种创新性的储氢技术为氢能的储存和利用提供了新的思路。此外,日本丰田汽车公司开发的35 MPa Ti-Cr-Mn合金制高压复合储氢瓶、Ti-Cr-V合金制低压复合储氢瓶以及常规70 MPa高压储氢瓶的性能参数如表4-4所示,这些数据为高压复合储氢罐的性能评估和应用提供了重要参考。

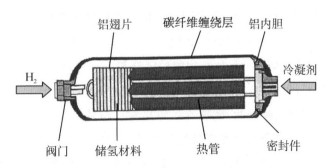

图 4-2　高压复合储氢罐结构

表 4-4　丰田公司三种车载储氢瓶性能

储氢瓶名称	容量	充氢时间/min	低温工作性能	放氢压力	安全性
高压储氢瓶（70 MPa）	5 kg/122 L	5~10	可低温工作	可控	高压
低压复合储氢瓶（Ti-Cr-V）	3.5 kg/120 L	30~60	不可低温工作	不可控	高压
高压复合储氢瓶（Ti-Cr-Mn）	7.3 kg/180 L	5~7	可低温工作	可控	中压

4.1.2　低温液态储氢

　　低温液态储氢技术是通过将氢气冷却至极低的温度,使其转化为液态形式进行储存。在标准大气压下,当氢气被冷冻至-253 ℃以下时,它会转变为液态,此时其密度高达气态氢的 865 倍。这一显著特性使得低温液态储氢技术在某些方面相较于高压气态储氢技术更具优势。尽管低温液态储氢技术具有诸多优点,但它也面临着一些挑战。首先,液氢的生产成本相对较高。理论上,氢液化所需的能量为 28.9 kJ/mol,但在实际过程中,消耗的能量大约是这一理论值的 2.5 倍,占据了氢气总能量的 30%~50%。其次,液氢的储存面临着重大的挑战,主要是由于其极端的沸点温度和微小的气化潜热,这使得它与外界环境之间形成了巨大的温差。考虑到液氢与外界之间的这种显著温度差异,即便是非常微小的热量渗透到储存容器中,也足以引发液氢的迅速沸腾,并因此导致大量的液氢损失。尽管采用了真空绝热储槽等先进技术,仍然难以实现对液氢的长期有效储存。液氢的这种高度易挥发的特性,使得其储存问题变得尤为突出和棘手。尽管如此,对于一些特殊应用,如宇航领域的运载火箭,采用冷液化储氢技术仍然是有利的。这是因为在这些特定场景下,液氢的高密度和储存效率能够带来显著的优势,是一种理想的能源选择。

4.1.2.1 氢的液化方法

氢的液化技术基本上可以划分为两大类:一类是依赖于焦耳-汤姆孙效应的简易林德法(Linde);另一类则是在此基础上结合了绝热膨胀的方法。这种结合了绝热膨胀的技术进一步细分为两种方法:一种是利用氢气在绝热膨胀过程中产生的低温来实现液化的氢气逆布雷顿法;另一种则是直接让氢气自身进行绝热膨胀以达到液化目的的氢气克劳德法,详细的流程如图 4-3 所示。在氢气液化的工艺流程中,核心设备和部件包括加压器、热交换器、膨胀涡轮机以及节流阀。

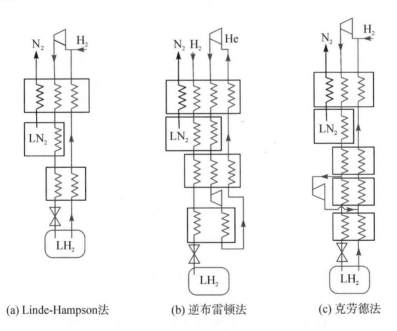

(a) Linde-Hampson法　　(b) 逆布雷顿法　　(c) 克劳德法

图 4-3　氢气的循环液化方法

氢气液化的最简单流程之一是 Linde 流程,也被称为节流循环。这种方法利用高压低温氢气的膨胀来制取液态氢,是工业气体液化的早期方法。尽管其装置简单且运行稳定,但由于效率较低,除在小型实验室环境中,很少被用于大规模生产。在此过程中,氢气首先在常压下被压缩,接着在热交换器中使用液氢进行预冷处理。然后,氢气进入节流阀,经历等焓的 Joule - Thomson 膨胀过程,从而制备出液氢。那些未能转化为液氢的制冷气体会被重新引导回热交换器,以回收冷量,如图 4-3(a)所示。对于大多数气体(例如 N_2),在室温下经历 Joule - Thomson 膨胀过程时,气体会变冷。然而,氢气是个例外,需要将其温度降低到 202 K 以下,以确保在膨胀过程中气体能够冷却。这也是在 Linde 制冷流程中,高压氢气需要采用液氮进行预冷的原因,如图 4-4 所示。实际上,为了获得较为理想的液化率(24%～25%),需要在压力达到 10～15 MPa,并将温度降至 50～70 K 的条件下进行节流操作。

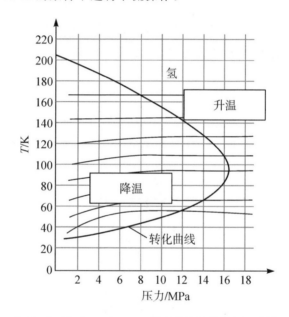

图 4-4 Joule - Thomson 膨胀过程的转化温度曲线

对于中等规模的液氢生产,氦气逆布雷顿法是一个更为适合的选择。该方法的工艺流程如图 4-3(b)所示。压缩机和膨胀涡轮机内使用的流体是惰性气体氦,这有助于防止爆炸风险。此外,由于该方法能够全量液化所供给的氢气,并且容易获得过冷的液态氢,因此在向储存罐转移时能够显著减少闪蒸损失。这使得氦气逆布雷顿法在液氢生产中具有一定的优势。

氢气克劳德法是一种结合了氢的等熵膨胀与焦耳-汤姆孙效应的先进液化方法,其工艺流程如图 4-3(c)所示。理论上,当压缩气体在绝热条件下通过涡轮机膨胀并对外做功时,可以产生更大的温度降低,从而获得更多的冷量。这一方法的显著优势在于无需关注氢气的转化温度,也就是说,无需进行预冷处理,从而能够保持持续的制冷过程。然而,这种方法也存在一定的局限性。在实际应用中,它只能对气流进行制冷,而无法实现冷凝过程。这是因为一旦形成液体,可能会损坏涡轮机的叶片。尽管如此,通过在工艺流程中引入涡轮式膨胀机,其效率仍然高于仅使用节流阀进行液氢制备的 Joule - Thomson 过程,液氢的产量甚至可以增加 1 倍以上。氢气克劳德法因其出色的经济性而在大规模液态氢生产中得到了广泛应用。然而,在使用这种方法制液氢时,由于氢本身作为制冷剂,循环中的氢保有量较大,并且需要提供相应的氢压力。因此,在操作过程中应特别重视安全问题,以确保生产的顺利进行。

氢气液化技术面临的最大挑战是其高昂的能耗。在理论状态下,液化氢气所需的能量为 3.228 kW·h/kg,这已是一个相对较高的数值。然而,现实情况更为严峻。如图 4-3 所描述的氢气液化流程所示,该过程涉及压缩、预冷、热交换、涡轮机膨胀、节流阀膨胀等多个步骤。这些步骤的综合影响导致实际能耗高达 15.2 kW·h/kg,这一数值几乎相当于氢气燃烧产生低热值(当产物为水蒸气时的燃烧热值)的一半。相比之下,生产液氮的能耗仅为 0.207 kW·h/kg,远低于液化氢气的能耗。因此,降低氢气液化的能耗是当前亟待解决的问题。

国产 YQS-8 型氢液化机的液氢生产流程如图 4-5 所示,该机器每小时能生产 6~8 L 的液氢。在生产过程中,其功率消耗为 27 kW,同时每小时需要消耗 2 t 的冷却水。为了保证液氢的质量,对原料氢气有严格的要求:纯度不得低于 99.5%,水分含量不超过 2.5 kg/m³,氧含量不得超过 0.5%。在氢液化机内部,首先原料氢气经过活性炭的吸附作用,除去其中的杂质。经过纯化的氢气随后进入储氢器,并通入压缩机。在压缩机内,氢气经过三级压缩,压力达到 (150×101.325)kPa。之后,高压氢气再经过高压氢纯化器,进一步除去由压缩机带来的机油等杂质。接下来,高压氢气分为两路进入液化器。一路通过热交换器Ⅰ与低压回流的氢气进行热交换,然后经过液氮槽进行预冷处理。另一路则在热交换器Ⅱ中与减压氮气进行热交换,随后通过蛇形管在液氮槽中直接被液氮预冷。两路预冷后的高压氢气汇合,此时氢气的温度已经冷却到低于 65 K。然后,冷高压氢气进入液氢槽的低温热交换器,在这里直接受到氢蒸气的冷却作用,使温度进一步降低到 33 K(氢的液气相变临界点)。最后,通过节流阀的绝热膨胀作用,氢气的气压低于 (0.1×101.325)kPa~(0.5×101.325)kPa。由于高压气体膨胀的制冷效应,一部分氢气液化,聚集在液氢槽中。这些液化的氢气可以通过放液管放出,并注入液氢容器中。同时,没有液化的低压氢气和液氢槽中蒸发的氢气(作为制冷剂)一起经过热交换器由液化器放出,之后进入储氢器或压缩机的进气管,重新参与到液化循环中。

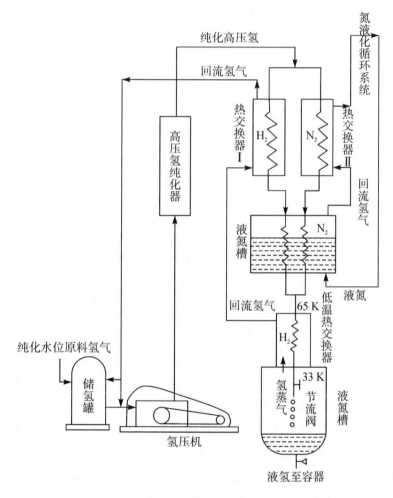

图 4-5　国产 YQS-8 型氢液化机的液氢生产流程

液态氢,以其高达 71 kg/m³ 的体积密度和出色的质量储氢效率(达到 40%),超越了其他储氢形式。然而,它同时也面临着一些技术挑战。由于其极低的沸点(20.3 K)和相对较低的潜热(31.4 kJ/L 或 443 kJ/kg),液氢极易蒸发。这一特性使得液氢的存储成为一个需要精心解决的问题,因为如果不采取适当的措施,液氢储罐内的压力可能会达到危险水平,导致减压阀自动开启和氢气泄漏，从而引发安全问题。

在液氢的存储方案中，液氢储罐是最常用的选择，其形状通常为球形或圆柱形。这些储罐的设计考虑了液氢的物理特性，特别是其易于蒸发的特点。实际上，液氢的蒸发损失量与储罐的表面积和容积之比（S/V）直接相关。这意味着，储罐的容积越大，液氢的蒸发损失就越小。因此，从减少蒸发损失的角度来看，球形储罐是最佳选择。球形储罐在容积较大时表现出色，例如，当容积为 50 m³ 时，蒸发损失仅为 0.3%～0.5%；而当容积增至 1000 m³ 时，蒸发损失进一步降低至 0.2%；对于容积高达 19000 m³ 的储罐，蒸发损失甚至可以降至 0.06%。此外，球形储罐还具有应力分布均匀的优点，从而可以获得更高的机械强度。然而，球形储罐也存在加工困难、造价高昂等缺点。

相比之下，圆柱形容器是目前液氢储罐的更常见选择。对于需要公路运输的应用场景，圆柱形容器的直径通常限制在 2.44 m 以内。与球形储罐相比，其 S/V 值仅增加了 10%，从而在容积和蒸发损失之间取得了一个相对平衡的折中方案。图 4-6 展示了圆柱形容器的典型结构。总之，在液氢的存储和运输过程中，储罐的设计选择至关重要。无论是球形还是圆柱形储罐，都需要在考虑液氢物理特性的基础上进行周详的设计和优化，以确保安全、高效的液氢存储和运输。

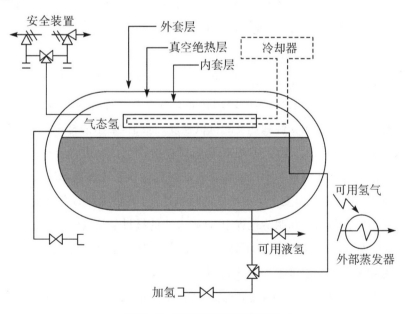

图 4-6　圆柱型液氢储罐结构

液氢储罐在存储过程中可能会遇到两大现象："层化"和"热溢"，它们都与储罐内部的温度分布不均有关。"层化"现象是由储罐不同部位的温度差异引起的。由于对流作用，温度较高的液氢会上升至储罐上部，而温度较低的液氢则下沉到下部。这种温度分层导致罐体上部蒸气压增加，而下部蒸气压几乎保持不变，从而造成罐体承受的压力分布不均。为了确保储罐的安全运行，必须采取措施排出这部分过多的氢气。

"热溢"现象则更为复杂，它可能由两个主要原因引起。首先，当液体的平均比焓高于其在饱和温度下的值时，液体的蒸发损失会变得不均匀，形成不稳定的层化结构。这通常表现为储罐下部液氢过热，而表面液氢仍处于饱和状态，从而产生大量蒸气。其次，如果储罐的操作压力低于维持液氢处于饱和温度所需的压力，那么只有表面层的压力与储罐压力相等，而内部压力则较高。在这种情况下，如果表面层受到扰动（例如从顶部重新注入液氢），就可能引发"热溢"现象。

为了解决这些问题，可以采取两种策略。一种是在储罐内部垂直安装一个具有良好导热性能的板材。这种板材能够迅速传导热量，从而消除储罐上下部的温差，减轻"层化"现象。另一种策略是将热量导出罐体，使液体保持过冷或饱和状态。这可以通过使用磁力冷冻装置等外部冷却设备来实现，从而降低液氢的蒸发速率和减少"热溢"现象的发生。

4.1.2.2 液氢容器的材料

液氢以其极低的温度和氢元素的特殊性质，对储运容器的材料提出了极为苛刻的要求。在选择这些材料时，必须确保其具备抵抗氢脆和氢气渗透的能力，同时还要有出色的低温耐受性和优良的机械强度。目前，常用的材料主要有金属合金和低温复合材料两大类。特别是在金属材料中，不锈钢、铝合金和钛合金等表现尤为突出。这些金属材料不仅能够有效抵御氢脆和氢气渗透，保持容器的结构稳定性，还能在极低的温度下保持良好的机械性能，确保液氢的安全储运。因此，在液氢储运容器的设计和制造过程中，选择合适的材料至关重要。

（1）不锈钢，特别是奥氏体不锈钢，在低温条件下表现卓越，因而被优先考虑用于低温应用环境。奥氏体不锈钢进一步划分成 Cr-Ni-Mn（200 系列）和 Cr-Ni（300 系列）。300 系列在低温液体存储容器的制造中特别受欢迎。为了更精确地标识专为液氢容器设计的钢材，最新团体标准 T/CATSI 05006—2021

《固定式真空绝热液氢压力容器专项技术要求》引入了特定的标记方法。按照这一标准,液氢容器专用钢材的数字代号后应附加"-LH"后缀。此外,该标准还明确规定了液氢容器专用不锈钢钢板、钢锻件和钢管的具体材料代号,即S31608-LH,从而确保了材料选择和应用的明确性和准确性。

(2)铝合金在液氢容器,尤其是低温推进剂罐的制造中,已获得了广泛应用。铝合金材料包括固溶硬化和沉淀硬化两种类型,尤其适应于极端低温环境。因此,在火箭发射这一需要极高可靠性和性能的领域,铝合金液氢储罐成为不可或缺的选择。在美国,2195铝合金、2029铝合金和2219铝合金因其出色的性能表现而广受青睐,被广泛应用于火箭的液氢储罐制造中。我国长征五号运载火箭的液氢储罐就是采用了2219铝合金制造,这标志着我国在该领域的技术进步和材料应用的发展。

(3)钛合金作为一种在低温环境下广泛应用的材料,已被证实对火箭性能有着显著提升作用。特别是在制造氢氧发动机储氢罐和氢泵叶轮等核心部件时,钛合金的使用大幅提高了火箭的推重比、延长了其工作寿命。不过,钛合金在极端低温条件下也暴露出一些问题,包括伸长率、冲击韧性和断裂韧性的降低。针对这些问题,科研人员进行了深入研究,并发现通过调整钛合金中的元素组成,特别是减少C、H、O等间隙元素和氯元素的含量,可以显著改善钛合金在低温下的性能。我国在低温钛合金领域的研究虽然起步较晚,但进步显著,已经成功开发出具有自主知识产权的Ti-3Al-2.5Zr等低温钛合金新材料。这些材料不仅展现出优异的低温性能,同时也具备良好的应用前景。

4.1.2.3 绝热技术

液氢储运的核心难题在于如何稳定维持其超低温度。由于液氢的极低温度和外界热量的不断侵入,保持其低温状态极具挑战性。低温绝热技术包括被动绝热与主动绝热。被动绝热技术,主要依赖材料的特性和结构来减少热量传递。传统方法如堆积绝热和高真空绝热,虽然有效但体积大、质量重。为改进这些缺点,科技人员研发了变密度多层绝热(variable density-multilayer insulation,VD-MLI)技术,通过优化材料性能和结构,显著减小了质量和体积,同时提升了绝热效果。VD-MLI的性能受热边界温度影响较大,设计时需考虑实际工作温度。主动绝热技术则依赖外部制冷机提供冷量,适用于长时间储存或再液化需求,如液化天然气船和核磁共振仪。在航天领域,为降低推进剂的损耗,研发了零蒸发(zero boil-off,ZBO)存储技术,结合了被动和主动绝热的优点,旨在实现长期在轨储存的低温推进剂。

此外,辐射制冷技术作为特殊的被动绝热技术,利用宇宙的超低温和超真空特性,通过辐射方式释放热量,适用于空间应用。理论上可实现液氢在轨的长期零蒸发储存,但当前应用仍局限于长期太空任务。被动绝热技术因简单性和无需外部能源而广泛应用,主动绝热技术则在特定应用中表现出色。随着科技进步和创新发展,这些技术将不断完善,以满足液氢储运的日益增长需求。

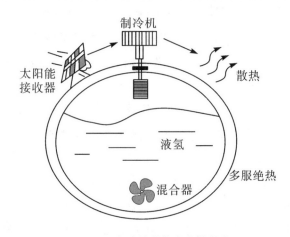

图4-7 主动绝热技术存储技术

4.1.2.4 液氢储罐类型

液氢储罐是氢能产业链中的核心设备,用于稳定、长期地存储液氢并减少蒸发损失。这些储罐由高性能低温材料制成,具备卓越的绝热性能。储罐主要分为固定式和移动式两大类。固定式通常安装在液氢生产工厂、加氢站等地点,容积大,常见形状为球形和圆柱形。球形储罐因表面积与体积比最小,蒸发损耗率低,机械强度高,被广泛应用,如NASA的大型液氢球形储罐。随着技术进步,固定式储罐容积不断增大,采用真空双层绝热结构提高效率。移动式液氢储罐则更灵活,用于运输和转移。卧式储罐适应多种运输方式,而罐式集装箱则是一种新兴方式,标准化、模块化,日蒸发率低至0.5%,可灵活选择陆运或海运。多家公司已推出成熟产品,支持液氢的安全高效存储和运输。总之,液氢储罐在氢能产业链中扮演重要角色,技术进步推动其类型和容积不断发展,为液氢的稳定存储和大规模应用提供有力保障。

4.1.3 超临界态储氢

超临界氢作为新兴的储运形式,正受到业界的广泛关注。它基于液氢研究,为氢能的大规模、高效和安全储运提供了新的解决方案。在存储性能上,超临界氢因其在气态和液态之间的特殊状态而具有显著优势。它能在较高温度和压力下保持稳定,避免了液氢因温度波动导致的蒸发损失。同时,其高密度也提高了存储效率。在安全性方面,超临界氢同样表现出色。由于其特殊的物理性质,泄漏时不会像液氢那样迅速蒸发形成可燃云团,降低了火灾和爆炸的风险。其储运设备也经过严格设计和优化,确保安全可靠。

4.1.3.1 氢的物性及超临界储氢

图4-8展示了氢的相位图,揭示了氢在不同温度和压力下的物理状态。氢因其独特的性质,在多种条件下呈现固态、液态和气态。相位图清晰地标出了三相点,即氢的三种状态共存的条件。在更低温压下,固态氢因其高密度和低热导率而具有特殊应用价值。图4-9则显示了氢的密度如何随温度和压力变化。在三相点和临界点之间,氢为液态,密度约70.8 kg/m³,适合储存和运输。但当温压超过临界点时,氢进入超临界状态,结合了气态和液态的优点,密度达29.77 kg/m³,提高了能量储存和转换效率。临界点数据(1.296 MPa,33.15K)为氢的状态转变提供了具体指导。

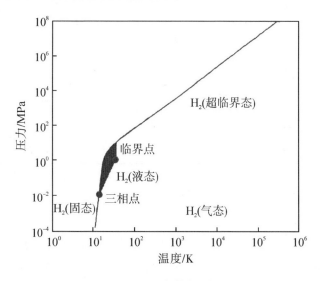

图4-8 氢的相位

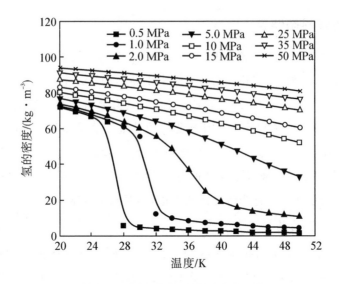

图 4-9 不同温度、压力下氢的密度

与高压气态氢相比,超临界氢存储具有显著优势。其存储密度更大,意味着在相同空间内可存储更多氢能,提高了利用效率。同时,超临界氢不受加注时温升的影响,避免了可能的设备热应力和安全隐患。相较于液氢存储,超临界氢不需要极低温度,节约了能源,并避免了液氢蒸发导致的问题。表4-5的对比数据进一步证实了超临界氢在存储密度、加注温升和能源消耗等方面的优越性。

表 4-5 三种储氢方法主要性能对比

储氢方法	存储密度	压力	温度	成本	安全性	运输便利性
高压气态	最小	最高	最高	最低	最差	好
低温液态	最大	最低	最低	最高	较差	较好
超临界态	较大	较高	较低	较高	较好	较好

4.1.3.2 超临界氢存储技术

(1)超临界吸附储氢。

超临界吸附储氢是一种利用多孔固体吸附剂来储存氢气的方法。图4-10比较了常温和77 K液氮温度下氢气的储存密度。结果显示,在4.0 MPa压力下,液氮温度的吸附储氢密度是常温压缩储氢的近十倍,达到37.5 g/L,而常温仅为 4.0 g/L。这表明温度对氢气存储密度有重要影响,吸附储氢在低温下更具优势。这意味着,通过吸附储氢方式,在液氮温度下,储氢密度可以达到压缩储氢方式的 9 倍,显示出超临界吸附储氢在提高储氢密度方面的显著优势。

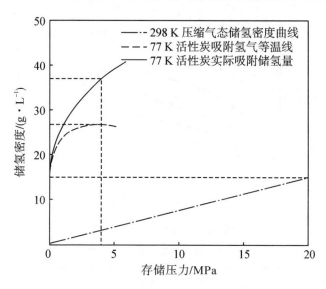

图 4-10 常温下压缩储氢与 77K 吸附储氢密度曲线

超临界吸附储氢技术是氢能储存中的关键环节,而吸附材料的选择尤为关键。在多种吸附材料中,碳基吸附材料(图 4-11)因其出色特性而备受青睐。氢气在碳基材料表面的吸附主要是物理过程,不涉及化学键变动,确保了吸放氢的温和性。此外,活性炭等碳基材料具有巨大比表面积和丰富孔结构,能有效吸附氢气,其储氢容量通常高于其他材料。碳基材料还以其稳定的化学性质闻名,多次吸放氢循环后仍能保持良好性能,确保了材料的可重复利用性,降低了储氢成本。与此同时,其他材料如 MOFs、COFs 和矿物多孔材料也展现出储氢潜力,但在容量和稳定性方面仍需提升。因此,在超临界吸附储氢技术中,碳基吸附材料占据主导地位。随着氢能科技的进步和研究的深入,碳基材料在能源储存与转换领域的重要性将愈发凸显。未来通过优化制备工艺、提升储氢性能及探索新应用领域,有望为氢能社会的持续发展提供更强动力。活性炭、活性炭纤维、碳纳米纤维的性能如表 4-6 所示。

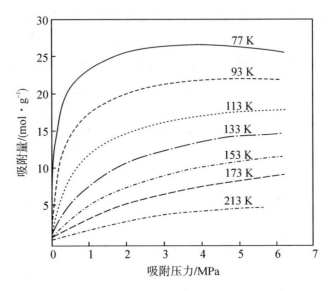

图 4-11　氢在超级活性炭 AX-21 上的吸附等温线

表 4-6　三种储氢材料的性能对比

储氢材料	活性炭	活性炭纤维	碳纳米纤维
总面积/($m^2 \cdot g^{-1}$)	884.0	570.0	127.0
微孔面积/($m^2 \cdot g^{-1}$)	806.0	305.0	33.0
微孔面积占比/%	91.2	53.5	26.0
总容积/($m^3 \cdot g^{-1}$)	17.56	4.58	0.74
微孔容积/($m^3 \cdot g^{-1}$)	17.28	3.43	0.15
微孔容积占比/%	98.4	74.9	20.3

碳基吸附储氢材料在氢能储存领域中具有重要地位,主要包括活性炭、碳纳米管和碳纤维等类型。这些材料因其独特的结构和性质,在储氢技术中展现出显著的优势。活性炭以其发达的孔隙结构和巨大的比表面积而著称,为氢气提供了丰富的吸附位点,从而实现了高效的氢气储存。其化学稳定性和可再生性也使得活性炭成为储氢领域的优选材料。碳纳米管则以其独特的管状结构和非凡的物理化学性质吸引了广泛关注。研究表明,碳纳米管的尺寸对其储氢性能具有重要影响,通过调控其直径、长度等参数可以优化储氢容量。此外,金属元素掺杂和表面修饰等手段也被应用于提升碳纳米管的储氢性能。碳纤维

作为另一种重要的碳基吸附储氢材料,具有良好的力学性能和化学稳定性。通过调控碳纤维的制备工艺和结构参数,可以有效优化其储氢性能。同时,碳纤维与其他材料的复合也是提升储氢性能的有效途径。为了进一步提升碳基吸附储氢材料的性能和应用前景,研究者正在不断探索新的材料制备工艺、性能优化方法以及应用场景。表4-7汇总了不同材料的储氢性能研究结果。

表4-7 不同材料的储氢性能

材料	温度/K	压力/MPa	储氢量/%	研究机构
活性炭	303.0	10.0	0.67	研究与创新学院(日本)
	293.0	13.5	0.90	沈阳材料科学国家实验室
	77.0	2.0	5.00	研究与创新学院(日本)
	77.0	4.0	5.50	阿利坎特大学(西班牙)
	77.0	1.0	2.02	卡斯蒂利亚-拉曼恰大学(西班牙)
碳纳米纤维	303.0	10.0	0.35	诺丁汉大学(英国)
活性炭纤维	303.0	10.0	0.42	诺丁汉大学(英国)
	303.0	3.0	0.53	忠面大学(韩国)
碳纳米管	298.0	6.9	1.02	台湾成功大学(中国)

(2)低温压力容器储存超临界氢。

Aceves等学者采用低温压力容器储氢,相比液态储氢,其能延长氢的稳定存储时间并降低蒸发速率,有效减少氢气损失。该技术灵活适用于液态和气态氢的储存与供应,为燃料电池客车和工业领域提供了可靠、高效的解决方案。与高压气态储氢相比,低温压力容器在储存密度、安全性和氢气损失率等方面表现更优。表4-8详细对比了燃料电池客车中不同储氢方法的性能。由表4-8可知,低温压力容器在储存超临界氢方面,其性能显著超越了高压气态储氢方式。

表 4-8 用于燃料电池客车的低温压力容器储氢和高压气态储氢性能对比

储氢方法	低温压力容器储氢 1	低温压力容器储氢 2	高压气态储氢
存储压力/MPa	50.0	50.0	35.0
存储温度/℃	72.0	99.6	288.0
储存密度/(g·L^{-1})	74.7	64.6	24.0
重量储氢密度/%	8.4	7.6	4.4
体积储氢密度/(g·L^{-1})	50.8	44.4	18.5

当前,低温压力容器储存超临界氢的研究主要集中在储氢性能、热动力学评估以及安全可靠性三大方面。在储氢性能的研究中,Aceves 等学者深入探索了车用低温压力容器储存超临界氢的潜力。他们通过精密实验和理论分析,确认了低温压缩能有效提高氢气的储存密度,这对燃料电池汽车的续航和性能至关重要。同时,该研究团队还从安全性、成本等多角度评估了这种储氢方式,发现其在防止氢气泄漏和爆炸方面表现优异,且成本相对较低,有利于商业化推广。Ahluwalia 等学者同样对汽车的低温压缩氢存储系统进行了研究,证实了第三代系统的储氢密度显著,有助于满足汽车长里程需求。赵延兴等则提出了在低温高压下储存超临界氢的新方法,既提高了储氢密度,又降低了能耗。通过分析储氢密度和能耗等因素,得到了几组较优的储氢参数。这些参数为超临界氢的储存提供了重要的参考依据,具体参数如表 4-9 所示。

表 4-9 推荐的几组低温高压储氢参数

温度/K	压力/MPa	储气密度/(kg·m^{-3})
100.0	50.0	65.3
100.0	45.0	62.3
90.0	40.0	62.8
80.0	35.0	63.5
70.0	30.0	64.5

4.1.4 有机液态储氢

液态有机物储氢(liquid organic hydrogen carrier,LOHC)起源可追溯到

1975年,当时Sultan等首次提出了将液态氢化物应用于储氢的概念。这种技术的核心在于利用有机物分子中的不饱和键与氢气进行加成反应,这一过程需要在催化剂的作用下进行,从而实现氢气的储存。而当反应条件发生变化时,这一过程可以逆转,释放出氢气,完成脱氢步骤。液态有机物储氢技术的显著优势在于其在常温常压下呈现为液态,这使得其储存和运输变得极为便利。这种技术的加/脱氢过程可以多次循环进行,不仅提高了氢气的利用效率,还降低了储氢成本。此外,液态有机物储氢技术与现有的能源网络高度兼容,这一特点为其在实际应用中的推广和普及提供了有力支持。

4.1.4.1 储氢介质

储氢介质对LOHC技术至关重要,有机物载体介质决定了质量储氢密度和加氢、脱氢难度。在储氢介质的研究历程中,科学家们经历了多个阶段的探索和发现。储氢介质的探索逐步从全碳骨架芳香族化合物过渡到氮杂环有机物和小分子直链含氮有机物。

(1) 全碳骨架芳香族化合物。

液态有机物储氢研究最初以全碳骨架芳香族化合物(苯、甲苯、萘等)为主。它们常温下为液态,储氢潜力高,但沸点低,反应时易气化,且脱氢反应温度高,难以应用于车载储氢。然而,其液态特性与石油相似,可利用现有能源网络远程运氢,成为理想的氢能载体。苯、环己烷、甲苯、甲基环己烷、萘、十氢化萘等化合物的理化性质如表4-10所示。

表4-10 苯、环己烷、甲苯、甲基环己烷、萘、十氢化萘的理化性质

全碳骨架芳香族化合物类型	结构式	熔点/℃	沸点/℃	理论质量储氢密度(质量分数)/%
苯	⬡	5.5	80.0	7.2
环己烷	⬡	6.5	80.8	7.2

续表

全碳骨架芳香族化合物类型	结构式	熔点/℃	沸点/℃	理论质量储氢密度(质量分数)/%
甲苯	(甲苯结构式)	−94.9	110.4	6.2
甲基环己烷	(甲基环己烷结构式)	−126.6	100.9	6.2
萘	(萘结构式)	80.0	218.0	7.3
顺/反-十氢化萘	顺-十氢化萘 反-十氢化萘	−43.0℃(顺式);−30.4℃(反式)	195.8℃(顺式);187.3℃(反式)	7.3

全碳骨架芳香族化合物具有高体积储氢密度和化学稳定性,特别在长距离运输中显示出极大的应用价值。近年来,液态有机物储氢(LOHC)技术在这一领域取得了显著进展。德国HT公司与科莱恩公司开发了LOHC技术,利用液态有机化合物储存氢气,实现高效、环保的储氢方式。日本企业也成功应用LOHC技术,实现了远洋氢气运输。同时,德国Dormagen镇建立了全球最大LOHC绿氢储存工厂,满足工业需求并提高能源效率。这些进展表明LOHC技术在氢能领域的重要地位,将为氢能的全球应用提供有力支持。未来,随着清洁能源需求增加和环保意识提高,氢能及LOHC技术将迎来更广阔的发展空间,为全球能源转型做出重要贡献。

(2)氮杂环有机物。

为了将LOHC技术应用于车载储氢系统,研究人员开始探索新的储氢介质,他们的目光转向了氮杂环有机物,如咔唑、吲哚、喹啉、吩嗪及其衍生物等(图4−12)。这些化合物的结构特点是在芳香环中引入了氮原子。研究发现,氮原子的引入带来了两方面的优势。首先,由于氮杂环有机物的分子量增加,其沸点相应升高。在储氢和放氢的反应过程中,这些化合物能够保持液态,气化难度增加。其次,氢化有机物脱氢活化能因含氮杂环减小。因此,氮杂环有机物的引入使得脱氢过程能够在较低的温度下实现,这对于车载储氢系统的应用至关重要。这些发现为 LOHC 技术在车载储氢领域的应用提供了新的可能性。通过选择合适的氮杂环有机物作为储氢介质,研究人员可以期望实现更高的储氢密度、更低的脱氢温度以及更方便的液态储存和运输条件。

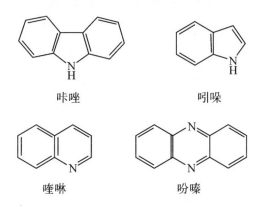

图 4-12　咔唑、吲哚、喹啉、吩嗪的结构式

含氮杂环化合物如吲哚和吩嗪,其含氮部分易加氢,但全碳环难加成。这导致作为储氢介质时,其质量储氢密度不理想。研究人员改造了氮杂环有机物结构,基于对 2-甲基喹啉[图 4-13(a)],合成了新储氢介质 2,6-二甲基-1,5-二氮杂萘[图 4-14(b)],虽加氢转化率高达 99%,但需 20 h 回流,限制了其应用价值。Moro 等研究发现 6-甲基喹啉[图 4-13(c)]和吲哚脱氢转化率高,但质量储氢密度仍低。为提高储氢密度,需优化氮杂环结构、设计复杂合成方法、新催化剂及精细控制反应条件。N-乙基咔唑(图 4-14)是氮杂环类储氢介质中理想的化合物,加、脱氢反应完全且可逆,其氢化物及脱氢产物均显示良好性能。

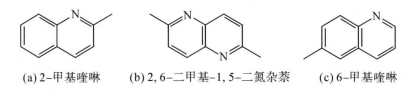

(a) 2-甲基喹啉　　(b) 2,6-二甲基-1,5-二氮杂萘　　(c) 6-甲基喹啉

图 4-13　部分氮杂环有机物的结构式

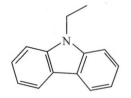

图 4-14　N-乙基咔唑的结构式

(3) 小分子直链含氮有机物。

近年来,液态有机物储氢材料领域的研究不断取得新突破,除了备受瞩目的环类有机物外,小分子直链含氮有机物也崭露头角。N,N'-二甲基乙二胺(图4-15)与甲醇的酰胺化反应成为研究的新焦点。通过这一反应,成功实现了这类小分子的加氢、脱氢过程,为液态有机物储氢材料的研究开辟了新的路径。小分子直链含氮有机物作为储氢材料潜力巨大,其理论质量储氢密度高达5.3%。尽管存在副产物生成和沸点低导致的效率问题,但在锰催化剂作用下,其脱氢转化率较高,且产生的氢气纯度极高。

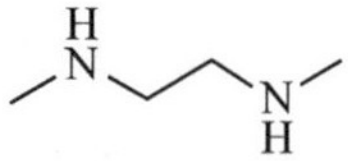

图 4-15　N,N'-二甲基乙二胺的结构式

4.1.4.2　催化剂

(1) 贵金属催化剂。

贵金属催化剂在加氢反应中扮演着重要角色,其中钌、钯、铂等贵金属常被负载于二氧化硅、三氧化二铝、碳等不同载体上。目前,大量研究集中在固体催化剂异相特性方面,关于反应的可逆性、选择性和能源效率等方向仍有提升空间。在降低反应能耗和提高能源效率方面,通过树枝状聚合物稳定后负载于 SBA-15 的钯、铂、铑纳米粒子催化剂体系取得了显著突破。该催化剂在吡啶、吲哚及其衍生物的加氢、脱氢反应中表现出优异的催化活性和循环性能。此外,采用浸渍法制备的将钯负载于碳纳米管的催化剂也展现出高催化活性,循环使用 5 次后仍能保持高转化率。在负载了铂、钯等贵金属的催化剂中,氧化石墨烯上负载的钯催化剂也实现了优异的完全加氢转化率和质量储氢密度。由于有机物的加氢反应为放热反应,相对容易实现完全催化加氢,因此目前的

研究更多聚焦于脱氢催化剂的选择与性能研究。

(2)非贵金属催化剂。

贵金属,尤其是铂系金属(如钌、铑、铱、锇、钯、铂),虽然在催化领域有广泛应用,但它们在地壳中的储量稀少,价格高昂,且毒性较大。这些因素极大地增加了液态有机物储氢的成本。鉴于此,近年来研究人员开始探索廉价金属(如铁、镍、钴、锰等)或其与贵金属的结合物作为加氢、脱氢反应的催化剂。镍作为一种常见的催化剂活性成分,在液态有机物储氢领域得到了广泛研究。清华大学刘强课题组在加氢、脱氢反应领域取得了重要突破,成功开发新型锰催化剂,这一创新成果为 N,N'-二甲基乙二胺与甲醇之间的酰胺化反应及其逆反应提供了有效解决方案,为液态有机氢载体领域注入了新的活力。该催化剂的转换频率达到或超过 50 次/h。然而,其较低的催化选择性导致在反应过程中会生成一些不可逆的副产物对储氢介质的循环性能产生了一定的影响。

(3)其他催化剂体系。

在深入探索储氢技术的过程中,催化剂的种类和选择显得尤为关键。除了贵金属和廉价金属催化剂之外,实际上还有众多其他类型的催化体系在储氢领域中发挥着不可或缺的作用。这些催化体系各具特色,为储氢技术的发展注入了更多可能性。双金属催化体系便是其中的佼佼者。这类催化剂通过两种金属的协同作用,能够有效地促进碳-氢键的断裂。这种断裂是储氢反应中的关键步骤之一,因此双金属催化体系的应用能够显著提高反应的效率和速率。同时,这种协同作用还赋予了催化剂更长的寿命和更高的脱氢活性,使其在储氢反应中表现出更为出色的稳定性和耐用性。金属有机骨架材料(MOF材料)则是近年来催化领域的热点材料。MOF材料具有独特的三维孔结构和优异的孔隙率。在储氢反应中,MOF材料的高孔隙率能够提供更多的活性位点,从而增加氢气的吸附和储存容量。同时,其三维孔结构还有利于反应物和产物的扩散,进一步提高反应效率。除了双金属催化体系和 MOF 材料外,沸石也是储氢领域中常用的催化剂载体之一。沸石具有规则的孔道结构和较大的比表面积,这些特性使其在催化剂的分散和稳定方面表现出色。通过将催化剂负载于沸石之上,可以有效地提高催化剂的分散度和稳定性,从而增强其在储氢反应中的催化性能。

4.1.4.3 LOHC技术的工业应用

(1) 脱氢模式。

液态有机物通常具有较低的沸点,而脱氢反应又常在高温常压条件下进行。因此,脱氢反应模式(气相脱氢模式、液相脱氢模式以及湿-干多相态脱氢模式)对于反应高效发生以及商业化推广至关重要,如表4-11所示。

表4-11 不同脱氢反应模式的工作原理及特点

脱氢反应模式类型	工作原理	优点	缺点
气相脱氢模式	采用固定床反应器,催化剂固定在催化床上,储氢介质为气相,被载气带入反应器完成脱氢反应	操作简单,反应条件易控	气固相反应效率不高,需大量外界供以达到高温反应条件(400~500℃),产物不能及时分离,抑制了正向进行
液相脱氢模式	储氢介质为液态,依据催化剂含量与反应料液配比从低到高分为悬浮态、过热液膜态等	过热液膜态的过热状态利于氢气溢出,利于反应正向进行,可提高脱氢效率	受有机物沸点(一般为80~260℃)限制,导致反应效率较低;过热液膜态需要精准控制催化剂和有机物的比例,操作复杂,只能间歇进行
湿-干多相态脱氢模式	非稳态喷射进料,储氢介质呈液膜态分散于催化剂表面脱氢	可提高反应物与催化剂的接触面积和反应速率;气化瞬间可对催化剂吹扫净化,延长催化剂寿命	操作复杂,需严格控制进料速率、反应度和催化剂用量

脱氢反应效率对LOHC技术工业化应用至关重要,高纯度氢气的安全和快速释放是车载应用和氢源补充的关键技术难题。近年来,湿-干多相态脱氢模式受到了广泛关注,被认为是实现高效脱氢的优选方案。该模式由Kariya等于2003年提出,并在随后的研究中被证实其在LOHC领域具有显著优势。然而,尽管该模式在实验室规模上取得了令人瞩目的成果,但其技术应用仍局限于小规模试验阶段,尚未实现工业化应用。脱氢速率和氢气纯度受到反应温度、进料速率及催化剂表面积等因素的明显影响。湿-干多相态脱氢模式需要催化剂在设定温度下所积聚的能量,不仅要足够支撑储氢介质的升温过程,还要满足脱氢反应本

身以及产物和原料气化的全部能耗。这一发现为优化脱氢反应条件、提高氢气生产效率提供了重要依据。任何偏离这一平衡状态的情况都可能导致反应向气相脱氢模式或液相脱氢模式转变,从而影响反应效率。因此,在实际应用中,需要对反应温度进行精确控制,以适应不同的环境和原料条件,甚至包括进料速率的变化。为实现这一目标,智能化的控制系统将是不可或缺的。尽管湿-干多相态脱氢模式在理论上具有显著优势,但目前尚无实际应用案例。

(2)能源效率。

多年来,研究者们在追求技术突破的同时,逐渐认识到成本和效率问题的重要性。尤其在资源紧缺和环境压力增大的背景下,低成本、高效率的技术转化成为迫切需求。LOHC 技术,作为一种新兴的储氢方式,其脱氢过程的能源效率直接关乎经济性和可行性。能源效率,即产出与输入能量的比值,是评估反应系统工业化潜力的关键。对于 LOHC 技术,研究者们通过建立模型、选择储氢介质等手段,深入探究其能源效率。他们发现,整个系统的能源效率相对稳定,且使用特定介质时,储氢效率显著提升。然而,提高能源效率是一个持续探索的过程。研究者们不仅关注当前效率水平,更致力于寻找新的提升途径。其中,将加氢过程中释放的热能整合到蒸汽网络中,是一种具有前景的能源回收方式。这不仅能减少能源浪费,还可为站点提供额外能源,进一步提高综合利用效率。随着技术向工业化迈进,成本和效率问题愈发凸显。对于 LOHC 技术而言,提高能源效率是推动其工业化应用的关键。通过模型构建、介质选择和技术创新等手段,研究者们正努力推动 LOHC 技术的发展和应用。

综上所述,①液态有机物储氢技术虽已取得一定进展,如 N-乙基咔唑、甲苯、二苄基甲苯等储氢介质已进入应用示范阶段,但仍面临诸多挑战。首要问题是储氢介质的沸点偏低和脱氢不完全,这限制了其实际应用。氮杂环有机物虽能降低反应活化能,但需高温脱氢,增加了应用难度。因此,筛选优质或开发新型低成本储氢介质成为研究重点。通过深入研究工业化合物和开发新型介质,有望找到高效、易脱氢的储氢方案,推动氢能技术的推广和绿色可持续发展。②催化剂研究涵盖贵金属、廉价金属及均相、异相等,但最佳方向尚不明确。高效长寿催化剂对降成本、温度、提速率、转化率意义重大。催化剂开发与储氢介质选取相互依存,共构高效体系,推动了液态有机物储氢发展。③工业化储氢追求高效脱氢模式,而液相脱氢因独特优势受到瞩目。液相脱氢潜力巨大,未来可望成为高效可行方案,助推氢能技术发展。④LOHC 技术应用于车载储氢系统对脱氢速率、氢气纯度、设备集成度和安全性能提出了更高要求。储氢介质和催化剂研发是 LOHC 技术未来发展的核心研究问题。随着技术进步,LOHC 有望在氢能时代发挥关键作用,尤其是在长远距离输送方面已实现突破的背景下。

4.1.5 固态材料储氢

固态储氢作为一种利用固体材料对氢气的物理吸附或化学反应进行储存的方式,因其安全、高效和高密度的特点,被视为继气态储氢和液化储氢之后最具前景的储氢技术。储氢材料作为固态储氢的核心,自 20 世纪 60 年代末被发现以来,就持续吸引着学术界和工业界的广泛关注。储氢材料种类繁多,包括储氢合金、碳质储氢材料、无机化合物储氢材料和有机储氢材料等。这些材料具有良好的吸附性能或与氢发生可逆反应的能力,从而实现氢的储存和释放。然而,尽管世界各国科学研究人员在储氢材料方面取得了重要进展,但大多数研究仍处于实验室阶段,离实用化还有较大距离。有机化合物储氢密度大,但工艺复杂、技术待突破;碳质材料储氢量大,但昂贵且产量低。为了满足更大程度上的实用要求,储氢材料需要来源广、成本低、工艺简单、密度小、氢含量高、速率快、寿命长。

4.1.5.1 储氢原理

固态储氢技术是一种利用固态材料与氢之间的相互作用,实现将氢储存于材料中的先进技术,包括化学吸附储氢和物理吸附储氢(图 4-16)。化学吸附储氢涉及氢与材料之间的化学反应,而物理吸附储氢则是基于氢与材料之间的物理相互作用。

(a) 物理吸附储氢

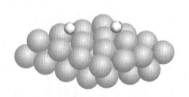
(b) 化学吸附储氢

图 4-16 氢的吸附形式

化学吸附储氢中,氢分子裂解后与金属反应形成金属氢化物,氢以原子或离子形式强烈固定在材料中。相反,物理吸附储氢则是基于氢分子与非极性吸附剂之间的色散力作用,氢分子以完整的形式吸附在具有小质量、大比表面积和多孔结构的材料表面和骨架中。

化学吸附储氢由于形成了强作用的金属氢化物,其吸附能达到 2.0 eV 以上,因此具有较高的质量密度比和体积密度比。然而,这种强作用也导致放氢条件较为苛刻,通常需要高温环境。为了改善材料的吸/放氢性能,研究者致力于降低氢与材料之间的相互作用。相比之下,物理吸附储氢材料的体积密度和质量密度较小,其吸/放氢过程通常在低温或常温、高压下进行(氢吸附能小于 0.1 eV)。因此,与化学吸附储氢相反,研究者们往往需要增强氢与材料之间的相互作用来改善其性能。

化学储氢材料涵盖了广泛的物质范畴,包括金属氢化物(如稀土金属氢化物、过渡金属氢化物、镁基储氢等)和无机离子型化合物(如铝氢化合物、硼氢化合物、氮氢化合物、氨硼烷及其衍生物)。这些材料的储氢特性主要由其物理和化学性质决定。而物理吸附储氢则主要利用高孔隙率多孔材料(如活性炭、MOFs 等)。对于富勒烯和碳纳米管等储氢材料,目前多数观点认为其储氢机理同时包含化学吸附和物理吸附。

固态储氢技术相对于气态储氢和液态储氢具有显著的优势。它对温度和压强的要求相对宽松,同时提供了更高的安全性和体积密度、质量密度。李锦山等在对包括碳基材料储氢、金属氢化物储氢、配位氢化物储氢、高压复合储氢、氮硼烷储氢和中空玻璃微球储氢等在内的几类固体储氢技术进行综述后指出,金属氢化物及其储氢合金在这些技术中具有较强的竞争力。这些金属氢化物不仅具有高的储氢能力,而且其可逆吸/放氢性能也相对优越,使得它们在固态储氢领域具有广阔的应用前景。

4.1.5.2 物理吸附的储氢材料

物理吸附的储氢材料,如活性炭、纳米纤维、纳米管、金属-有机框架材料(MOFs)和共价有机框架材料(COFs)等,具有多样的内部形态结构。它们主要由碳基材料或其他无机多孔类材料构成。这些材料的一个显著特点是,它们与氢的结合方式是以分子形态进行的。而这种结合的作用力相对较弱,主要属于范德华力的范畴。这也意味着，这类材料在固态储氢技术中，特别是物理吸附储氢方面，具有重要的应用价值。

（1）碳材料及其他无机材料。

活性炭、石墨纳米纤维、碳纳米纤维以及碳纳米管等为典型的碳基材料，各自具有独特的储氢性能特点，详细数据如表 4-12 所示。

表 4-12　四种碳基材料的储氢性能

类别	缩写	温度/K	压力/MPa	质量储氢密度/%
活性炭	AC	77 93 室温	2～4 6 7.04	5.3～7.4 9.8 3.8
石墨纳米纤维	CNF	25 室温	12 11	67 12
碳纳米纤维	CNF	室温	10～12	10
碳纳米管	CNT	80 室温	12 0.05	8.25 6.5

石墨纳米纤维（graphite nanofiber，GNF）是一种多层石墨材料，研究发现调整形态可以有效改变其储氢能力。而碳纳米纤维（carbon nanofiber，CNF）则主要由镍、铜等金属催化乙烯裂解制得。CNF 层间距大于氢分子的动力学直径，有利于氢气快速进入其层间。同时，CNF 的中空管结构也为氢气提供了凝结的空间，从而赋予其优异的储氢性能。在常温、一定压力下，经过表面处理的 CNF 也展现出很好的储氢能力。与这两者相比，纯碳纳米管的储氢能力也不容忽视。除此之外，还有其他无机材料如多孔的水合结晶硅铝酸盐等也具有一定的储氢能力。然而，碳基材料作为储氢介质仍面临一些挑战。它们通常需要在苛刻的条件下，如极低的温度和较高的压力，才能完成氢的吸附。此外，其储氢量相对有限，这在一定程度上限制了它们在储氢领域的应用。这些因素在工业应用上构成了较大的限制。因此，目前的研究重点主要集中在如何提高碳基材料的表面积以及吸附能方面。

（2）MOFs 和 COFs 储氢材料。

MOFs 与 COFs 是两类多孔材料，它们在结构和性质上有所区别。MOFs

由金属中心与有机分子自组装而成，具有强大的配位键。而 COFs 则完全由氢、硼、碳、氮等元素通过共价键构建，这使得 COFs 的框架更轻，表面积更大。MOFs 因其超高的表面积和孔隙率而备受关注，其孔径和表面性质可调控，为储氢提供了可能。研究者们正在探索各种策略，如设计高孔隙率结构、利用开放金属位等，以期提高 MOFs 的储氢性能。COFs 材料的研究则主要聚焦在低温下的氢气吸附。尽管 COFs 与 MOFs 在结构上有所不同，但它们与氢气的相互作用主要仍是范德华力，因此吸附量受限。不过，已有研究合成出具有高比表面积的 COFs 材料，并在低温下实现了可观的吸氢量。尽管两类材料在储氢领域都展现出了一定的潜力，但目前尚未发现能在常温常压下实现高效储氢的 MOFs 材料。

4.1.5.3 化学吸附的储氢材料

化学吸附的储氢材料是一类特殊的材料，包括金属氢化物、配位氢化物和化学氢化物等。其独特之处在于能够以原子或离子的形式将氢与其他元素紧密结合在一起。这种结合方式使得氢能够以更为密集和安全的方式储存，从而为氢能的应用提供了重要的技术支持。

(1) 金属氢化物及其储氢合金。

金属氢化物及其储氢合金是化学吸附储氢材料中的重要一类，具有出色的吸放氢能力，并且其热力学特性可以通过压力-组成-温度（pressure - composition - temperature，PCT）曲线来详细描述。PCT 曲线是一种直观的工具，能够展示储氢材料的可逆储氢容量、平衡氢压、平台斜率以及滞后效应等重要性能参数。具体来说，PCT 曲线的绘制和分析为评估储氢材料的性能提供了重要依据。通过观察 PCT 曲线，可以了解储氢材料在不同温度和压力条件下的吸放氢行为。以图 4-17 中的温度 T 为例，可以详细解释这一过程：在 A 点之前，随着氢压的增加，氢逐渐进入金属晶格中，形成固溶体 α 相。这一阶段是氢在金属中的初步溶解过程，氢原子进入金属晶格的间隙位置，与金属原子形成固溶体。当达到 A 点时，开始生成金属氢化物 β 相。这一阶段是氢与金属发生化学反应的过程，形成金属氢化物。金属氢化物的生成是一个放热过程，伴随着氢压的下降。在 AB 段，即平台期，α 相和 β 相共存。这一阶段是氢在金属中溶解和化学反应达到平衡的过程。在此阶段，氢压保持相对稳定，储氢材料的储氢容量达到最大值。超过 B 点后,完全转变为 β 相。此时,金属晶格中的氢含量达到饱和,形成稳定的金属氢化物。如果继续增加氢压,氢可以继续固溶进入 β 相,但此时可能会形成新的氢化物并出现新的平台。这是因为不同金属与氢的反应能力和形成的氢化物稳定性不同,导致在不同氢压和温度下出现多个平台。随着温度的升高,氢化物的平衡氢压也会随之升高。这是因为温度升高会增加氢分子的动能,使其更容易克服与金属原子结合的能垒,从而增加氢在金属中的溶解度。因此,在实际应用中,需要根据具体的工作温度和压力条件选择合适的储氢材料。

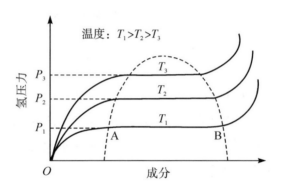

图 4-17 金属氢化物的 PCT 曲线

利用范特霍夫方程来计算出储氢材料在吸放氢过程中的反应焓变和反应熵变[式(4-1)]。反应焓变和反应熵变是关键的热力学性能参数,为我们提供了深入了解储氢材料性能的重要视角。

$$\ln P_{H_1} = \frac{\Delta H}{RT} - \frac{\Delta S}{R} \tag{4-1}$$

式中　P_{H_1} ——平衡氢压,MPa;

　　　T ——温度,K;

　　　$\triangle S$ ——熵变,J/(K·mol);

　　　$\triangle H$ ——标准焓变 k/mol;

　　　R ——气体常数。

焓变是表征氢化物热稳定性的重要参考因素。具体来说,焓的负值越大,氢化物的稳定性就越高。为了满足实际应用的需求,通常要求氢化物的反应焓在室温常压条件下应为 30～40 kJ/mol。这一标准确保了氢化物在常规环境下能够保持适当的稳定性,从而为其在储氢技术中的应用提供了可靠的基础。

除了镁基储氢合金以外,还存在众多其他类型的金属储氢合金。这些合金的构成大多涉及金属间化合物和多元合金的组合。不同于镁基合金,它们通常由两类截然不同的金属元素共同构成:首先,有一类金属元素与氢具有非常高的亲和力。这类元素与氢结合时,会释放出能量,因此其氢结合能为负值。我们通常将这类元素称为 A 元素。A 元素在储氢合金中扮演着至关重要的角色,因为它们能够吸引并牢固地结合氢原子。一些常见的 A 元素包括镁(Mg)、钛(Ti)、钒(V)、镧(La)和锆(Zr)等。这些元素各自具有独特的电子结构和化学性质,使它们能够与氢形成稳定的化合物。其次,还有另一类金属元素与氢之间存在排斥作用。这类元素的氢结合能为正值,意味着它们与氢结合时需要吸收能量。我们将这类元素称为 B 元素。尽管 B 元素本身并不直接与氢结合,但它们在储氢合金中发挥着不可或缺的作用。通过与 A 元素形成合金,B 元素可以有效地调整合金的整体性能,如吸放氢动力学、热力学稳定性以及循环寿命等。一些常见的 B 元素包括铬(Cr)、锰(Mn)、铁(Fe)、钴(Co)、镍(Ni)、铜(Cu)、锌(Zn)和铝(Al)等。基于这两类金属元素的不同组合和配比,可以得到多种多样的金属储氢合金。目前,研究最为广泛、应用最为成熟的金属储氢合金主要可以划分为以下几类。

①镁系储氢合金。

镁基氢化物 MgH_2,因其金属镁资源丰富且制备技术成熟,被视为有产业化前景的储氢材料。在特定条件下,镁与氢气直接反应形成稳定的 MgH_2。这种氢化物显示出作为储氢材料的潜力,但其吸放氢反应在热力学和动力学方面存在挑战,如高生成焓和放氢活化能,限制了其应用。镁的表面氧化也是一个问题。为改善性能,研究者探索了加入过渡金属形成 Mg-TM-H 系氢化物、稀土改性等方法。然而,过渡金属在镁中的固溶度小,带来改性难度。为此,研究者提出高能球磨加入过渡金属催化剂或改变相结构形成新 Mg-TM-H 系氢化物的策略。未来,制备具有不同结构的纳米晶、微晶、非晶和纳米复合材料等将成为镁基储氢材料制备的研究重点。

②钛系储氢合金。

钛系储氢合金,特别是 AB 型的 Ti-Fe 合金,包括 Ti-Mn、Ti-Cr 等多种类型,因优异性能和低成本受到关注。这些合金成本低、易制备,且在室温下吸放氢速率快,成为储氢领域的热门材料。Ti-Fe合金循环寿命长,原料成本低,具有经济性和可持续性优势。然而,其表面易生成 TiO_2 层,活化困难,且易受空气中杂质气体影响而失活。为解决问题,研究者采取元素合金化、表面处理等方法,引入过渡元素改善活化性能,降低表面致密性,促进氢原子渗透,提高扩散能力。

③钒系储氢合金。

钒系储氢合金,特别是BCC结构的钒基固溶体合金,如Ti-V-Cr、Ti-V-Mn等,具有较高的储氢量。VH_2 理论储氢密度大,常温下吸放氢反应快,但表面易氧化。通过调整合金组分可提高储氢性能。然而,金属钒成本高,放氢不彻底,限制了其应用。研究人员正在寻找替代元素,开发新制备方法和优化放氢条件,以解决这些问题。

④稀土系储氢合金。

稀土系储氢合金,以 AB_5 型合金 $LaNi_5$ 为典型代表,在特定条件下展现出良好的储氢性能。该合金的主要优势包括优异的活化性能、快速的吸放氢反应速度、较小的滞后现象以及良好的抗中毒能力。然而,稀土系储氢合金也面临一些挑战。吸氢过程中,合金晶体会发生膨胀,这可能导致合金粉化,从而影响其长期稳定性。此外,原料成本过高也是限制其大规模应用的一个重要因素。为了克服这些问题,研究者们正在积极探索新的合金成分和制备工艺。目前,一种常见的策略是用混合稀土(包含La、Ce、Nd、Pr等元素)部分替代 $LaNi_5$ 中的La。这种替代不仅可以降低原料成本,还有望改善合金的储氢性能和稳定性。通过进一步优化合金成分和制备工艺,有望为稀土系储氢合金的实用化开辟新的道路。

⑤锆系储氢合金。

锆系储氢合金,以 AB_2 型合金 $ZrMn_2$ 为主要代表,展现出了储氢技术的巨大潜力。这类合金不仅储氢量高,吸放氢速度快,而且循环寿命长,使其在储氢领域具有显著优势。然而,锆系储氢合金也面临一些挑战。其原料成本高,吸放氢平台压力低,以及活化过程较为困难,这些问题限制了其在实际应用中的推广。未来的研究将致力于解决锆系储氢合金当前面临的挑战,如降低原料成本、提高吸放氢平台压力以及改善活化性能等。

(2)配位氢化物储氢材料。

配位氢化物被归类为一种特殊的盐类。在这类独特的化合物中,氢原子并不是以孤立的形式存在,而是通过共价键与复合阴离子的中心原子紧密地连接在一起。这种连接方式构成了一种特殊的络合物阴离子,展现了其结构的复杂性和性质的独特性。随后,这些络合物阴离子并不满足于自身的存在状态,进一步与金属离子通过离子键发生了紧密的联系,形成了配位氢化物。配位氢化物还可以根据其配体的差异进行细分。第一类是以[AlH_4]$^-$为配位体的金属氢化物,这些化合物如$LiAlH_4$、$Ca(AlH_4)_2$和$KAlH_4$等,在化学领域中具有重要的地位和应用价值。它们以其独特的结构和性质,为研究者提供了深入探索的机会。第二类则是以[BH_4]$^-$为配位体的金属氢化物,这些化合物包括$LiBH_4$、$NaBH_4$、KBH_4和$Mg(BH_4)_2$等。它们同样受到了研究者的广泛关注,因为它们在储氢领域展现出了巨大的潜力。而第三类金属氢化物的配位体为[NH_2]$^-$,这类化合物中代表性的有$Mg(NH_2)_2$、$NaNH_2$和$LiNH_2$等。这些化合物也各具特色,为配位氢化物的多样性增添了新的色彩。

(3)其他储氢材料。

①氨硼烷化合物储氢。

氨硼烷化合物,特别是其中的明星分子氨硼烷(NH_3BH_3,或简称 AB 分子),已成为当前化学氢化物研究领域的焦点。这类化合物以其高达 19.6% 的放氢量而备受瞩目。其独特的分子结构(由电子富集的氨分子与电子贫乏的硼烷分子结合而成)赋予了它特殊的性质。特别是,氨硼烷分子内同时存在的正氢(位于 N 上)和负氢(位于 B 上)为其放氢反应提供了动力学上的优势,显著降低了界面传质阻力。氨硼烷的热分解反应通常分为三个阶段,分别在 110 ℃、150 ℃和 500 ℃下进行,依次生成氨基硼烷[NH_2BH_2]、亚氨基硼烷[$NHBH_2$]和氮化硼 BN,每一步都伴随着氢气的释放。尽管氨硼烷作为一种储氢材料已经展现出诱人的应用前景,尤其是在其高储氢容量和相对较低的放氢温度方面备受瞩目,然而,其热分解过程却仍然面临多重难题,如过高的反应温度、缓慢的放氢速度以及副产物的生成等。这些技术障碍限制了氨硼烷在实际应用中的广泛推广,促使研究人员不断探寻解决方案,如研发高效催化剂、纳米结构化技术,以及制备复合材料等,以期突破这些限制,推动氨硼烷储氢技术的进一步发展。

②石墨烯储氢。

石墨烯,作为一种具有独特性质的碳材料,其二维结构、sp_2杂化、高比表面积以及出色的导电和热导率特性,使其在储氢领域具有广阔的应用前景。与其他碳基材料相比,石墨烯的储氢机制因其特殊的离域π键电子性质和轨道杂化而独具特色。石墨烯的储氢机制不仅涉及物理吸附,还包括化学吸附作用。物理吸附中,氢分子与石墨烯间的相互作用较弱,这导致了储氢过程主要依赖分子氢的形式,并且通常需要在极低的温度条件下进行,这极大地限制了其广泛使用。然而,科学家通过不断的研究和实践,已经发现了一种有效的解决方案:通过向石墨烯中引入其他元素或利用其固有的空位缺陷,可以显著地调整其结构,从而增强其与氢分子之间的吸附能力。这种结构上的调整不仅有望提高储氢效率,使得在更高的温度下也能实现有效的储氢,而且为氢气的储存和运输提供了更为可行的解决方案。此外,除了物理吸附外,电化学储氢作为一种新兴的原子级储氢技术,正逐渐崭露头角。这种技术充分利用了石墨烯出色的储能特性,能够将氢气以化学能的形式稳定储存起来。与传统的储氢方式相比,电化学储氢不仅具有更高的安全性,而且储存寿命更长。随着对石墨烯储氢技术研究的不断深入,这种新型的储氢方式将为氢能源应用提供更加便捷和高效的储氢手段。同时,这也将为全球能源结构的转型和可持续发展做出重要贡献。

③玻璃微球储氢材料。

空心玻璃微球(hollow glass microsphere,HGM)作为一种具有显著优势的储氢材料,在储氢领域已受到广泛关注。与传统气瓶储运方式相比,HGM提供了更加便捷、高效的储氢方案。其储氢质量分数较高,使得能量密度不仅远超过高压储氢和固态储氢,而且在储运过程中的能量消耗也低于液态储氢。尽管其能量密度略低于液态储氢,但综合考虑储运效率和成本,HGM仍具有独特的优势。HGM的储氢机制完全基于物理过程,其中微球的非渗透性起到了至关重要的作用。在低温或室温下,氢气无法穿透微球壁层,从而确保了存储的安全性。随着环境温度的升高,HGM的穿透性逐渐提升,允许氢气进入其内部并充满整个空心结构。随着温度再次降低,氢气被有效地锁定在微球内部,实现了高效的储氢。材质的选择对HGM的充放氢性能至关重要。常见的材质如石英、聚酰胺等玻璃类型,在耐压强度、导热性及化学稳定性等方面表现出色,使 HGM 成为优异的储氢材料。通过精心设计和制备不同组成、形貌和尺寸的 HGM，可以进一步调整其允放氢性能，以满足不同应用场景的需求。实验结果显示，某些特殊材质的 HGM 在释氢方面表现尤为出色。这一发现为 HGM 的材质优化提供了新的思路，同时也为其在工业化应用中的推广提供了有力支持。随着对 HGM 储氢性能研究的不断深入和优化，这种新型的储氢材料有望在未来的能源储存和运输领域发挥越来越重要的作用，推动氢能源技术的广泛应用和可持续发展。

综上所述，在当今的能源储存领域中，固体储氢材料作为一种具有显著潜力的技术，已经引起了广泛的关注。这些材料以其较低的储放氢温度、出色的可逆性以及长久的循环寿命，为未来的能源应用提供了诱人的前景。它们不仅在理论上具有优越性，更在实际应用中展示出了独特的价值。然而，尽管固体储氢材料具有如此多的优点，但在通往大规模应用的道路上仍然面临着一系列的挑战。首先，从性能上来看，这些材料在热力学和动力学方面存在一定的限制。这导致它们在实际的工作条件下，吸氢和放氢的能力可能并不如预期那么理想。虽然有些材料能够在相对温和的条件下工作，但它们的储氢密度却往往偏低，难以满足日益增长的高储能密度需求。除了性能上的挑战外，成本问题也是阻碍固体储氢材料大规模应用的重要因素。这些材料的制造过程往往需要使用昂贵且稀缺的金属原材料。同时，高容量储氢材料的生产工艺复杂，成本居高不下。这不仅增加了其市场推广的难度，也限制了其在各个领域的应用范围。更为严峻的是，环保问题也为固体储氢材料的大规模应用带来了不小的压力。在生产、使用和再生的全过程中，许多储氢材料可能会产生有害的废弃物或排放物。这无疑增加了其环保负担，也使其在日益重视环保的社会背景下受到了更多的质疑和挑战。为了克服这些挑战并推动固体储氢材料产业的发展，需要从多个方面着手。首先，加强原创性基础研究是关键。通过深入研究金属与氢的键合理论、氢化物结构等基础理论问题，我们可以为材料性能的提升提供坚实的理论支撑。同时，理论设计、制备技术、表征方法以及催化或储氢机理等方面的研究也需要同步推进，以形成完整的研究体系。其次，加快储氢材料的工艺工程技术开发也至关重要。以产品开发和应用开发为主导，我们需要聚焦突破一批关键核心技术，坚持问题导向和目标导向，致力于开发出市场认可并具有竞争力的新型氢化体系和储氢材料。通过降低生产成本和提升产品性能,可以增强固体储氢材料的核心竞争力,为其在市场中赢得更大的份额。最后,推动储氢材料和技术的工业转化与应用也是不可或缺的一环。通过与相关行业的紧密合作,可以加强储氢材料与集成的工程应用研究,针对不同的应用场景进行积极布局和开展应用示范。

4.1.6 地下储氢技术

地下储氢被视为实现大容量长期储能的有效策略。当地质条件适宜时,这种储能方式尤为可行。在能源供应充裕的时期,可以将多余的能源转化为氢气。随后,这些氢气便作为能源的储存形式被安全地存放于地下。当能源需求达到高峰,而这些储存的氢气便可被提取出来,以满足能源需求。

4.1.6.1 地下储氢技术研究现状

地下储氢作为一种具有巨大潜力的储能解决方案,一直备受全球能源领域的关注。这种储能方式不仅具有经济和技术上的可行性,而且在大规模储能方面展现出了独特的优势。近年来,随着全球能源体系转型和脱碳气候保护目标的推进,地下储氢的研究和应用得到了空前的重视。欧盟在这一领域的研究尤为活跃,通过启动一系列项目来评估欧洲大规模地下储氢的潜力,并探索其在商业、工程和经济上的实际应用。这些项目得到了多个欧洲国家的积极参与和支持,形成了广泛的合作网络。在这些项目的推动下,地下储氢技术的研究和应用不断取得新的进展。全球范围内,一些国家已经率先实施了地下储氢项目(表4-13),取得了显著的成果。美国是运行地下盐穴储氢最多的国家之一,其成功经验为其他国家提供了宝贵的借鉴。德国则是开展地下储氢研究项目最多的国家,其在技术研发和应用方面的领先地位得到了国际社会的广泛认可。英国、法国等其他欧洲国家也在积极开展地下储氢研究,为推动全球地下储氢技术的发展做出了重要贡献。与此同时,阿根廷等南美国家也在地下储氢领域取得了重要突破,展示了该技术在不同地域和条件下的广泛应用前景。这些国家的成功实践为全球地下储氢技术的发展提供了更多可能性和选择。尽管中国目前尚未公开报道地下储氢研究和现场试验项目的具体情况,但随着全球对可再生能源和氢能技术的关注度不断提高,相信中国在这一领域的研究和应用也会逐渐展开并取得重要成果。中国作为全球最大的能源消费国之一,在推动能源体系转型和实现可持续发展方面具有重要的战略地位。地下储氢技术的引入和应用将为中国能源领域的发展带来新的机遇和挑战,有望为推动全球能源变革和应对气候变化做出积极贡献。

表 4-13 全球部分地下储氢研究项目

项目名称	所属国家/地区	牵头组织机构	研究目的	研究周期
ROADS2HYCOM	欧盟地区	里卡多英国有限公司	研究与可持续能源经济中使用燃料电池和氢能有关的技术和社会经济问题	2005年10月—2009年4月
HyUnder	欧盟地区	来自欧盟7个国家12个项目伙伴参与	在考虑到地质和地理因素的情况下,评估欧洲地下储氢的潜力,评估将可再生电力转化为氢并结合大规模地下储存的商业案例的可行性	2012年6月—2016年6月
HyStorIES	欧盟地区	Geostock Group	探索在地下含水层或枯竭油田中储存纯氢的主要技术可行性问题,并为欧洲部署地下储氢提供市场、社会和环境方面的见解	2021年1月—2022年12月
H2STORE	德国	克劳斯塔尔工业大学	研究电能在多孔地下储气库中以氢气的形式长期储存	2012年8月—2018年7月
Plan-DelyKaD	德国	德国航空航天中心	深入比较相关的电解技术,确定和选择德国盐穴地点的标准,研究将存储的氢应用于不同终端用户的商业案例潜力,并致力于确定未来大规模储氢在德国能源系统中的作用	2012年开始
InSpEE	德国	KBB地下技术有限公司	盐穴设计原则与基础地质/岩土数据和盐穴的选址标准的开发和部署以及德国北部盆地盐构造的可再生能源储存潜力的评估	2015年结束
ANGUS	德国	Kiel University	研究地下以气体和热量的形式储存能源对地质的影响,并对影响进行量化、风险分析和预测	2012年—2020年

续表

项目名称	所属国家/地区	牵头组织机构	研究目的	研究周期
HyINTEGER	德国	德国克劳斯塔尔工业大学地下能源系统研究所	评估含氢地下多孔储存体的适宜性	2016年1月—2019年9月
H_2 research cavern	德国	HYPOS联盟	开发并正式批准一个盐穴储氢研究平台	2019年5月—2021年6月
HyCAVmobil	德国	德国氢和燃料电池技术组织	测试氢是否可以储存在盐穴中,然后用于燃料电池车	2019年6月—2022年5月
STOPIL H2	法国	Storengy	在法国真正的盐洞中进行氢储存的工业试验	2019年6月—2022年5月
HYPSTER	法国	Storengy	利用盐穴储存电解氢并与工业和出行用途相连接。测试该技术在欧洲其他地区的技术和经济可复制性	2019—2020年
HYGEO	法国	法国氢能公司(HDF)	研究通过电解水获得绿氢的地下能源储存	2021—2023年
HyStorPor	英国	爱丁堡大学	与行业、政策和监管机构合作,研究在英国储集岩石中储氢是否基本可行	2019年6月—2022年5月
Underground Sun Storage	奥地利	RAG Austria AG	试图证明地下储存设施能够承受天然气中高达10%的氢含量;研究是否有可能利用可再生电力产生氢气;研究在现有的地下储气库中储存大量的可再生能源	2019年6月—2022年5月

续表

项目名称	所属国家/地区	牵头组织机构	研究目的	研究周期
HYStock	荷兰	Gasunie	研究和测试荷兰北部盐穴大规模储存氢	2013—2017年
Green Hydrogen Hub Denmark	丹麦	Eurowind Energy	在丹麦Hobro和Viborg地区之间建立世界最大的绿色制氢工厂,并与地下储氢设施相结合	2020年开始
Patagonia Wind-Hydrogen Project	阿根廷	Hychico	通过注入和采出天然气,来确认储层的性质和密封性;注入氢气直到达到中等压力和成分研究含氢层的动态,分析储层性质和气体成分的变化;通过再次注入天然气提高压力,检查储层在原始压力下的氢密封性	2011—2016年
SHASTA	美国	劳伦斯利弗莫尔国家实验室	研究地质构造中大规模储氢的可行性	2021—2023年
GeoH$_2$	美国	德克萨斯大学(奥斯汀)经济地质局	氢的地质储存研究;氢能综合价值链的技术经济与市场分析;油藏地下原位制氢技术研究	2022—2023年

4.1.6.2 地下储氢技术特点

地下储氢是一种大规模氢能存储方法,它利用地下地质构造如盐穴和枯竭油气藏等作为氢气的储存空间。这一过程首先涉及使用能源进行电解水来制取氢气,随后将这些氢气注入选定的地下地质构造中,以实现氢能的长期安全存储(图4-18)。

地下储氢作为一种战略性的能源储存手段,其主要目的体现在多个重要层面。首先,在能源供应与消费需求之间存在波动时,地下储氢能够发挥调节作用。当能源供应超出市场需求时,通过储存多余的氢气,可以有效减少能源的供给,避免浪费并稳定市场价格。这种供需平衡的策略对于维护能源市场的稳定和可持续发展至关重要。其次,地下储氢还能利用电价差异实现经济套利。在电价较低的时段,利用电解水制氢并储存起来,待电价上涨时,再使用储存的

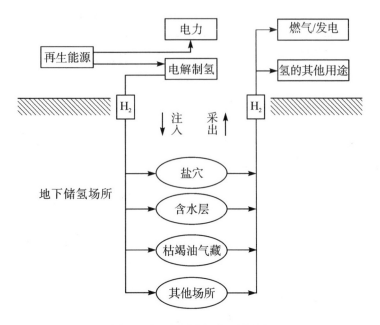

图 4-18 地下储氢的能源系统

氢气进行发电并出售,从而获得经济利益。这种灵活的能源利用方式不仅有助于降低电力成本,还能促进电力系统的平衡发展。最后,地下储氢为工业、炼油厂等关键行业提供了稳定的氢气后备供应。这些行业对氢气的需求量较大,且对供应稳定性有着严格要求。地下储氢技术的引入和应用,能够确保这些行业在氢气供应不足或中断的情况下,依然能够维持正常生产运行,降低经营风险并保障能源安全。因此,地下储氢技术在现代工业体系中发挥着不可或缺的重要作用。

地下储氢技术自身的优点主要体现在以下几个方面:首先,其储能规模庞大,能够满足大规模、长期的储能需求。其次,储存周期长,可以长时间保存氢气而不影响其品质。第三,储能成本相对较低,使得地下储氢成为一种经济高效的储能方式。最后,地下储氢技术安全性高,能够确保储存过程中氢气的稳定和安全。

(1) 地下储氢与其他储氢方式比较。

在各种储氢方式中,如气体、液体、表面吸附、氢化物或液态有机载氢体等,地下储氢因其独特的优势而脱颖而出。地下储氢技术能够满足长期且大规模的能源储存需求,是辅助电网平稳运行和构建完善氢能源网络的重要支撑,如图 4-19 所示。相较于地面储氢方式,如管道或储罐,地下储氢不仅展现出更高的储存容量,更能够应对长达数周甚至数月的能源储存挑战。这种强大的储存能力,使得地下储氢成为唯一可行的解决方案,以应对日益增长的能源需求波动。地下储氢的经济性同样不容忽视。根据相关研究,不同地质条件下的地下储氢成本已得到了明确比较,如图 4-20 所示。其中,枯竭油气藏因其天然的地质结构特点,被认为是最具经济可行性的储氢方式。紧随其后的是含水层、盐穴和岩洞等地质结构,它们同样在地下储氢领域扮演着重要角色。这些地质结构为地下储氢提供了多样化的选择,使得该技术能够根据不同地区的实际情况进行灵活应用。然而,尽管地下储氢技术展现出巨大的潜力,但其在工业规模上的应用仍面临一定的挑战。其中,电解制氢成本的高低成为制约地下储氢技术发展的关键因素。电解制氢作为地下储氢产业链中的重要环节,其成本直接影响到整个储氢过程的经济性。因此,降低电解制氢成本将成为推动地下储氢技术在工业规模上广泛应用的重要突破口。

地下储氢作为一种长期且大规模的储氢方案,不仅在成本上展现出显著的优势,更在安全性方面赢得了广泛的认可。与地面储氢相比,地下储氢将氢气储存在地质结构之中,实现了与大气中氧气的完全隔离。这种隔离状态有效地消除了氢气与氧气混合可能引发的爆炸风险,为储氢过程提供了更高的安全保障。尽管地下储氢技术在效率上相对于地面储氢技术有所降低,且前期投资需求较大,但考虑到其巨大的储存容量和长期稳定的储能效果,这些不足在经济性上得到了有效的弥补,如表 4-14 所示。地下储氢技术能够满足数周甚至数月的能源储存需求,为电网的平稳运行和氢能源网络的构建提供了有力支撑。这种长期稳定的储能能力,使得地下储氢在应对能源需求波动、保障能源供应安全等方面具有不可替代的作用。因此,综合成本和安全性等方面的考虑,地下储氢技术成为了一种既经济又安全的长期大规模储氢方案。

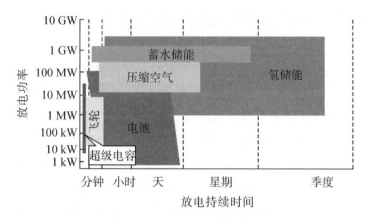

图4-19 不同储能技术放电功率与时间比较

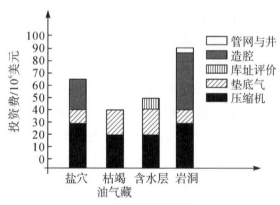

图4-20 不同地下地质构造平准化储氢成本

表4-14 三种类型地下储氢库特点对比

类型	分布	深度/m	作业压力/10^5 pa	储存容量	工作气占比/%	注采周期	典型作业方式	采气杂质	建设成本	研发重点	储存经验
盐穴	含盐沉积盆地	300~1800	30~210	大,与洞穴的容量相对应	>70	每年约10次	可用于比季节性更频繁的储存	氢与除盐外加层发生不良反应而产生的杂质	高于枯竭油气藏和含水层	准确的注采时间	有纯氢气和其他气体的储存经营,美国和英国已有盐穴储氢库在运行

续表

类型	分布	深度/m	作业压力/10^5 pa	储存容量	工作气占比/%	注采周期	典型作业方式	采气杂质	建设成本	研发重点	储存经验
枯竭油气藏	含油沉积盆地	300~2700	15~285	大、巨大。接近已开发的天然气量	5~60	每年1~2次	季节性储存	不良反应产生气体，如H_2S和CH_4，并损失氢气。在枯竭的油藏中，残余油与氢气混合	枯竭气藏成本最低，枯竭油藏较高	残留天然气的影响，原位细菌反应	没有储存纯氢的经验，有储存含掺氢天然气的经验。有大量地下天然气储藏库成功运行
含水层	所有沉积盆地	400~2300	30~315	大、巨大	20~50	每年1~2次	季节性储存	不良反应产生气体，如H_2S和CH_4，并损失氢气	高于枯竭油气藏	原位细菌反应，演示的紧密性	没有储存纯氢的经验，有储存含氢煤气的经验。有大量地下天然气储藏库成功运行

(2)地下储氢与天然气储气库技术对比。

地下储氢技术与地下天然气储存在技术和操作经验上比较接近,这使得在探索地下储氢的可行性时,可以借鉴天然气地下储存的丰富经验。从选址规范、存储技术到监控方法,天然气地下储存的成熟体系为地下储氢技术的发展提供了宝贵的参考。特别是在欧洲,对于将现有地下储气库改造为储氢库的研究已经展开,这体现了地下储氢技术在实际应用中的潜力和前景。然而,尽管地下储氢与地下天然气储存在技术和操作上存在相似之处,但我们必须清楚地认识到,氢气作为一种独特的气体,其物理和化学性质与甲烷等天然气成分截然不同。这意味着我们不能简单地将天然气储气库的技术和经验直接应用于地下储氢。氢气与地下矿物和流体的相互作用可能更加复杂，其储存效果可能受到多种因素的影响。例如，氢气有可能与地下岩石中的某些矿物发生反应，从而改变岩石的孔隙结构和渗透性，进而影响氢气的储存和运输。此外，氢气的存在还可能触发地下构造中耗氢微生物的生长，这些微生物的活动可能进一步影响氢气的储存效果。除了上述因素外，储氢库在重复循环注采过程中，其应力场可能会发生变化。这种变化可能导致储层岩石的变形和破裂，从而影响储氢库的密封性和安全性。因此，在利用枯竭油气藏和含水层等地下地质构造进行储氢时，必须充分考虑氢气的独特性质以及其与地下环境的相互作用。为了克服这些技术挑战并推动地下储氢技术的发展，需要加强对氢流体性质、氢与卤水和岩石之间的地球化学反应、储层中微生物的生长、储存完整性的地质力学以及安全有效性储存等技术的研究。

4.1.6.3 地下储氢的地质构造及其特点

地下储氢技术，作为当前能源储存领域的重要研究方向，涵盖了多种类型，包括盐穴储氢、枯竭气藏储氢、含水层储氢等。这些不同类型的储氢方式各有特点，为地下储氢提供了多样化的选择。在选择特定的地下储氢地质构造时，需要进行全面的可行性评估。这不仅仅是对地质结构本身的考察，更是对储氢容量长期安全性、经济效益等多方面因素的综合权衡。例如，盐穴储氢利用其独特的盐岩结构，能够提供良好的密封性和稳定性，因此在纯氢气储存方面已经得到了成功应用。而枯竭气藏和含水层则因其广泛分布和较大储存空间，被视为混合气体储存的潜在选择。除了盐穴、枯竭气藏和含水层这三种主要的地下储氢方式外，人工岩洞和废弃矿井等也展现出了一定的储氢潜力。这些多样化的储氢方式不仅丰富了地下储氢的技术体系，也提供了更多的选择和可能性。同时，还需要综合考虑制氢、输氢、注氢等各环节的成本与预期收益。地下储氢技术的经济性是其能否得到广泛应用的关键因素之一。通过不断降低制氢成本、提高输氢效率和优化注氢技术，可以进一步推动地下储氢技术的发展和应用。纯氢气储存和混合气体储存作为地下储氢的两大方式，各有优劣。纯氢气储存能够提供更高的储存纯度和更灵活的使用方式，但技术难度和成本也相对较高。而混合气体储存则可以利用现有地质结构和设施进行储存,降低成本和技术难度,但需要考虑不同气体之间的相互作用和影响。

(1)盐穴。

盐穴储氢,作为一种独特而高效的地下储氢方式,正逐渐受到能源领域的广泛关注。盐穴是在盐岩沉积层中人工建造的洞穴,其特殊的地质结构使得它成为理想的储氢场所。由于岩盐对氢的反应具有惰性,盐穴储氢能够确保储存过程中氢气的纯度不受影响,从而避免了杂质的产生。这一点对于保持氢气的质量和性能至关重要,使得盐穴储氢成为一种高纯度的储氢方式。除了高纯度外,盐穴还具有优异的密封性能。盐岩本身具有良好的密封性,能够有效地阻止氢气的扩散和泄漏。这意味着在盐穴中储存的氢气能够长时间保持稳定,不会因为扩散损失而降低储存效率。这种极佳的密封性能使得盐穴储氢成为一种安全可靠的储氢方式,为氢能的长期储存提供了有力保障。此外,盐穴储氢系统还具有快速注采转换的特点。由于盐穴的特殊结构,氢气可以在短时间内完成注入和采出过程,实现快速的注采转换。这种灵活性使得盐穴储氢不仅适用于长期储存,还可以用于短期调峰储能。在能源需求波动较大的情况下,盐穴储氢能够快速响应并满足能源供应的需求,为电网的稳定运行提供支持。然而,尽管盐穴储氢具有诸多优势,但其地理分布相对有限。盐穴的形成需要特定的地质条件和时间,因此并不是随处可得。这使得可用于储氢的盐穴在地理分布上相对稀缺,其储存容量也通常小于其他类型的地下储氢方式,如枯竭气藏或含水层。目前,全球范围内仅有少数盐穴纯氢储存设施在运营,这进一步凸显了盐穴储氢的珍贵性和重要性。盐穴储氢以其高纯度、优异密封性和快速注采转换等特点成为地下储氢领域的一种独特而高效的方式。尽管其地理分布有限,但盐穴储氢在氢能储存和利用方面仍具有广阔的应用前景。随着能源转型和可再生能源的快速发展,盐穴储氢有望在未来的能源领域中发挥更加重要的作用。目前,全球仅有 4 个盐穴纯氢储存设施在运营(表 4-15)。

表 4-15 世界目前正在运行地下盐穴型储氢设施

盐穴项目名称	位置	地质构造	作业公司	开始运行时间	储氢方式	容量/m³	基准深度/m	压力范围/10^5 Pa	储氢量/t	储能量/(GW·h)
Clemens Dome	美国得克萨斯州	盐层	Chevron Phillips	1986年	纯氢（95%H_2）	580000	1000	70~137	2400	81
Mass Bluss			Praxair	2007年		566000	1200	55~152	3690	123
Spindletop			Air liquid	2014年		906000	1340	55~152	8230	274
Teesside	英国英格兰东北部		Sabic Petroleum	1972年		210000	365	45	810	27

(2) 枯竭气藏。

枯竭气藏，作为曾经天然气的主要储存场所，在失去其主要储量后并没有被遗忘。相反，它们被作为储氢设施，为未来的能源储存和利用提供了新的可能性。与盐穴和含水层相比，枯竭气藏在储氢方面展现出了多个显著优势。首先，枯竭气藏通常具有较大的容积。这意味着它可以容纳更多的氢气，从而满足大规模的储氢需求。其次，枯竭气藏具有优良的密封性能。这是确保氢气不会泄漏到环境中的关键因素，从而保证了储氢的安全性和效率。此外，枯竭气藏的地理分布相对广泛，这意味着可以在不同的地区找到合适的储氢场所，实现氢能的区域化储存和利用。然而，枯竭气藏储氢也面临一个挑战，那就是其中往往含有一定量的残余天然气。这些气体可以用作垫底气，但氢气与其可能发生反应，这对于纯氢的储存构成了不利因素。因此，在利用枯竭气藏进行储氢时，需要仔细评估和处理这一问题，以确保储氢的安全性和稳定性。尽管如此，利用枯竭气藏进行储氢还有一个显著的经济优势。我们可以部分地利用原有的地下和地面设施，如井口、管道和压缩机等，从而显著降低储氢库的建设投资成本。这不仅可以节省大量的资金和时间，还可以减少对环境的影响，实现经济效益和环保效益的双赢。枯竭气藏储氢设施的作业压力和深度变化范围较大，可以适应不同的储氢需求和条件。虽然目前全球范围内尚未有在枯竭气藏中进行纯氢地下储存的实例，但近十年来已经有一些示范项目开始探索将氢气和天然气混合储存在这类设施中的可能性。世界部分地下含水层和枯竭气藏混合储氢项目如表4-16所示。

表4-16 世界部分地下含水层和枯竭气藏混合储氢项目

储氢项目	所在国家	地质构造	混合气类型	含氢量/%	工作条件	深度/m	目前运行状态
Kelzin	德国	含水层	煤气	62		200~250	在运行,储存天然气
Beynes	法国	含水层	煤气	50		430	在运行,储存天然气
Lobodice	捷克	含水层	煤气	50	$90×10^5$ pa (34 ℃)	430	在运行
Diadema	阿根廷	枯竭气藏	天然气掺氢	10	$10×10^5$ pa (34 ℃)	600	在运行
Underground Sun Storage	奥地利	枯竭气藏	天然气掺氢	10	$70×10^5$ pa (34 ℃)	1000	在运行

(3)含水层。

含水层,作为一种在地球上广泛分布的地质结构,其存在几乎遍布了所有的沉积盆地。这种地质特性使得含水层在多种地质应用中都具有潜在的价值,其中之一便是作为地下储氢设施。然而,当将含水层作为储氢场所时,必须首先认识到其需要满足的关键地质条件。首要的是,被选中的含水层岩石必须展现出良好的储集性能。这意味着这些岩石需要拥有足够的孔隙度和渗透率,以便氢气能够有效地储存并在需要时顺利采出。其次,这些储氢岩石必须由一层不透水的顶板所覆盖。这层顶板的作用至关重要,它不仅能够确保储存气体的密封性,防止氢气的渗漏和逃逸,还能维持储氢库内部的稳定压力环境。然而,含水层储氢并非毫无挑战。一个需要特别关注的问题便是含水层中的矿物成分。特别是硫酸盐和碳酸盐这类矿物,它们在某些条件下可能会引发污染问题,对储氢环境造成不利影响。因此,在建设含水层储氢库之前,进行深入而全面的地质研究显得尤为重要。通过对盖层和围岩的致密性、矿物组成以及地下水化学特性等方面的细致分析,可以更好地评估含水层的储氢适宜性,并制定相应的风险防范措施。与枯竭气藏相比,含水层在地质特征和密封性方面的认知程度相对较低。这使得在构建含水层储氢库时需要投入更多的精力和资源进行地质勘探、密封性评估以及注采能力测试等工作。这些额外的步骤不仅增加了储氢库的建设周期,还可能导致建设成本的上升。因此,从经济角度来看,含水层储氢库的总成本往往高于枯竭气藏型储氢库。

综上所述:①在应对全球气候变化和努力实现碳中和目标的背景下,显著提高可再生能源在能源结构中的占比已成为一种不可逆转的全球趋势。光伏和风电等可再生能源虽然具有巨大的潜力,但它们的波动性和间歇性特点也给电力系统的稳定运行带来了前所未有的挑战。为了克服这些挑战,并确保可再生能源的可靠供应,发展大容量、长周期的地下储氢技术被普遍认为是一种行之有效的解决途径。②地下储氢技术的研究可以追溯到20世纪70年代,但受限于当时的技术水平、经济条件和政策环境,该技术并未得到足够的重视和发展。直到近年来,在气候变化政策的推动下,以及可再生能源大规模并网带来的稳定性问题日益凸显,欧盟国家和美国等国家才重新将目光投向了地下储氢技术,并相继启动了一系列研究和现场试验项目,以期通过这一技术来弥补可再生能源的不足,并实现能源系统的平稳过渡。③地下储氢技术相比其他储能技术具有多重显著优势。首先,地下储氢具有更大的储能容量和更长的储存时间,这使得它能够在长时间尺度上平衡可再生能源的供需波动。其次,地下储氢技术通常利用现有的地质结构进行储存,从而降低了储能成本并提高了经济效益。此外,地下储存环境相对封闭和稳定,因此氢气的泄漏风险较小,储存安全性较高。④在具体应用中,盐穴、枯竭气藏和含水层是地下储氢技术的三种主要类型。它们各自具有独特的地质特征和储存条件。例如,盐穴通常具有良好的密封性和稳定性,适合用于长期储存大量氢气;枯竭气藏则具有较大的容积和广泛的地理分布,可以部分利用原有的地下设施进行改造;含水层则分布广泛且储量大,但需要考虑地质条件和水文环境对氢气储存的影响。目前,盐穴已成功应用于纯氢的储存,并在一些示范项目中取得了良好的效果。而枯竭气藏和含水层则仅有少量混合储氢的工业应用案例,尚缺乏储存纯氢的实际经验。⑤然而,地下储氢技术的大规模工业应用并非易事。除了需要解决技术上的难题外,还需要克服经济、法律和社会等多方面的障碍。例如,在经济方面,需要降低电解制氢的成本以提高氢气的竞争力;在法律方面,需要建立完善的法规体系来规范地下储氢的建设和运营活动;在社会方面,则需要加强公众对地下储氢技术的认知和接受度。只有当这些问题得到有效解决时,地下储氢技术才有可能在工业上得到大规模应用,并为全球能源转型和碳中和目标的实现做出重要贡献。

4.2 氢运输

在氢能系统中,氢气运输是至关重要的环节,它与氢的储存技术紧密相连。目前,大规模使用的氢气运输方式主要有两种:气氢运输和液氢运输。这两种方式是根据氢气在运输过程中所处的状态来区分的。除此之外,虽然还存在固氢运输这种方式,但其应用规模相对较小。

4.2.1 气氢运输

4.2.1.1 高压氢气运输

(1)管道运输。

氢气运输在氢能产业中占据重要地位,其成本高昂已然成为制约氢能产业快速发展的主要瓶颈之一。尽管管道运输以其输氢量大、能耗低被视为一种理想的运输方式,但其建设成本巨大,让许多项目望而却步。天然气掺氢运输被看作是一种更为现实且可行的大规模推广氢气的策略。通过将氢气与天然气混合输送,不仅能降低运输成本,还能利用现有的天然气基础设施。然而,由于当前加氢站建设尚处于起步阶段,站点分布相对分散,这使得管道运氢的规模效应难以发挥。此外,氢气在管道中的传输也存在技术难题和安全风险。为了突破氢气运输的瓶颈,我国正在积极投入研发和建设管道输氢技术,这将有助于降低氢气运输成本,提升氢能产业的竞争力,为构建清洁低碳的能源体系提供有力支撑。展望未来,随着技术的进步和成本的降低,氢气运输有望成为推动氢能产业蓬勃发展的重要动力。天然气掺氢运输具有一定的灵活性和可行性,但也面临诸多挑战。首要任务是保护天然气消费者免受氢气的影响,并满足氢气用户对纯度的较高要求。这需要采取相应的措施确保用气安全,并从气体混合物中提纯氢气,增加了额外的成本和技术难度。

在解决天然气掺氢运输的问题时,氢脆和渗漏导致的氢气泄漏问题尤为突出。长时间暴露于氢气中会导致钢管的力学性能下降,增加氢气泄漏的风险。

为了抑制氢脆问题,可以在金属表面涂层,但这需要挖掘现有的天然气管道,增加了操作的复杂性。另一种方法是向混合气体中添加抑制剂,但这可能带来未知的毒性和安全风险。除了氢气泄漏问题,氢气分离效率也是需要考虑的重要因素。常见的氢气分离方法包括低温分离法、变压吸附法、膜分离法和电化学分离法等。然而,这些方法都存在各自的挑战和成本考量,因此在选择时需要综合考虑多个因素。

(2)长管拖车和管束式集装箱运输。

在高压氢气运输的领域中,长管拖车和管束式集装箱作为两种主流的运输方式,各自展现出了独特的优势。长管拖车,以其高度的灵活性和便捷性,在氢气运输中占据了一席之地。尽管其单车单次的运氢量并不突出,但研究者们通过不断创新和优化,正在逐步提升其性能并降低成本。例如,有研究团队成功地验证了长管拖车在超长距离运输中的稳定性,这无疑增强了其在实际应用中的可靠性。同时,随着运输压力水平的提升,长管拖车在特定距离内的运输份额也有望得到进一步提升。此外,还有研究者探索了在隔热拖车中运输冷高压氢气的新方法,这种方法有望进一步降低氢气的总输送成本。而管束式集装箱则是氢气运输领域中的另一种重要工具。其内壁光洁度极高,能够确保各种纯度氢气的安全运输。这种集装箱不仅适用于燃料氢气和一般工业领域,还能满足电子工业等高端领域对氢气纯度的严苛要求。在实际应用中,管束式集装箱已经展现出了强大的运输能力。长管拖车和管束式集装箱各自独特的优势使得氢气运输领域的发展更加多元化和全面化。

4.2.1.2 高压氢储运的应用

(1)氢气管道运输项目。

高压氢储运是现阶段氢能储运的核心方式,有多样的运输方案。在这些方案中,管道运输以其独特的经济性、高效性和可持续性脱颖而出,成为业内专家和决策者们的优选之一。特别是在我国,虽然氢气长输管道的建设起步相对较晚,但凭借着坚定的决心和持续努力,我们已经在这一领域取得了一系列令人瞩目的成果。巴陵-长岭氢气输送管道和济源至洛阳氢气管道的成功建设,不仅为我国氢气管道的发展树立了标杆,也充分证明了我国在氢能储运技术方面的实力。这些管道的稳定运行,不仅保障了沿线地区的氢气供应,也为相关产业的发展提供了有力支撑。河北定州至高碑店的氢气长输管道项目是我国首条燃料电池级的长距离、大输量氢气管道,它不仅填补了我国在该领域的空白,更标志着我国在氢能利用方面迈出了坚实的一步。这条管道的建设和运营,将为氢能重卡等氢燃料电池车的加氢需求提供有力保障,推动我国氢能产业的快速发展。然而,与欧洲和美国等发达国家相比,我国在氢气管道建设方面仍存在着较大的差距。

(2)天然气掺氢管道运输项目。

在天然气掺氢运输的实践领域,我国正积极迈出坚实的步伐,通过一系列先行项目的实施,不断探索和验证这一新兴技术的可行性与优势。这些项目不仅涵盖了从"绿氢"生产到混合输送的各个环节,还针对不同类型的输气管道和应用场景进行了深入研究。其中,国家电投集团中央研究院的示范应用项目具有重要意义。该项目成功地将可再生能源电解水制取的"绿氢"与天然气混合,为燃气锅炉提供了清洁、高效的能源。经过一年的稳定运行,掺氢比例达到10%,充分证明了掺氢天然气在实际应用中的稳定性和可靠性。这一成果不仅为我国氢能产业的发展注入了新的活力,也为全球范围内的能源转型提供了宝贵经验。同时,陕西省天然气公司的干线掺氢项目也值得关注。该项目针对国内首次主干线掺氢运输进行了可行性研究,为未来大规模推广天然气掺氢运输奠定了基础。该线路的设计参数和输气量均达到了较高水平,展现了我国在氢能储运领域的雄厚实力。此外,广东的海底掺氢管道项目更是开创了国内先河。这条长达 55 km 的海底管道,掺氢比例高达 20%,将为宝武集团的绿色工厂提供稳定的氢气供应。这一创新举措不仅拓展了氢能的应用场景,也为我国在海底管道建设领域积累了宝贵经验。

(3)氢气储罐。

IV 型氢气瓶,作为一种具有质量轻、耐疲劳性强以及储存压力高等显著优点的储存设备,已经在燃料电池汽车等多个领域展现出了广泛的应用潜力。这种高效、可靠的储氢技术不仅为氢能的推广和应用提供了有力支持,也促进了全球范围内对 IV 型氢气瓶研发和生产的热潮。目前,日本、韩国和美国等先进国家已经在这一领域取得了显著成果,成功实现了 IV 型氢气瓶的量产。这不仅证明了 IV 型氢气瓶在技术和市场上的成熟度,也为其他国家提供了宝贵的经验和借鉴。受到这一趋势的推动,法国等国家也开始加强在 IV 型氢气瓶领域的研究力度,通过模拟、设计和试制等多种手段,成功攻克了 70 MPa IV 型氢气瓶的技术难点,为未来的量产和应用奠定了坚实基础。在我国,随着氢能产业的快速发展和对高性能储氢设备需求的不断增长,IV 型氢气瓶的相关项目投资也呈现出明显的增多趋势。中集安瑞科、京城股份、亚普股份和科泰克等一批具有前瞻性和创新实力的企业纷纷积极布局 IV 型氢气瓶项目,通过自主研发和技术引进相结合的方式,推动我国在这一领域的快速发展。其中,中材科技作为我国新材料领域的领军企业,已经率先研发完成了国内最大容积为 320 L 的燃料电池氢气瓶,并成功将其投入市场,形成了良好的销售业绩。更重要的是,该公司还成功掌握了 70 MPa 铝内胆碳纤维复合氢气瓶的关键技术,这一技术的突破不仅填补了国内空白,也为我国在 IV 型氢气瓶领域的发展奠定了坚实的基础。此外,天海工业公司也在近期宣布推出了一款具有完全自主知识产权的新一代车载 IV 型氢气瓶。这款产品采用了先进的设计理念和制造工艺,与相同规格的 III 型氢气瓶相比,重量降低了约 30%,同时质量储氢密度也得到了显著提升。这无疑为氢燃料电池汽车提供了更加轻量化、高效化的车载供氢系统,也进一步推动了 IV 型氢气瓶在实际应用中的普及和推广。

4.2.1.3 高压氢储运标准及安全性

(1)国际标准。

氢能作为一种清洁、高效、可再生的能源,其安全利用是确保氢能产业稳健发展的基石。为了保障氢能的安全应用,多个国际标准化组织已经制定了详尽且全面的氢能安全标准。这些标准不仅为氢能产业提供了明确的技术规范和操作指南,也为保障从业人员和公众的安全提供了有力支撑。在氢能领域,国际标准化组织(International Organization for Standardization,ISO)、美国国家标准协会(American National Standards Institute,ANSI)、压缩气体协会(Compressed Gas Association,CGA)等权威机构都发挥了重要作用。它们针对氢气的储存、供应、运输以及使用等各个环节,制定了一系列严格的标准和规范。例如,CGA 的标准主要涉及氢储存和供应系统的安装、操作、安全及配置等方面,确保了氢气在这些环节中的稳定性和安全性。而美国消防协会则针对压缩气态氢在储运过程中的基本要求,以及在便携式与固定式容器中的存储规范进行了明确规定,为氢气的安全运输和存储提供了重要保障。此外,对于氢气容器的标准，ISO、ANSI 和欧盟标准等组织也进行了深入研究和详细规定。这些标准不仅涵盖了金属氢化物储氢装置、固定式氢气存储等不同类型的氢气容器，还针对燃料电池汽车所使用的氢容器进行了专门规范。这些标准的制定和实施，有效地提高了氢气容器的安全性和可靠性，为氢能汽车的推广和应用提供了有力支持。除了以上提到的标准外，还有一系列针对氢脆问题的标准也值得关注。氢脆是氢气在使用过程中可能遇到的一种重要安全问题，因此多个国际标准化组织都对此进行了深入研究并制定了相应标准。这些标准通过规定氢气的纯度、使用温度、压力等关键参数，以及采取相应的防护措施，有效地降低了氢脆发生的风险，保障了氢气使用的安全性。

（2）国内标准。

我国在氢能产业领域的国家标准制定上展现了前瞻性和严谨性，尤其在对加氢站、车载氢系统以及气态储氢容器等方面的规定上更是体现了深厚的专业技术背景。特别是 2017 年推出的 GB/T 34584—2017 标准，为我国氢能车辆的加氢站划定了明确且严格的安全技术红线。这一标准不仅针对氢气的输送、站内制氢、氢气存储、压缩及加注等核心环节进行了详尽的规范，还充分考虑了加氢站在与其他能源补给设施合建时的特殊性和复杂性，确保了在各种运营场景下都能维持高水平的安全性能。这些精心设计的标准不仅为我国氢能产业的健康发展提供了坚实的法律和技术支撑，也为我国在全球氢能领域的竞争中赢得了宝贵的先机和优势。通过持续推动氢能产业标准的完善和实施，我国正逐步构建起一个安全、高效、绿色的氢能生态体系，为实现能源结构的优化和可持续发展目标奠定了坚实的基础。随后，为了进一步提升氢脆防护标准，我国在 2018 年实施了 GB/T 34542.3—2018 和 GB/T 34542.2—2018。而在车载储氢系统方面，为了适应技术进步，2020 年 7 月 21 日对 GB/T 26990—2011 和 GB/T 29126—2012 进行了修订，将原本的工作压力上限从 35 MPa 提升至了 70 MPa，这显著提升了车载储氢系统的性能。

针对不同类型的储存容器，我国制定了一系列具体而详尽的标准。其中，GB/T 26466—2011 标准针对高压钢带错绕式容器进行了规范，这种容器以其独特的结构和材料在氢能储存中扮演着重要角色。而 GB/T 34583—2017 标准则专门适用于加氢站用气氢储存装置，确保了这些装置在加氢站中的安全可靠运行。除了上述两项标准外，我国还制定了 GB/T 35544—2017 和 T/CAT-

SI02007—2020标准,它们分别针对车用压缩氢气铝内胆碳纤维全缠绕瓶和塑料内胆碳纤维全缠绕瓶的技术要求进行了详细规定。这些车用氢气瓶作为氢能汽车的重要储存设备,其安全性和性能对于保障氢能汽车的正常运行至关重要。因此,这些标准的制定为车用氢气瓶的研发、生产、检测和使用提供了明确的技术指导,有助于提升我国氢能汽车的整体技术水平和市场竞争力。然而,值得注意的是,在氢气管道和天然气掺氢运输方面,我国的相关标准仍然相对缺乏。为了推动氢气管道运输产业的快速发展,我国已经开始积极研究和编写相关标准。总体来看,我国在氢能领域已经建立了一系列较为完善的国家标准,但仍需持续努力,特别是在氢气管道和天然气掺氢运输等关键领域,以推动氢能产业的健康、快速发展。

(3)泄漏扩散及安全性研究。

高压氢气的储存与运输是氢能产业链中的关键环节,然而,在这一环节中,储氢容器可能会因为外部撞击或内部氢脆现象而失效,导致氢气泄漏。这种泄漏不仅会造成宝贵的能源损失,更重要的是,由于氢气极易燃易爆,泄漏事件极易引发严重的燃烧甚至爆炸事故,对人员安全和环境构成极大威胁。为了深入探究高压氢气泄漏的复杂过程,科研人员采用了计算流体力学这一先进技术,通过数学建模和计算机模拟,重现了不同工况下的高压氢气射流行为。在这一过程中,虚拟出口理论被引入,为模拟提供了更加贴近实际的边界条件;同时,泄漏过程中的热交换现象也得到了充分考虑,相关热交换模型的提出进一步提升了模拟的精度。然而,尽管这些理论模型和模拟方法取得了显著进展,但在面对复杂场景——如存在障碍物、多变的气象条件或复杂的地理环境时,其预测能力仍显不足。此外,针对加氢站、车库等特定场所的高压氢气泄漏扩散过程的研究虽然已经展开,并探讨了风速、风向等自然因素对泄漏扩散的影响,但这些模拟结果还需要通过更多的实地实验来进行验证和修正。在实验方面,科研人员主要集中在封闭空间、集装箱以及小型燃料电池等相对可控的高压泄漏场景进行研究。这些实验不仅探究了氢气浓度分布、泄漏位置对扩散的影响,还考虑了障碍物等因素的作用机制。然而,由于实验涉及高风险和高成本,因此实验的规模往往受到限制,所得数据的广泛性和有效性也因此受到一定影响,需要进一步通过更大规模、更多样化的实验来加以确认和补充。

尽管如此,基于目前的实验、数值和理论研究成果,科研人员已经提出了一系列预防和处理高压氢气泄漏事故的措施。一旦发生泄漏事故,首先应立即切断氢气源,以阻止更多的氢气泄漏出来;其次,在储氢容器周围设置屏障墙等物理障碍,可以有效减少氢气在近地面的扩散范围;此外,停止一切用火和带电作业是至关重要的,同时应迅速使用消防水对准泄漏点进行喷洒以降低现场温度;最后,对泄漏区域进行通风或使用高压氮气稀释氢气也是有效的处理方法之一。这些措施的实施将有助于降低高压氢气泄漏事故的风险水平,保障人员和环境的安全。

4.2.2 液氢运输

4.2.2.1 液氢的运输方式

液氢由于其高能量密度,显著提升了氢气的供应效率。在液氢的运输方式上,我们常见有陆运、海运以及管道运输三种选择。就目前而言,陆运和管道运输更适合短距离的液氢输送,而海运则因其高效和大规模的特点,成为长途液氢运输的首选方式。通过这样的运输策略,我们可以更有效地满足不同距离和规模的液氢运输需求。

(1) 陆运。

液氢在陆地上的运输是氢能产业链中不可或缺的一环,它主要依赖于公路和铁路这两种方式。为了确保液氢的安全和有效运输,专用的液氢槽车被设计制造出来。这些槽车与普通货车截然不同,它们的核心部分是圆柱形的液氢储罐,这些储罐采用了特殊的材料和结构设计,以适应液氢在极低温度下的特殊储存需求。公路运输与铁路运输在液氢槽车的容积上有所不同。考虑到公路的通行限制和安全因素,公路运输的液氢储罐容积一般被控制在 100 m^3 以内。而铁路运输,由于其更高的稳定性和更大的运输容量,能够支持容积高达 200 m^3 的液氢储罐,从而进一步提升了液氢的运输效率。日本川崎重工在液氢运输技术方面取得了显著成果。作为液氢技术的先行者之一,川崎重工生产的液氢罐车不仅在设计上独具匠心,更在运输效率上展现出了显著的优势。具体来说,一辆川崎重工的液氢罐车能够轻松运输 5000 kg 的氢气,这一运载量相当于高压气氢拖车运载容量的五倍之多。这种高效的运输能力不仅降低了液氢的运输成本,还极大地缩短了运输周期,使得液氢在氢能市场中占据了重要的竞争优势。

(2)海运。

液氢的海上运输,作为氢能产业链中的一大关键环节,正日益受到全球各国的重视。这种运输方式依托于专用的液氢驳船,这些驳船不仅装备了大容量的液氢储罐,更在运载能力和能耗方面展现出了显著的优势。长距离的液氢运输,尤其是在跨洋运输方面,更加凸显了海运的经济性和安全性。与穿越人口密集区的陆路运输相比,海运无需担心交通拥堵和地面设施的限制,从而能够更为高效地完成液氢的远距离输送。目前,液氢海运已成为氢能领域的一大研究热点。多个国家纷纷投入巨资,致力于研发更大容量、更安全的液氢储罐和更高效的液氢驳船。例如,日本政府与川崎重工携手,在澳大利亚推进的褐煤制氢-液氢船舶运输示范项目,就是旨在验证大规模液氢运输的可行性。这一项目中,川崎重工设计的船用液氢储罐容量高达 1250 m^3,而液氢专用驳船的运输能力更是达到 2500 m^3。除了日本,加拿大和欧盟国家也在共同推进氢能开发计划。在这一计划中,液氢将从加拿大运往欧洲,以满足欧洲日益增长的氢能需求。为了实现这一目标,研究团队正在深入探讨如何在液氢驳船甲板上安装总容积达 1.5 万 m^3 的液氢储罐。这一创新设计将极大地提升液氢的运输效率,为欧洲的氢能供应提供有力保障。同时,德国也在积极开展研究,探索总容积为 12 万 m^3 的大型液氢运输船的可能性。这种超大型液氢运输船的研发,将有望进一步降低液氢的运输成本,从而推动氢能源的更广泛应用。随着全球对可再生能源的关注度不断提升,液氢海运作为连接氢能生产地和消费地的重要桥梁,其战略地位也日益凸显。

(3)管道输送。

液氢的管道输送,尽管在技术上具有其独特性和挑战性,但在特定场景中仍被证明是一种有效的输送方式。液氢极低的温度特性,要求输送管道具有极为苛刻的低温性能和绝热性能。为了确保液氢在输送过程中不发生过多的热量交换和温度波动,管道必须采用先进的绝热设计和材料。然而,正是由于这些技术上的限制,液氢的管道输送并不适合长距离的输送。在实际应用中,其输送距离通常被限制在 2 km 以内。尽管如此,在航天发射场或航天发动机试验场等需要大量且快速输送液氢的场景中,管道输送仍然是一种不可或缺的方式。在这些特定场景中,液氢管道连接着液氢储罐和发射点。液氢输送是整个发射或试验流程中的关键环节。例如,在美国肯尼迪发射场,液氢管道承担着将液氢从球形储罐安全、稳定地运送到数百米外的发射点的重任。为了确保这一过程的顺利进行,管道采用了高达20层的真空多层绝热设计,以最大限度地减少液氢在输送过程中的热量损失和温度波动。然而,即使在这样的精心设计和严格控制下,液氢管道输送过程中仍然可能出现一些技术挑战。其中,水击现象就是一个典型的问题。由于阀门启闭等操作引起的液氢压力连续交替升降,水击现象会在管道长度范围内传播,对管道系统造成潜在的危害。为了解决这一问题,研究者们不仅深入研究了液氢加注过程中出现压力峰的计算方法,还提出了一系列降低水击压力的方案。这些方案旨在通过优化管道设计、改进阀门操作等方式,确保液氢管道输送的安全性和稳定性。液氢的管道输送虽然面临着诸多技术挑战和应用限制,但在特定场景中仍然发挥着不可替代的作用。

4.2.2.2 液氢储运的应用

液氢储运的优势及其在多个领域中的广泛应用,已经成为当今能源和科技领域的一大亮点。液氢以其高密度、高热值和高运输效率等显著特点,正逐渐在航空航天、交通运输以及液氢储能等多个领域中展现出巨大的发展潜力。在航空航天领域,液氢作为推进剂与液氧结合,为火箭和航天器提供了强大的动力。其高比冲性意味着在相同质量下,液氢能够产生更大的推力,从而使得航天器能够飞得更远、更快。同时,液氢的清洁无污染特性也符合航空航天领域对环保的严格要求。此外,随着航天技术的不断发展,液氢储罐的制造技术也在不断进步,已经能够支撑起更大规模、更高密度的发射任务。在交通运输领域,液氢同样展现出了其独特的优势。随着氢能汽车的逐渐普及,液氢作为车载燃料的需求也在不断增加。与传统的气态储氢相比,液氢具有更高的能量密度和更长的续航里程,因此更适合用于长途运输和重型车辆。同时,液氢加氢站的建设也在逐步推进,未来将为氢能汽车提供更为便捷、高效的加氢服务。除了航空航天和交通运输领域外,液氢在储能领域中也具有广阔的应用前景。随着可再生能源的快速发展,如何将多余的电能储存起来并在需要时释放出来成为了一个亟待解决的问题。液氢作为一种高效的储能介质,能够将电能转化为氢能并储存起来,在需要时再通过燃料电池等方式将氢能转化为电能输出。这种储能方式不仅具有高效、环保的特点,还能够实现电能的跨时空转移和灵活利用。总之,液氢储运的高密度、高热值和高运输效率等显著优点使其在多个领域中具有广泛的应用前景和巨大的发展潜力。

4.2.2.3 液氢储运标准及安全性

(1)国际标准。

液氢储运领域在国际标准制定方面的情况,呈现出一种多元化且地域性强的特点。由于液氢技术的复杂性和应用领域的广泛性,目前尚未形成统一、全面的国际标准,而是由美国、俄罗斯、欧盟等国家和地区的相关机构,根据各自的技术水平、安全要求和行业规范,分别制定了一系列的标准和规定。这些标准和规定主要涉及液氢的储存和运输两大环节。在储存方面,国际上的相关机构已经对液氢设备的安装、操作、维护以及安全风险管控等方面进行了深入研究,并制定了相应的标准。这些标准不仅涵盖了液氢储罐的设计、制造和检测等方面,还对液氢库房的选址、布局以及安全防护措施提出了明确要求。此外,针对液氢储存过程中可能出现的泄漏、爆炸等安全风险,这些标准也制定了相应的应急处理措施和安全操作规程。在运输方面,虽然国际化标准组织已经发布了一些与车载液氢燃料罐和液氢加注接口相关的标准,但各国在实际操作中仍然存在着较大的差异。这主要是由于不同国家和地区的交通运输规定、道路条件以及车辆技术水平等方面存在差异。因此,在制定液氢运输标准时,各国通常会参照自身的交通运输规定和实际情况,对液氢运输过程中的安全要求、车辆技术条件以及驾驶员操作规范等方面进行明确规定。尽管如此,目前国际上关于氢能储运的标准主要还是集中在气态氢方面,对于液氢储运标准的建立还需要进一步完善。因此,未来需要加强国际合作,共同推动液氢储运标准的制定和完善。通过借鉴和吸收各国在液氢储运领域的成功经验和先进技术,制定更全面、更严格的国际标准,以更好地保障液氢储运的安全性和可靠性,促进氢能产业的健康发展。同时,还需要加强对液氢储运过程中可能出现的风险和挑战的研究和应对,确保液氢技术的安全、稳定和可持续发展。

(2)国内标准。

在氢气储运领域,标准的制定对于推动氢能产业的健康、安全和可持续发展具有至关重要的作用。全球范围内,美国、日本和欧盟等国家或地区凭借其深厚的研发实力和丰富的实践经验,在氢能储运标准的制定上已占据领先地位。这些国家或地区所发布的一系列氢能储运标准,不仅为氢能储运技术的进步提供了强大支撑,同时也为其他国家或地区在制定相关标准时提供了重要参考。在我国,液氢储运标准的制定经历了不断的发展和完善。过去,我国主要依赖国军标进行液氢的储存和应用,如 GJB 2645—1996《液氢贮存运输要求》和 GJB 5405—2005《液氢安全应用准则》等。然而,随着氢能产业的迅猛发展和技术革新,原有标准已逐渐无法满足新形势下的需求。为了弥补这一不足,我国及时对相关标准进行了更新和升级,发布了 GJB 2645—2019《液氢包装贮存运输要求》等更为严格和全面的标准,进一步提升了液氢储运的安全性和可靠性。近年来,我国在液氢国家标准制定方面取得了显著进展。国家标准委员会发布了三项液氢国家标准:GB/T 40045—2021《氢能汽车用燃料液氢》、GB/T 40060—2021《液氢贮存和运输技术要求》以及 GB/T 40061—2021《液氢生产系统技术规范》,标志着我国液氢储运标准体系已逐步完善。这些标准不仅涵盖了液氢的生产、贮存、运输等各个环节,还充分考虑了环保、节能等方面的要求,体现了我国氢能产业的可持续发展理念。我国在 GB 50516—2010《加氢站技术规范》中也增加了液氢储存和应用等相关内容,进一步丰富了氢能标准体系。这些举措为液氢在加氢站的应用提供了明确的指导和支持,推动了氢能产业在储运环节的安全性、可靠性和经济性的显著提升。液氢储运关键技术的标准建立健全对于氢能储运设备的工业化发展和氢能民用产业的规范化具有重要意义。通过制定和完善相关标准,可以为氢能供应链中的储氢设备、运输方式等提供明确的指导和规范,确保氢能产业在发展过程中"有标可依"。这将有助于加强氢燃料质量管理,提高氢能产业的整体竞争力,并促进氢能产业的高质量发展。同时,标准的制定和实施还将推动我国氢能产业与国际接轨。

(3)液氢泄漏扩散安全性研究。

液氢作为一种极具潜力的清洁能源,其安全使用问题一直备受关注。由于其极低的存储温度,液氢一旦发生意外泄漏,后果将不堪设想。它会迅速蒸发,形成大范围的氢气云团,这种云团不仅具有高度扩散性,还会在水平和垂直方向上迅速蔓延,给周围环境带来极大的安全隐患。遭遇火源时,氢气云团极易燃烧,甚至可能引发爆炸,对人员、财产和环境造成严重的危害。为了更深入地了解液氢泄漏后的行为和后果,并为液氢的安全使用提供科学依据,多个国际知名研究机构已经进行了大量的实验和理论研究。这些研究不仅揭示了液氢泄漏后的扩散规律和燃烧特性,还探讨了多种环境因素对液氢泄漏后果的影响。然而,尽管这些研究取得了一定的进展,但关于如何有效防护液氢泄漏事故的研究仍显不足。目前,一些学者提出了在泄漏源附近设置围堰等防护措施来减少氢气爆炸浓度的分布空间,这为液氢泄漏的防护提供了一种可能的思路。然而,这些防护措施的实际效果仍需通过实验进行验证,并且在实际应用中可能存在一定的局限性。因此,未来还需要进行更多的实验和理论研究,以更全面地了解液氢泄漏的行为和后果,并开发出更为有效的防护措施。除了实验和理论研究外,还需要加强液氢安全使用的宣传和培训。通过提高公众对液氢安全问题的认识和理解,增强液氢使用单位的安全意识和应急处理能力,可以从源头上减少液氢泄漏事故的发生。

4.2.3　固氢输运

金属氢化物储氢技术,作为当前储氢领域的热点之一,已经凭借其卓越的性能和多样化的应用场景赢得了业界的广泛认可。其高储氢密度不仅超越了传统的液态储氢方式,更意味着在相同的空间内可以存储更多的氢气,从而大大提高了氢能的利用效率。而该技术所展现出的广泛运输适用性,更是为各种交通工具的氢能化提供了可能,无论是汽车、公交车还是火车,甚至是飞机和船舶,都有可能通过这一技术实现氢能的快速、安全、高效利用。金属氢化物储氢技术在安全性和经济性方面也展现出了显著的优势。与传统的高压储氢方式相比,金属氢化物在存储和运输过程中更为稳定,不易发生泄漏或爆炸等安全事故,从而大大提高了氢能利用的安全性。同时,由于其制备成本相对较低,且可以反复使用,因此也具有较高的经济效益,有望在未来成为推动氢能产业大规模商业化的重要力量。

中国在固态金属储氢技术方面的研究和应用也取得了显著的进展。镁基储氢材料,凭借其独特的孔隙结构和优异的储氢性能,已经成为当前研究的热点之一。上海交通大学等国内知名高校和科研机构的深入研究,不仅揭示了镁基储氢材料的储氢机理和性能优化方法,还成功将其应用于实际生产中,推动了氢能产业的技术进步和产业升级。与此同时,钛锰系储氢材料也在汽车领域展现出了巨大的应用潜力。这一材料不仅具有较高的储氢容量和优异的动力学性能,还具有良好的循环稳定性和环境友好性,因此被广泛应用于氢能汽车的储氢系统中。中国有研科技集团等国内领先企业的成功研发和应用,不仅打破了国外技术的垄断,还为中国氢能汽车产业的快速发展提供了有力的技术支撑。

4.3 加氢站

4.3.1 加氢站发展现状

近年来,随着氢能交通商业化应用的不断推进,加氢站作为其中的关键设施也迎来了高速发展,展现出巨大的市场潜力。

4.3.1.1 美国加氢站

(1)美国加氢站发展现状。

根据美国能源部替代燃料数据中心发布的数据,截至2021年底,美国全境共有67座运营中的加氢站,这些加氢站为氢燃料电池汽车提供了重要的基础设施支持,促进了清洁能源交通的发展。在这些加氢站中,加利福尼亚州是加氢站数量最多的地区,共有52座加氢站在运营。值得注意的是,其中有47座加氢站对公众开放,这意味着普通消费者可以方便地前往这些站点为自己的氢燃料电池汽车加注氢气。更为便利的是,在这些对公众开放的加氢站中,有39座提供了35/70 MPa双压力加注服务,这种服务可以满足不同车型和不同氢气储存需求的消费者,大大提升了加氢站的通用性和便利性。另外8座加氢站则专注于提供70 MPa的高压氢气加注服务,这主要针对的是需要更高氢气储存密度的应用场景。在氢气来源方面,这47座对公众开放的加氢站也展现出了多样化的氢气供应策略。其中,有40座加氢站采用了站外运氢的方式,即从其他氢气生产地通过管道或氢气运输车将氢气运送至加氢站进行储存和加注。这种方式可以充分利用现有的氢气生产和运输基础设施,降低加氢站的运营成本和氢气价格。另外7座加氢站则采用了站内制氢的方式,即在加氢站内部通过电解水或其他化学方法现场生产氢气。这种方式虽然需要较高的设备投资和维护成本,但可以确保氢气的纯度和供应稳定性,适用于对氢气质量要求极高的应用场景。

(2)美国加氢站产业投资和运营。

加州燃料电池合作联盟成员包括政府部门、研究机构以及众多产品和技术方案供应商。美国能源部、美国压缩气体协会和美国桑地亚实验室等为其提供了政策指导和科研支持；而 PDC 机械、普拉格能源、海克斯康以及佛吉亚等为其供应产品；此外，液化空气（Air Liquide）、空气产品（Air Products）和林德（Linde）等技术方案供应商也为该联盟提供了关键的技术支持。在加州持续利好的氢基础设施建设政策的推动下，加州燃料电池合作联盟计划在未来几年内大力增加加氢站的数量。计划在 2025 年底前建成 200 座加氢站，并在 2030 年时提升至 1000 座，以满足日益增长的氢能交通需求。截至 2021 年 12 月的数据显示，在美国运营和规划的加氢站中，有几家公司的建站数量尤为突出，如图 4-21 所示。

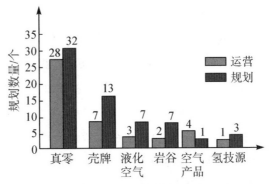

图 4-21 美国加氢站运营及规划数量

（3）美国加氢站主要设备商。

在氢能产业的关键技术领域中，美国的几家公司凭借其卓越的研发能力和创新技术，已经在全球范围内树立了行业标杆。PDC 机械，作为美国最大的隔膜式压缩机设备供应商，其成功研发的 3 层金属隔膜结构氢气压缩机不仅提高了设备的耐用性和安全性，更将输出压力上限推升至惊人的 85 MPa，为高压储氢和加氢站的建设提供了有力支持。与此同时，汉斯克公司在液驱氢压缩机领域的突破同样引人注目。该公司所生产的设计压力高达 78 MPa、82 MPa、100 MPa 的液驱氢压缩机，不仅满足了多种应用场景的需求，其广泛的产品流量范围（标准状态 23～933 m^3/h）也显示了其技术的灵活性和实用性。这种高效、可靠的压缩机对于推动氢能交通和储能领域的发展具有重要意义。在氢能产业链中，泵类设备同样扮演着不可或缺的角色。而在这方面，Nikkiso ACD 公司凭借其卓越的液氢离心泵和往复泵技术，已经赢得了市场的广泛认可。该公司的液氢离心泵不仅流量大（最大可达 1000 m^3/h），而且能在极端温度条件下（-130℃ 至 450℃）稳定工作，展现了其卓越的性能和可靠性。而其液氢往复泵同样表现出色，高功率（最高可达 150 kW）和广泛的泵送流量范围（0.21～3.45 m^3/h）使其能够满足多种应用场景的需求。

在移动加氢系统方面，昆腾燃料系统的创新技术为全球氢能产业的发展提供了新的动力。该公司开发的 HyHauler 移动加氢系统采用了先进的自动纤维铺放工艺制造的高耐压 IV 型储氢容器，不仅大幅提高了储氢密度和安全性，而且通过优化材料使用，节省了约 20% 的碳纤维材料。此外，其快速加注能力（3 min 内完成）也为氢能交通的便捷性提供了有力保障。在液氢存储技术领域，丹顿加佛公司的技术同样处于行业领先地位。该公司制造的 12.192 m 液氢罐式集装箱凭借其卓越的绝热性能和日蒸发率控制在 0.5% 以内的出色表现，为民用液氢的大规模存储和运输提供了可靠解决方案。普拉格能源在氢能叉车和加氢站设备制造领域做出了突出贡献。该公司的 Genkey 技术方案中的 GenFuel 模块配备了专用的加氢机和先进的 Gencare 控制模块，不仅支持 35 MPa、70 MPa 的气氢加氢机，而且已在国外 140 余座加氢站中得到成功应用。其高效便捷的加氢能力（叉车加注 60 s，轿车加注 160 s）为氢能交通的快速普及提供了有力支持。这些公司的技术创新和产品应用不仅推动了美国氢能产业的快速发展，也为全球氢能产业的进步提供了重要借鉴和参考。

(4) 美国加氢站相关标准。

在美国，加氢站的建设和运营严格遵循一系列相关规范与技术标准（图 4-22），这些标准共同构成了确保氢能产业安全、高效发展的重要基石。其中，消防协会标准制定的美国消防协会（National Fire Protection Association，NFPA）2 标准尤为关键，它为气氢和液氢加氢站（包括合建站）及其站内设施（如制氢、发电、加注、检验等多功能设施）的运营和维护提供了全面的技术要求。与此同时，ANSI/CSA HGV 也是加氢站建设和运营过程中不可或缺的一项标准。该标准由美国标委会（American National Standard Institute，ANSI）和加拿大标委会（Canadian Standards Association，CSA）联合制定，主要针对气氢加氢站的相关技术和设备要求进行了规定。尽管在液氢加氢站的技术要求方面，该标准还有待进一步完善，但其在气氢加氢站领域的专业性和权威性已经得到了广泛认可。除此之外，压缩气体协会（Compressed Gases Association，CGH）

标准和工业和医用气体技术委员会标准(Industrial and Medical Gasses Association,IMGA)也为美国加氢站的建设和运营提供了重要的技术支持。这两项标准主要针对储输氢设备及相关的氢系统,其中 CGH 标准主要规范气氢方面的技术和设备要求,而 IMGA 标准则同时涵盖了气氢和液氢的相关技术和设备要求。这些规范与技术标准的严格执行,不仅为美国加氢站的安全、高效运营提供了有力保障,也为全球氢能产业的发展树立了典范。

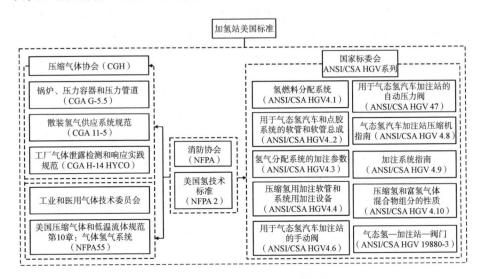

图 4-22 美国加氢站规范与标准

4.3.1.2 欧洲加氢站

(1)欧洲加氢站发展现状。

欧洲在氢能交通基础设施的布局上已展现出积极的态势。截至 2021 年 11 月底,欧洲大陆上共有 156 座正在运营的加氢站,这些站点构成了氢能交通的重要支撑。值得注意的是,这些加氢站中,高达 137 座都能提供 70 MPa 的加氢服务,这一压力标准满足了当前大多数氢燃料电池轿车的加氢需求。大巴车专用的加氢站数量相对较少,仅有 19 座,这反映出欧洲在氢能交通领域的布局仍然以轿车市场为主导。从加氢站的日服务能力来看,当前欧洲的加氢站规模普遍偏小,多数站点的日加氢量不超过 500 kg。这一数据或许表明,在欧洲,氢能交通尚处于发展的初级阶段,加氢站的建设和运营尚未形成规模效应。然而,即便如此,欧洲各国在加氢站建设上的投入和布局仍然值得关注。德国境内共有92座在营的加氢站,占据了欧洲总数的近60%。这一显著优势得益于德国政府在氢能交通及相关基础设施领域的系统规划和大力支持。为了推动氢能交通的发展,德国政府制定了一系列具有前瞻性的政策和计划。其中,《德国替代能源发展战略框架》为加氢站网络的建设明确了目标:到2020年初步形成覆盖德国的加氢站网络雏形;到2025年开始引导加氢站的市场化推广,并计划建成约400座加氢站;而到了2030年,则计划进入商业化推广阶段,目标建成约1000座加氢站。这一系列宏伟的目标不仅展现了德国在氢能交通领域的雄心壮志,也预示着该国在未来几年内将在这一领域持续加大投入和布局。

(2)欧洲加氢站产业投资和运营。

欧洲加氢站的发展得益于多个重要投资主体的共同推动,如表4-17所示。截至2021年11月,德国联邦运输和数字基础设施部(BMVI)、Clean Hydrogen JU(CH-JU)以及联通欧洲基金(CEF)等机构为欧洲在营的加氢站提供了关键的资金支持和技术引导。德国联邦运输和数字基础设施部(BMVI)作为德国政府的重要部门,在加氢站及其相关基础设施的建设上发挥了核心作用。该部门不仅投入大量资金用于加氢站的建设和扩展,还积极推动车载储氢设备的技术创新与发展,致力于提升氢能交通的安全性和效率。与此同时,Clean Hydrogen JU作为一个公私合作的组织,也在欧洲加氢站的发展中扮演了重要角色。该组织汇集了氢政策界、氢产业界以及氢学术界的精英力量,共同为欧洲的燃料电池和氢能技术研究、技术开发以及示范活动提供资金支持和技术指导。这种跨界的合作模式不仅促进了氢能技术的快速发展,还为欧洲加氢站的长期运营提供了坚实的技术保障。此外,联通欧洲基金(CEF)也为欧洲加氢站的建设和运营提供了重要的资金支持。该基金致力于推动欧洲交通能源的转型和升级,通过投资加氢站等基础设施项目,促进氢能交通在欧洲的普及和应用。这些投资主体的共同努力和协同合作,为欧洲加氢站的发展注入了强大的动力,推动了欧洲氢能交通产业的快速发展。

表4-17 欧洲在营加氢站投资主体占比

组织机构	BMWI	CH-JU	CEF	OLEV	其他机构
投资占比/%	33	21	10	3	33

注:OLEV指低排放车辆办公室(office for low emission vehicles)。

(3) 欧洲加氢站主要设备商。

在氢能领域的发展浪潮中，众多国际知名公司凭借其深厚的技术积累和创新能力，纷纷涉足并推出了各具特色的创新产品，为氢能产业的快速发展注入了强劲动力。英国豪顿（Howden）公司早在1992年便开始涉足氢能领域，其生产的隔膜式压缩机在加氢站的氢增压流程工艺中扮演着重要角色。这种压缩机仅需两级压缩，就能将进气段的 5 MPa 氢气升压至 100 MPa，为高压氢气的储存和加注提供了高效可靠的解决方案。德国麦格思维特公司则以其精湛的工艺和专业的技术，专注于生产设计压力为 45 MPa、100 MPa 的液驱式氢压缩机。这些产品不仅流量范围广泛，而且特别适用于日加注能力大于或等于1000 kg/d 的大型加氢站，有效满足了市场对大规模氢气加注的需求。在氢能领域的另一重要环节——储氢技术上，法国佛吉亚、挪威海克斯康和俄罗斯深冷机械制造股份有限公司等公司也取得了显著进展。佛吉亚凭借其世界领先的技术实力，生产的Ⅳ型储氢容器的质量密度高达7%，为氢气的安全高效储存提供了有力保障。海克斯康则专注于碳纤维缠绕复合材料容器的开发与应用，其推出的Ⅳ型长管拖车用储氢瓶组以高效的储氢能力赢得了市场的广泛认可。而深冷机械制造股份有限公司的液氢储罐产品在设计储氢质量和蒸发损失控制方面均表现出色，为液氢的大规模储存和运输提供了可靠保障。在加氢设备方面，德国WEH公司以其卓越的产品性能和广泛的应用场景成为加氢枪的主流供应商。其加氢枪产品覆盖了多种压力等级和加注需求场景，为氢燃料电池汽车的快速普及提供了便捷高效的加注解决方案。此外值得一提的是，林德与日本日东工器还联合研制了液氢加氢枪产品样机，这一创新产品的推出标志着液氢加注技术的又一重要突破。然而由于美国的出口限制等原因，这些产品的详细技术规格在国内并不公开，这无疑给国内氢能产业的发展带来了一定的挑战和机遇。

(4) 欧洲加氢站相关标准。

欧洲主要发达国家在氢能源产业的合作与发展上展现了坚定的决心和切实的行动。他们通过共同发起的欧盟联合氢能项目，不仅为欧盟的氢能源产业发展描绘了一幅宏伟的蓝图，更在推动氢能技术标准化方面取得了显著成果。各国标准化组织，如德国标化会、法国标协等，积极响应并参与到这一进程中，逐步完善和丰富了各自国家独立授权批准的氢能标准体系。然而，在加氢站的建设与运营这一关键环节上，欧洲各国普遍选择了参考国际标准化组织氢能技术委员会制定的 ISO 系列标准。这些标准以其全面性、专业性和实用性,为加氢站的建设和运营提供了重要的参考和指导。其中,综合类标准从全局出发,对加氢站用燃料及系统提出了全面的要求,确保了站点的整体安全和效率;站车连接类标准则针对加注接口这一关键环节,明确了具体的技术要求,保证了加注过程的安全性和可靠性;而站主体标准更是对加氢站的基础设施和运营管理提出了严格的要求,涵盖了阀、输氢管路及组件、检测装置等多个方面。虽然 ISO 系列标准在加氢站建设与运营方面发挥了重要作用,但在液氢站用设备及系统的技术要求方面仍存在一些不足和空白。这也提醒我们,在推动氢能产业发展的过程中,不仅要关注现有的技术标准和规范,更要不断跟进新技术、新趋势的发展,及时完善和更新标准体系,以更好地适应和引领产业的发展。欧洲在氢能产业的发展上展现了积极的合作态度和务实的行动策略。他们通过联合项目和标准化工作,为氢能产业的健康发展奠定了坚实的基础。未来,随着技术的不断进步和市场的不断扩大,我们有理由相信,欧洲将在全球氢能产业中发挥更加重要的引领和示范作用。图 4-23 展示了加氢站的 ISO 系列标准,这些标准为欧洲加氢站的建设和运营提供了重要的参考和指导。

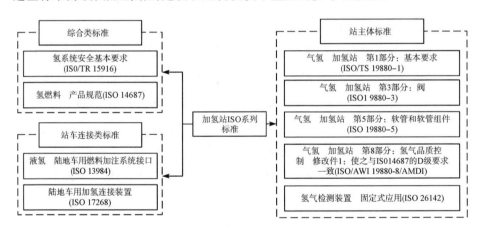

图 4-23 加氢站 ISO 系列标准

4.3.1.3 日本加氢站

(1)日本加氢站发展现状。

日本在氢能技术领域的发展上,不仅展现了其坚定的决心,更通过持续不断的努力和创新,取得了令人瞩目的优势。他们成功地构建了一套完善的加氢站示范、运营及规模化推广模式,为全球氢能产业的发展提供了宝贵的经验和借鉴。在早期阶段,日本的加氢站建设主要由各个企业自行承担和运营。这些企业在氢能储存、运输和加注等技术领域进行了深入的探索和实践,积累了丰富的经验。然而,由于市场规模和技术限制等因素,这些加氢站的日均加氢服务能力相对有限,远未达到市场的饱和水平。随着氢能产业的不断发展和市场的日益成熟,日本开始转变其加氢站及相关基础设施的建设模式。从2015年初开始,少数具有技术实力和市场影响力的企业开始联合主导氢能基础设施的建设进程。这些企业涵盖了氢能产业链的上、中、下游各个环节,通过紧密的合作和协同,共同推动了氢能基础设施的快速发展。在这一阶段,值得一提的是尼莫西斯公司的成立。这家由岩谷产业、丰田和大阳日酸等公司联合成立的企业,专注于移动式加氢站的业务。与传统的固定式加氢站相比,尼莫西斯公司的移动式加氢站具有占地面积小、灵活性强等优势。这种创新型的加氢站形式不仅提高了加氢服务的覆盖范围和便捷性,还为氢能产业的可持续发展提供了新的思路和方向。自2018年初以来,日本进一步加大了对氢能基础设施建设的投入和支持。通过企业联盟的方式,日本加速了加氢站及相关基础设施的建设步伐,旨在构建一个闭环式的氢能基础设施产业。在这一背景下,Japan Hydrogen Mobility(简称JHyM)的成立具有重要意义。该组织由丰田汽车、日产汽车、本田汽车等多家知名企业联手组建,负责日本市场内氢能基础设施的建设和运营工作。在JHyM的推动下,日本的加氢站数量迅速增加,截至2022年1月已增至157座,其分布情况如表4-18所示。这些加氢站分布广泛,为氢能车辆的推广和应用提供了坚实的保障。日本在氢能技术领域的发展上取得了显著优势,并通过持续不断的创新和实践,形成了一套成熟的加氢站示范、运营和规模化推广模式。

表4-18 日本各都市圈在营加氢站占比

都市圈	东京圈	中京圈	关西圈	九州圈	其他地区
加氢站占比/%	37	29	12	9	13

(2)日本加氢站产业投资和运营。

日本加氢网络公司(Japan Hydrogen Mobility,JHyM)是一个强大的企业联盟，目前汇聚了 27 家日本顶尖企业。这些成员涵盖了金融投资机构，如丰田通商、日本发展银行以及 JA 三井租赁等。在日本的氢能产业布局中，岩谷产业、ENEOS 和出光兴产等公司扮演了关键的角色，作为氢能源及相关基础设施的建设商，它们致力于氢能储存、运输和加注技术的研发与应用。同时，丰田汽车、日产汽车和本田汽车等汽车制造商也凭借其在汽车行业的深厚积累，积极参与到氢能车辆的生产和推广中，与氢能基础设施建设商形成了紧密的合作关系。在 JHyM 的积极推动和各大企业的共同努力下，自 2018 年至 2021 年期间，日本成功运营了 65 座加氢站，如表 4-19 所示。这些加氢站的建设和运营不仅为氢能车辆的推广提供了坚实的保障，也为日本氢能产业的快速发展奠定了坚实的基础。在这些成功运营的加氢站中，岩谷产业参与的数量最多，达到了 30 座。这充分体现了岩谷产业在氢能基础设施建设领域的领先地位和丰富经验。紧随其后的是日本航空和 ENEOS，它们分别参与了 12 座和 8 座加氢站的运营。这些企业的积极参与不仅为加氢站的建设和运营提供了资金和技术支持，也为氢能产业的可持续发展注入了强劲的动力。此外，还有 15 家单位各自投入运营了 1 座加氢站。这些单位虽然运营的加氢站数量不多，但它们的参与对于推动氢能基础设施的普及和应用同样具有重要意义。这些单位可能包括地方政府、研究机构、其他能源企业等，它们的参与为氢能产业的发展提供了多元化的支持和推动力量。

表 4-19 JHyM 成员的加氢站运营数量

机构	岩谷产业	日本航空	ENEOS	其他地区
运营数量/座	30	12	8	15

(3) 日本加氢站主要设备商。

在日本的氢能产业中，四大企业——三国机械工业、加地科技、JFE 容器公司和龙野集团，各自在不同领域发挥着举足轻重的作用，共同推动着日本氢能技术的进步和市场的拓展。三国机械工业，凭借其卓越的隔膜式氢压缩机技术，已然成为该领域的佼佼者。他们所开发的 90 MPa 隔膜式压缩机，不仅流量范围广泛，从标准状态 0.05 m^3/h 到 500 m^3/h，更在加压效率上展现出显著优势，仅需两级加压即可达到所需压力。这一创新技术不仅减少了能源消耗，还提高了设备的整体稳定性。数千套氢气增压产品的成功应用,无论是在国外的示范项目还是商用加注站中,都充分证明了三国机械工业产品的可靠性和高效性。加地科技,则以其活塞式氢压缩机的卓越性能和技术实力,赢得了市场的广泛认可。他们开发的液驱式压缩机产品,增压水平范围广泛,从 0.6 MPa 到 110 MPa 不等,满足了不同应用场景的需求。值得一提的是,加地科技积极响应全球氢能市场的发展趋势,计划在中国逐步拓展液驱式氢压缩机的产品市场。这一战略举措不仅有助于满足中国不断增长的市场需求,更将推动氢能技术的跨国合作与交流。JFE 容器公司,作为氢能储存领域的重要参与者,专注于钢质单层无缝瓶式容器和Ⅲ型储氢气瓶的生产制造。这些储氢容器的水容积和标称工作压力均达到了业界领先水平,特别适用于 70 MPa 加氢站等高压储氢场景。同时,JFE 容器公司还注重产品的多样化和应用领域的拓展,其Ⅲ型储氢气瓶最大充装压力为 35 MPa,水容积可达 205 L,特别适用于长管拖车等移动式储氢和运输场景。这些创新产品的推出,不仅提升了储氢技术的整体水平,还为氢能产业的多元化应用提供了有力支持。龙野集团,则是日本国内气氢加氢枪的主流产品供应商。他们针对不同加注流量规格的需求,推出了 Hydrogen - NX LF、Hydrogen - NX H、Hydrogen - NX F 等 35 MPa 和 70 MPa气氢加氢机产品。这些产品在预冷温度方面表现出色,最低可达 −40 ℃,确保了加氢过程的高效和安全。龙野集团的产品不仅在日本国内得到了广泛应用,还赢得了国际市场的认可。他们的技术实力和产品质量,为日本加氢站的建设和运营提供了可靠的设备保障。

(4)日本加氢站相关标准。

日本在加氢站的建设和运营方面展现出了其前瞻性和规范性,这得益于一套多层次、全方位的标准规范体系。从国家法规到行业协会准则,再到专业技术标准,这一体系确保了加氢站在技术、安全和管理等各个层面都能够达到国际先进水平。首先,氢供给利用技术协会(the Association of Hydrogen Supply and Utilization Technology,HySUT)标准作为加氢站内部技术要求的基准,着重于计量和检测设备的规范使用。这些标准不仅保障了氢气加注的准确性和可靠性,更通过精确的数据监测和分析,为加氢站的长期稳定运行提供了重要支撑,具体的技术要求如图 4 - 24 所示。此外,HySUT 标准还关注加氢站内部设备的兼容性和互通性,促进了不同设备和系统之间的顺畅连接和协同工作。

在国家法规层面,高压气体安保法发挥了核心作用。这部法规为加氢站的安全运营设定了严格的底线,涵盖了设备设计、制造、安装、调试、运营和维护等各个环节。同时,该法规还明确了加氢站的经营过程准则,包括员工培训、应急预案制定以及日常安全管理等方面的要求。通过高压气体安保法的实施,日本确保了加氢站在任何情况下都能够保持高度的安全性和稳定性。除了国家法规外,日本还针对消防、劳动安全卫生、道路运输等多个行业制定了专门的加氢站技术标准。这些标准充分考虑了不同行业的特点和需求,为加氢站在各个领域的推广和应用提供了有力的技术支撑。例如,在消防领域,相关标准着重于加氢站的防火设计和消防设施的配置;在劳动安全卫生方面,则关注员工的安全防护和健康保障。

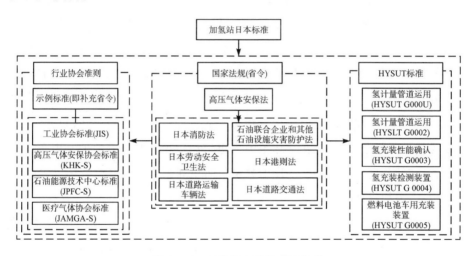

图 4-24 日本加氢站规范及标准

行业协会在日本加氢站标准规范体系中也发挥了重要作用。多个专业协会如日本工业标准(Japanese Industrial Standards,JIS)、日本高压气体安全研究所(The High Pressure Gas Safety Institute of Japan,KHK-S)和日本本石油能源中心(Japan Petroleum Energy Center,JPEC-S)。等,根据各自领域的特点和需求,制定了更加细化和专业化的标准。这些协会标准不仅为加氢站的建设和运营提供了具体指导,还通过定期的技术交流和培训活动,促进了行业内的知识共享和技术进步。日本还设立了一些示例标准,这些标准旨在为其他行业标准提供指导和参考。通过制定这些示例标准,日本进一步完善了加氢站标准规范体系,为加氢站的健康、规范和可持续发展创造了有利条件。这些示例标准不仅体现了日本在加氢站领域的先进理念和实践经验,也为其他国家和地区提供了有益的借鉴和参考。

4.3.1.4 中国加氢站

(1)中国加氢站发展现状。

自 2006 年起,中国加氢站的发展历程经历了明显的起伏。当年北京清能华通科技公司与全球能源巨头英国石油公司的紧密合作,成为一个里程碑式的事件。这两大企业在北京新能源交通示范园联手打造了中国首个加氢站,并成功投入运营。然而,在随后的十年时间里,加氢站的建设速度并未如预期般迅猛。可能是由于技术瓶颈、资金短缺、市场认知度不足等多重因素的叠加影响,加氢站的建设进展相对缓慢。直至 2016 年,国内建成的加氢站数量仍然屈指可数,仅有 10 座。从 2016 年开始,随着国家对新能源领域的大力扶持和市场需求的不断增长,加氢站的建设速度明显加快。截至 2022 年底,我国已成功累计建成 358 座加氢站,这一数字使中国在全球加氢站数量上位居首位。更重要的是,其中 245 座加氢站正处于运营状态。从地理布局上看,广东省以 47 座加氢站的数量领跑全国,甚至在全球范围内也位居首位。紧随其后的是山东省和江苏省,它们分别以 27 座和 26 座的数量位居全球第二、第三位。

(2)中国加氢站相关标准。

中国的加氢站技术标准和要求可以划分为四个主要类别:基本定义类、建设类、运维类和综合类(图 4-25)。这些标准共同构成了中国加氢站建设和运营的基础框架。中国的加氢站技术标准体系正在不断地构建与完善,旨在适应氢能产业的快速发展并确保加氢站建设运营的安全与高效。

首先,基本定义类标准作为整个标准体系的基础,已经涵盖了氢能相关的基础术语、定义和性质,为行业内的交流提供了共同语言。特别是《氢能汽车用燃料液氢》标准的出台,正式将液氢纳入加氢站标准体系,这不仅丰富了基本定义类标准的内涵,也反映了中国在氢能应用领域的前瞻性和创新性。然而,随着加氢站产业的蓬勃发展,新的技术和概念不断涌现,这就要求标准制定者必须对近年来出现的新兴术语和概念进行及时的规范定义或补充说明,以确保标准的时效性和实用性。

其次,建设类标准在整个加氢站标准体系中占有举足轻重的地位。这类标准涵盖了加氢站通用、储存、输运、增压和加氢等多个方面的相关要求,为加氢站的建设提供了全面的技术支撑。目前,中国已经发布了一系列建设类标准,如《固定式高压储氢用钢带式错绕容器》和《氢气储存输运系统第1部分:通用要求》等,这些标准的实施为加氢站的安全稳定运行提供了有力保障。然而,我们也必须看到,涉及氢储存、输运、增压、加注等领域的其他相关标准仍在拟定过程中,这表明加氢站建设类标准仍存在较大的缺口,需要加快制定步伐以适应产业发展的需求。

再者,运维类标准是确保加氢站长期稳定运行的关键。这类标准主要关注氢系统安全、加氢站及储氢装置安全、液氢生产及贮存运输等方面的要求,旨在通过规范的操作和维护来降低加氢站运营过程中的风险。然而,目前运维类标准仍存在一些亟待完善的地方,如《氢气储存输运系统第8部分:防火防爆技术要求》仍在拟定中,这意味着国内加氢站的防火防爆技术要求尚待统一和完善。此外,涉及氢增压、加注等领域的运维相关标准也存在较大的缺口,需要相关部门和企业加大投入力度进行研究和制定。

最后,综合类标准在整个加氢站标准体系中起到了统领全局的作用。这类标准主要包括《加氢站技术规范》《汽车加油加气站设计与施工规范》和《氢气站设计规范》等面向加氢站全局设计的标准。这些标准从整体上对加氢站的设计、施工、运营等各个环节进行了规范和协调,确保了加氢站建设的整体性和系统性。然而,我们也必须看到,《氢气站设计规范》自2005年公布以来,对于现有技术水平条件下加氢站内配置条件的适用度和实用性有待进一步修改和完善。这就要求相关部门及时跟踪技术发展动态,对标准进行适时的修订和更新,以保持标准的先进性和适用性。

中国的加氢站技术标准体系在不断完善,各类标准相互支撑、协调发展,为氢能产业的健康发展提供了有力的技术保障。然而,随着产业的快速发展和技术的不断进步,现有的标准体系仍存在一些缺口和需要更新的地方。这就要求我们必须保持开放的心态和前瞻的视野,及时跟踪产业发展动态和技术创新趋势,不断完善和更新标准体系,以适应快速发展的加氢站产业需求。

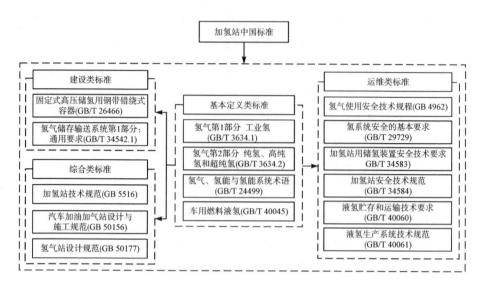

图4-25 中国加氢站标准

4.3.2 加氢站技术分类

加氢站的建设技术路线因经济性、区域能源特点以及客户群需求等多种因素而异,其选择的核心原则是因地制宜、因势利导。

(1)根据氢气来源的分类方法。

氢气来源的不同,使得加氢站的建设分为外供氢和内制氢两大技术路线。

外供氢加氢站与内制氢加氢站在氢气来源、储运方式以及技术应用等方面存在显著的差异。外供氢加氢站,顾名思义,其氢气并非在站内生产,而是完全依赖于外部的供应,外供氢加氢站技术路线如图4-26所示。这种供应模式通常涉及氢气通过特定的运输工具,如长管拖车、液氢槽车或者输氢管道,从集中的制氢厂安全地运送到各个加氢站。一旦氢气到达加氢站,它便会被专业的压缩机压缩到所需的高压状态,并稳定地存储在高压储氢罐中,随时准备为前来加注的燃料电池汽车提供服务。根据储氢方式的不同,外供氢加氢站又可以细分为高压气氢站和液氢站。液氢站尽管在占地面积和氢气的存储量上具有显著的优势,但由于其技术复杂性和高昂的建设成本,目前仅在全球约30%的加氢站中得到应用,主要集中在美国和日本等发达国家。而在中国,由于技术、经济和安全等多方面的考虑,现阶段则全部采用高压气氢站的形式。

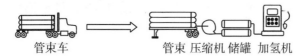

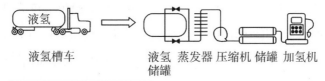

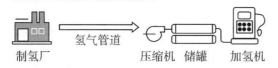

图 4-26 外供氢加氢站技术路线

相比之下，内制氢加氢站则展现出了完全不同的运营模式和技术特点。这类加氢站的核心优势在于其站内设有完整的制氢系统，能够自主生产所需的氢气，从而摆脱了对外部氢气供应的依赖，内供氢加氢站技术路线如图 4-27 所示。制氢技术的选择因地制宜，多种多样，包括电解水制氢、天然气重整制氢以及利用可

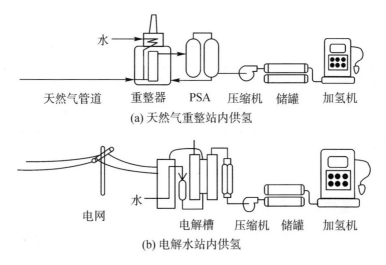

图 4-27 内制氢加氢站技术路线

再生能源制氢等环保方法。这些站内制备的氢气在经过严格的纯化和干燥处理后,会进一步被压缩、储存,并最终通过加氢机为燃料电池汽车提供加注服务。

(2)根据供氢压力等级分类。

加氢站根据供氢压力等级主要分为 35 MPa 和 70 MPa 两种类型。供氢压力与氢气压缩机和储氢瓶的工作压力有关。35 MPa 的供氢压力对应的氢气压缩机和储氢瓶的工作压力均为 45 MPa;而 70 MPa 的供氢压力对应的氢气压缩机和储氢瓶的工作压力分别为 98 MPa 和 87.5 MPa。不同的供氢压力等级对加氢站设备的工作压力有着直接的影响。

(3)根据加注燃料品种分类。

加氢站可以根据其所能提供的燃料类型进行分类,主要分为单加氢站和油(气)氢混合站。单加氢站仅提供氢气加注服务,而油(气)氢混合站则同时提供加油、加气以及加氢等多种功能。这种混合站在近中期被认为是加氢站发展的重要方向,因为它有效解决了电动汽车充电所需场地大、时间长等问题。

(4)根据加氢站建设形式分类。

加氢站的建设形式多种多样,主要包括固定式、撬装式和移动式,它们各自的加注能力及所需用地面积如表 4-20 所示。固定式加氢站通常占地较大,面积为 2000~4000 m²。

表 4-20　加氢站类型和特征

类型	储氢容量/kg	加氢能力	占地面积/m²
固定式	1000	公交车 25 辆(或乘用车 100 辆),2~3 天的氢气耗量	2000~4000
撬装式	400~500	公交车 12 辆(或乘用车 50 辆),2~3 天的氢气耗量	200~600
移动式	200~300	公交车 8 辆(或乘用车 30 辆),2~3 天的氢气耗量	<50

4.3.3　加氢站主要设备

压缩机、固定储氢设施、加氢机是对外供氢加氢站设备中的核心设备。在既定的建站规模下,通过精确匹配设备参数和设备数量,可以实现加氢站设备配置的最优化和经济效益的最大化。

4.3.3.1 压缩机

在加氢站的核心设备中,压缩机的作用至关重要,它是实现氢气从低压到高压储存的关键环节。根据加氢站的不同储氢压力需求,我国现阶段主要采用的氢气压缩机类型有三种:隔膜式压缩机、液驱式压缩机和离子液压缩机。对于储氢压力在 45 MPa 以下的加氢站,隔膜式压缩机和液驱式压缩机凭借其稳定可靠的性能和相对成熟的技术,成为主要的选择。隔膜式压缩机以其密封性好、压缩效率高等特点被广泛应用;而液驱式压缩机则以其结构紧凑、维护方便等优点受到青睐。然而,随着氢能产业的快速发展和储氢压力需求的不断提升,特别是在储氢压力达到 90 MPa 的加氢站中,离子液压缩机成为主导选择。离子液压缩机以其高效的压缩性能和良好的热稳定性,能够满足更高压力等级的储氢需求。

(1) 隔膜式压缩机。

隔膜式压缩机(图 4-28)作为一种在氢能产业中广泛应用的设备,以其特有的膜片设计而显著区别于其他类型的压缩机。这种压缩机的膜片在压缩过程中能够有效地将被压缩的气体与外界环境完全隔离,从而确保了气体的纯净度和压缩效率。在隔膜式压缩机的结构中,传统的气缸被一个由穹形盖板和弹性膜片构成的膜腔所取代。这种膜腔设计不仅简化了压缩机的结构,还提高了其可靠性和耐用性。膜片的边缘被牢固地固定在盖板与压缩机主体之间,形成了一个密闭的压缩空间。当膜片在驱动力的作用下发生上下弯曲变形时,膜腔内的容积会随之改变,进而实现气体的压缩和排放。特别是金属膜片式隔膜压缩机,它采用液力驱动的方式,使得膜片能够紧密地贴合在盖板的穹形表面上。这种紧密贴合的设计不仅大大减少了余隙,提高了压缩效率,还由于金属膜片的优良导热性能,使得压缩过程中的散热效果得到了显著提升。因此,金属膜片式隔膜压缩机在高压、大流量的气体压缩场合中具有广泛的应用前景。

然而,由于膜片的变形量存在一定的限制,因此隔膜式压缩机能够处理的气体量相对较小。这一特点使得它在某些需要大处理量的应用中可能不是最优的选择。但是,在追求高压缩比、高纯净度和高效率的场合,如氢能产业中的加氢站,隔膜式压缩机仍然被广泛应用并发挥着重要的作用。目前,随着技术的不断进步和市场的不断发展,隔膜式压缩机的性能也在不断提升。其最高排气压力已经达到 70 MPa,满足了大多数高压储氢和加氢的需求。

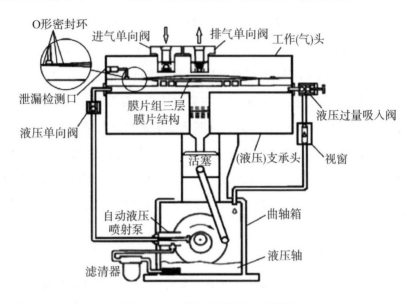

图 4-28　隔膜式压缩机工作原理

(2)液驱式压缩机。

液驱式压缩机(图 4-29)作为一种在氢能产业中广泛应用的设备,以其独特的工作机制而备受瞩目。这种压缩机最为核心的特点便是其动力缸与往复泵工作腔的直接连接,这一设计使得液驱式压缩机在工作效率和压缩比方面都具有显著的优势。在液驱式压缩机的操作过程中,往复泵的活塞通过液体(主要是油)来驱动压缩机的活塞,从而完成气体的压缩任务。这种液体驱动的方式不仅能够实现平稳、连续的气体压缩,还能够有效地减少机械磨损,延长压缩机的使用寿命。液驱式压缩机的结构设计颇具巧思,其中部布置了两个对置式的气缸,这种对称式的布局不仅能够平衡压缩机在工作过程中产生的力,还能够减少振动和噪声。同时,柱塞作为活塞来压缩氢气,其密封性能好、耐磨性强,确保了压缩过程的高效性和可靠性。

此外,液驱式压缩机的上部还装有一个控制滑阀,其主要功能是释放动力液缸中的油。这一设计不仅能够实现压缩机的快速启停,还能够有效地控制压缩机的输出压力和流量,满足不同的工作需求。液驱式压缩机的结构可以灵活地扩展为多列配置,从而显著提高其功率输出。这使得液驱式压缩机在需要较大功率的应用场景中表现出色,如大规模氢能储存和加氢站等。

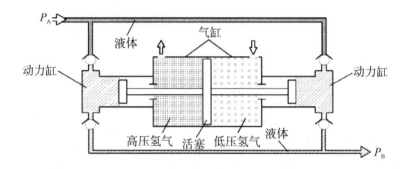

图 4-29 液驱式压缩机工作原理

(3)离子液压缩机。

离子液压缩机采用了特定的离子液体,通过与被压缩的工质直接相互作用,高效地完成压缩过程。离子液体的引入不仅赋予了压缩机新的工作原理,还带来了一系列显著的优势。近年来,德国 Linde 公司和日本松下公司都积极投入研发,推出了各具特色的离子压缩机。Linde 公司的设计巧妙地结合了液压系统与固体活塞运动,通过注入离子液体将活塞与被压缩气体隔离开来。这种设计实现了压缩系统与驱动系统的有效分离,提高了压缩效率。而松下公司则在保留传统往复式压缩机结构的基础上进行了创新,同样使用固体活塞和曲柄连杆作为驱动机构,但引入了离子液体作为压缩介质。离子压缩机的独特之处在于它融合了传统活塞压缩机、隔膜压缩机和液驱活塞压缩机的多重优势。由于其本质上与活塞机相似,离子压缩机能够实现较高的转速和大缸径,从而提供大排量和高压力的输出。这使得离子压缩机在加氢站等需要大流量、高压力的应用场景中表现出色。同时,离子压缩机对加氢站多变的工况条件具有良好的适应能力,能够稳定运行并提供可靠的压缩服务。

(4)各类型压缩机性能对比分析。

表 4-21 展示了隔膜式压缩机、液驱式压缩机和离子液压缩机三者之间的性能对比。

表 4-21 隔膜式压缩机、液驱式压缩机和离子液压缩机三者的性能对比

类型	优势	劣势
隔膜式压缩机	①气体纯净度高 ②相对余隙很小 ③压缩过程散热良好 ④在国内加氢站的应用较广	①单机排气量相对较小 ②进口设备费用较高,约为国产设备的2倍左右 ③频繁启停容易降低压缩机寿命
液驱式压缩机	单机排气量相对较大	氢气可能会受污染
离子液压缩机	①构造简单,维护方便 ②能耗较低	①制造标准与国内不同,引进手续复杂 ②价格较高

在技术进步的大背景下,国内压缩机制造企业已经取得了长足的发展。特别是在隔膜式压缩机和液驱式压缩机的研发领域,国内企业不断突破技术瓶颈,推动了国产化氢气压缩机的广泛应用。越来越多的加氢站开始选择使用完全国产化的氢气压缩机,这不仅彰显了国内压缩机技术的实力,也为加氢站的建设和运营提供了更多选择。然而,与进口压缩机相比,国产压缩机在稳定性和可靠性方面仍存在一定差距。这可能是由于国内压缩机技术起步较晚,以及在材料、工艺、设计等方面与国际先进水平存在的差异所致。为了平衡设备性能和采购成本,国内加氢站设备供应商采取了混合采购策略。他们通常选择进口压缩机机头作为核心部件,以确保设备的可靠性和稳定性。同时,辅助部件则采用国内采购和组装的方式,从而降低整体成本,提高设备的性价比。

这种混合采购策略对于建设单位而言具有显著的优势。一方面,进口压缩机机头的引入确保了设备的核心性能达到国际先进水平,提高了设备的整体可靠性;另一方面,国内采购和组装的辅助部件则有效降低了采购成本,实现了成本的优化。这种策略既满足了加氢站对设备性能的高要求,又充分考虑了经济效益,是一种务实而有效的选择。目前,国内已建成或在建的 35 MPa 加氢站中,隔膜式压缩机和液驱式压缩机应用较为广泛。这两种压缩机类型在加氢站中发挥着重要的作用,为氢气的加注提供了稳定而高效的支持。而离子压缩机,由于其价格较高且技术相对复杂,目前更适用于加注压力要求更高的 70 MPa 加氢站。然而,随着技术的不断进步和成本的降低,未来离子压缩机也有望在更广泛的加氢站中得到应用。

4.3.3.2 固定储氢设施

在氢能产业迅速发展的背景下,高压储氢瓶组和高压储氢罐作为加氢站内不可或缺的固定氢气储存设施,发挥着举足轻重的作用。它们不仅为氢能汽车提供了持续、稳定的氢气供应,还在压力缓冲方面扮演着重要角色。这些设施的安全性和稳定性对于加氢站的正常运营至关重要。为了确保这些设施的安全运行,加氢站在设计和建造过程中充分考虑了多种因素。首先,储氢设施配备了高精度的压力、温度等传感器,这些传感器能够实时监测储存介质的各项参数以及设施的安全状态。一旦发现异常情况,系统会立即启动报警和应急响应机制,确保问题得到及时处理。此外,加氢站氢气储存系统的工作压力与氢能汽车的充氢时间以及氢气压缩机的运行频率之间存在着密切的联系。当氢气储存系统的工作压力较高时,氢能汽车的充氢时间将会显著缩短,从而提高加注效率。同时,随着氢气储存系统工作压力的提高,氢气压缩机的启动频率也会相应降低,这有助于减少设备的磨损和能耗,提高整体运行效率。

在储氢压力不超过 20 MPa 的场景下,高压储氢瓶组成为了首选的储氢设施。这些瓶组严格按照相关标准和规程进行设计和制造,确保其具有足够的机械强度和密封性能。主体材质选用的是高强度结构钢,这种材质具有良好的抗压性和耐腐蚀性,能够确保瓶组在长期使用过程中保持稳定和安全。瓶身采用单层厚壁结构,这种设计既保证了瓶组的机械强度,也有效地控制了制造成本和复杂性。然而,在储氢压力超过 20 MPa 的情况下,需要考虑到高压氢气可能导致的氢脆腐蚀问题,高压储氢罐则是更为合适的选择。这些储氢罐采用多层结构设计,内层使用能够抵抗氢脆腐蚀的不锈钢材质,确保在长期接触高压氢气时不会发生腐蚀现象。外层则采用高强度碳钢进行加固,以提高罐体的整体强度和耐压性能。通过这种设计,高压储氢罐能够在极端条件下保持稳定和安全,为加氢站提供可靠的氢气储存和供应保障。

为了满足不同压力等级的储氢需求,加氢站通常会根据实际情况配备相应压力等级的储氢罐。例如,在 35 MPa 的加氢站中,通常会配备最高储氢压力为 45 MPa 的储氢罐,以确保在正常工作条件下能够提供足够的氢气供应。而当加氢站的储氢压力需求达到 70 MPa 时,除了上述 45 MPa 的储氢罐外,还需要额外增设最高储氢压力为 90 MPa 的储氢罐。这种灵活的配置方式使得加氢站能够在不同压力等级下都能安全、高效地运行,为氢能汽车的推广和应用提供了有力支持。

4.3.3.3 加氢机

加氢机是专为氢燃料电池汽车设计的设备,其核心任务是为车载储氢瓶提供氢气加注服务。其基本构成涵盖多个关键部件,这些部件协同工作以确保加氢过程的安全和效率。具体来说,加氢机包括①箱体,这是所有内部组件的外部保护结构;②用户显示面板,用于与操作人员进行交互并提供必要的信息;③加氢口和加氢软管,它们是与车辆储氢瓶连接的部分,负责氢气的传输;④拉断阀,一种安全装置,可在紧急情况下切断氢气供应;⑤流量计量装置,用于精确测量加注的氢气量;⑥控制系统,监控并管理整个加注过程;⑦过滤器,用于清除氢气中的杂质;节流保护装置,防止因流量过大而造成的损坏;⑧管道、阀门和管件,它们构成了氢气在加氢机内部流动的路径。

除了这些基本部件外,加氢机还配备了一系列辅助系统以增强其功能和适应性。例如,电子读卡系统提供了用户验证和交易处理功能;多级储气优先控制系统优化了氢气的储存和使用效率;而车辆信息整合控制系统则允许加氢机与车辆的其他系统进行通信和协同工作。这些辅助系统的存在使加氢机成为一个高度集成、多功能的设备,能够满足氢燃料电池汽车在各种场景下的加氢需求。

在加氢机的加注过程中,有效控制氢气温度的升高是确保加氢过程安全、高效的关键。由于"焦—汤效应"的存在,氢气在受到压缩时会产生热量,导致其温度上升。如果温度过高,不仅会影响氢气的储存和使用效果,还可能引发安全隐患。因此,国内主要的 35 MPa 加氢机生产商在应对这一问题时,采取了多种策略。其中,一种常见的策略是遵循美国机动车工程师协会 SAE J2601 标准,在加氢机内部设置与汽车车载瓶的通信接口。通过这种方式,在加注过程中,车载气瓶的温度和压力信号可以被实时传输到加氢机内。加氢机根据接收到的信号自动调节加氢升压速率,从而实现对氢气温度的有效控制。这种策略充分利用了现代通信技术的优势,实现了对氢气温度的精准控制,提高了加注过程的安全性和效率。另一种策略则是采用加氢前预冷的方式。具体来说,氢气在进入加氢机之前会先通过一台外置换热器进行换热。在这个过程中,低温循环冷却水被用来将氢气温度降低,从而达到预冷的效果。预冷后的氢气再进入车载气瓶进行加注,这样可以有效避免在加注过程中因氢气温度升高而引发的问题。这种策略需要外设一台大功率冷水机组,以确保冷却水的温度能够维持在 5~10 ℃。虽然这种方式需要额外的设备和能耗,但它在处理大流量、高压力的氢气加注时具有显著的优势。

在选择加氢机时,应根据项目的实际情况进行决策。例如,如果加氢站的站址面积较为紧凑,且对节能要求较高,那么采用遵循 SAE J2601 标准的加氢机可能是一个更好的选择。因为这种加氢机不需要额外的冷却设备,可以节省空间和能耗。而如果加氢站日常需要加注的车辆较多,需要实现快速加氢,那么采用加氢前预冷的加氢机则可能更为合适。因为这种策略可以更有效地控制氢气温度,避免因温度升高而影响加注速度和效果。

除了上述两种策略外,加氢机的加注速率还与加氢站内的压缩机配置和储氢罐容积密切相关。压缩机是提供氢气加注动力的关键设备,其性能和配置直接影响加注速率和效果。而储氢罐的容积则决定了加氢站的氢气储存能力和加注持续性。因此,在设计加氢机时,应综合考虑这些因素,以确保加氢机能够满足加氢站的实际需求。以加注能力为 1000 kg/12 h、加注压力为 35 MPa 的较为典型的加氢站为例,表 4-22 提供了推荐的设备配置方案。

表 4-22　1000 kg/12 h,35 MPa 加氢站推荐设备配置

设备名称	数量	工作压力/ MPa	说明
氢气压缩机	2 台	45	单台 500 kg/12 h,含冷却系统
储氢罐	2~4 个(组)	45	
加氢机	2 台	43.8(最高),35(额定)	双枪双计量
卸气柱	2~3 组	20	
顺序控制阀组	1 套	20/45	
氢气管道系统	1 套	20/45	
放散系统	1 套		
置换吹扫系统	1 套	0.6~0.8	
仪表风系统	1 套	0.6~0.8	
氮气集装格	1~2 套	0.8~1.0	租用
长管拖车	2~3 辆	20 MPa	租用

4.3.3.4 部分设备简介

(1)卸气柱。

卸气柱,作为加氢站与长管拖车之间的关键连接点,其设计确保了安全高效的氢气传输。每个卸气柱都对应一个特定的拖车车位,并配备了一整套完善的设备和阀门系统。这包括①柔性软管,用于与拖车连接;②拉断阀,用于在紧急情况下断开连接;③过滤器,用于清除气体中的杂质;④单向止回阀,用于防止气体逆流;⑤手动截止阀,用于手动控制气体流动;⑥安全阀和压力表,用于共同监控系统的安全状态;⑦卸气柱,采用集中放散设计,用于提高系统的整体效率和安全性。

(2)顺序控制阀组。

顺序控制阀组由气动阀、电磁阀以及压力传感器等一系列精密部件构成。在实际运行过程中,现场的压力传感器将实时采集压力数据上传至控制室内的可编程逻辑控制器(programmable logic controller,PLC)控制柜。PLC控制柜内预制的程序会对接收到的工况数据进行迅速而准确的判断,然后根据判断结果发出相应的控制信号。这些控制信号会进一步作用于现场的氮气管路电磁阀,控制其开启或关闭,进而精准地控制气动阀的启闭状态。通过这种方式,顺序控制阀组实现了对加氢站加注取气过程的自动化和智能化控制。

(3)氢气管道系统。

氢气管道系统作为加氢站的核心组成部分,其设计和建设过程中的安全性与可靠性问题不容忽视。为了确保氢气的高效、安全传输,加氢站在规划和实施阶段就必须严格遵循相关的国家标准和行业规范。

首先,氢气工艺管线的材料选择至关重要。由于氢气具有特殊的物理和化学性质,管线材料必须与氢相容,以避免因材料不当而引发的安全事故。因此,无缝钢管或高压无缝钢管成为首选。这些钢管不仅具有优异的机械性能和耐腐蚀性能,还能有效抵抗氢气的渗透和氢脆现象。为了确保这些钢管的质量和性能符合要求,必须严格遵循 GB/T 8163—2018、GB 5310—2017、GB/T 14976—2012 等一系列国家标准的规定。其次,考虑到氢环境的特殊性,对材料的氢脆敏感性也提出了严格要求。氢脆是指金属材料在氢环境下由于吸收氢原子而导致其机械性能下降的现象。为了降低氢脆风险,GB/T 29729—2022

等标准明确推荐使用对氢脆敏感性低的材料,如奥氏体不锈钢和铝合金。这些材料在氢环境下能够保持稳定,有效抵抗氢脆的侵蚀,从而确保氢气管道系统的长期安全运行。此外,氢气管道的连接方式也是影响系统安全性的关键因素之一。由于氢气具有极高的扩散性和易燃性,一旦管道连接不牢固或密封不严,就可能导致氢气泄漏,进而引发安全事故。因此,GB 50516—2010 等标准对氢气管道的连接方式提出了明确要求。在实际设计中,氢气管道的连接主要采用卡套连接和锥面螺纹连接两种方式。卡套连接具有安装简便、密封性好等优点,适用于压缩机前的 20 MPa 氢气管道;而锥面螺纹连接则具有更高的耐压性能和更好的自密封性,适用于压缩机后的高压氢气管道。这些连接方式的选择和应用,旨在确保氢气管道系统的密封性和连接的牢固性,从而防止氢气泄漏和安全事故的发生。氢气管道系统的设计和建设必须严格遵守相关国家标准和行业规范,从材料选择、氢脆敏感性控制到连接方式等方面进行全面考虑和细致规划。

(4) 放散系统。

加氢站的放散系统是其安全运营的关键部分,主要分为两种放散方式:超压安全泄放和手动放散。超压安全泄放是为了确保在系统压力超过预定值时能够及时排放氢气,从而防止设备损坏或潜在的安全风险。与超压安全泄放不同,手动放散是一种可控的放散方式,主要用于设备检修维护时的泄压操作。在设备需要维修或保养时,工作人员会手动打开放散阀,使氢气和氮气从设备中排出,确保在进行维修工作前设备内部已完全泄压。

(5) 置换吹扫系统。

为了确保加氢站的安全运营,在装置区内专门设置了氮气集装格和氮气吹扫置换阀组。这些设备的主要功能是利用氮气对加氢站内的氢气管道和设备进行吹扫和置换。通过与氢气管道和设备氢气管路相连,氮气可以有效地将残留的氢气吹扫出系统,确保设备在检修或维护时的安全性。在氮气与氢气管道的连接处,特别设置了止回阀。这一重要措施旨在防止高压氢气回流至氮气置换吹扫系统内,从而避免可能的安全隐患。为了确保止回阀和氢气端管道的安全性,它们的设计压力必须与氢气设备或氢气管道的设计压力相匹配。通过这样的氮气吹扫置换系统,加氢站能够在必要时迅速、有效地将氢气从设备和管道中清除,为设备的检修和维护提供安全的工作环境。

(6)仪表风系统。

加氢站的仪表风系统是确保工艺系统中气动阀门正常运行的关键部分。该系统主要利用两种气源为气动阀门供气：氮气或压缩空气。在氮气作为气源的情况下，它与氮气置换吹扫系统共享氮气集装格。氮气通过集装格、氮气仪表风阀组和专门的仪表风管路输送到气动阀门。由于这种情境下的氮气用量相对较小，因此可以灵活地与吹扫系统共用资源。工作人员会定期检查氮气集装格的压力变化，以确定是否需要更换，从而确保系统的持续稳定运行。另一方面，当使用压缩空气作为气源时，系统依赖于空压机和仪表风管路来为气动阀门提供所需的气压。为了确保气压的稳定性，通常需要配置一台功率为 3～5 kW 的空压机进行不间断工作。这种配置能够确保即使在高需求情况下，气动阀门也能获得足够且稳定的气源供应。

参考文献

[1] 蔡颖,许剑轶,胡峰,等.储氢技术与材料[M].北京:化学工业出版社,2018.

[2] 黄嘉豪,田志鹏,雷励斌,等.氢储运行业现状及发展趋势[J].新能源进展,2023,11(02):162-173.

[3] 吴召玲,李永涛,李媛,等.氢气储运和运输[M].北京:化学工业出版社,2021.

[4] 蒲亮,余海帅,代明昊,等.氢的高压与液化储运研究及应用进展[J].科学通报,2022,67(19):2172-2191.

[5] 李建,张立新,李瑞懿,等.高压储氢容器研究进展[J].储能科学与技术,2021,10(05):1835-1844.

[6] 李建,张立新,李瑞懿,杨啸,张挺.高压储氢容器研究进展[J].储能科学与技术,2021,10(05):1835-1844.

[7] CAO Z J, OUYANG L Z, WANG H, et al. Advanced high-pressure metal hydride fabricated via Ti-Cr-Mn alloys for hybrid tank[J]. International Journal of Hydrogen Energy,2015,40(6).2717-2728.

[8] HASTINGS L J, HEDAYAT A, BROWN T M. Analytical modeling and

test correlation of variable density multilayer insulation for cryogenic storage[R]. USA：NASA,2004.

[9] MARTIN JJ, HASTINGS L. Large - scale liquid hydrogen testing of variable density multilayer insulation with a foam substrate:NASA/TM - 2001 - 211089 [R]. Hanover:NASA Center for AmeroSpace Information,2001.

[10] 王莹,厉彦忠,陈鹏玮,马原,王磊.空间燃料贮箱变密度多层绝热结构传热性能研究[J].低温工程,2016(5):57 - 63.

[11] 迟晓婷.低温推进剂储箱多层绝热结构的传热特性研究[D].哈尔滨工业大学,2019.

[13] 王田刚,李延娜,姚淑婷,等.变密度多层绝热最优层密度研究[J].低温与超导,2014,42(7):6 - 9.

[14] SUN X, GUO Z, HUANG W. Passive zero - boil - off storage of liquid hydrogen for long - time space missions[J]. Int J Hydrogen Energy, 2015,40:9347 - 9351.

[15] 王利峰,陈曦,张笑宇,等.超临界氢存储技术的研究进展[J].能源研究与信息,2022,38(1):1 - 7.

[16] 周亚平,周理.超临界氢在活性炭上的吸附等温线研究[J].物理化学学报,1997(02):119 - 127.

[17] ZHOU L, ZHOU Y P, SUN Y. Enhanced storage of hydrogen at the temperature of liquid nitrogen[J]. International Journal of Hydrogen Energy, 2004, 29(3):319 - 322.

[18] JIMÉNEZ V, SA NCHEZ P, DÍAZ J A, et al. Hydrogen storage capacity on different carbon materials[J]. Chemical Physics Letter, 2010, 485 (1 - 3): 152 -155.

[19] BÉNARD P, CHAHINE R. Modeling of adsorption storage of hydrogen on activated carbons[J]. International Journal of Hydrogen Energy, 2001, 26(8):849 - 855.

[20] DILLON A C, JONES K M, BEKKEDAHL T A, et al. Storage of hydrogen in single - walled carbon nanotubes[J]. Nature, 1997, 386 (6623): 377 - 379.

[21] ZHANG H Y, FU X J, YIN J F, et al. The effect of MWNTs with different diameters on the electrochemical hydrogen storage capability[J]. Physics Letters A, 2005, 339(3-5): 370-377.

[22] POIRIER E, CHAHINE R, BÉNARD P, et al. Hydrogen adsorption measurements and modeling on metal-organic frameworks and single-walled carbon nanotubes[J]. Langmuir, 2006, 22(21): 8784-8789.

[23] ACEVES S M, BERRY G D, RAMBACH G D. Insulated pressure vessels for hydrogen storage on vehicles[J]. International Journal of Hydrogen Energy, 1998, 23(7): 583-591.

[24] ACEVES S M, ESPINOSA-LOZA F, LEDESMA-OROZCO E, et al. High-density automotive hydrogen storage with cryogenic capable pressure vessels[J]. International Journal of Hydrogen Energy, 2010, 35(3): 1219-1226.

[25] AHLUW ALIA R K, HUA T Q, PENG J K, et al. Technical assessment of cryo-compressed hydrogen storage tank systems for automotive applications[J]. International Journal of Hydrogen Energy, 2010, 35(9): 4171-4184.

[26] 赵延兴, 公茂琼, 周远. 气相低温高压储氢密度和能耗的理论分析及比较[J]. 科学通报, 2019, 64(25): 2654-2660.

[27] AHLUWALIA R K, PENG J K. Dynamics of cryogenic hydrogen storage in insulated pressure vessels for automotive applications[J]. International Journal of Hydrogen Energy, 2008, 33(17): 4622-4633.

[28] PETITPAS G, BÉNARD P, KLEBANOFF L E, et al. A comparative analysis of the cryo-adsorption hydrogen storage methods[J]. International Journal of Hydrogen Energy, 2014, 39(20): 10564-10584.

[29] PETITPAS G, ACEVES S M. Modeling of sudden hydrogen expansion from cryogenic pressure vessel failure[J]. International Journal of Hydrogen Energy, 2013, 38(19): 8190-8198.

[30] 袁胜楠, 张龙龙, 赵宁, 等. 液态有机物储氢技术发展历程与问题分析[J]. 太阳能, 2022(9): 5-14.

[31] 李锦山,任春晓,罗琛,陈华祥.固体储氢材料研发技术进展[J].油气与新能源,2022,34(05):14-20.

[32] 刘云,景朝俊,马则群,等.固体储氢新材料的研究进展[J].化工新型材料,2021,49(09):11-14.

[33] 上海续源动力公司.续基因态储氢技术研究与应用[R].上海.上海续源动力公司,2021.

[34] 韩复兴.我国空心玻璃球制备技术进展与发展方向[J].佛山陶瓷,2022(3):6-11.

[35] 张占文,唐永建,王朝阳,等.空心玻璃微球高压贮氢技术[J].化工学报,2006,57(6):1677-1681.

[36] 彭小波,倪嘉,鲍田等.空心玻璃微球在贮氢材料中的研究进展[C].2010全国玻璃技术交流研讨会.河北沙河,2010-10-16.

[37] 付盼,罗淼,夏焱,等.氢气地下存储技术现状及难点研究[J].中国井矿盐,2020,51(6):19-23.

[38] 周庆凡,张俊法.地下储氢技术研究综述[J].油气与新能源,2022,34(4):1-6.

[39] TAYLOR J B, ALDERSON J E, KALYANAM K M, et al. Technical and economic assessment of methods for the storage of large quantities of hydrogen[J]. International Association for Hydrogen Energy, 1986, 2(1):5-22.

[40] LORD A S, KOBOS P H, BORNS D J. Geologic storage of hydrogen: scaling up to meet city transportation demands[J]. International Journal of Hydrogen energy, 2014, 39(28), 15570-15582.

[41] 柏明星,宋考平,徐宝成,等.氢气地下存储的可行性、局限性及发展前景[J].地质论评,2014,60(04):748-754.

[42] 陆佳敏,徐俊辉,王卫东,等.大规模地下储氢技术研究展望[J].储能科学与技术,2022,11(11):3699-3707.

[43] WANG B, CHANG T, JIANG Z, et al. Catalytic dehydrogenation study of dodecahydro-N-ethylcarbazole by noble metal supported on reduced graphene oxide[J]. International journal of hydrogen energy, 2018, 43

(15):7317-7325.

[44] ZHU M, XU L, DU L, et al. Palladium supported on carbon nanotubes as a high-performance catalyst for the dehydrogenation of dodecahydro-N-ethylcarbazole[J]. Catalysts. 2018,8(12):638-647.

[45] DERAEDT C, RONG Y. RALSTON W T, et al. Dendrimer-stabilized metal nanoparticles as efficient catalysts for reversible dehydrogenation/hydrogenation of N-heterocycles[J]. Journal of the American chemical society,2017,139(49):18084-18092.

[46] HE K H, TAN FF, ZHOU C Z, et al. Acceptorless dehydrogenation of N-heterocycles by merging visible-light photoredox catalysis and cobalt catalysis[J]. Angewandte Chemie,2017,56:3080-3084.

[47] 叶旭峰. 新型有机液体储氢体系研究[D]. 杭州:浙江大学,2011.

[48] 镍系催化剂对乙基咔唑加脱氢反应的催化性能研究[D]. 杭州:浙江大学,2015.

[49] SAWATLON B, SURAWATANAWONG P. Mechanisms for dehydrogenation and hydrogenation of N-heterocycles using PNP-pincer-supported iron catalysts: a density function study[J]. Dalton transactions, 2016,45(38):14965-14978.

[50] ZHANG J W, LI DD, LU G P, et al. Reversible dehydrogenation and hydrogenation of N-heterocycles catalyzed by bimetallic nanoparticles encapsulated in MIL-100(Fe)[J]. Chemcatchem, 2018(10):4966-4972.

[51] WANG B, CHANG T, GONG X, et al. One-pot synthesis of Au/Pd core/shell nanoparticles supported on reduced graphene oxide with enhanced dehydrogenation performance fordehydrogeneation performance for dodecahydro-N-ethylcarbazole[J]. ACS sustainable chemistry & engineering, 2018, 7(1):1760-1768.

[52] KARIYA N, FUKUOKA A, UTAGAT, et al. Effieient hydrogen production using cyclohexane and decalin by pulse-spray mode reactor with Pt catalysts[J]. Applied catalysis A: general, 2003, 247(2):247-259.

[53] 李兰清. 多相态条件下环己烷在 Pt-Sn/Al_2O_3 催化作用下的高效脱氢反

应研究及液体有机氢化物车载储氢系统概念设计[D].杭州:浙江大学,2017.

[54] 伊立其,郭常青,谭弘毅,彭垚,闫常峰.基于有机液体储氢载体的氢储能系统能效分析[J].新能源进展,2017,5(3):197-203.

[55] AZUMA M,OIMATSU K,OYAMA S,et al. Safety design of compressed hydrogen trailers with composite cylinders[J]. Int J Hydrogen Energy, 2014, 39 20420-20425.

[56] LAHNAOUI A,WULF C,HEINRICHS H,et al. Optimizing hydrogen transportation system for mobility via compressed hydrogen trucks[J]. Int J Hydrogen Energy, 2019, 44:19302-19312.

[57] MORENO-BLANCO J,CAMACHO G,VALLADARES F,et al. The cold high-pressure approach to hydrogen delivery[J]. Int J Hydrog Energy,2020,45:27369-27380

[58] 李桐,金明哲,骆辉,等.我国长管拖车技术发展综述[J].中国特种设备安全,2020,36(12):31-37.

[59] 陈赟,李铭辉.我国氢能战略运营实践及其发展对策[J].科学发展,2021(12):86-93.

[60] 刘自亮,熊思江,郑津洋,等.氢气管道与天然气管道的对比分析[J].压力容器,2020,37(2):56-63.

[61] 李星国.氢气制备和储运的状况与发展[J].科学通报,2022,67(Z1):425-436.

[62] 谢萍,伍奕,李长俊,等.混氢天然气管道输送技术研究进展[J].油气储运,2021,40(4):361-370.

[63] 孙智浩.受限空间内高压氢气泄漏的数值模拟研究[D].济南:山东大学,2019.

[64] 林业恒.加氢站和氢能汽车泄漏事故的模拟研究和风险分析[D].济南:山东大学,2020.

[65] 李志浩.鼓风机对燃料电池汽车氢气泄漏吹扫效果的CFD模拟研究[D].太原:太原理工大学,2020.

[66] 李建林,李光辉,马速良,宋洁.氢能储运技术现状及其在电力系统中的典

型应用[J]. 现代电力,2021,38(5):535-545.
[67] 陈晓露,刘小敏,王娟,张邦强,杨海波,杨燕梅,鲍威. 液氢储运技术及标准化[J]. 化工进展,2021,40(9):4806-4814.
[68] 陈崇昆. 300 m³ 液氢运输槽车贮罐的研制[D]. 哈尔滨:哈尔滨工业大学,2015.
[69] 朱琴君,祝俊宗. 国内液氢加氢站的发展与前景[J]. 煤气与热力,2020,40(7):15-19.
[70] 吉桂明. 第一艘液氢运输船[J]. 热能动力工程,2016,31(5):98.
[71] 马宇坤,张勤杰,赵俊杰. 船舶行业"氢"装上阵之路有多远[J]. 船舶物资与市场,2019(03):14-16.
[72] 符锡理. 美国肯尼迪航天中心 39a、39b 发射场的液氢液氧加注管道[J]. 国外导弹与宇航,1983(6):17-19.
[73] 梁怀喜,赵耀中,刘玉涛. 液氢长距离管道输送探讨[J]. 低温工程,2009(5):41-44.
[74] 韩战秀,梁怀喜,朱尚龙. 液氢输送管道过程中内部压强分析[J]. 真空与低温,2011(S1):468-470.
[75] 2020 中国氢能源及燃料电池产业创新战略联盟. 中国氢能源及燃料电池产业白皮书[M]. 北京:人民日报出版社,2020.
[76] 杨智,刘丽红,李江. 氢能源产业技术标准化发展现况[J]. 船舶工程,2020,42(S1):39-49.
[77] 邵翔宇,蒲亮,雷刚,等. 液氢泄漏事故中氢气可燃云团的扩散规律研究[J]. 西安交通大学学报,2018,52(9):102-108.
[78] 唐鑫,邵翔宇,雷刚,等. 液氢泄放状态对连续泄漏扩散安全性影响研究[J]. 低温工程,2019(4):14-20.
[79] 唐鑫,邵翔宇,雷刚,等. 不同低温推进剂的泄漏扩散特性及安全性分析[J]. 低温工程,2020(3):69-74.
[80] Sun R, Pu L, Yu H, et al. Investigation of the hazardous area in a liquid hydrogen release without fence [J]. Int JHydrog, 2021, 46: 36598-36609.
[81] 刘峻,赵汪,高学强,等. 全球加氢站产业、技术及标准进展综述[J]. 太阳能

学报,2022,43(6):362-372.

[82] 顾玲俐,吴一梅,尹立坤,等.加氢站流程和配置技术现状与展望[J].新能源进展,2021,9(5):418-425.

[83] ELGOWAINY A, REDDI K, SUTHERLAND E, et al. Tube-trailer consolidation strategy for reducing hydrogen refueling station costs[J]. International Journal of Hydrogen Energy, 2014, 39(35):20197-20206.

[84] REDDI K, ELGOWAINY A, RUSTAGI N. et al. Two-tier pressure consolidation operation method for hydrogen refueling station cost reduction[J]. International Journal of Hydrogen Energy, 2018, 43(5):2919-2929.

[85] 赵磊.基于热力学与排队理论的加氢站高压供氢系统优化[D].杭州:浙江大学,2015.

[86] ROTHUIZEN E, ROKNI M. Optimization of the overall energy consumption in cascade fueling stations for hydrogen energy[J]. International Journal of Hydrogen Energy, 2014, 39(1):582-592.

[87] REDDI K, ELGOWAINY A, SUTHERLAND E. Hydrogen refueling station compression and storage optimization with tube-trailer deliveries[J]. International Journal of Hydrogen Energy, 2014, 39(33):19169-19181.

[88] ELGOWAINY A, MINTZ M, KELLY B. et al. Optimization of compression and storage requirements at hydrogen refueling stations[C]// ASME 2008 Pressure Vessels and Piping Conference. Chicago: ASME, 2008:131-136.

[89] TALPACCI E, REUSS M, GRUBE T, et al. Effect of cascade storage system topology on the cooling energy consumption in fueling stations for hydrogen vehicles[J]. International Journal of Hydrogen Energy, 2018, 43(12):6256-6265.

[90] BLAZQUEZ-DIAZ C. Techno-economic modelling and analysis of hydrogenfuelling stations[J]. International Journal of Hydrogen Energy, 2019,44(2):495-510.

[91] ELGOWAINY A, REDDI K, LEE D Y, et al. Techno-economic and

thermodynamic analysis of pre-cooling systems at gaseous hydrogen refueling stations[J]. International Journal of Hydrogen Energy,2017,42(49):29067-29079.

[92] PIRAINO F BLEKHMAN D,DRAY M, et al. Empirically verified analysis of dual pre-cooling system for hydrogen refueling station[J]. Renewable Energy,2021,163:1612-1625.

[93] JENSEN J K, ROTHEJIZEN E DJ, MAKUSSEN W B. Exergoeconomic optimization of coaxial tube evaporators for cooling of high-pressure gaseous hydrogen during vehicle fuelling[J]. Energy Conversion and Management,2014,85:740-749.

[94] WEN C,ROGIE B,K ERN M R, et al. A first study of the potential of integrating an ejector in hydrogen fueling stations for fueling high pressure hydrogen vehicles [J]. Applied Energy,2020,260:113958.

[95] ROGIÉ B, K ERN M R, Wen C ,et al. Numerical optimization of a novel gas-gas ejector forfuelling of Hydrogen Vehicles[J]. International Journal of Hydrogen Energy, 2020.45(41):21905-21919.

[96] ROGIÉ B, K ERN M R, Wen C ,et al. Optimization of the fueling of hydrogen vehicles using cascade systems and ejectors[J]. International Journal of Hydrogen Energy, 2021.46(14):9567-9579.

[97] CHEN J Y, GAO XX, SHAO S Q, et al. Numerical investigation of the vortex tube performance in novel precooling methods in the hydrogen fueling station[J]. International Journal of Hydrogen Energy, 2021,46(7):5548-5555.

[98] POST M B, LEIOHTON D. Turboexpander:alternative fueling concept for fuel cell electric vehicle fast fill[EB/OL]. [2021-03-17],https://www.hydrogen.energy.gov/pdfs/review19/h2039_post_2019_p.pdf.

[99] YOSHIDA J, MATSUO E,TAKATA ,et al. Thermodynamic analysis of high pressure hydrogen gas refueling system with turbo-expanders [J]. Mechanical Engineering Journal, 2019, 376-388.

[100] 叶召阳. 外供氢加氢站工艺流程及设备研究[J]. 中国资源综合利用,

2020,38(12):92-95.

[101] 李凤迪,程光旭,贾彤华,等.加氢站发展现状与新模式探析[J].现代化工,2023,43(4):1-8.

[102] 于琳娜.液态阳光甲醇助力"双碳"大有可为[N].中国电力报,2022-03-08(02).

[103] 氢云链.全国首个液态阳光制氢、加氢一体化示范项目落成剪彩[J].上海节能,2021(10):1153.

[104] 李灿,液态阳光加氢站示范项目[R].大连:中国科学院大连化学物理研究所,2020-10-14.

[105] 程薇.利用氨作为燃料电池氢载体的研究进展[J].石油炼制与化工,2019,50(4):82.

[106] 靳爱民.氨制氢技术首次在燃料电池汽车上测试[J].石油炼制与化工,2018,49(12):15.

5 我国氢能项目方案示例

氢能是战略性新兴产业的重点方向,其以区域及资源为依托,以技术突破为基础,科学技术含量高、潜力大、可持续性强,但同时其本身具有不确定性、复杂性和外部性,存在一定的投资风险。目前,我国氢能产业仍处于发展初期,正在进入商业化培育期,从全产业链角度而言,项目普遍需政策补助和产业扶持。氢能产业的健康稳定发展应立足于构建国家现代化工业体系,围绕产业发展重大需求、关键核心技术突破,坚持"规划引领、项目支撑",通过打造一批标杆性的示范项目,推动引领我国氢能产业高质量发展。

5.1 风光制氢源网荷储项目

5.1.1 项目概况

依托丰富的风光资源和多元化的用氢场景,布局风光制氢源网荷储一体化示范项目,将可再生能源转化为绿氢,用于化工、冶金以及交通能源领域,替代高碳排放高污染的工业灰氢和化石燃料,实现绿色低碳能源转型发展。

本项目按照"源网荷储、多能互补、离网运行、科学建设"的原则,建设内容包括风力发电和光伏发电、电化学储能或压缩空气储能、碱性和 PEM 电解水制氢装置、氢气储运装置及配套公用工程和辅助设置,其可再生能源发电规模为 2 GW,制氢规模为 7 万 t/a,下游主要供应煤化工项目,可实现工业领域二氧化碳减排约 140 万 t/a。

5.1.2 建设规模

本项目建设规模包括:700 MW 风力发电、1300 MW 光伏发电、13 万 m^3/h(标准状态)电解水制氢(表 5-1)。年操作时间为 8760 h。

表 5-1 主要装置规模

项目	序号	装置名称	装置规模	年利用时长	年产量	工艺说明
新能源部分	1	风电	700 MW	2300 h	16.1 亿 kW·h	
	2	光伏	1300 MW	1800 h	23.4 亿 kW·h	
	3	电化学储能	300 MW/2 h			预留压缩空气储能
化工部分	1	电解水制氢	13 万 m^3/h	6077 h	氢:7.1021 万 t 氧:3.95 亿 m^3	预留 PEM 电解槽
	2	储氢装置	52 万 m^3			满足 4 h 储氢量

5.1.3 工艺过程

本项目开展的技术示范包括:源网荷储一体化大规模工业化应用。通过电化学储能、压缩空气储能对风光发电波动性进行调节,使得本项目新能源电量利用率不低于 90%;通过电储能和制氢负荷协同调节,准确跟踪调度计划发电曲线,实现多时间尺度(分钟、小时、日)电力调峰;新能源电力由下游电解水制氢负荷就近消纳,不考虑余电上网,不增加地区主网的调峰压力,探索新能源离网运行的商业模式。绿氢储能大规模工业化应用。开展集中式风光制绿氢一体化示范,建设大规模电解水制氢装置和氢气储运设置,验证不同路径的电解水制氢及氢气储运的技术可行性和经济性;通过制氢和储氢承担大规模长周期电力调峰,探索氢储能与波动性风光伏发电协同运行的商业化运营模式。

(1)风电。

本项目风力机类型仅选用水平轴式升力型变桨距 3 叶片变速风力机,初步选择单机容量为 5.0 MW 的低温型风力发电机组。按照 140 台单机容量 5 MW,叶轮直径 200 m,轮毂高度 110 m 的风电机组进行布置,总安装容量 700 MW。根据资源条件和出力情况,预计年发电量 16.1 亿 kW·h,年等效满负荷为 2300 h。

(2)光伏。

本项目选用单晶硅双面光伏组件,采用集中式箱逆变一体机,光伏阵列采用固定可调式支架单元竖向 2×32 布置方式。

(3)储能。

考虑到电化学储能充放电次数对系统寿命的决定性影响,本示范项目按照总装机容量的 15% 配置电化学储能系统,储能时间为 2 h,预留配置 10%～30% 的压缩空气储能,储能时间为 4～8 h。本项目配套的储能装机规模为 300 MW/2 h,在新能源零出力且无外供电时保证制氢一级负荷的平稳停运,同时平抑电解水环节的新能源波动性影响。

(4)电解水制氢。

本项目配置 130 台标准状态 1000 m^3/h 规模的碱性电解槽,预留配置部分 PEM 电解。制氢设备采用分组运行的模式,以 5 台电解槽作为一个制氢单元,统一调度调节,共可分为 26 个制氢单元。单个制氢单元的最低负荷为 0.5 万～0.75 万 kW。

(5)氢气储存。

本项目设置储氢规模为标准状态 52 万 m^3 的储氢罐组,可以满足满负荷产氢 4 h 的储存规模。采用 1.6 MPa 中压氢气球罐进行储存和缓冲设施,需设置 16 座公称容积 2000 m^3、储气压力 1.6 MPa 的氢气球罐。

电解水制氢装置产生的 1.8 MPa 中压氢气通过氢气管道输送至中压氢气球罐组进行储存,当球罐压力充满至 1.6 MPa 时停止充气,并切换至其他球罐进行储存。下游根据用户需求通过压缩机、鼓风机或减压设备输送至用氢终端。

5.1.4 原辅材料消耗

本项目用水主要包括脱盐水站用工艺原料水、循环冷却水站补充水、冷冻水站补充水以及生活用水,项目正常运行时年水量约为 640 万 t/a。

5.1.5 装置占地定员

本项目新能源部分包括风电、光伏、储能及配套辅助设施,占地面积约 33.33 km^2;制氢工程部分包含电解水制氢、氢储罐及公用工程和辅助设施,占地面积约 1 km²。

本项目定员 180 人,其中电力部分定员 120 人,制氢部分定员 60 人。

5.1.6 技术经济指标

本项目总投资 156.6 亿元,其中新能源电力工程投资为 128.5 亿元,制氢工程投资为 28.1 亿元。在综合考虑下,绿氢外售价格以标准状态 2.22 元/m³ 计算,项目投产后年可实现营业收入 18.72 亿元,税后投资回收期约为 13 年(含建设期)。

5.2 风光制绿氢合成氨项目

5.2.1 项目概况

目前,我国合成氨行业产能约 6760 万 t/a,生产企业 210 家,主要为煤制氨。我国合成氨行业年二氧化碳的总排放量超过 2 亿元,占化工行业排放总量的 20% 左右,国内大约 30% 以上的氢气用来合成氨。氨的生产较为简单,对氢气来源没有特殊要求,使用绿氢替代的煤制氢,可以摆脱对煤炭产地的依赖,也有望成为最具经济性的"绿氢合成燃料"。截至 2023 年 10 月,我国已获得备案的绿氢制合成氨项目产能超过 800 万 t/a。

大安吉电绿氢能源有限公司将依托大安市新能源资源禀赋在吉林西部(大安)清洁能源化工产业园区内打造大安风光制绿氢合成氨一体化示范项目。该项目有三个部分:风电部分、光伏部分和制氢合成氨部分,年制绿氢 3.2 万 t,年制绿氨 18 万 t,项目投产后每年将减少碳排放约 65 万 t,相当于每年减少标煤耗量 23 万 t。目前国内外尚无电解制氢大型合成氨工业化运行装置,本项目建设将起到引领示范作用。

5.2.2 建设规模

本项目合成氨装置规模为 18 万 t/a,电解制氢装置建设规模为制氢 46000 m³/h(标准状态),空分装置建设规模为制氮 20000 m³/h(标准状态),其主要装置规模如表 5-2 所示,产品方案如表 5-3 所示。

表 5-2 主要装置规模

装置名称	装置规模
空分装置	包含空压站（选用三台螺杆空气压缩机,压缩气量为 1000 m^3/h,二开一备)、氧气液化设施(设置两台换热器,液氧产生量为 2.286 t/h,产品规模为标准状态 20000 m^3/h 氮气)
电解制氢装置	包含 5 个电解制氢单元,产品规模为标准状态 46000 m^3/h 氢气。共计 5 个制氢厂房,其中 3 个碱液制氢厂房,每个碱液制氢厂房放置 12 台碱液制氢装置,1 个制氢厂房放置 30 台 PEM 制氢装置,1 个制氢厂房放置 20 台 PEM 制氢装置
合成氨装置	包含氨合成与氨冷冻装置,合成温度在 400 ℃ 左右,合成压力在 12~15 MPa,产品经过两级氨冷器降温,最后形成液氨,产品规模为 18 万 t/a

表 5-3 产品方案

序号	产品及副产品	数量/(t/a)	备注
1	液氨	18 万	主产品,外售
2	氨水(质量分数 12%)	518.4	副产品,主要供给吉电股份系统内火电企业使用
3	液氧	18288	
4	蒸汽	17.088 万	发电

5.2.3 工艺过程

本项目设置 36 套标准状态 1000 m^3/h 碱液电解制氢装置,50 套标准状态 200 m^3/h(PEM)电解水制氢装置。氨合成装置分为氨合成单元、氨冷冻单元。其中氨合成单元分为压缩工序、预热工序、反应工序、余热回收工序、冷却分离工序和开工加热炉。

5.2.3.1 氨合成单元

(1)压缩工序。

由电解制氢装置输送的原料氢气和空分装置输送的氮气以体积比 3:1 混合,混合后压力为 1.5 MPa;经合成气压缩机一段升压到 3.2 MPa;一段压缩机出口合成气经合成气压缩机二段压缩至 12.95 MPa;然后与循环气混合进入合成气压缩机三段压缩至 14.5 MPa;最后进入预热工序。

(2) 预热工序。

来自合成气压缩机出口的合成气经总管分为二路,分别是①入塔气总线。循环机出口至热交换器冷气入口,经换热至170~190 ℃,进合成塔。②热交换器冷气旁路。合成气压缩机出口至热交换器冷气出口,用以调节入塔气总线进合成塔的温度。

(3) 反应工序。

经热交换器加热后的入塔气约170~190 ℃,分为三股,分别是①合成塔零米副线:用以调节进合成塔1号催化床入口温度至350~370 ℃,以适应合成塔不同的操作工况。②合成塔上层间换热器冷却气:用以调节进合成塔2号催化床入口温度至380~400 ℃,以适应合成塔不同的操作工况。③合成塔下层间换热器冷却气:用以调节进合成塔3号催化床入口温度至380~400 ℃,以适应合成塔不同的操作工况。

以上②、③两股进入合成塔内部的上下层间换热器的管程,管程中的冷却气分别与出1号床、2号床反应后的气体换热。换热后的气体温度升高到350~370 ℃,并沿中心管上升至催化床零米。经零米副线调节至合适的温度后,进入1号催化床反应至480~500 ℃,然后沿径向方向进入上层间换热器壳程,经冷却气调节至380~400 ℃后,再由外向内沿径向方向进入2号催化床反应至455~475 ℃;而后沿径向方向进入下层间换热器壳程,经冷却气调节至380~400 ℃后,同样由外向内沿径向方向进入3号催化床反应,出塔温度430~450 ℃直接进入蒸汽过热器。

反应的条件是催化剂,反应温度400 ℃左右,压力为14.5 MPa左右。

合成塔短时间停车时,采用切断合成塔与外部联系阀门保温保压,长时间停车,合成塔内用氮气进行置换。因此,只有在初次启动催化剂升温还原时产生催化剂还原水进入放空废气中,通过火炬燃烧后排空。

(4) 余热回收工序。

反应后的气体经合成塔下部进入蒸汽过热器副产4.0 MPa、400 ℃的过热蒸汽。再依次进废热锅炉和锅炉水加热器,合成气温度已降到210~220 ℃。出锅炉水加热器进入热交换器管程,用以加热壳程的入塔气体。锅炉给水首先进入锅炉水加热器加热后再进入废热锅炉产生蒸汽。

(5)冷却分离工序。

出热交换器的合成气进入水冷器进一步冷却到 40 ℃后,再在冷交换器内与其壳程冷气换热,降温至 25~30 ℃,再依次进入一级氨冷器冷至 8 ℃,二级氨冷器冷至 -8 ℃,进入氨分离器分离液氨,分氨后的气体进入冷交换器壳程回收冷量后,进入合成气压缩机三段(循环段)进行下一轮循环。

氨分离器分离出的液氨,减压至 3.4 MPa,送入一级液氨闪蒸槽,闪蒸气回压缩机 3.2 MPa 段进口,液氨减压至 1.5 MPa,送入二级液氨闪蒸槽,二级液氨闪蒸槽出口液氨预热至 15 ℃送压力球罐,二级闪蒸气经洗氨后送主火炬燃烧。氨吸收塔(水洗塔、水洗效率约 99.998%)采用脱盐水对合成氨装置产生的氨合成弛放气进行洗涤吸收后,送主火炬燃烧,洗涤产生副产品氨水。

(6)开工加热炉。

开工加热炉为电加热炉,在原始开车或升温时,经热交换器预热后的工艺气体大约 100~200 ℃,沿专用管线进入开工加热炉内,加热至 400~510 ℃后,再通过零米副线管进入氨合成塔。

5.2.3.2 氨冷冻单元

来自冷却分离工序不同压力的气氨,分别进入氨冰机各段,经压缩后冷却、冷凝为液氨进入液氨罐。液氨罐中液氨一部分作为产品送出合成氨装置,一部分作为冷冻剂送到冷却分离单元,气化后的气氨返回到氨冰机各段进行压缩。

合成氨装置原料为氢气、氮气,产品主要是合成氨,副产品是氨水、氨合成弛放气。其物料平衡如表 5-4 所示。

表 5-4 合成氨装置物料平衡表

项目	物料名称	数量/(t/a)	合计/(t/a)
进方	氢气	31824	180638.4
	氮气	148358.4	
	脱盐水	456	
出方	液氨	180000	180638.4
	氨水	518.4	
	氨合成弛放气	120	

5.2.4 生产设备

本项目由合成氨装置、碱液电解制氢装置、纯水(PEM)电解制氢、空分装置、氨储存、火炬系统、液化气罐区、冷冻站、氧气液化装置、固态和液态储氢装置等组成,合成氨装置主要生产设备如表 5-5 所示。

表 5-5 合成氨装置主要生产设备

序号	设备名称	型号参数	数量/台(套)	备注
1	氨合成塔	DN2000 $H=18500$	1	
2	氨合成塔外壳	DN2000 $H=18500$	1	
3	氨合成塔内件	DN2000 $H=18500$, 33 m^3	1	
4	开工加热炉	3.0 MW	1	电加热炉
5	蒸汽过热器	D1000	1	
6	废热锅炉	$\Phi1300/\Phi2100$	1	
7	锅炉水加热器	$\Phi900$	1	
8	热交换器	$\Phi1100$	1	
9	水冷器	$\Phi1400$	1	
10	冷交换器	$\Phi850$	1	
11	一级氨冷器	$\Phi1000/\Phi1800$	1	
12	二级氨冷器	$\Phi1000/\Phi1800$	1	
13	液氨加热器	$\Phi00$	1	
14	氨分离器	$\Phi1800$ $H-6500$	1	
15	一级液氨闪蒸槽	$\Phi1600L-6000$	1	
16	二级液氨闪蒸槽	$\Phi1600L-6000$	1	
17	污氨受槽	$\Phi1400\times4000$	1	
18	排污膨胀槽	$\Phi800\times3000$	1	
19	弛放气洗涤塔	$\Phi345R$	1	
20	液氨储罐	16MnDR(正火)	1	

续表

序号	设备名称	型号参数	数量/台(套)	备注
21	氨水储罐	Q245R	1	
22	合成气压缩机	/	1	
23	氨冰机系统	/	1	
24	氨水装车泵	CS	1	
25	液氨泵	CS	2	
26	弛放气洗涤塔循环泵	CS	2	
27	桥式起重机	CS	1	

5.2.5 原辅材料消耗

本项目电解制氢装置主要原料为水,空分装置原料为空气,项目正常运行时年水量约为 350 万 t/a,其辅助原料化学品消耗情况如表 5-6 所示。

表 5-6 辅助原料化学品消耗量一览表

序号	名称	消耗量	说明
1	氢气纯化催化剂	8.28 t	初始装填量,寿命 5 年
2	氨合成催化剂	33 m^3	初始装填量,寿命 10 年
3	空分装置分子筛	32 m^3	初始装填量,寿命 6 年
4	电解制氢装置分子筛	30 m^3	初始装填量,寿命 5 年

5.2.6 装置占地定员

本项目包含电解水制氢装置、空分装置、合成氨装置,占地面积约 33.33 hm^2(不含新能源部分)。全厂劳动定员 160 人,年工作 8000 h。

5.2.7 技术经济指标

本项目总投资 254977.93 万元,项目投产后年均营业收入 106467 万元,年均利润总额 16018 万元,总投资收益率为 4.02%,资本金净利润率为 9.90%,税后投资回收期为 13.25 a。

5.3 绿氢制绿色甲醇项目

目前,我国是全球最大的甲醇生产消费国。以可再生能源制绿氢合成甲醇燃料,可逐步摆脱传统甲醇生产对化石能源的依赖。截至 2023 年 10 月,国内绿色甲醇示范项目实现投产或者成功开车的有 4 个,如表 5-7 所示。

表 5-7 绿色甲醇项目汇总

序号	项目名称	建设单位	投资额/亿元	绿色甲醇产能/(万 t/a)	项目现状
1	兰州新区全球首套千吨级太阳燃料合成示范项目	兰州新区石化产业投资集团	1.4	0.1	2020 年 1 月投产
2	安阳顺利环保科技有限公司 CO_2 加氢制绿色低碳甲醇联产 LNG 项目	吉利科技集团有限公司、河南省顺成集团煤焦有限公司	7	11	2022 年 9 月投产
3	江苏斯尔邦石化有限公司 CO_2 制绿色甲醇项目	江苏斯尔邦石化有限公司	2.2	10	2023 年 9 月投产
4	5000 t/a 二氧化碳加氢制甲醇中试装置	鲁西化工集团股份有限公司	0.1515	0.5	2023 年 1 月投产
	合计		10.7515	21.6	

5.3.1 建设规模

以 10 万 t/a 工业示范绿色甲醇装置为例,其主要装置如下。

(1)制氢装置。选择碱性电解水制氢装置,其氢气生产能力最大为 48000 m^3/h,年制氢量为 2 万 t,年平均利用时长约 4800 h。

(2)CO_2 回收与提纯。使用 MDEA 醇胺溶液对粗 CO_2 进行吸收提纯,使其体积分数达到 95% 以上,主要包括吸收塔、再生塔等设备。

(3)甲醇合成与精馏。采用 Cu 基催化剂合成、精馏后达到甲醇合格品要求,主要包括合成塔、精馏塔、换热器、泵、压缩机等设备。

5.3.2 工艺过程

CO_2 加氢合成甲醇的主流工艺为一步法制甲醇(直接加氢制甲醇)工艺,以

CO_2 和 H_2 为原料,通过压缩、合成、气体分离、精馏等制成甲醇,本项目工艺流程如图 5-1 所示。

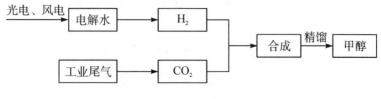

图 5-1 CO_2 加氢制甲醇的工艺流程

(1)制氢单元。配置 40 台单台制氢能力 1200 m³/h 的碱性电解槽,工作压力 1.6 MPa,直流电耗≤4.7 kW·h/m³,综合电耗≤5.5 kW·h/m³。每 2 套电解槽配置 1 套 2400 m³/h 的气液处理器,额定压力 1.6 MPa,含气液分离器、冷却器、碱液循环泵等,采用并联方式运行,合并母管后连接氢气纯化装置入口。每 5 套电解槽配备 1 套氢气纯化设备,每套处理量 6000 m³/h,氢气体积分数≥99.999%,采用并联方式运行,合并母管后连接氢气汇流排。储氢部分为 13 台氢气高压球罐,储存压力 1.4 MPa,储存容积 2000 m³,有效储氢容量 22000 m³。同时配备相应的碱液、去离子水、冷却水系统等。

(2)CO_2 回收。原料 CO_2 可来自其他碳捕捉装置所捕集的 CO_2,或者来源于化工企业排放的 CO_2。富 CO_2 原料气由吸收塔下部进入,自下而上通过吸收塔;完全再生后的溶液从吸收塔上部进入,自上而下通过吸收塔;逆向流动的溶液和原料气在吸收塔内充分接触,原料气中的 CO_2 被吸收而进入液相,未被吸收的其他组分从吸收塔顶部引出,经气液分离器分离。富液从吸收塔底排出,经过贫富液换热器后直接送往再生塔进行加温再生。CO_2 再生气经过冷凝器降温冷凝,进入再生气分离器,分离器顶部引出产品 CO_2,底部的酸水回到再生塔。

(3)甲醇合成及精馏。甲醇合成采用单台绝热固定床反应器(甲醇合成塔),催化剂初始反应温度 300 ℃,反应压力 7.6 MPa。加压后的新鲜混合气与来自粗甲醇分离器的循环气混合,经中间换热器加热到反应温度后进入甲醇合成塔,在合成塔中气体经催化反应合成甲醇。

5.3.3 生产设备

本项目主要生产设备如表 5-8 所示。

表 5-8 主要设备表

项目	序号	设备	数量/台(套)
制氢单元	1	碱性电解槽	40
	2	气液处理器	20
	3	氢气纯化装置	8
	4	碱液制备补充装置	4
储氢单元	1	氢气球罐	13
CO_2 回收与提纯单元	1	吸收塔	1
	2	再生塔	1
	3	水洗塔	1
	4	储罐	5
合成单元	1	甲醇合成塔	1
	2	换热器	1
	3	冷却器	1
	4	缓冲罐	13
	5	压缩机	2
	6	输送泵	2
精馏单元	1	精馏塔	1
	2	预塔	1
	3	再沸器	2
	4	冷凝器	4
	5	缓冲罐	6
	6	输送泵	11
	7	换热器	1
	8	冷却器	2
	9	泵	24

5.3.4 原料消耗

按照 10 万 t/a 合成甲醇规模,以合成装置年开工 8000 h 为基础,本项目主要原料消耗如表 5-9 所示。

表 5-9 主要原料消耗

序号	名称	消耗定额	单位	小时用量	年用量(万单位)
1	外供电源	11600 kW·h/t 甲醇	kW·h	145000	116000
2	氢气 (以电解水制备)	2280 m³/t 甲醇 (0.2 t/t 甲醇)	m³	28500	22800
3	二氧化碳	808 m³/t 甲醇 (1.6 t/t 甲醇)	m³	10100	8080
4	生产用水	4.8 t/t 甲醇	t	60	48

5.3.5 技术经济指标

5.3.5.1 碳减排效益分析

(1) 综合能耗测算及比较。

二氧化碳加氢制甲醇,虽然在原料中使用了二氧化碳,但由于二氧化碳自身属于非常稳定的化学物质,二氧化碳加氢的反应具有很高的能垒,所需能耗依然较高,特别是电耗和蒸汽消耗优化的空间较为有限。

二氧化碳加氢制甲醇的能耗测算,从氢气送入和二氧化碳捕集开始计算,如表 5-10 所示。其中,二氧化碳按燃烧炉烟气捕集方式计算其能耗,氢气和二氧化碳的收集和净化消耗能源全部折入电耗计算。综合能耗测算中的各耗能工质的综合能耗折算系数参考《综合能耗计算通则》(GB/T 2589)。

表 5-10 二氧化碳加氢制甲醇综合能耗

序号	项目	折标系数	每吨甲醇能耗折标准煤/kg
1	每千瓦时电折标准煤	0.1229(当量值)	82.3
2	每千克蒸汽折标准煤	0.1286	213.8
3	每吨循环水折标准煤	0.0857	34.3
4	每吨脱盐水折标准煤	0.4857	1.9
5	每立方米氮气折标准煤	0.6714	26.9
6	每立方米压缩空气折标准煤	0.04	0.2
	合计(含耗能工质)		359.4(当量值)

由表 5-10 可知,CO_2 加氢制甲醇的综合能耗为 359.4 kg 标煤,远低于传

统煤制甲醇生产路线的综合能耗(以褐煤为原料的煤制甲醇综合能耗先进值为每吨甲醇消耗 1900 kg 标准煤)。

(2)碳减排测算及比较。

绿色甲醇的综合能耗为 0.3594 t 标准煤,根据标准煤折 CO_2 排放系数 2.6 进行折算,其 CO_2 排放系数为每吨甲醇排 0.934 t CO_2。成熟的 CO_2 加氢制甲醇工艺中 CO_2 单耗折合重量约为 1.431 t。该重量可视为本工艺的 CO_2 减排量,即净消耗量。则,CO_2 加氢制甲醇的 CO_2 净消耗量为 0.497 t(1.431 t−0.934 t=0.497 t),即通过该工艺每生产 1 t 甲醇可减少 0.497 t CO_2。因此,CO_2 加氢制甲醇确实具备减少 CO_2 排放的作用,仅因其综合能耗水平较高,其减碳效果被减弱了,但与传统煤制甲醇路线(生产 1 t 甲醇综合排放 3.08 t CO_2)相比,其碳减排的幅度仍较大。

5.3.5.2 投资估算

(1)不同原料价格下甲醇生产成本测算。

在当前技术经济条件下,绿色甲醇生产成本过高,一方面由于绿氢价格占整个生产成本的 88%,原料价格高导致甲醇价格高;另一方面由于现有反应体系转化效率低、能耗较高。在可再生能源大规模应用的背景下,绿色甲醇路线极有可能具备较强的市场竞争力。不同绿氢、CO_2 价格下甲醇成本测算如表 5-11 所示。

表 5-11 不同绿氢、CO_2 价格下甲醇生产成本测算

CO_2 成本/(元/t)	甲醇生产成本(标准状态)/(元/t)				
	绿氢/(1.8 元/m³)	绿氢/(1.5 元/m³)	绿氢/(1.0 元/m³)	绿氢/(0.8 元/m³)	绿氢/(0.6 元/m³)
500	4937	4308	3259	2840	2420
300	4662	4033	2984	2565	2145
200	4525	3896	2847	2428	2008
150	4456	3827	2778	2359	1939
100	4388	3758	2710	2290	1871

(2) 投资估算。

10 万 t/a 绿色甲醇项目总投资 14.6 亿元,其中制氢单元投资 8.1 亿元,CO_2 提纯及甲醇合成单元投资 3.4 亿元,其他投资 3.1 亿元,不含可再生能源发电部分。虽然绿色甲醇有着良好的环境效益,但目前经济效益暂未体现。随着碳税征收及绿氢价格下降,绿色甲醇的经济价值将逐步体现。

5.4 绿氢制储加用一体化项目

5.4.1 项目概况

深圳能源库尔勒绿氢制储加用一体化示范项目位于库尔勒经济技术开发区,为光伏+储能+制氢项目,包括离网式光伏发电制氢、氢气存储、加注、重卡及热电联供全闭环应用场景,建设 6 MW 光伏电站,并配套两台 500 m³/h(标准状态)制氢系统、一座加注能力 500 kg/d 的加氢站、20 台 49 T 氢燃料电池重卡车以及一台 200 kW 氢燃料电池热电联供机组。

5.4.2 建设规模

本项目建设规模包括:光伏发电、2.5 MW/(2.5 MW·h)储能系统、2×500 m³/h(标准状态)碱性电解水制氢装置、1000 kg/d 加氢站,如表 5-12 所示。

表 5-12 主要装置规模

序号	装置名称	装置规模	备注
1	光伏电站	光伏电站直流侧装机容量 7.74 MWp,交流侧装机容量 5.85 MW,容配比约 1.32,电站共设 2 个方阵。每 26 块单晶硅 545 Wp 双面光伏组件串联形成 1 个光伏组件串;每 21 个光伏组件串接入 1 台 225 kW 组串式逆变器,每 13 台组串式逆变器接入 1 台额定容量为 3150 kVA 的箱变,将逆变器出口交流电升压至 6.3 kV 后通过一回电缆接至制氢加氢站 6.3 kV 母线。配置储能系统规模为 2.5 MW/(2.5 MW·h),储能系统入制氢加氢站 6.3 kV 母线,制氢加氢站通过光储系统进行制氢加氢	占地 14.95 hm²

续表

序号	装置名称	装置规模	备注
2	制氢装置	2套500 m³/h(标准状态)的中压电解水制氢装置,4个1.6 MPa储氢罐,容积10 m³,有效储氢量为55.64 kg,厂房配置气液分离、氢气纯化等设施。配套1台闭式冷却塔	厂房面积280.67 m²
3	压缩机系统	氢气经压缩机压缩后,储存在储氢瓶组中,20 MPa的氢气储存系统共设9个储氢瓶;45 MPa的氢气储存系统共设12个储氢瓶,分1级瓶组(高压瓶组)、2级瓶组(中压瓶组)、3级瓶组(低压瓶组),三级瓶组的数量分配比为3:2:1。每个储氢瓶组设有单独的安全放散阀	厂房面积192.5 m²
4	加氢站	包括管理站房,含控制室、配电间、营业室、休息区,占地224.66 m²;加氢罩棚,含2台35 MPa双线双枪双计量加氢机,占地271.31 m²	

5.4.3 工艺过程

本项目以光伏矩阵吸收太阳光能转化成电能,采用碱性电解水制氢技术,经电解槽分离单元纯化后,获得高纯度氢气送下游氢气压缩、储存、充装、加氢使用。

(1)氢气压缩系统。

来自碱电解水制氢的氢气送入压缩机,经压缩后通过换热冷却后排出,从压缩机出来的气体分两路分别至高中压储气瓶组系统和加注模块。20 MPa氢气压缩机吸气压力设定为最高1.6 MPa,45 MPa氢气压缩机吸气压力设定为最高20 MPa。当等待加氢的汽车较多时,一台压缩机无法满足加氢机的用氢需求时,另外一台压缩机启动,两台压缩机并联工作,从而满足站内加氢机的需求。

(2)氢气储存系统。

氢气经纯化、压缩机压缩后,储存在储氢罐中。每个储氢瓶组设有单独的安全放散阀。根据储气瓶组内的气体压力,充气顺序依次为3级储气瓶组、2级储气瓶组和1级储气瓶组。当瓶组内氢气压力达到设定的压力值时,停止充气。

(3) 氢气充装系统。

氢气经 20 MPa 压缩机压缩后,可通过氢气充装柱对管束车进行充装,满足对外销售的功能。

(4) 加氢系统。

本项目采用三级取气加氢,根据各级瓶组的设定内压力,按低压至高压的顺序为燃料电池汽车加注。加氢机先从低压储气瓶组取气,当低压储气瓶组的氢气压力降至与汽车瓶组压力平衡时,停止从低压储气瓶组取气,并切换至中压瓶组,开始从中压储气瓶组取气,对车辆进行加注。中压储气瓶组加注过程中,若汽车气瓶内压力达到 35 MPa,则停止加注;反之,当汽车气瓶内压力未达到 35 MPa,中压瓶组内压力即降至与汽车气瓶内压力相同时,则停止从中压储气瓶组取气并切换至高压瓶组,开始从高压储气瓶组取气。高压储气瓶组加注过程中,若汽车气瓶内压力达到 35 MPa,则停止加注;反之,当汽车气瓶内压力未达到 35 MPa,高压瓶组内压力即降至与汽车气瓶内压力相同时,则停止从高压储气瓶组取气,压缩机就开始运行,直接给加氢机供气,直至汽车加满氢气(即汽车气瓶内压力达到 35 MPa),然后再向各储气瓶组充气。

(5) 放散系统。

为提高站内的安全性,采用氢气集中放散系统,制氢间、储氢罐、压缩机、固定式储气瓶和加氢机的放散均接至总管集中放散。加氢机的加注口自带就地放散装置,不接入集中放散系统。

(6) 氮气及仪表风系统。

制氢区域及加氢区域的氮气及仪表风,采用氮气汇流排,氮气供应量为 50 m^3/h(标准状态)。

5.4.4 生产设备

本项目由光伏区、制氢区、氢气压缩区、工艺装置区、加氢区、管理区、公用工程区等区域组成,制氢、加氢装置的主要工艺设备如表 5-13 所示。

表 5-13 制氢、加氢主要生产设备一览表

序号	材料、设备名称	规格型号	数量
1	制氢电解槽 气液分离装置	单台额定产氢量 500 m^3/h(标准状态); 额定压力:1.6 MPa	2 套

续表

序号	材料、设备名称	规格型号	数量
2	氢气纯化装置	出口氢气纯度≥99.999%	2套
3	整流变压器	3150 kVA,干式	2台
4	整流柜	据电解槽容量需求匹配	2套
5	配电柜	配电柜具备完整"五防"、防爆(若属于防爆区域)、防雷击、除湿等功能	制氢2套 加氢2套
6	碱液箱	304 不锈钢,V>4 m³(有效水容积),壁厚 3 mm	1个
7	碱液泵	流量 500 L/h,扬程 22 m,304 不锈钢材质 55 kW/380 V	4台
8	补水箱	304 不锈钢,V>4 m³(有效水容积),壁厚 3 mm	1个
9	补水泵	流量 500 L/h,扬程 22 m,304 不锈钢材质 55 kW/380 V	4台
10	氢气压缩机撬	入口压力 1.6 MPa;出口压力 20 MPa,排气量 500 m³/h(标准状态)	2台
11	氢气压缩机撬	入口压力 5~20 MPa;出口压力 45 MPa,排气量 500 m³/h(标准状态)	2台
12	储氢罐	容积 10 m³,工作压力 1.6 MPa	2台
13	储氢瓶组	容积 20 m³,工作压力 20 MPa	1台
14	储氢瓶组	容积 9 m³,工作压力 45 MPa	1套
15	35 MPa 加氢机	单线双枪单计量加氢速率可调为 0.2~3.6 kg/min;满足-20~50℃环境使用	2台
16	35 MPa 加氢枪	TK16、TK25 加氢枪各一把	3套
17	加氢机软管	工作压力 35 MPa	配套
18	拉断阀	工作压力 35 MPa	配套
19	顺序控制阀组	工作压力 45 MPa,设计压力 50 MPa	1套
20	氢气汇流排	50 m³/h(标准状态)、0.4~0.8 MPa	1套
21	冷冻水机组	配套 2 台 35 MPa 加氢机使用;加氢机入口温度冷却至-5 ℃	1套

续表

序号	材料、设备名称	规格型号	数量
22	冷冻水机组	配套20/45 MPa氢气压缩机使用；压缩机排气温度<40 ℃	2套
23	闭式冷却塔	制氢装置使用；整流柜运行温度<40 ℃；流量200 m³/h，扬程50 m；配置4台泵，一用一备 70 kW/380 V	1台
24	35 MPa氢气换热管	内管工作压力45 MPa；设计压力49.5 Pa、316 L；外管工作压力1.0 MPa；设计压力1.1 MPa	2台
25	制氢控制系统		1套
26	加氢控制系统		1套

5.4.5 装置占地定员

本项目包含光伏发电、电解水制氢装置、1000 kg/d加氢站，总占地面积16 hm²。全厂劳动定员17人。

5.4.6 技术经济指标

本项目总投资16404.07万元，项目投产后年均营业收入2217.30万元，年均利润总额440.99万元，年均净利润330.48万元。

5.5 乙烷制乙烯副产气制氢项目

5.5.1 项目概况

中国石油天然气股份有限公司在陕西榆林建设有大型天然气开采处理项目，粗天然气经分离可提取乙烷组分达105万t/a。中国石油兰州石化公司以该乙烷资源为原料，在陕西省榆林市榆横工业园南区建成投产80万t/a乙烷制乙烯项目，该项目已于2021年投产，其生产工艺简单、烯烃收率高、副产品少、三废排放少、投资较小、市场竞争力强。由于乙烷裂解制乙烯工艺的副产气中氢气含量高、杂质少，因此氢气生产成本低、经济效益好。且该氢源所在地与榆林市用氢场景中心重叠，是榆林市氢能产业起步发展的优质氢源。

5.5.2 建设规模

本项目以乙烷制乙烯副产气为原料气(组成如表5-14所示),采用PSA纯化制氢技术,建设原料气加压装置、PSA装置、精细过滤装置。生产的燃料电池用高纯氢(99.99%)的规模为2万t/a,原料气处理量为2.24亿m^3/a(标准状态)、产生解吸气5789万m^3/a(标准状态),装置年运行时间为8400 h,操作弹性为60%~110%。

表5-14 原料气组成

序号	成分	质量分数
1	氢气	48.61%
2	甲烷	50.94%
3	一氧化碳	0.15%
4	乙烯	0.30%

5.5.3 工艺过程

以乙烷制乙烯的副产气制取高纯氢的工艺过程:将0.30 MPa的原料气加压至2.40 MPa,再由8台吸附塔、1台氢气缓冲罐、1台冲洗气缓冲罐、1台逆放气缓冲罐、1台解吸气缓冲罐及配套仪表阀门组成PSA系统提纯H_2,后经精细过滤装置过滤氢气中的微米级颗粒物,其工艺过程如图5-2所示。

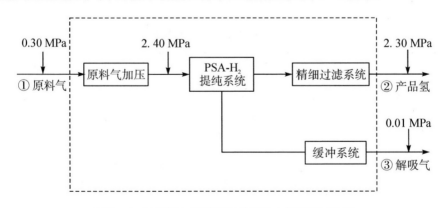

图5-2 乙烷制乙烯副产气制氢的工艺过程示意图

本项目界区为原料气从界区外1 m开始,至产品氢气及解吸气出界区外

1 m止,图例中虚线框内为本项目界区范围。

5.5.4 生产设备

本项目主要生产设备如表5-15所示。

表5-15 主要生产设备

序号	设备名称	主要材质	数量/(台)	备注
1	吸附塔	碳钢	8	
2	压缩机出口分液罐	碳钢	1	
3	顺放罐	碳钢	2	
4	逆放气缓冲罐	碳钢	1	
5	解吸气混合罐	碳钢	1	
6	氢气储罐		1	球型
7	解吸气冷却器	碳钢	1	
8	原料气压缩机		3	开二备一
9	解吸气压缩机		1	螺杆压缩机
10	氢气压缩机		2	

5.5.5 公用工程消耗

本项目主要公用工程消耗如表5-16所示,PSA装置吸附材料消耗如表5-17所示。

表5-16 公用工程消耗量表

名称	规格	单位	数量
电	220 V	kW·h/h	3
	10 kV	kW·h/h	4300
仪表空气	$p=0.4\sim0.5$ MPa	m³/h(标准状态)	80
置换用氮	$p=0.7$ MPa	m³/h(标准状态)	1500
工厂空气	$p=0.6\sim0.5$ MPa	m³/h(标准状态)	1500
冷却循环水	$p=0.4\sim0.5$ MPa 出水32 ℃/进水42 ℃	t/h	390

表 5-17 PSA装置吸附材料消耗量表

序号	型号	规格	数量/年	备注
1	吸附剂 TSA-191	球状	160T	一次装填量
2	吸附剂 TSA-210	柱状	130T	一次装填量

5.5.6 装置占地定员

本项目占地面积 3 hm²，全厂劳动定员 30 人。

5.5.7 项目投资估算

本项目总投资 39676 万元，建设投资 38397 万元，建设期利息 690 万元，流动资金 594 万元。

5.6 兰炭副产气制氢项目

5.6.1 项目概况

目前，榆林兰炭总产能 6500 万 t/a，约占全国总产能的 60%，已形成电石、铁合金、合成氨、清洁燃料油、金属镁等特色产业集群。榆林兰炭企业约 130 余家，涉及从业人员 5 万余人，年实现工业产值占榆林全市工业总产值的 10% 以上，现已成为地方经济发展的重要支柱之一。本项目将兰炭副产气最大限度地综合利用，生成氢能产品提高附加值，实现工业副产氢资源的"制—储—输—用"全产业链闭环发展，既产生了经济效益，又符合国家清洁生产的要求，是环境友好型项目。

5.6.2 建设规模

以榆林兰炭装置副产气为原料建设制氢装置，经净化、压缩、变换、变压吸附等步骤，将 150000 m³/h（标准状态）兰炭尾气净化提纯生产 50079 m³/h（标准状态）高纯氢气，年制氢量约 3.5 万 t，配套建设储氢设施和一座 5 t/d 的加氢母站，可为氢燃料电池重卡提供高纯氢气，还可利用长管拖车向周边加氢站运输氢气。同时建设一条管径为 DN300、设计压力为 2.5 MPa 的输氢管线，将氢气通过管道输送到下游用氢企业，为企业生产提供原料氢气。兰炭副产气的组成如表 5-18 所示。

表 5-18 兰炭副产气组成

成分	CO_2	C_nH_m	O_2	CO	CH_4	H_2	N_2
体积分数/%	6.93	0.44	1.74	15.04	6.14	23.83	45.88

5.6.3 工艺过程

由于兰炭副产气成分复杂且产品 H_2 纯度要求高,需要脱除杂质较多,因而处理方法需要多种单元组合,工艺过程由除油、脱硫、压缩、变换、VPSA 提 H_2、PSA 提 H_2、压缩充装单元等组成。本项目兰炭副产气制氢工艺过程如图 5-3 所示。

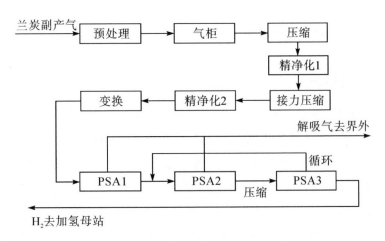

图 5-3 兰炭副产气制氢工艺过程

(1)预处理。

来自界外的焦炉煤气,压力为 5 kPa,进入焦炉煤气一级脱油,包裹有焦油尘的小液滴与焦炉煤气在预处理器内进行高精度分离。焦炉煤气经一级脱油后进入常压 PDS 脱除 H_2S,再经二级脱油后进入气柜。

来自一级脱油后的兰炭尾气从填料脱硫塔的下部进入,气体经与填料塔顶喷淋下来的 PDS 脱硫液逆向接触后,煤气中的 H_2S 被脱除至 $H_2S \leqslant 20$ mg/m³(标准状态);然后进入气液分离器,除去气体中的游离水后进入下一工序。

从脱硫塔底部出来的 PDS 脱硫富液进入富液槽,再经富液泵加压后,进入再生槽，通过多个喷射器，利用喷射器自吸入的空气使脱硫富液中的不稳定硫化物在氧的作用下生成单质硫，同时使 PDS 脱硫液得以再生；在再生槽中，脱硫富液中的单质硫(以硫泡沫的形式)悬浮出来，硫泡沫流入硫泡沫贮槽，再生后的 PDS 脱硫清液进入贫液槽，由贫液泵送至脱硫塔循环使用。

硫泡沫槽中的硫泡沫经硫泡沫泵送入离心沉降机分离，PDS 脱硫清液去贫液槽循环使用；硫膏进入硫膏贮槽，之后分批将硫膏放入熔硫釜，在蒸汽的加热作用下残存的部分水形成水蒸气从熔硫釜的顶部排出，密度较大的单质硫颗粒被熔融生成硫黄从熔硫釜的底部排出，经冷却后即得副产品硫黄。

(2) 兰炭尾气压缩和精净化。

来自煤气气柜的煤气首先由螺杆压缩机压缩将兰炭尾气由 3 kPa 增压至 0.5 MPa 后送精净化 1，进一步脱除剩余的焦油和萘。净化后的煤气(40 ℃、0.45 MPa)由离心式压缩机压缩到 1.5 MPa，送入精净化 2 深度脱除焦油萘后进入变换工序。

(3) 变换工序。

净化气首先经饱和塔增湿、抗毒除氧槽脱除微量杂质(HCN 等)及 O_2 后，进入变换反应器，变换后气体经过热回收和水冷器降温后在 40 ℃送往 PSA 工序。

(4) PSA 提氢工序。

来自变换、脱碳后的气体在压力 1.05 MPa，温度不大于 40 ℃时，进入 PSA 系统提纯氢气。

PSA 系统由三单元组成：PSA1 单元、PSA2 单元、PSA3 单元。

PSA1 单元脱除大部分 CO_2 等杂质，获得净化气，净化气进入 PSA2 单元初步提纯氢气，获得的粗氢气压缩到 2.5 MPa 后进入 PSA3 单元进一步提纯氢气，得到需要的产品氢气。

PSA1 单元和 PSA2 单元中的解吸气为低热值弛放气，通过缓冲罐稳压后送出界区做燃料使用。PSA3 单元中解吸气通过压缩机增压到 1.0 MPa 返回到 PSA2 的进口，与 PSA1 的净化气混合均匀后，进入 PSA2 单元，可回收利用其中的氢气。

(5) 加氢母站。

PSA 提纯后的氢气(压力大于 2.0 MPa)经 3 台充装压缩机压缩至

20 MPa。加氢站内配置2组中压20 MPa的储氢瓶组。加氢站内的45 MPa压缩机从20 MPa储氢瓶组内取气。当瓶组压力低于10 MPa时,通过程序控制,会将瓶组前气动阀打开,使20 MPa压缩机优先给瓶组增压。这样,可以使45 MPa压缩机在高压区域范围内(12~20 MPa)工作,提高增压能力。

加氢时,首先由储氢瓶组低压级对车辆进行加注,当压力降低后,45 MPa压缩机启动,协同储氢瓶组向燃料电池车补气,加注过程中,为了保证加注速度,当储氢瓶组的压力与氢燃料电池重卡的压差接近3 MPa时,跳转到更高一级瓶组取气;当车辆来加注时,瓶组内的氢气通过顺序控制阀组,按低、中、高的顺序依次给车辆串氢,加氢机的平均流量可达2.5 kg/min,单车加注30 kg,只需12 min。当加氢站工作负荷少时,20 MPa压缩机可对长管拖车进行充装,用于向周边地区的加氢站供氢。整个供氢系统还可给园区内的用氢客户提供管道供氢服务。

5.6.4 生产设备

本项目制氢装置主要设备如表5-19所示,5 t/d加氢母站主要设备如表5-20所示。

表5-19 兰炭尾气制氢装置设备一览表

项目	序号	设备名称	规格型号	数量/台	备用/台
兰炭尾气预处理	1	一级脱油器	立式椭圆封头	3	1
	2	脱硫塔	立式椭圆封头,填料塔	1	0
	3	富液泵	离心泵	2	1
	4	贫液泵	离心泵	2	1
	5	二级脱油器	立式椭圆封头	3	1
	6	气柜	干式气柜 50000 m^3	1	0
兰炭尾气净化	1	兰炭尾气压缩机	螺杆式压缩机	8	2
	2	精净化1	套	1	0
	3	接力压缩机	离心式	1	0
	4	精净化2	套	1	0

续表

项目	序号	设备名称	规格型号	数量/台	备用/台
变换	1	饱和塔 A	填料塔	1	0
	2	饱和塔 B	填料塔	1	0
	3	变换反应器	立式椭圆封头	3	0
	4	变换换热器		若干	0
	5	脱硫塔	立式椭圆封头,填料塔	1	0
	6	富液泵	离心泵	2	1
	7	贫液泵	离心泵	2	1
PSA 提氢	1	PSA-1 吸附器	立式椭圆封头	14	0
	2	PSA-2 吸附塔	立式椭圆封头	10	0
	3	PSA-3 吸附塔	立式椭圆封头	5	0
	4	原料气分液罐	立式椭圆封头	1	0
	5	解吸气缓冲罐	立式椭圆封头	6	0
	6	净化气混合罐	立式椭圆封头	1	0
	7	半产品气缓冲罐	立式椭圆封头	1	0
	8	中间罐	立式椭圆封头	2	0
	9	真空泵	组合件	11	2
	10	半产品压缩机	组合件	1	1
	11	精密过滤器	SS304,工作压力 1.6 MPa,过滤精度 5 μm	2	

表 5-20 加氢母站主要设备一览表

项目	序号	设备名称	规格型号	数量
氢气充装	1	充装压缩机	隔膜压缩机。入口工作压力 2.0 MPa,流量 1000 m^3/h(标准状态),排气压力 22 MPa,带控制系统	4 台
	2	加氢柱	双枪单系统加氢带流量调节功能,含充氢软管、拉断阀	4 台

303

续表

项目	序号	设备名称	规格型号	数量
加氢站	1	45 MPa 氢气压缩机	进气压力 5 MPa~20 MPa,排气压力 45 MPa	3 台
	2	顺序控制柜	工作压力 45 MPa,三级加注控制	2 套
	3	20 MPa 储氢容器	工作压力 45 MPa,水容积 14 m³	2 套
	4	45 MPa 储氢容器	工作压力 45 MPa,水容积 16 m³	2 套
	5	压缩机冷冻水机组	制冷量 35+35 kW,出水温度 15 ℃	2 台
	6	45 MPa 压缩机冷冻水机组	制冷量 35 kW,出水温度 15 ℃	3 台
	7	20 MPa 压缩机冷冻水机组	制冷量 50 kW,出水温度 15 ℃	3 台
	8	加氢机冷冻水机组	制冷量 27+27 kW,出水温度 -5~0 ℃	2 台
	9	氮气柜	额定工作压力:20 MPa	1 台
	10	控制模块	站控 PLC 系统,氢气泄漏监控系统,火焰探测系统,紧急切断 ESD 系统	1 套
	11	集中放散装置	氢气压缩机、加氢机、储氢瓶组、卸车柱等至集中放散口的放散管道、阀门及管件(含放散管、阻火器等)	1 套

5.6.5 公用工程消耗

本项目主要公用工程消耗如表 5-21 所示,化学品及催化剂消耗如表 5-22 所示。

表 5-21 公用工程消耗量一览表

序号	项目名称	规格	消耗定额
1	电	10 kV/380 V	39212.44 kW·h/h
2	新鲜水		8 t/h
3	循环水	32℃	4886 t/h
4	脱盐水	0.5 μS/cm	52.73 t/h
5	仪表空气		640 m³/h
6	氮气	≥99.8%	1000 m³/h

表 5-22 化学品及催化剂消耗一览表

序号	项目名称	消耗定额/(t/a)	备注
1	DSH 催化剂	33.30	间断补充
2	纯碱	833.30	间断补充
3	活性炭	100.00	1 年 1 换
4	除氧脱毒剂	64.00	1 年 1 换
5	变换催化剂	75.00	2 年 1 换
6	PSA1 吸附剂	105.23	10 年 1 换
7	PSA2 吸附剂	106.77	10 年 1 换
8	PSA3 吸附剂	37.95	10 年 1 换

5.6.6 装置占地定员

本项目包括兰炭尾气净化提氢装置、5 t/d 加氢母站及其配套的辅助工程、公用工程等,总占地面积约 18 hm^2。全厂劳动定员 128 人。

5.6.7 技术经济指标

本项目总投资为 87036 万元,其中建设投资 85809 万元,流动资金 4091 万元。项目投产后年均利润总额 10724 万元,税前财务内部收益率为 15.69%,税后财务内部收益率为 12.38%,经济上可行。

虽然兰炭副产气制氢项目与煤制氢和天然气制氢项目相比,不仅碳排放量相对较低、生产成本较低,且提高了副产气资源利用效率,但我国兰炭产业受制于煤炭价格波动、成本不受控,工业富产氢产能与兰炭主产品完全绑定,依附于传统兰炭产业而无法支撑氢能产业长期稳定发展,仅可作为过渡期的技术路线选择。

5.7 天然气制氢加氢加气项目

5.7.1 项目概况

佛山市天然气高压管网有限公司在佛山市禅城区建设了制氢加氢加气一体化站项目,为集天然气制氢、电解水制氢,加氢、加气等功能于一体的综合能源供应站。通过天然气制氢、电解水制氢工艺生产氢气,年产氢气 372.186 t;

配套二级加氢站、LNG 加气站；为氢燃料电池汽车、LNG 燃料汽车提供加氢、加气服务等。其中天然气制氢装置为企业自建的站内制氢装置、加氢母站，氢气自产自用，不对外销售。

5.7.2 建设规模

本项目包括 500 m^3/h（标准状态）天然气制氢装置（配套 50 m^3/h 电解水制氢装置）、500 kg/d 加氢站、20 t/d 液化天然气（liquefied natural gas，LNG）加气站，建设规模如表 5-23 所示。

表 5-23 建设规模

序号	装置名称	装置规模	设计产能	备注
1	天然气制氢装置	一套 500 m^3/h（标准状态）天然气重整制氢装置	400 万 m^3/a（标准状态）	生产时间 8000 h
2	电解水制氢装置	一套 50 m^3/h（标准状态）电解水制氢装置	14 万 m^3/a（标准状态）	
3	500 kg/d 加氢站	属于二级加氢加气合建站，氢气长管拖车充装能力为 1000 kg/d	500 kg/d	
4	LNG 加气站	设 1 台 LNG 泵撬（包括 LNG 潜液泵、控制阀门及管路）、2 台 LNG 加气机，日加气总能力为 20 t	20 t/d	管道输送

天然气制氢装置以天然气为原料，采用蒸汽转化造气工艺制取粗氢气。转化压力约 2.3 MPa，粗转化气经中温变换和 PSA 分离杂质后得到纯氢气约 2.0 MPa；天然气制氢装置年产氢气 400 万 m^3（约 359.6 t）。同时配套 50 m^3/h（标准状态）碱性电解水制氢装置。

500 kg/d 加氢站的氢气充装及加注总能力为 2 t/d，其中氢气长管拖车充装能力为 1 t/d、储氢瓶总容量≤1 t/d、单瓶容量≤500 kg；单台加氢机加注能力为 600 kg/d，45 MPa 加氢压缩机的流量为 500 m^3/h（标准状态）。加氢工程储氢系统为多级压力体系，储氢瓶组最大工作压力为 45 MPa。

LNG 加气站设置 1 台 LNG 泵撬，2 台 LNG 加气机，日加气总能力为 20 t/d。LNG 原料通过管道输送至本项目加气工程，通过 LNG 潜液泵，将 LNG 输送至 LNG 加气机为车辆储液瓶充装，同时车辆储液瓶内气相通过 LNG 加气机的回气管回到南庄门站 LNG 储罐。

5.7.3 工艺过程

本项目天然气由天然气高压管网南庄门站供应,经南庄门站调压后,通过管道输送至项目内原料气缓冲罐。其中少部分天然气输送至转化炉燃烧器作为燃料供热,主要原料天然气制氢工艺过程包括天然气脱硫、转化变换和变压吸附三个工序,如图 5-4 所示。

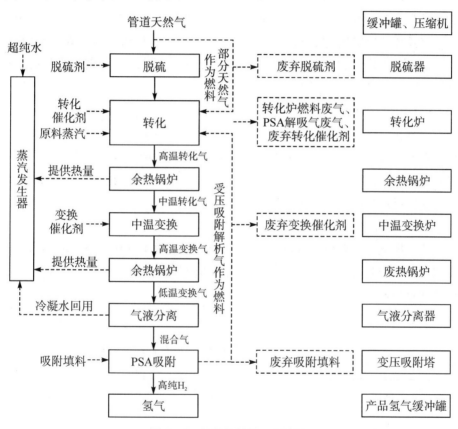

图 5-4 天然气制氢工艺过程

(1)脱硫。

原料天然气在一体化反应器内的脱硫器中,通过氧化锌脱硫剂,将原料气中的 H_2S 脱至体积分数 0.2×10^{-6} 以下。主要反应为 $H_2S + ZnO \longrightarrow ZnS + H_2O$。

(2) 转化。

脱硫后的原料气在进入转化炉之前,与按水/碳物质的量比 3.5∶1 的蒸汽(由烟气换热器产生蒸汽)混合,进一步预热到 560 ℃,由上部进入一体化反应器辐射段,反应器炉管内装有镍系催化剂床层,在催化剂的作用下,原料气与水蒸气反应生成 H_2 和 CO,CO 继续与水蒸气反应生成 CO_2。

整个反应为强吸热反应,反应所需的热量由设在一体化反应器顶部的气体燃料烧嘴提供,属间接加热,出转化炉的高温转化气[转化气出转化炉的残余甲烷含量为 4.0%(干基)、温度为 830 ℃],进入热量回收换热组件,回收热量用于产蒸汽及加热原料气。转化炉利用燃料天然气、PSA 解吸气作为燃料,燃料进入转化炉顶部烧嘴炉中充分燃烧后,所产生的烟气通过 15 m 高的排气筒高空排放。

(3) 中温变换。

一体化反应器内设变换器,使转化反应产物中有较多 CO 与未反应完的水蒸气在 Fe_3O_4 系催化剂作用下发生变换后生成 CO_2 和 H_2,出变换炉的气体中 CO 含量小于 2%。

变换反应如下:$CO + H_2O \longrightarrow CO_2 + H_2$

(4) PSA 提纯。

从一体化反应器出来后,混合气进入变压吸附提氢系统,采用"6-1-3/P"工艺。变压吸附过程排出的解吸气通过自动调节系统在较为稳定的压力下,提供给转化炉作为燃料。

天然气制氢装置按操作时数 8000 h 计算物料平衡,如表 5-24 所示。

表 5-24 天然气制氢装置物料平衡

(a) 进项

序号	进项	进量/(kg/h)
1	甲烷	141.27
2	其他烷烃	9.77
3	二氧化碳	3.19
4	氮气	2.93
5	硫化物	0.022
6	氧化锌	0.05
7	脱盐水(超纯水)	632.6
8	合计	789.832

(b) 出现

序号	出项	出量/(kg/h)	去向
1	产品氢气	44.95	燃料电池汽车加氢
2	弛放气	410.87	返回转化炉加热装置
3	氧化锌(含硫)	0.063	由危废处理单位回收
4	冷凝水	250	蒸汽发生器回用
5	损失水	83.949	蒸发损失
6	合计	789.832	

5.7.4 生产设备

本项目主要生产设备如表 5-25 所示。

表 5-25 主要生产设备

序号	设备名称			数量	规格
	设备总名称	类型	配套装置名称		
1	一套 500 m³/h（标准状态）天然气制氢装置	缓冲罐	原料气缓冲罐	1套	0.5 m³/D400
2			燃料气缓冲罐	1套	0.5 m³/D400
3		提供蒸汽	蒸汽发生器	1套	D300
4		反应器	脱硫器	1套	D100
5			转化炉	1套	炉管 $N=6$ 根
6			中温变换炉	1套	D300
7			变换分离器	1套	D300
8		换热器	余热锅炉	1套	D300
9			锅炉给水预热器	1套	D200
10			脱盐水预热器	1套	D200
11			循环水冷却器	1套	D200
12			变换气水冷器	1套	D300
13		变压吸附	变换气缓冲罐	1套	0.5 m³/D300
14			吸附塔	1套	D300
15			产品氢气缓冲罐	1套	1.92 m³/D500
16			解析气缓冲罐	1套	1.92 m³/D700
17	加氢工程	压缩	20 MPa 压缩机	2台	流量 500 m³/h
18			45 MPa 压缩机	2台	流量 500 m³/h
19		储运	20 MPa 氢气长管拖车	1辆	容积 24 m³
20			20 MPa 储氢瓶	7支	容积 2 m³
21			45 MPa 储氢瓶	9支	容积 1.5 m³
22		加氢	35 MPa 加氢机	2台	单台加氢机加注能力为 600 kg/d
23	LNG 加气设备（工程）		LNG 泵撬	1台	400 L/min
24			LNG 加气机	2台	单台加气机加气能力为 10 t/d

5.7.5 装置占地定员

本项目用地面积 5311.2 m², 建（构）筑物占地面积 2260.43 m², 包括天然气制氢区、加氢加气区、槽车位及装卸设施用地、辅助用房等。本项目劳动定员 21 人。

5.7.6 项目投资估算

本项目总投资为 5100 万元。

5.8 日供氢 2000 kg 固定式加氢站项目

5.8.1 建设规模

围绕货运或客运线路布局实施 2000 kg/d 加氢站项目，主要建设内容包括用地红线范围内的工艺生产装置、建（构）筑物单体、公用工程以及室外工程等，其中工艺生产装置包括压缩系统、储氢系统、加氢系统、充电系统、仪表风系统、冷却系统等；公用工程以及室外工程包括工艺室外管网、电气、仪表、通信、给排水、暖通、消防、道路、绿化、围墙等。

5.8.2 生产设备

由来自输氢长管拖车的氢气（20 MPa）经压缩机增压后，送往储气瓶组（最高 45 MPa），储气瓶组经加氢机给车辆充气。加氢站分级加注工艺，即使用低、中、高压三级气源，依次平衡充装燃料电池车辆。本项目主要设备如表 5-26 所示。

表 5-26 主要设备表

序号		材料、设备名称	品牌	规格型号	数量
一	1	加氢卸车柱	国内制造	工作压力：0~20 MPa，形式：双软管，配拉断阀	2 台

续表

序号		材料、设备名称	品牌	规格型号	数量
二	1	压缩系统 氢气压缩机	主机国外进口 辅机国内配套	入口压力 5~20 MPa 出口压力 45 MPa 处理气量(标准状态)952 m³/h 入口压力 12.5 MPa 入口温度 5~40 ℃	2套
	2	压缩机前换热器	国内制造	工作压力 45 MPa	2套
	3	压缩机后换热器	国内制造	工作压力 45 MPa	2套
	4	制冷机 Ⅰ	国内品牌	配套加氢机进口及氢气压缩机前预冷	2台
	5	制冷机 Ⅱ	国内品牌	配套压缩机出口预冷使用	2台
三		储氢压力容器组	国产	公称容积 9.0 m³ 公称工作压力 45 MPa	2套
四		35 MPa 加氢机	国内制造	双枪双计量系统加氢 速率 0~3.6 kg/min 满足 −25~55 ℃环境使用	2台
五		充电桩	国内制造	360 kW 一体式直流双枪	2台
六		顺序控制盘	国内制造	工作压力 45 MPa	1台
七		加氢机换热器	国内制造	工作压力 45 MPa	2台
八		氮气集装格	国产		2套

5.8.3 公用工程消耗

本项目主要原材料为氢气(99.999%,高纯氢),年氢气消耗量为 730 t;水、电和氮气消耗如表 5-27 所示。

表 5-27 水、电和氮气供应

序号	名称规格	单位	年用量	备注
1	电 10 kV	kW·h/a	1460580	引自市政 10 kV 开闭所
2	水	t/a	1176	依托市政供水管网

续表

序号	名称规格	单位	年用量	备注
3	氮气（>0.6 MPa、常温）	m³/a	120000	仪表系统、吹扫、置换用,外购

5.8.4 装置占地定员

本项目 2000 kg/d 加氢站占地面积 4620.75 m²,主要建（构）筑物为①站房:单层建筑,层高 3.6 m,总建筑面积为 259.2 m²;②罩棚 1:钢网架结构罩棚,层高 8 m,占地面积为 224 m²;③罩棚 2:钢网架结构罩棚,层高 8 m,占地面积为 30.4 m²,共设置 2 个,总占地面积为 60.8 m²。

本项目管理及生产人员总数为 12 人。其中站长 1 人、安全员 4 人、加氢员 4 人、后勤人员 3 人。

5.8.5 项目投资估算

本项目总投资为 2557.70 万元,其中工程费 1838.89 万元,工程建设其他费 435.35 万元,预备费 227.42 万元,建设期利息 37.65 万元,铺底流动资金 18.39 万元。

5.9 煤制氢提纯及液化项目

5.9.1 项目概况

空气产品久泰（内蒙古）氢能源科技有限公司依托内蒙古久泰新材料有限公司 100 万 t/a 乙二醇项目,从甲醇装置中引一股 94.5% 富氢气用管道输送到本项目地,将部分煤气化的合成气作为原料气,经 PSA 系统提纯至 99.999% 以上,进入氢气液化装置进行液化,液氢送入贮罐贮存,通过液氢运输集装箱罐送到外售地;同时建设 1 座加氢站,加压后贮存于加氢站内的储氢瓶内,供氢燃料电池车辆加氢使用。

5.9.2 建设规模

本项目包括标准状态 15000 m³/h 氢气提纯装置、30 t/d 氢气液化装置、液氢储运装置、加氢站,配套建设相关公辅工程及环保工程,如表 5-28 所示。

表 5-28 建设规模

装置名称	项目建设内容	备注
氢气提纯	处理原料气规模为标准状态 19994 m³/h,提纯装置主要包括原料气进料过滤器、PSA-H_2吸附塔、PSA 尾气罐。PSA-H_2吸附塔共设 4 台吸附塔和一系列程控阀门	氢气提纯装置露天设置,占地 400 m²
氢气液化	氢气液化规模为 30 t/d;主要设有液氮冷箱、真空冷箱,液化后送液氢储罐储存	氢气液化装置露天设置,占地 1394 m²
液氢储运	共设 5 座 360 m³ 的卧式储罐(储罐规格为 Ø4.1 m×50 m)用于储存液氢;设 4 个液氢装车位,用于液氢的转运	液氢储罐区占地面积 5512 m²,液氢装车位占地面积 1050 m²
加氢站	站内配置 1 台 20 MPa 低压压缩机,1 台 45 MPa 中压压缩机,1 组 20 MPa 储氢瓶组(容积 2.72 m³),1 组 45 MPa 储氢瓶组(容积 2.64 m³);建设 1 座 176 m² 的加氢罩棚,加氢岛 2 座,安装 35 MPa 枪式加氢机 2 台	加氢站占地面积 2520 m²

5.9.3 工艺过程

将氢含量约为 94.5%的合成气,采用物理提纯(PSA-H_2)工艺制得纯氢气,纯度达到 99.999%,再通过物理过程进行氢气液化。高纯氢气进入氢气液化系统,先经过预处理,进一步去除氢气中的杂质后先加压至 4.5 MPa;然后经过换热器和液氮进行换热,温度降低到 -190 ℃附近;然后氢气经过氢气膨胀机,进行膨胀制冷,膨胀后的氢气温度接近氢气的液化温度,部分低温氢气返回进一步预冷入口氢气,经过反复工艺运转后,氢气被液化,然后送进正仲氢转换器中进行转换,直到 95%以上的液氢全部转换为仲氢后,通过真空输送管路送到贮存罐。氢气液化生产工艺过程如图 5-5 所示。

(1)过滤、增压。

氢气提纯装置高纯氢气由管网送入液化单元,先进入过滤器进一步去除高纯氢气中可能夹杂(含有压缩机可能携带的少量含油物质)的杂质。高纯氢气进一步过滤杂质后,送入氢气压缩机,经三级压缩增压至 4.5 MPa 后送入换热器。

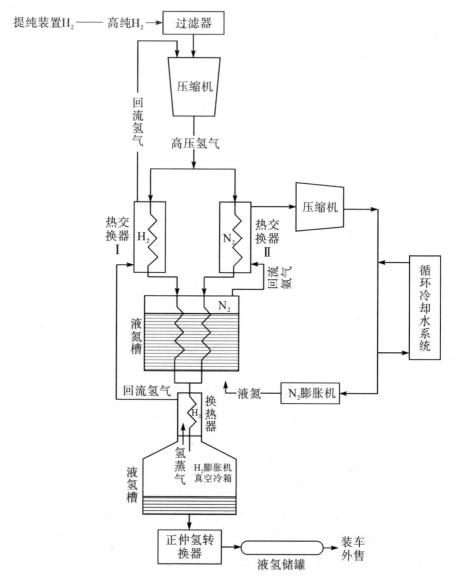

图 5-5　氢气液化生产工艺过程

(2)换热、液化。

①换热、预冷。高压氢气分两路进入液化器,一路经由热交换器Ⅰ与回流氢气进行热交换,然后进液氮冷槽进行预冷;另一路在热交换器Ⅱ与氮气换热,然后进液氮冷槽进行预冷;经液氮预冷后的两路高压氢汇合,此时氢气温度被冷却至-190℃。

②液化。冷高压氢进入液氢槽的热交换器,受氢蒸气的冷却,温度降至 -252 ℃(临界点),最后通过 H_2 膨胀机膨胀到气压至 0.5 MPa,由于高压气体膨胀的制冷作用,一部分氢液化,聚集在液氢槽中。如此反复循环,达到氢气液化的目的。

膨胀机工作原理:膨胀机的主要工作在喷嘴及叶轮中完成,当高速、低温的气体通过叶轮通道时,由于叶轮高速转动,使气体速度很快下降。同时,气体在不断变大的通道中流动时,因为压力与速度下降使气体内能降低,气体温度进一步大幅度降低,达到降温与制冷的目的。

③正仲氢转换。氢气在常温下,正氢占 75%,仲氢占 25%。氢气温度越低,仲氢占比越高;氢气在达到液化临界点时,仲氢占比约 95%。当温度低于氢气的沸点时,正氢会自发地转化为仲氢。但若没有催化剂存在的情况下,该过程发生得较为缓慢。正氢向仲氢的转化过程属放热过程,该过程放出的热量大于沸点温度下两者的蒸发潜热,在液氢的贮存容器中若存在未转换的正氢,就会在缓慢的转化过程中释放热量,造成液氢的蒸发,即挥发损失。因此,在氢气液化过程中,使用水合氧化铁催化剂尽可能使正氢转化为仲氢,从而减少液氢的蒸发损耗。

(3)氮液化循环系统。

氮液化循环系统主要由氮气压缩机、氮气膨胀机、循环冷却水系统等组成,反复进行,达到回流氮气液化的目的。

(4)液氢储运。

液氢由管道送入卧式储罐进行储存待售,液氢储罐区设装车位用于液氢槽车装车,液氢从储罐经过真空输送管道利用压力差充装进入槽车。液氢储罐及装车过程产生的少量氢气蒸气,经管道送氢气液化单元再次液化,不外排。

5.9.4 生产设备

本项目氢气液化主要设备如表 5-29 所示。

表 5-29 氢气液化装置主要生产设备

序号	设备名称	规格型号	材质	数量/(台套)
1	电加热器	功率:35 kW	组合	1

续表

序号	设备名称	规格型号	材质	数量/(台套)
2	中压氢气压缩机	活塞式标准状态下流量:71156 m³/h	组合	2
3	低压氢气压缩机	活塞式标准状态下流量:4060 m³/h	组合	2
4	氮气压缩机	离心式标准状态下流量:4757 m³/h	组合	1
5	中压氮气压缩机	离心式标准状态下流量:66331 m³/h	组合	1
6	膨胀机		组合	1
7	真空泵	功率:18.5 kW	组合	1
8	真空助力泵	功率:5.5 kW	组合	1
9	液氢冷箱		组合	1
10	液氮真空冷箱		组合	1
11	液氮储罐	真空储罐 容积:50 m³	组合	1
12	液氢储罐	水容积:360 m³	不锈钢	5
13	CCCW闭式循环水系统	流量:140 m³/h 功率:25 kW	组合	1

5.9.5 原辅材料消耗

本项目主要原材料为合成气(94.5%,高纯氢),年氢气消耗量为24564 t;水、电和氮气消耗如表5-30所示。

表5-30 水、电和氮气供应

序号	名称规格	单位	年用量	备注
1	电 10 kV	kW·h/a	1417.68万	引自内蒙古久泰新材料有限公司 110 kV变电所
2	水	t/a	419596	依托内蒙古久泰新材料有限公司
3	氮气	t/a	6050 t/a	—

5.9.6　装置占地定员

本项目总占地面积 31800 m^2，其中构筑物占地面积 10080 m^2，主要设有 PSA-H_2 提纯单元、氢气液化单元、液氢储运单元、加氢站、公辅工程单元。全厂劳动定员 23 人。

5.9.7　项目投资估算

本项目总投资为 72500 万元。

5.10　氢燃料电池制造基地项目

5.10.1　项目概况

国家电投集团氢能科技发展有限公司（简称"国氢科技"）是国家电力投资集团有限公司实施氢能产业科技创新的平台，于 2017 年 5 月注册成立。按照国氢科技及国家电投集团总体战略布局，于 2021 年 12 月注册成立济南绿动氢能科技有限公司，重点开展固定式供能燃料电池、空冷燃料电池产品及关键技术研发，建设固定式供能燃料电池、空冷燃料电池、车用燃料电池装备制造基地，在交通运输、分布式发电、氢进万家、工业用氢等领域开展多场景应用，全面推进黄河流域氢能产业基地建设。

国氢科技与济南市政府签订协议，在济南新旧动能转换起步区建设国家电投黄河流域氢能产业基地。2022—2026 年，国氢科技将在起步区崔寨片区建成 15 万 m^2 产业园，占地约 15 hm^2，主要建设固定式供能燃料电池、车用燃料电池、空冷燃料电池、关键核心零部件等生产线，以及燃料电池研发实验室，先行启动项目为黄河流域氢能产业基地崔寨产业园一期项目。

5.10.2　建设规模

本项目主要生产燃料电池系列产品，包括 5000 台/a 车用燃料电池电堆、5000 台/a 车用燃料电池系统、1000 台/a 固定式供能燃料电池发电装置、48 万组石墨双极板，其主要装置规模如表 5-31 所示。

表 5-31　主要装置规模

序号	装置名称	装置规模	备注
1	石墨双极板生产车间及车用燃料电池电堆和系统组装车间	双层建筑。电堆组装车间布置包括:双极板抽检区、MEA 抽检区、前集流板固化、端板预处理区、电堆成品组装区。车用系统组装区位于打包区	建筑面积 25065 m²
2	发电装置装配调试车间	单层建筑,布置有模块库存区、配料区、装卸区、调试区等	建筑面积 4900 m²
3	活化标定车间	建设:发电装置甲类测试区、发电模块测试区、空冷模块测试区、车用电堆测试区、车用系统测试区	

本项目产品主要技术参数如表 5-32 所示。

表 5-32　产品主要技术参数

序号	产品名称	型号	功率/kW	尺寸/mm	生产规模
1	车用燃料电池电堆	FC-ML-150	150	800×530×300	0.5 万台/a
	车用燃料电池系统	FCPS-C120-V3	120	1100×700×700	
2	固定式供能燃料电池发电装置	—	100	6000×3000×3000	0~0.1 万台/a
3	石墨双极板	—	—	400×110×1	48 万组

5.10.3　工艺过程

本项目固定式供能燃料电池电堆配套产能的石墨双极板为原料采购加工制造,其余车用燃料电池电堆、车用燃料电池系统、固定式供能燃料电池发电装置均为外购固定设备的组装。

(1)氢燃料电池技术基本原理。

氢燃料电池是一种通过电化学反应将储存在燃料氢气分子中的化学能转化为电能的电化学器件。氢燃料电池一般包括 2 个电极腔(分别称为阴极腔和阳极腔),由固体或者液体电解质分隔开。氢燃料电池工作时,还原性燃料在阳极发生氧化反应,同时产生电子;阴极的氧化剂得到电子发生还原反应;所产生的电子通过外部电路输送至负载,做功后流回阴极,形成电子循环;反应中产生的离子经电解质传输,形成离子循环。由于氢燃料电池具有能量转化效率高、排放物无污染、结构紧凑、静音和快速启停等优点,现已得到广泛关注和应用。

质子交换膜燃料电池(proton exchange membrane fuel cell,PEMFC)是目前应用比较广泛的燃料电池。PEMFC 中电解质的载流子是 H^+,典型的 PEMFC 的结构如图 5-6 所示。结构单元包括双极板、气体扩散层(含微孔层)、催化层和质子交换膜。其中气体扩散层、催化层和质子交换膜构成的"三合一"组件称为膜电极(membrane electrode assembly,MEA),膜电极是燃料电池发生电化学反应的场所和核心部件。扩散层包括微孔层(也称水管理层)和碳纸层(也称基底层),是一种具有气体渗透性和水汽排出功能的多孔碳纤维疏水材料,扩散层能够收集和传导来自催化层的电子;催化层是电催化剂和离聚物混合而成多孔粉末层(约 10 μm),内部的三相界面是电催化反应发生的关键区域;质子交换膜充当电解质,高性能的膜材料应具有尽可能高的电导率、较小的溶胀性、较小的渗氢特性、较强的机械强度和抗氧化性能。双极板一般由耐腐蚀较强、高导电性和较低成本的金属或石墨材料制成,为电堆提供支撑和导电作用。流场为氢气/氧气传导提供了对流传递场所,一般复合在双极板表面。

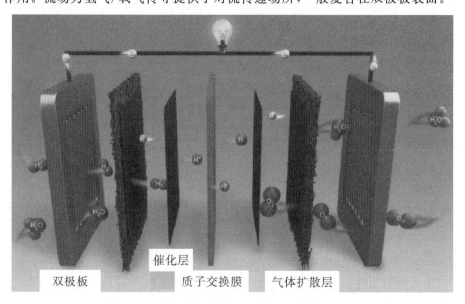

图 5-6 质子交换膜燃料电池原理和结构示意图

典型的PEMFC工作原理如下:H_2首先在催化剂和过电位的作用下生成H^+并释放出电子,H^+透过PEM到达阴极,阴极O_2在催化剂和过电位的作用下与H^+生成H_2O,通过流场排出。在外电路中,电子由阳极传递到阴极。

PEMFC已经有两百多年的发展历史,从Sir William Robert Grove发现燃料电池现象到如今初具商业化规模。根据国内机构对氢燃料电池汽车成本分析得知,氢能车辆整车中氢燃料电池系统造价占比最高,而催化剂又是氢燃料电池电堆中成本最高的部分,如表5-33所示。氢燃料电池系统由燃料电池电堆、氢气供给系统、空气供给系统、热管理系统、电气及控制系统和数据采集系统六大部分组成,如图5-7所示。氢燃料电池电堆由双极板和膜电极两大部分组成。氢气供给系统包含氢气喷射器、氢气循环泵、汽水分离器、氢气浓度传感器及管路。空气供给系统包含滤清器、空压机、增湿器、节气门等。热管理系统包含水泵、过滤器、节温器、加热器、中冷器等部件,冷却液是一种由去离子水和乙二醇按比例调和的溶液。电控系统主要由发动机控制器及各种传感器构成。数据采集系统主要是指数据采集器,可以监控燃料电池发动机运行的各种参数及状态。

表5-33 氢燃料电池汽车成本分析

项目	成本占比/%						
整车	氢燃料电池系统	储氢系统	电机电气	制动系统	变速器	车架及其他	合计
	40.9	13.8	12.3	2.0	1.0	30.0	100
氢燃料电池系统	燃料电池电堆	氢气供给系统	空气供给系统	热管理系统	电控系统	数据采集系统	合计
	60.8	4.5	15.3	10.9	3.6	4.9	100
氢燃料电池电堆	催化剂	质子交换膜	扩散层	双极板	膜电极支撑板	其他	合计
	44.9	10.3	4.8	27.8	4.6	7.6	100

(2)车用燃料电池电堆工艺过程。

车用燃料电池电堆为设备组装。电堆组装预处理线分别为膜电极预处理线、双极板预处理线、端板组件预处理线。电堆组装线为电堆堆叠、电堆压装、电堆紧固、一次气密检测。电堆活化检测后合格进行 PACK 组装与 PACK 检测。不合格品进入返修问返修。主要工艺流程如图 5-8 所示。

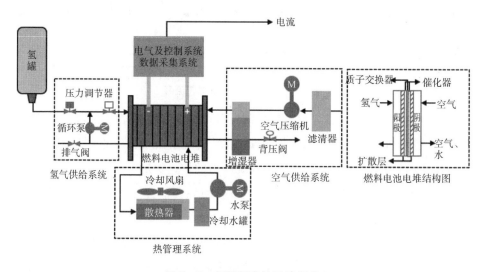

图 5-7 氢燃料电池系统组成

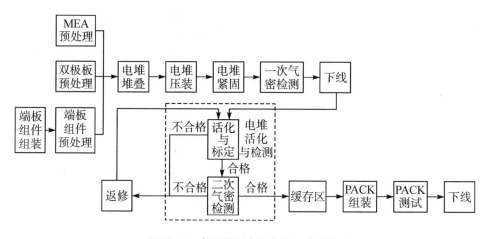

图 5-8 车用燃料电池电堆工艺过程

①膜电极预处理(MEA 预处理)。膜电极检测设备可实现 MEA 的自动扫码、外观检测、厚度检测、气密检测功能。MEA 检测设备的厚度检测采用接触式,检测位置为膜电极活性区,也就是碳纸位置的厚度,可实现多位置检测。具体设备流程如图 5-9 所示。

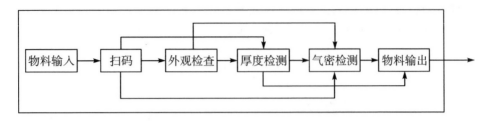

图 5-9　MEA 预处理工艺流程

②双极板预处理设备。双极板检测设备可实现双极板的自动扫码、外观检测、气密检测功能。气密检测采用流量法,通过流量法可快速检测出双极板三腔的互漏和外漏,流量法的关键在于系统压力的快速稳定。

③端板组件预处理设备。端板组装设备为一套半自动化组装设备,其中自动化部分为前集流板点胶、胶线检测、外观检测、气密检测,人工操作部分为物料的上下料、端板组件的组装、人工扫码。点胶系统采用螺杆阀形式,可以很好地控制溢胶量,不会溢出进气歧管,点胶系统配有两轴进给系统、点胶组件和胶线检测。

④端板组件的自动堆叠。自动堆叠端板模组采用移载模组的方式堆叠,具体堆叠形式可根据后期产品结构确定,确保匹配后期产品结构生产,移载模组具有工作稳定,能够保证高精度生产模式,兼容性高,可满足后期产品生产或换产的需求。本工位功能为自动完成装配上下端板,堆叠节拍高效,满足单条产线节拍要求。

⑤电堆堆叠压装设备。堆装配集成设备是一条自动化设备,整个设备为模块化设计,分为膜电极双极板堆叠模块、其他组件堆叠模块、外限位工装流转模块、伺服压机模块、自动送螺杆模块、气密性检测模块、电堆对齐度检测模块、电堆下线模块,各模块间电堆的流转由流转线体完成,流转效率高,定位精度高,可适合燃料电池电堆目前高生产节拍的特点。

⑥自动堆叠模块。本工位完成燃料电池电堆的膜电极与双极板组件自动堆叠,要求快速精准地堆叠物料。堆叠模块主要由以下几部分组成,分别为膜电极上料区、双级板上料区、膜电极视觉调整模组、双极板视觉调整模组、四工位联动移载模组和在线对齐度检测,堆叠超差的物料进行剔除。电堆堆叠完成后,进行整堆的对齐度检测,保证堆叠质量。自动堆叠完成后由连转线体连转

到下一工位进行其他组件堆叠。

⑦电堆压装模块。采用液压机进行压装,液压机定位精度高、无污染、噪声低,设备四面敞开,能与其他设备非常好地结合在一起,可拓展性强。压机传动结构采用丝杠传动系统,精度高、结构稳定、反向间隙小,松散电堆在流转过程中和压紧过程中均在外限位工装的保护下完成,防止电堆组件的额外偏移。

⑧电堆紧固模块。本工位功能为完成压紧电堆并安装紧固螺杆。压紧和拧紧数据可上传,与工厂的生产执行系统(MES系统)对接,实现产品可追溯性。

⑨气密检测模块。与被测电堆实现可靠的对接,实现检测工装和电堆之间的密封,并配合检测气路完成电堆在线气密性检测,气密检测模块可以快速稳定检测出电堆三腔互漏和外漏,该模块和压机主体集成配套。气密检测部分可采用在线形式也可采用离线形式。

⑩电堆活化测试。将下线的电堆安装在活化测试台上,连接气路与水路管道,检测管路气密性合格后,连接负载线和巡检;电堆阴极、阳极通入氮气进行吹扫;设定电池堆活化过程的工作参数,恒流模式下按照从低—高—低的电流加载方式循环拉载;当前后循环的电堆电压差值符合活化要求时,即可完成燃料电池电堆活化测试。

⑪PACK组装设备。本工位为单独区域,功能是完成电堆与壳体组件组装,工位周边布置相应零件料架,符合人机工程规范,方便人工快速拿取零件。此工位由平衡吊装、翻转工装台、拧紧工具、部件安装台、显示屏、检测设备、承重设备、料架等组成。需要人工依次安装。工位可以具备一定的放错功能和SOP指导功能,所有的拧紧数据、检测数据可以上传或与MES系统对接。

⑫返修设备。本工位为单独区域,功能是对已经判定为不合格电堆的辅助拆卸,首先人工利用悬臂吊将电堆吊到返修设备上,然后电堆滑入压机下方,压机压头下压采用位置与压力双控制的方式进行压紧,当压机到达某一压力数值后保持当前压头位置,然后人工进行电堆拆卸。返修配备气密检测模块,原理与电堆产线相同,采用流量法,可检测电堆的三腔外漏和互漏。

(3)车用燃料电池系统工艺过程。

车用燃料电池系统为设备组装,整个生产工艺流程包括原材料拆包、原材料检验、原材料入库、物料处理(分拣配送和清洗)、部件分装、电堆装配、系统装配、半成品气密测试、线束装配、绝缘和 I/O 测试、系统气密测试、系统性能测试、包装入库等工序。主要工艺流程如图 5-10 所示。

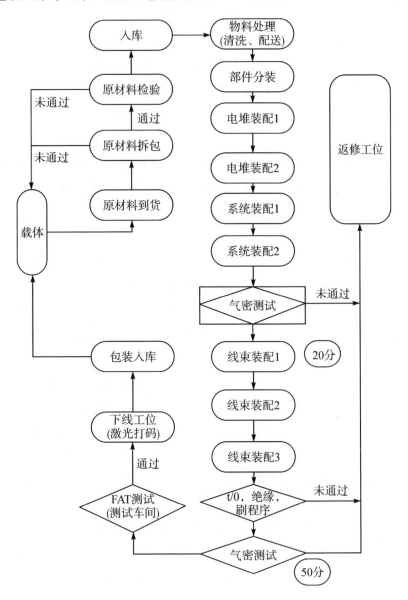

图 5-10 燃料电池主要生产工艺流程

①原材料检验。对采购进来的原材料、部件或产品,通过抽样或全检的方式对品质进行检验,并做出判断该批产品是接收还是拒收。特殊零部件原材料

进行冰点检测、绝缘测试、气密测试、耐压测试等仪器设备检验相关性能及一致性。外协件检验主要包括图纸确认、外观尺寸检验、三坐标检验、材质检验、耐压检验、通断检验等抽检方式。

②物料处理。对燃料电池发动机生产所需物料进行出库、清洗及分拣等。物料出库、清洗、分拣的运送过程均由人工完成,至装配工位的运送均由自动导引运输车配合料架自动运输。部分物料需要进行超声波清洗去除杂质,尤其是水、氢、空管路以及中冷器等,避免出现电堆流道阻塞、质子交换膜损伤或者冷却水电导率升高等问题。超声波清洗设备采用清洗烘干一体机,以提高作业效率。

③部件分装。完成部分管路及部件的预组装,以提高总生产线的装配效率。分装完毕的零部件使用自动导引运输车配合料架运输至相应装配工位。

④电堆装配。将电堆组装在底板上,并安装配气歧管、直流斩波器(DC/DC)、燃料电池主控制器等零部件。自动导引运输车配送物料由人工进行卸载,把底板安装在自动导引运输车翻转台架上固定,由人工操作桁架起重机将电堆固定在底板。再使用桁架起重机将DC/DC固定在电堆上,DC/DC固定完成后安装燃料电池主控制器、配气歧管等零部件。自动导引运输车翻转台架在组装线上自动流转。

⑤系统装配。组装空压机、水泵、节温器、增湿器等其他零部件。自动导引运输车配送物料由人工进行卸载,操作自动导引运输车翻转台架将燃料电池发动机半成品进行角度调整,将待装配位朝上或朝向操作人员,从而便于相应部件的装配。

⑥半成品气密测试。完成燃料电池发动机半成品的气密性检测,确保零部件及管路连接没有泄漏点,密封良好。所有测试数据均与MES系统关联,以保证产品测试数据的可追溯性。

⑦线束装配。安装燃料电池发动机的线束支架、高压线束、低压线束、接地线等。操作自动导引运输车翻转台架将氢燃料发动机半成品进行角度调整,将待装配位朝上或朝向操作人员便于线束安装。

⑧绝缘、I/O测试。燃料电池发动机整机进行绝缘、I/O测试,确保每个点位绝缘性良好,零部件通信动作正常。

⑨下线。线上测试合格的燃料电池发动机由人工操作桁架起重机吊装下线,固定在定制工装车上,并人工推动到气密测试缓存区。

⑩系统气密测试。完成燃料电池发动机整体气密性检测，确保电堆及系统管路连接没有泄漏点，密封良好。

⑪系统性能测试。完成燃料电池发动机整体性能检测，包含绝缘测试、I/O测试、设备单调测试、冷却液测试、系统气密性测试、电堆性能测试、稳态特性测试、额定功率测试等。

⑫包装。系统性能测试合格的发动机由人工推送至包装区，进行产品终外观检验和标签粘贴，使用桁架起重机将燃料电池发动机从工装车上拆卸并固定在包装箱内。通过叉车临时放置于成品暂存区或转运到成品立体库进行存放。

⑬返修。将绝缘和I/O测试不合格、气密测试不合格、系统性能测试不合格的发动机转运至返修工位，根据具体不合格数据分析原因。确认问题后，对指定位置的部件或管路进行拆卸。采用维修或更换配件的方式重新组装完毕，再次送至对应工位进行绝缘和I/O测试、气密测试、系统性能测试。

(4)固定式供能燃料电池发电装置装配调试区工艺过程。

发电装置组装调试区主要进行发电装置组装、调试工作，主要功能模块为燃料电池模块、氢气进气阀组、氮气瓶、散热器（主＋副）柜式消防系统、储能电池、回馈式负载、配电箱、触摸屏（带工控机功能）等，外壳为撬装式发电装置结构。根据内部模块布局需要在发电装置外侧开设多个门，通过这些功能门进行安装或检修。功能模块通过发电装置预设的固定结构与箱体实现固定。

装配过程为将裸堆、PEMFC系统模块以及其他来料模块（包括蓄电池、热交换系统、配电系统及内部供电）集成组装到定制发电装置中，经调试及相关测试后，根据系统指标登记入库。发电装置调试区主要设备及装配流程如下。

①重型天车。用于发电装置成品转运以及撬装式集装箱壳体来料转运，把撬装集装箱壳体从转运车上移动到组装工位，以及成品系统由组装工位移动到转运车上。

②机械助力臂。发电装置组装主要指将燃料电池模块（或功能模块）组装到集装箱内部，各功能模块尺寸、重量均较大。为了降低人工搬运操作强度，采用机械助力臂辅助搬运与安装定位。发电装置采用天车对集装箱吊运，放置于组装台位置后，由助力机械臂以及叉车等专用设备辅助进行模块搬运安装。

③系统转配工位。系统转配工位指用于产品安装测试的平台。该平台具

备作业操作指导、系统测试、部件扫码接收等功能,有 MES 系统数据传输接口,支持工艺流程人机交互。平台满足工艺流程规范化,生产管理规范化,技术指导规范化,减轻了作业人员工作强度,提高了生产效率。

固定式供能燃料电池装配调试线工作形式为流水线作业,主要进行系统物料的组织和检查、系统组装、系统完工检验等工作,具有集成化水平高、组装工艺高效、可操作性强等优势。

(5) 石墨双极板生产线工艺过程。

本项目石墨板拟采用柔性石墨模压工艺作为生产的工艺技术路线,工艺过程可分为石墨双极板制备、双极板气侧密封两大部分。其中石墨双极板制备工艺流程主要包括:柔性石墨预制板上料、单极板模压成型、单极板浸渍、单极板整平、双极板粘接、双极板固化,外观/气密检测。双极板气侧密封工艺流程主要包括:双极板气侧密封、成品检测。双极板检测合格后,打码包装下线。

柔性模压石墨板依靠膨胀石墨的材料特性,在膨胀石墨板材压制成型后,将树脂浸渍到碳间的空隙,从而提高机械强度和气密性,达到成型目的。其稳定的生产工艺及优异的产品性能已被市场广泛认可。

柔性石墨双极板生产线工作形式为自动化流水线作业,使用的设备包含:自动上下料系统、物料流转系统、物料吊装系统、真空系统、伺服液压机、成型模具、自动浸渍连续线、自动堆叠加压机、自动拆堆机、整平隧道炉、双极板粘接连续线、固化隧道炉、双极板检测线、气侧密封连续线体等。主要工艺流程包括:

① 预制板上料。将辊压成型的柔性石墨预制板表面杂物吹扫干净,放到指定位置后即进入生产流程。吹扫步骤会产生少量废屑及灰尘。

② 单极板模压成型。采用常温真空模压方式对柔性石墨预制板进行压制。根据伺服液压机吨位及模具规格可采用一冲一或一冲多的一步成形方式,此时极板水气口可同步成型,无须后续裁切处理。模压工艺具体流程主要包括预制板清扫、预制板入模具、模具抽真空、保压、卸压取成品、模具清扫等关键步骤。

③ 单极板浸渍。通过浸渍工序提高极板机械性能及气密性。浸渍工艺主要包括极板表面清扫后装入定制工装、浸渍罐抽真空、加入浸渍液、加压浸渍、排除浸渍液、浸渍液沥干、表面残留浸渍液清洗、水热固化(通过固化炉固化)、除湿干燥等关键步骤。

④极板整平。将单极板堆叠,放入整平隧道炉内,加压加热整平。

⑤双极板粘接。将整平后的阴阳单极板涂胶后粘接,形成双极板。将双极板堆叠。

⑥双极板粘接固化。堆叠好的双极板放入马弗炉中进行固化。固化工艺结束后,气密性检测合格即可下线。

(6)活化标定测试工艺过程。

电堆在下线后需进行活化标定过程。

①活化过程。将下线的电堆安装在活化测试台上,连接气路与水路管道,检测管路气密性合格后,连接负载线和巡检;电堆阴极、阳极通入氮气进行吹扫;设定电池堆活化过程的工作参数,恒流模式下按照从低—高—低的电流加载方式循环拉载;当前后循环的电堆电压差值符合活化要求时,活化过程结束,即可进行标定过程。

②标定过程:与活化过程基本一致,在给定的工作参数下,电流从低—高进行拉载,记录电堆性能参数,即完成标定过程。

5.10.4 生产设备

本项目主要设备如表5-34所示。

表5-34 主要生产设备

序号	建设内容	主要设备名称	数量/台(套)
1	年产5000台车用燃料电池电堆产线	MEA预处理设备	1
		双极板预处理设备	1
		端板预处理设备	1
		裸堆组装设备	1
		PACK组装设备	1
		返修设备	1
2	年产1000台固定式供能燃料电池发电装置装配调试区	30 t桥式起重机	1
		机械助力臂	3
		工位看板、扫码设备、监控系统等	2

续表

序号	建设内容	主要设备名称	数量/台(套)
2	年产1000台固定式供能燃料电池发电装置装配调试区	物料预处理设备	1
		组装返修区设备	2
		性能测试设备	2
3	年产1000台发电装置匹配产能的石墨双极板生产线(包括密封线)	压机	4
		模具	8
		浸渍线设备	1
		清洁整平线设备	1
		整平隧道炉	1
		单极板粘接线设备	2
		清扫装篮及工装设备	2
		物流转运系统、工控机、PLC(自动化)	1
		固化隧道炉	1
		双极板气侧密封线设备	1
4	匹配车用电堆、发电装置活化测试(甲类)	250 kW燃料电池测试设备	4
		发电装置测试设备	1
		1 kW燃料电池测试设备	3
		6 kW燃料电池测试设备	3
		大功率燃料电池测试设备	2
		大功率发电系统测试设备	1
5	配套的研发实验室	固定式供能燃料电池研发实验室设备	1
		空冷燃料电池研发实验室设备	1
6	年产5000台车用燃料电池系统生产线	原料仓库	1
		成品仓库	2
		滚动式清洗机	1
		分装区工位	8
		总装流水线工位	10
		成品缓存转运车	50

续表

序号	建设内容	主要设备名称	数量/台(套)
7	匹配车用燃料电池系统标定测试(甲类)	150 kW 系统测试设备	3
8	光伏发电(利用产品生产车间、发电装置装配调试车间屋顶)	300 Wp 光伏组件	5796
		光伏并网发电单元	1
		225 kW 逆变器	8
		1600 kVA 箱式变压器	1
		0.5 MW·h,1 MW·h 电化学储能电池	1

5.10.5 原辅材料消耗

车用燃料电池电堆(ML150 裸堆)、车用燃料电池系统、石墨双极板、固定式供能燃料电池发电装置等原辅料消耗情况如 5-35~表 5-38 所示。

表 5-35 车用燃料电池电堆主要物料一览表

序号	物料名称	单模块部品数	年用量
1	前端板	1	5000 个
2	前绝缘板	1	5000 个
3	前集流板	1	5000 个
4	后集流板	1	5000 个
5	后绝缘板	1	5000 个
6	补偿板	1	5000 个
7	碟簧导杆	1	5000 个
8	接触碳纸	1	5000 个
9	碟簧	1	5000 个
10	后端板	1	5000 个
11	双极板	500	250 万个
12	膜电极	500	250 万个
13	主壳体	1	5000 个

续表

序号	物料名称	单模块部品数	年用量
14	隔离板	1	5000 片
15	控湿片	1	5000 片
16	氢气浓度探测器	1	5000 个
17	负极电源接头	1	5000 个
18	正极电源接头	1	5000 个
19	极板密封圈	870	435 万个
20	巡检器	1	5000 个
21	氢气	16	80000 kg

表 5-36 车用燃料电池系统主要物料一览表

序号	物料名称	单系统部品数	年用量
1	ML150 裸堆	1	5000 个
2	氢泵	1	5000 个
3	汽水分离器	1	5000 个
4	空压机及控制器	1	5000 个
5	循环水泵	1	5000 个
6	散热器	1	5000 个
7	去离子器	1	5000 个
8	DC/DC	1	5000 个
9	堆控制器	1	5000 个
10	低压配电盒	1	5000 个
11	温度传感器	3	15000 个
12	压力传感器	3	15000 个
13	氢气	4	20000 kg

表 5-37　石墨双极板主要物料一览表

序号	物料名称	单系统部品数	年用量
1	石墨预制板	160	76.8 t
2	胶水	50	24 t
3	环氧树脂	30	14.4 t
4	清洗剂	14	6.72 t
5	胶垫	40	19.2 t

表 5-38　固定式供能燃料电池发电装置主要物料一览表

序号	物料名称	单装置部品数	年用量
1	发电模块	1	1000 个
2	蓄电池	1	1000 个
3	逆变器	1	1000 个
4	消防及安全设备	1	1000 个
5	散热系统	1	1000 个
6	集装箱	1	1000 个
7	氢气管路及组件	1	1000 个
8	控制系统	1	1000 个
9	配电系统	1	1000 个

5.10.6　装置占地定员

本项目总占地面积 55560 m^2，其中构筑物占地面积 41855 m^2，主要设有活化标定车间、储加氢站、产品生产车间、发电装置装配调试车间、活化标定车间配电室、综合水泵房及消防水池。全厂劳动定员 150 人。

5.10.7　技术经济指标

本项目总投资为 80000 万元，其中静态投资 77205.07 万元，流动资金 2399 万元。项目投产后年均营业收入 57250 万元，年均净利润 2772 万元，财务内部收益率为 10.45%,所得税后投资回收期 12.25 年,资本金净利润率 14.22%。

5.11 年产 5000 个车载储氢瓶项目

5.11.1 建设规模

江西氢天科技有限公司年产 5000 个车载储氢瓶项目位于江西省抚州市临川区,建设 1 条车载储氢瓶生产线,设计总产能为 5000 个车载储氢瓶,其中车用压缩氢气塑料内胆碳纤维全缠绕气瓶 2500 个,车用压缩氢气铝内胆碳纤维全缠绕气瓶 2500 个,产品方案如表 5-39 所示。主要建设内容包括:层高 9 m、建筑面积 4080 m^2 的钢结构厂房,仓储面积为 2000 m^2 的原辅材料及成品仓库、办公楼等。

表 5-39 产品方案

产品名称	工作压力/MPa	内胆外径/mm	容积/L	年产量
车用压缩氢气塑料内胆碳纤维全缠绕气瓶	70	355	140	2500 只
车用压缩氢气铝内胆碳纤维全缠绕气瓶	35	355	140	2500 只

铝内胆纤维全缠绕高压氢气瓶(简称Ⅲ型瓶)执行《车用压缩氢气铝内胆碳纤维全缠绕气瓶》标准(GB/T 35544—2017)。塑料内胆纤维全缠绕高压氢气瓶(简称Ⅳ型瓶)执行《车用压缩氢气塑料内胆碳纤维全缠绕气瓶》标准(GB/T 42612—2023),具体要求如表 5-40 所示。

表 5-40 车载储氢瓶产品性能指标

序号	测试项目	Ⅲ型瓶(GB/T 35544—2017)	Ⅳ型瓶(GB/T 42612—2023)
1	水容积/L	140	140
2	工作压力/MPa	35	70
3	水压试验压力/MPa	52.5	105
4	最小爆破压力/MPa	不小于 78.75	不小于 161
5	应力系数	不低于 2.25	不低于 2.3

续表

序号	测试项目	Ⅲ型瓶(GB/T 35544—2017)	Ⅳ型瓶(GB/T 42612—2023)
6	疲劳试验次数	循环压力下疲劳试验次数不得小于设计疲劳次数	循环压力下疲劳试验次数不得小于设计疲劳次数
7	使用温度	-40~85 ℃	-40~85 ℃
8	使用寿命	15 年	15 年
9	批检及型式试验	国家标准要求	国家标准要求

5.11.2 工艺过程

在高压气态储氢中,目前已商业化的高压氢气瓶分为四种:纯钢制金属瓶(Ⅰ型瓶)、钢制内胆纤维缠绕瓶(Ⅱ型瓶)、铝内胆纤维缠绕瓶(Ⅲ型瓶)和塑料内胆纤维缠绕瓶(Ⅳ型瓶)。Ⅲ型瓶重量轻、抗压性能好,适用于氢燃料电池汽车等移动设备,目前主要的压力规格为 35 MPa 和 70 MPa 两种,国内现阶段 35 MPa 已实现量产。Ⅳ型瓶内胆为塑料,瓶身全缠绕碳纤维复合材料,包裹采用两极铺设和螺旋形铺设混合的形式;瓶壁厚度略薄于Ⅲ型瓶,储气压力主要包括 35 MPa 和 70 MPa 两种规格型号,目前国外已投入商业化运用。

本项目车用压缩氢气塑料内胆碳纤维全缠绕气瓶(Ⅳ型瓶)生产工艺过程如图 5-11 所示。Ⅲ型瓶生产工艺与Ⅳ型瓶类似,主要为外购的铝内胆与瓶阀座焊接后对其焊缝质量及气密性进行检测,检测方法与塑料内胆一致,合格产品进行后续的缠绕固化、水压试验、装阀及气密检测,方法与Ⅳ型一致。

内胆是储氢气瓶的核心部件,起到阻隔氢气的作用,其对材料的性能要求包括:耐氢气渗透性、耐热性、良好的低温力学性能、良好的加工性能等。目前多采用尼龙材料,比如 PA6、PA612、PA11 等。

注塑成型工序主要使用烘干上料一体机及进料加热注塑一体机。先将塑料粒子导入烘干上料一体机,烘干后自动上料到进料加热注塑一体机,塑料粒子由输料管道进入注塑机,注塑机平均地将原料熔融成塑胶状态,并传送至模头挤压成型的塑化装置。机头的成型模具通过模温机预热后,将温度控制在 240~280 ℃,使得塑料粒子电加热至熔融状态,然后将其定型,成型后使用循环冷却水进行间接冷却。

5 我国氢能项目方案示例

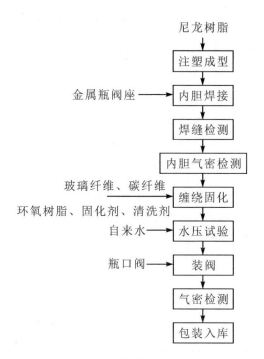

图 5-11 车用压缩氢气塑料内胆碳纤维全缠绕气瓶（Ⅳ型）生产工艺过程

内胆与瓶阀座焊接：将注塑好的塑料内胆与瓶阀座焊接，采用接触式的加热方法对焊接面进行加热，两个待焊接的零件表面经压合冷却后粘接在一起，以获得较高的焊接强度。

焊缝检测：采用产品标准规定的相控阵超声波方式对已焊接的塑料内胆的焊缝质量进行检测。

内胆气密检测：在两种内胆内充 0.1 MPa 的压缩空气，用压差法检测内胆是否有泄漏。

缠绕固化：将浸渍液态环氧树脂胶（环氧树脂：固化剂＝1∶1）的连续碳纤维按照预先设定好的线型铺覆到塑料内衬上，包含碳纤维全缠绕强度层和玻璃纤维全缠绕外保护层。整个缠绕过程中，采用缠绕机自带的伺服张力控制器进行缠绕张力控制，实现缠绕过程中不同缠绕线型的纤维张力均匀、稳定，确保产品质量。气瓶标签在玻纤层缠绕时，植入玻璃纤维层内部。并将完成缠绕工序的纤维缠绕气瓶按批次装载在固化车架上进入固化炉，然后关闭炉门，根据固化制度设定升降温速率和保温温度及时间（固化温度 90 ℃、保温 6 h）。按程序设定走完后,炉门开启,复合气瓶出炉进入下道工序。固化炉使用电能作为热源,固化过程中,气瓶需自转防止滴胶,固化温度约为 90 ℃,出炉常温自然冷却。

水压试验:采用内测法进行水压试验,先将自来水注入纤维缠绕气瓶,然后接上阀门和高压水泵设备,加压至复合气瓶工作压力的 150%,保压 1 min。

装阀:人工手动将瓶口阀门拧入气瓶螺纹,过程中不可有明显阻力,若有明显阻力需退出阀门,并查看螺纹及螺纹内是否有异常,确认后再重新拧入。然后机器人使用扭力扳手安装阀门至规定扭矩。

气密检测:用氦氮混合气体加压至气瓶的公称工作压力,人工将气瓶放至真空舱内,检测真空舱内氦气的浓度是否超标。

包装入库:将合格的产品打包入库。

5.11.3 生产设备

本项目主要生产设备如表 5-41 所示。

表 5-41 主要生产设备

序号	设备名称	设备型号	设备数量	备注
1	注塑机及辅机	20 kg	1 套	
2	数控纤维缠绕机	四轴三工位型	2 套	
3	固化炉	三工位旋转型	1 套	热源来自电能
4	水压恒压试验系统	160 MPa 型	1 套	
5	爆破试验系统	250 MPa 型	1 套	
6	循环批量测试系统	110 MPa 型	1 套	
7	焊接机	热熔型焊接	1 套	
8	内胆气密检测设备	自制	1 套	
9	气密氦泄漏检测设备	A100	1 套	

5.11.4 原辅材料消耗

本项目主要原辅材料消耗如表 5-42 所示。

5 我国氢能项目方案示例

表 5-42 主要原辅材料消耗

序号	原料名称	形态	单位	年用量	包装方式及规格	规格
1	聚乙烯树脂	颗粒	t	10.03	袋装,25 kg/袋	PE
2	尼龙树脂	粉末	t	13.99	袋装,25 kg/袋	PA6
3	环氧树脂	液体	t	109.4	桶装,20 kg/桶	AF-4006 A
4	固化剂	液体	t	109.4	桶装,20 kg/桶	AF-4006 B
5	玻璃纤维长丝	长丝	t	50	箱装,24 kg/箱	ER550-1080
6	碳纤维长丝	长丝	t	400	箱装,24 kg/箱	T700
7	铝合金内胆	瓶装	只	2632	箱装	6061
8	金属瓶阀座	锻件	个	5000	箱装	6061
9	瓶口阀	组件	套	5000	箱装,1套/箱	—
10	环保树脂清洗剂	液体	t	50	桶装,20 kg/桶	—

5.11.5 装置占地定员

本项目总占地面积约 0.53 hm²,总建筑面积为 4080 m²,主要建设内容为主体工程、仓储工程等以及相应的配套设施。全厂劳动定员 30 人。

5.11.6 项目投资估算

本项目总投资 1000 万元。

5.12 年产 40 万 m² 气体扩散层项目

5.12.1 建设规模

碳际新材料(苏州)有限公司氢燃料电池核心材料气体扩散层加工项目位于江苏省昆山市陆家镇智慧新城生态产业园,租用昆山鼎峰置业有限公司 21 号整栋标准厂房从事生产,租赁面积为 4099.61 m²。本项目设计年产气体扩散层 40 万 m²,其产品规格为 135～140 g/m²。

5.12.2 工艺过程

气体扩散层(gas diffusion layer,GDL)是质子交换膜燃料电池的关键核心部件,为具有气体渗透性和水汽排出功能的多孔碳纤维疏水材料,在传质上主要是将流道中的气体传递到催化剂层参与化学反应,将阴极催化剂层侧生成的水排出电池。由于氢燃料电池在大电流密度下工作时会产生较多的水,当 GDL 的设计不合理时生成的水将无法正常排出电池,从而导致水填充在催化剂层和 GDL 的接触面以及气体扩散层的孔中。GDL 的孔被水堵塞后会影响气体的传输,而且阴极催化剂层侧聚集大量的水,会覆盖 Pt 的活性位点使催化剂层的催化效率降低,最终引起物质传输损失增大,甚至由于水无法从电池中排出迫使电池停止工作。

5.12.2.1 气体扩散层结构及作用

GDL 一般被分为基底层(也称碳纸层)和微孔层(也称水管理层),其结构组成示意图如图 5-12 所示。基底层靠近双极板侧直接与气体流道接触,用作集电体和气体分散体,通常由多孔的导电材料组成,如碳布、碳纸等。微孔层通常由导电材料和黏结剂组成。反应物气体通过微孔层的孔隙扩散。疏水剂打开孔隙,抑制多余的水积聚。从功能上讲,微孔层还有助于去除生成物水,否则当水阻塞 GDL 位置时,就会发生溢流,这限制了反

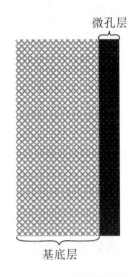

图 5-12 GDL 的结构组成示意图

应物进入催化剂位置,从而严重恶化燃料电池性能。基底层与催化剂层在孔径结构、表面平整度等方面差别较大。微孔层作为两者中间的一层薄膜结构,主要作用是降低 GDL 的表面粗糙度、减少催化剂层与 GDL 之间的接触电阻,改善孔径结构,实现催化剂层到 GDL 孔径从纳米级到微米的平稳过渡。

在质子交换膜燃料电池正常工作状态下,GDL 虽然不直接参与电化学反应,但是起到的作用也是至关重要的,作为双极板与催化剂层之间的电子导体,良好的导电性可以更好地传导电子,有利于减小电池的内阻。GDL 是一种具有多孔结构的部件,能够提高反应气体的传输效率并及时将生成的水排除,避免了水淹现象的产生,保证了电化学反应的高效进行。另外 GDL 具有一定的

刚度,可以有效防止催化剂层的脱落,起到保护和支撑的作用,为膜电极提供机械完整性,而且表面比较平整,与催化剂层的有效接触面积变大,降低了接触电阻。

5.12.2.2 气体扩散层生产工艺过程

气体扩散层的制备方法主要包括:喷涂法、涂布法、静电纺丝法等,本项目生产工艺过程如图 5-13 所示。

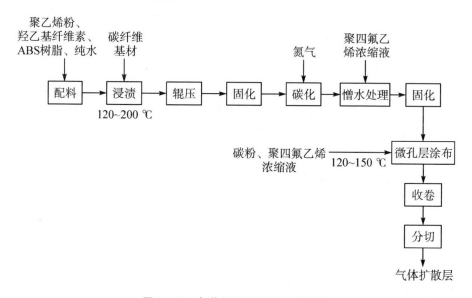

图 5-13 气体扩散层生产工艺过程

(1)配料。根据客户产品要求,将外购的原材料聚乙烯粉(2.5~3.4 μm),羟乙基纤维素(2.5~3.4 μm),ABS 树脂粉(2.5~3.4 μm)等按质量分数:聚乙烯粉 3.5%、羟乙基纤维素 1%、ABS 树脂 10.5%、纯水 85%配比。投料方式为机械搅拌、抽真空搅拌,分散剂为羟乙基纤维素。该步骤主要目的是将聚乙烯粉、羧乙基纤维素、纯水和 ABS 树脂进行搅拌混合,得到浸渍液。

(2)浸渍。将碳纤维基材通过浸渍机浸渍,以获得所需的材料强度和孔隙率,该步骤在常温下进行,浸渍机自带干燥设备,干燥温度为 120~200 ℃。

(3)辊压。取浸渍后的碳纤维基材进行辊压处理得到碳纤维纸胚体。

(4)烧结固化。浸渍处理后的碳纤维纸胚体进入烧结炉进行烧结处理,设备通过电加热到 200~300 ℃对加工材料进行烧结处理,该工序的主要目的是将溶剂(羧乙基纤维素)烧除,让树脂固化。浸渍过程通过滚轮控制物料,在物料出槽时,上端滚轮会带出过量浸渍液继续流入浸渍槽内。

(5)碳化。将烧结后的工件流转至下道碳化工序,从而可以获得更好的弹性模量和更高的电气以及机械性能、导热性、抗氧化性。碳化工序:通过流水线将工件移动至炭化炉内,最高段温度为 1000~1300 ℃,炭化时间为 20 min 左右,然后机械设备移动送出,直至温度降至常温。加工过程中需加入氮气作为保护气体。

(6)憎水处理。憎水处理就是将本来亲水(水可以润湿)的物料处理为水难于附着的物料。碳化后的碳纸仍进入浸渍机内另一浸渍槽进行憎水处理,憎水剂为聚四氟乙烯浓缩液。浸渍憎水剂过程与前道浸渍流程一致。

(7)烧结固化。憎水处理后的产品进入烧结炉进行烧结处理,设备通过电加热到 200~300 ℃。该工序的主要目的是将聚四氟乙烯浓缩液中溶剂(辛基酚聚氧乙烯醚类)烧除,将聚四氟乙烯颗粒结合到基材上。

(8)微孔层涂布。微孔层涂布主要作用是令反应气体均匀分布,去除液态水。微孔层浆料按照疏水剂(聚四氟乙烯浓缩液)与碳粉 1∶6 的比例配比完成,于搅拌机抽真空搅拌。用刮刀将微孔层浆料涂布于前制程加工好的材料上,之后进入对流烘道进行烘干,烘干温度控制在 120~150 ℃。

5.12.3 生产设备

本项目气体扩散层生产线主要设备如表 5-43 所示。

表 5-43 气体扩散层生产线主要生产设备

序号	设备名称	型号	数量/台	备注
1	搅拌机		6	100 L
2	浸渍机		8	含 2 个浸渍槽
3	烧结炉		2	日产能 1000 m²
4	炭化炉		1	产品日产能 2000 m²
5	精密涂布机		1	产品日产能 2000 m²
6	分切机		2	产品日产能 4000 m²
7	辊压机		1	产品日产能 2000 m²

续表

序号	设备名称	型号	数量/台	备注
8	纯水机	1 m³/h	2	—
9	风机	10000 m³/h	1	—
10	空压机		1	—
11	液氨罐	35 m³	1	即用即换
12	活性炭吸附装置		1	—
13	布袋式集尘装置		1	—
14	二级水喷淋		1	—
15	低温蒸发设备	非标定制	1	—

5.12.4 原辅材料消耗

本项目主要原辅材料消耗如表 5-44 所示。

表 5-44 主要原辅材料消耗

序号	材料名称	规格成分	状态	年消耗量
1	碳纤维基材	碳,80 g/m²	固体	40 万 m²
2	碳粉	碳	固体	12 t
3	聚乙烯粉	碳聚乙烯100%	固体	7.5 t
4	羟乙基纤维素	羟乙基纤维素100%	固体	1.5 t
5	聚四氟乙烯浓缩液		液体	3 t
6	ABS 树脂		固体	16 t
7	氮气	N_2	气体	3000 t
8	液压油		液体	2.5 t

5.12.5 装置占地定员

本项目气体扩散层生产车间,建筑面积 4099.61 m²,供电、供水、排水、办公室等依托园区提供。全厂劳动定员20人。

5.12.6　项目投资估算

本项目总投资4000万元。

5.13　年产350套电解制氢设备生产项目

5.13.1　项目概况

鄂尔多斯市国盛利华制氢设备有限公司与清华大学能源与动力工程系开展合作,开发碱性制氢电解槽技术。2023年,在内蒙古鄂尔多斯市高新技术开发区装备制造工业园区建设先进高温碱性电解水制氢及PEM质子交换膜电解水制氢设备生产项目。该项目分为两期建设:一期为年产300 MW级(50套)标准状态1000 m^3/h先进碱性电解水制氢设备,生产场地为专项区,租赁园区内空置厂房;二期为年产1.5 GW级(300套)标准状态2000 m^3/h先进电解水制氢设备,生产场地为综合区,新建厂区用地约16.67 hm^2。

5.13.2　建设规模

本项目分两期建设,一期项目为先进高温碱性电解水制氢设备生产专项区域,建设电解槽、电器柜(整流柜、控制动力柜、仪器柜)及后处理纯化装置生产项目,生产线包括:数控龙门锯床、数控加工中心、数控龙门加工中心、数控立式车床、重型普车、四柱冲床、立式数控铣床、激光焊机、等离子切割机等。二期项目为先进高温碱性电解水制氢/PEM质子交换膜电解水制氢设备生产及研发综合区域,建设先进高温碱性电解水制氢设备自动化生产线8条,PEM质子交换膜电解水制氢设备生产线2条。本项目主要建设内容如表5-45所示,主要产品方案如表5-46所示。

表5-45　主要装置规模

序号		装置名称	建设内容
一期工程	1	1号车间	1座,1层,建筑面积14000 m^2,建设电解槽、整流柜、控制动力柜、仪器柜及后处理纯化装置生产项目

续表

序号		装置名称	建设内容
二期工程	1	钢材加工车间	建筑面积 4000 m²，用于碱性电解槽生产中半成品板材加工
	2	机加工车间	10000 m²，用于半成品板材制作
	3	制氢设备组装车间	10000 m²，用于成品组装
	4	PEM 电解槽生产车间	8000 m²，用于 PEM 电解槽生产，设有 2 条生产线
	5	大型电解槽组装车间	3000 m²，用于电解槽组装
	6	电控组装车间	2000 m²，用于电器柜组装
	7	化学镀车间	2000 m²，用于碱性电解槽半成品板材镀镍
	8	电镀车间	5000 m²，用于碱性电解槽半成品板材镀镍
	9	隔膜处理及垫片车间	5000 m²，用于生产碱性电解槽生产中的隔膜垫片
	10	电控系统组装车间	4000 m²，用于电器柜生产组装
	11	非压力容器焊接车间	3000 m²，用于后处理纯化设备生产

表 5-46 主要产品方案

序号	区域名称	产品方案	产量/台(套)
1	先进高温碱性电解水制氢设备生产专项区域	电解槽、整流柜、控制动力柜、仪器柜及后处理纯化装置	50
2	先进高温碱性电解水制氢/PEM 质子交换膜电解水制氢设备生产及研发综合区域	先进高温碱性电解水制氢设备自动化生产线 8 条	300
		PEM 质子交换膜电解水制氢设备生产线 2 条	
		氢能装备研发中心、制氢系统大数据分析、云监测平台	1

5.13.3 工艺过程

本项目分两期建设：一期建设产品中的碱性电解槽、电器柜、后处理纯化设备三大核心部件由厂内设置生产线进行生产，其余配套部件（如变压器、碱液箱等)外购;二期建设产品中碱性电解槽、PEM 电解槽、电器柜、后处理纯化设备由厂内设置生产线进行生产,其余配套部件(如变压器、碱液箱等)外购。主要产品生产线的工艺过程如下。

(1)碱性电解槽生产工艺过程。

根据客户订单要求,设计产品图纸,采购原料并生产,碱性电解槽工艺流程如图 5-14 所示,详述如下:

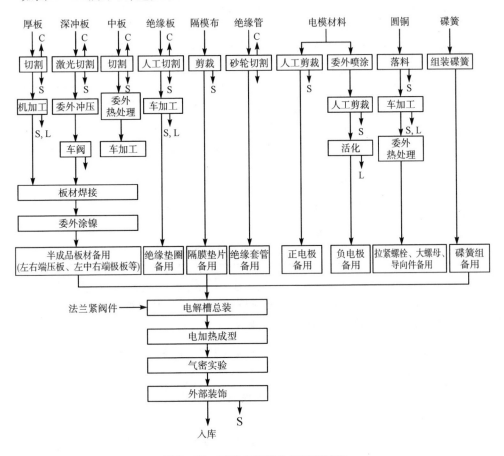

图 5-14 碱性电解槽生产工艺过程

① 半成品板材制作。将外购的钢板(厚板、中板)和深冲版进行切割落料,切割好的厚板机加工处理进行钻孔、铣槽加工等操作;深冲版激光切割后冲压处理后再次激光割圆成主极板;切割好的中板热处理消除切割应力后再进行车、钻、铣等机加工处理达到尺寸规格要求。将机加工后的板框与主极板进行

焊接、校平成为极板,然后再给极板镀镍,即可制成左右端压板、左中右端极板、左右极板备用。

②绝缘垫圈制作。将外购的绝缘板使用等离子切割机进行切割落料,切割后的绝缘板按照所需尺寸规格进行车加工,制成绝缘垫圈备用。

③隔膜垫片制作。将隔膜布按尺寸规格要求剪裁,即可制成隔膜垫片。

④绝缘套管制作。用激光切割机将外购的绝缘管按尺寸要求进行切割,组装备用。

⑤正电极制作。将外购的电极材料镍网按尺寸规格要求进行剪裁,制成正电极备用。

⑥负电极制作。外购的部分镍网喷涂镍粉按尺寸规格要求进行剪裁,剪裁好后的镍网在人工配置的 NaOH 溶液中浸泡 1.5 h,以此置换镍网中的铝,增大镍网表面积,浸泡后的镍网晾干制成负电极后备用。

⑦拉紧螺栓、大螺母、导向件制作。将外购的圆钢按尺寸要求进行锯料,并按尺寸规格进行车加工钻铣,制成所需的拉紧螺栓、大螺母、导向件,热处理消除机加工硬力后备用。

⑧碟簧组制作。将碟簧组装成碟簧组备用。

⑨电解槽总装。按照图纸,将上述制成的半成品和外购的法兰紧固件进行总装制成电解槽。

⑩电加热成型。总装好的电解槽采用电锅炉(蒸汽量 400 kg/h)进行水蒸气加热处理,软化垫圈并加以交替热紧、冷紧使电解槽达到较好的密封效果。为防止漏气,加热温度为 100 ℃,冷紧采用的是常温软水。

⑪气密实验。操作人员对总装后的电解槽焊缝区抹上水,利用空压机往电解槽内冲入压缩空气进行气密测试,检测设备是否泄漏。

⑫外部装饰。将制作好的电解槽进行擦拭,贴上警示带,即可入库。

(2)PEM 电解槽生产工艺过程。

①电解槽体制作。按照工艺图纸制作要求,采用各类机加工设备将钛板、镍板、不锈钢板进行加工成形,制作成相应规格要求的电解槽体。

②喷漆。根据客户需求,将调配好的水性油漆喷涂在槽体表面,该工序在喷漆房内密闭进行。水性油漆调配过程在喷漆房内密闭进行,喷漆过程中水性油漆使用喷枪喷涂于产品表面。喷漆完成后的工件在喷漆房内自然晾干。

③试压。通过试压,查看电解槽槽体底部是否漏水。若试压不合格则需要返回电解槽制作步骤和喷漆环节进行修补和补漆。

④电解槽整形。对电解槽表面平整度进行检查,并使用校平机进行校平。

⑤极网焊接。按照不同规格及产品需求,采用点焊工艺将新阴阳极网和槽体焊接起来。

⑥阴阳极网面整形。采用校平机对槽体表面及阴阳极网凸起部分压平。

⑦组装调试、总检、包装入库。将电解槽最终组装为成品,并进行模拟运行并检验,检验过程发现不合格品则进行针对性修理,检验合格后包装入库。

5.13.4 生产设备

本项目主要设备如表5-47所示。

表5-47 主要生产设备

类别		名称	型号或规格	使用功率/kW	数量/台(套)
一期工程	专项区生产设备	数控龙门加工中心	6030	60	1
		数控加工中心	3024	45	4
		数控立车	5123	30	4
		空压机+冷干机	BMVF37	38.2	2
		激光焊接机	2 kW	10	1
		等离子切割机	12000×2500	20	1
		激光切割机	12000 W	3	1
		纯水设备	产水量1 t	5.1	1
		炮塔铣床		3.7	1
		普通车床	61632000	15	1
			61634000		1
			61631500		1
		数控车床	sk50p1500	15	1

续表

类别		名称	型号或规格	使用功率/kW	数量/台（套）
一期工程	专项区生产设备	航吊	5 t	8	3
			10 t	10	3
			16 t	20	1
			80 t	80	1
		割焊除尘设备		10	1
		蒸汽发生器	400 kg/h	230	1
		悬臂吊	1 t	1.5	8
		预留		40	
二期工程	综合区生产设备	数控龙门加工中心	G3024	30	16
		数控龙门加工中心	G6032	50	2
		数控立式加工中心	1580	20	2
		数控立式车床	5123	30	6
		等离子切割机		5	2
		普车		15	4
		数控炮塔铣床	4H	5	4
		激光切割机	12000 W	15	2
		自动焊接平台	1800 mm	3	4
		机械臂	4×5 m	3	6
		激光焊接机	2 kW	3	4
		数控锯床	4132	5	4
		摇臂钻床	5045	8	5
		激光打标机		1	2
		其他小型机床	L1200	10	1
		其他割焊设备	Y400	20	1
		自动切布机	QB2000	1	2
		其他辅助设备		2	2
		纯水设备	产水量1 t	7	2
		割焊除尘设备		50	2
		电镀废水处理设备		20	1
		航吊		20	26

续表

类别		名称	型号或规格	使用功率/kW	数量/台(套)
二期工程	试验设备	运行试验平台		100	1
	电镀车间	电镀		150	3
	办公研发及辅助用房	办公区	5000 m²	—	25
		宿舍	3000 m²	—	15
		实验室	1000 m²	—	8
		食堂	1200 m²	—	10
		检验中心	1000 m²	—	8
		研发中心	3000 m²	—	24
		空调			240
		氢能耦合实践验证区	5000 m²		20

5.13.5 原辅材料消耗

本项目主要原辅材料如表 5-48 所示。

表 5-48 本项目(含一二期)主要原材料消耗一览表

种类	原料	规格/组分	年使用量
碱性电解槽	钢板	Q235、厚度 16～180 mm	7250 t
	圆钢	40Cr、Φ45～Φ70	242 t
	深冲板	ST14、厚度 1.5 mm	435 t
	镍网(电极材料)	40目～60目	97000 m²(106.3 t)
	隔膜布	PPS	48333 m²(41 t)
	绝缘板	厚度 10～20 mm	174 m²(8.7 t)
	绝缘管	Φ43～Φ70	24200 m(24.2 t/a)
	碟簧	Φ43～Φ70	290 套
	法兰	DN10～DN65	3625 个
	紧固件	M4～M27 低碳合金钢、不锈钢	8500 件
	氢氧化钠	NaOH	1.21 t

续表

种类	原料	规格/组分	年使用量
PEM电解槽	钛板	厚度 0.5～10 mm	
	316 不锈钢	厚度 0.5～10 mm	
	钛毡	厚度 0.2～3.0 mm，孔隙率 60%～90%	
	碳纸	厚度 0.2～3.0 mm，孔隙率 60%～90%	
	全氟磺酸膜	厚度 5～20 μm	
	碱液箱	定制	350 台
	原料水箱	定制	350 台

5.13.6 装置占地定员

本项目一期生产用房为租赁园区内空置厂房，面积为 14000 m^2，建设了电解槽、电器柜（整流柜、控制动力柜、仪器柜）及后处理纯化装置生产项目，其余供电、供水、供气、依托园区提供。二期新建厂区用地约为 16.67 hm^2，建筑面积为 91200 m^2，其中钢材加工车间 4000 m^2，机加工车间 10000 m^2，制氢设备组装车间 10000 m^2，PEM 电解槽生产车间 8000 m^2，大型电解槽组装车间 3000 m^2，建设了高温碱性电解水制氢设备自动化生产线、质子交换膜电解水制氢设备生产线。

全厂劳动定员 150 人。

5.13.7 项目投资估算

本项目（含一期、二期）总投资为 55000 万元，其中固定资产投资 48004.65 万元。项目投产后年均利润总额 12763.75 万元，年均净利润 9572.81 万元，利税总额 3190.94 万元。

5.14 氢能车辆运营示范项目

5.14.1 项目概况

依托工业园区的交通运营场景需求，分期投放氢燃料电池公交车、市政作业车、通勤大巴、重型卡车。为满足运输氢能车辆加氢需求,沿线分期配套建设加氢站。本项目建设 2 座加氢站,后期随着运营示范的逐步开展,再向周边区域延伸形成加氢站网络。优先考虑经济可行的氢源供应方案,并为氢能车辆运营示范项目配套建设智慧管控平台。

5.14.2 建设方案

(1)运力场景。

氢燃料电池公交车:共运行 2 条线路,单程 25 km、运行约 30 min,线路为完全闭合线路。

市政作业车:承担园区的道路清扫、护栏清洗、生活垃圾清运、园林作业、路灯维修、下水管疏通等服务。

通勤大巴:承担工业园区企业职工上下班及日常出行,单程 50 km、运行时间 60 min,线路为固定线路,往返于市区与工业园区之间。

氢能重卡:主要为煤矿与园区内煤化工企业间的短途运输、园区固废处理、渣土运输和铁路公路接驳运输等。

(2)车辆方案。

本项目车辆投放计划如表 5-49 所示。

表 5-49 车辆投放计划表

项目	公交车	市政作业车	通勤大巴	氢能重卡
数量/辆	8	2	20	30

(3)加氢站方案。

根据运力场景方案,本项目需要建设 2 座 2000 kg/d 加氢站,单座加氢站的站区功能设置包括卸车、压缩、储存、加氢等功能,年操作时间按 4380 h 计,装置操作弹性为 50%~110%。

(4)智慧管控平台。

智慧管控平台可实现交通运营示范项目中,"人、车、站、费用、数据"等要素联通,打造集成站点管理、车辆管理、调度结算、服务监管和安全保障等服务为一体的新能源智慧化管理服务平台,使得乘用车及场站管理效能提升、运营成本及订单管理可视化。可为运营管理公司提供多种场站综合管理服务,包括综合可视化展示、订单结算管理、运输线路里程、能源补给利用、停车管理、设施设备资产等。可为车辆管理提供科学调度和线路方案,包括车辆全方位信息档案、可视化调度、运行跟踪、异常警告、维修管理等。

5.14.3 项目投资估算

本项目总投资16222.40万元,其中加氢站建设投资为6663.02万元,车辆购置费8980万元,建设期利息228.51万元,流动资金350.87万元。

参考文献

[1] 陕西氢能产业发展有限公司.风光制氢源网荷储一体化示范项目[R].2023-04.

[2] 大安吉电绿氢能源有限公司.大安风光制绿氢合成氨一体化示范项目(制氢合成氨部分)环境影响报告书[R].2023-01.

[3] 张轩,历一平.绿色甲醇生产工艺技术经济分析[J].现代化工,2023,43(03):209-212.

[4] 闫泽.二氧化碳加氢制甲醇经济性及减碳效益测算分析[J].化学工业,2022,40(02):36-41.

[5] 北京国环清华环境工程设计研究院有限公司.深圳能源库尔勒绿氢制储加用一体化示范项目环境影响报告书[R].2023-01.

[6] 陕西氢能产业发展有限公司.2万吨/年乙烷制乙烯副产气制氢项目[R].2023-05.

[7] 陕西氢能产业发展有限公司.兰炭尾气制储输加用一体化氢能示范性项目[R].2023-07.

[8] 广州市怡地环保有限公司.南庄制氢加氢加气一体化站环境影响报告书[R].2021-07.

[9] 陕西氢能产业发展有限公司.榆林市加氢站建设工程项目[R].2023-08.

[10] 内蒙古首环环保技术有限公司.空气产品久泰(内蒙古)氢能源科技有限公司久泰液氢项目[R].2021-11.

[11] 王兴栋.镍基氢气氧化电催化剂的合成及其在燃料电池中的应用[D].北

京:北京化工大学,2023.

[12] 济南绿动氢能科技有限公司.黄河流域氢能产业基地崔寨产业园一期项目[R].2023-02.

[13] 江西锦名成环保有限公司.江西氢天科技有限公司年产5000个车载储氢瓶项目[R].2023-08.

[14] 宋英杰.质子交换膜燃料电池新型气体扩散层制备工艺及实验研究[D].青岛:青岛科技大学,2023.

[15] 李天涯.质子交换膜燃料电池气体扩散层的制备和性能研究[D].北京:北京化工大学,2021.

[16] 苏州金棕榈环境工程有限公司.碳际新材料(苏州)有限公司氢燃料电池核心材料气体扩散层(GDL)加工项目[R].2023-03.

[17] 内蒙古鸣霄技术咨询有限责任公司.鄂尔多斯市国盛利华制氢设备有限公司先进高温碱性水电解制氢及PEM质子交换膜水电解制氢设备生产项目[R].2023-10.

[18] 陕西氢能产业发展有限公司.榆神工业园区氢能车辆运营示范项目[R].2023-10.

6

陕西省氢能产业概况

加快推动陕西省氢能产业发展,是贯彻国家双碳目标,实现能源战略转型、保障能源安全的必然要求,也是构建全省绿色低碳产业体系、打造产业转型升级新增长点的必经之路。2022年,陕西省发布了《陕西省"十四五"氢能产业发展规划》《陕西省氢能产业发展三年行动方案(2022—2024年)》《陕西省促进氢能产业发展的若干政策措施》,明确氢能产业发展"规划图"和"路线图",鼓励各地市结合实际,出台政策举措推进氢能产业发展。依托丰富的能源资源优势、特有的应用场景和雄厚的产业科教基础,陕西氢能产业在基础设施建设、装备研发制造和应用场景示范等方面取得了一系列重大进展。同时,陕西省委、省政府站在打造氢能全产业链的战略高度,组建成立了国内首个省级氢能运营平台企业。

6.1 发展现状

陕西是我国重要的能源资源大省,油气产量位居全国第二、煤炭产量位居全国第三,全省能源消费整体上以煤炭和石油、天然气等化石能源为主。根据全球能源低碳化转型趋势、国家能源革命战略和陕西能源发展战略要求,依托资源、技术和人才优势,大力发展风电、太阳能等可再生能源,加快培育氢能等新能源产业,助推陕西能源清洁低碳化转型。"十四五"以来,陕西省大力发展氢能利用及相关产业,通过出台扶持政策、建立省级氢能平台、规划氢能产业园区以及配套基础设施建设等,以"资源优势+应用市场"推动氢能产业集群化发展。

6.1.1 区域发展

陕西省氢能源利用相关产业涵盖了氢气制备、储运、应用三大方面,特别是在制储氢技术研发、加氢站设备、氢燃料电池及其核心零部件、氢能汽车整车制造领域,已汇集了超过40余家氢能相关企业,涌现了以陕西氢能产业发展有限公司、中国航天科技集团公司第六研究院、陕西燃气集团公司、陕西华秦新能源科技有限责任公司、陕西旭强瑞清洁能源有限公司、维纳氢能科技有限公司等为代表的企业。除了陕西延长石油(集团)有限责任公司、陕西煤业化工集团有限责任公司、陕西汽车控股集团有限公司、陕西有色金属控股集团有限责任公司等大型省属国有企业涉及氢能相关技术及产业外,其他氢能企业如表6-1所示。

表6-1 陕西省氢能企业名单(不完全统计)

序号	公司名称	成立日期	所属城市
1	陕西华秦新能源科技有限责任公司	2010—04—26	西安市
2	陕西燃气集团有限公司	2011—09—28	西安市
3	西安瀚海氢能源科技有限公司	2017—04—25	西安市
4	西安卓越蔚来氢能源科技股份有限公司	2019—04—29	西安市
5	西安海卓真气体科技有限公司	2020—04—22	西安市
6	西安隆基氢能科技有限公司	2021—03—31	西安市
7	西安一九零八新能源科技有限公司	2021—09—27	西安市
8	陕西氢纯能源科技有限公司	2021—10—13	西安市
9	陕西旭氢时代科技有限公司	2021—11—25	西安市
10	陕西氢易能源科技有限公司	2021—12—20	西安市
11	质子汽车科技有限公司	2022—04—07	西安市
12	陕西黑石绿能科技有限公司	2022—09—29	西安市
13	陕西云腾氢芯科技有限责任公司	2023—07—21	西安市
14	陕西润中清洁能源有限公司	2008—03—31	咸阳市
15	陕西博菲特流体控制装备制造有限公司	2016—01—04	咸阳市

续表

序号	公司名称	成立日期	所属城市
16	西安伯肯氢能科技有限公司	2020—06—30	咸阳市
17	维纳氢能科技有限公司	2022—03—14	咸阳市
18	陕西长维氢能科技有限公司	2022—06—24	咸阳市
19	陕西中源氢能新能源有限公司	2023—03—16	咸阳市
20	清安优能科技发展(榆林)有限公司	2022—03—18	榆林市
21	陕西氢动力能源科技有限公司	2023—02—16	榆林市
22	陕西亿杰锋源氢能科技有限公司	2023—05—10	榆林市
23	榆林中未智氢新能源有限公司	2023—06—16	榆林市
24	陕西旭强瑞清洁能源有限公司	2013—08—19	渭南市
25	渭南中氢绿能科技有限公司	2022—12—29	渭南市
26	陕西华胜渭蒲科技有限公司	2023—01—09	渭南市
27	澄城县氢能动力装备制造有限公司	2023—11—02	渭南市
28	宝鸡石油钢管有限责任公司	2000—11—21	宝鸡市
29	陕西宝光联悦氢能发展有限公司	2011—05—05	宝鸡市
30	宝鸡天联汇通复合材料有限公司	2015—07—09	宝鸡市
31	汉中启迪氢能工程技术中心有限公司	2019—09—05	汉中市
32	陕西瑞利卡文氢能源科技股份有限公司	2019—05—09	商洛市
33	延安元熙新能源科技有限公司	2023—02—08	延安市

在区域产业布局上,关中及陕北地市均实现了良好开局。一是西安市正在打造全国氢能科创之都,并引入氢能制造装备企业,在经开区、空港新城、国际港务区等布局氢能交通示范场景,打造以西安为中心的关中氢能装备研发制造中心。二是宝鸡、咸阳发挥资源聚集、产业配套和招商引资的优势,打造燃料电池系统及关键零部件、核心材料研发和装备制造高地。三是渭南、韩城立足区位优势,年可提供上万吨焦炉尾气纯化制得高纯氢资源保障,打造以渭南为核心的关中氢能供应及应用中心。四是榆林市围绕工业副产氢及丰富的绿氢资

源、应用场景丰富优势,在氢燃料电池重卡"短倒运输"应用实现了运营示范突破,已初步构建以氢能装备产业、氢能应用示范为核心的全产业链发展格局。

6.1.2 产业项目

当前,陕西氢能产业体系逐步完善,涵盖了氢能技术研发、氢气制备与储运、氢能应用三大方面,氢能全产业链初步形成。随着氢能产业前期基础设施、设备技术以及运行成本初步迈入商业化阶段,一批技术先进、应用成效显著的工业副产气制氢、风光电制绿氢、加氢站、氢燃料电池及电解槽装备、绿氢化工、氢能交通等示范项目落地实施,现已投产、在建、拟建及规划氢能产业项目总投资达 300 亿元以上。截至 2023 年 11 月底,陕西省氢能产业已建成项目情况如表 6-2 所示。据不完全统计,陕西省拟在建氢能产业项目如表 6-3 所示。

表 6-2 陕西省氢能产业已建成项目一览表

序号	项目名称	单位名称	建设地点	建成时间
1	榆林科创新城零碳分布式智慧能源中心示范项目	清安优能(北京)科技有限责任公司	榆林科创新城	2022 年 8 月 1 日投用
2	韩城美源 35 MPa 液驱式箱式撬装加氢站	陕西旭强瑞清洁能源有限公司	韩城市	2022 年 9 月 26 日投用
3	西咸新区维纳氢能长庆加氢示范站(1000 kg/d)	维纳氢能科技有限公司	西咸新区秦汉新城	2023 年 1 月 6 日投用
4	榆林榆神工业园区榆林学院加氢示范站(500 kg/d)	榆林学院	榆林榆神工业园区	2023 年 4 月 7 日投用
5	榆林华秦新能源振兴路加氢站(1000 kg/d)	陕西华秦新能源科技有限责任公司	榆林高新区	已建成但未投用
6	陕西氢能 1000 kg/d 撬装加氢站	陕西氢能产业发展有限公司	榆林市	2023 年 4 月 7 日投用
7	模块化集装箱式光伏 PEM 制氢-储氢-氢燃料电池热电联供一体化氢能综合利用项目	延长石油燃气集团新能源新港能源公司	西安国际港务区新港园区	2023 年 8 月 31 日投用
8	标准状态 5000 万 m³/年焦炉煤气制高纯氢项目	陕西旭强瑞清洁能源有限公司	韩城市	2020 年 10 月 23 日投产

续表

序号	项目名称	单位名称	建设地点	建成时间
9	长庆石化氢能源基地建设项目	中国石油长庆石化公司	咸阳市秦都区	2023年7月12日投产
10	1000台(套)/年全自动化氢燃料电池电堆生产线	陕西旭氢时代科技有限公司	西咸新区泾河新城	2023年11月17日投产
11	航天六院渭南液氢生产基地		渭南市	

表6-3 陕西省拟在建及规划氢能产业项目汇总(不完全统计)

序号	项目名称	单位名称	建设地点	项目投资	建设时间
1	榆林华秦氢能产业园	陕西华秦新能源科技有限责任公司	榆林榆横工业园区	5亿元	2020年10月15日开工
2	燃料电池电堆生产制造和研发基地	陕西华胜渭蒲科技有限公司	渭南市	1亿元	在建
3	年产标准状态2亿 m³ 焦炉煤气制氢项目	陕西旭强瑞清洁能源有限公司	韩城市		2022年8月15日开工
4	标准状态2400万 m³/年蒲洁能化氢能综合利用项目	蒲城清洁能源化工有限责任公司	渭南市蒲城县		2022年12月2日开工
5	陕西氢能榆林零碳产业园氢能(制氢)示范项目	陕西氢能产业发展有限公司	榆林高新区	6.95亿元	2023年1月11日立项
6	榆林氢能产业基地(氢能装备制造)项目	陕西氢能产业发展有限公司	榆林高新区	30亿元	2023年8月31日立项
7	西安—渭南—韩城城际氢能廊道示范项目	陕西煤业新型能源科技股份有限公司	渭南市蒲城县	1.02亿元	2023年8月3日立项
8	榆林中未智氢新能源有限公司新建制加一体化加氢站项目	榆林中未智氢新能源有限公司	榆林横山区	6668万	2023年8月18日立项
9	秦汉新城氢能制取储运研发生产基地	陕西西咸新区秦汉新城天汉投资有限公司	西咸新区秦汉新城	45亿元	2023年10月12日立项

续表

序号	项目名称	单位名称	建设地点	项目投资	建设时间
10	"西部氢岛"——陕氢（西安）氢能装备制造产业基地	陕西天汉大健康产业发展有限公司	西咸新区秦汉新城	15亿元	2023年10月12日立项
11	西安氢能产业技术研发及高端装备基地项目	陕西氢能产业发展有限公司	西安市/西咸新区	10亿元	2023年9月14日签约
12	质子交换膜燃料电池系统暨核心零部件高端制造项目	陕西氢能产业发展有限公司	榆林市	25亿元	2023年9月14日签约
13	中国西部（榆林）固体氧化物燃料电池高端制造项目	陕西氢能产业发展有限公司	榆林市	6.6亿元	2023年9月14日签约
14	榆林气态储氢加氢装备制造项目	陕西氢能产业发展有限公司	榆林市	10亿元	2023年9月14日签约
15	榆林有机液态储氢研发生产项目	陕西氢能产业发展有限公司	榆林市	15.8亿元	2023年9月14日签约
16	榆林镁基固态储氢研发生产项目	陕西氢能产业发展有限公司	榆林市	5亿元	2023年9月14日签约
17	榆林民用商业化液氢装备制造及生产项目	陕西氢能产业发展有限公司	榆林市	10亿元	2023年9月14日签约
18	榆林市加氢站建设项目	陕西氢能产业发展有限公司	榆林市	10亿元	2023年9月14日签约
19	国家级工业绿氢基地示范项目	陕西氢能产业发展有限公司	榆林市	50亿元	2023年9月14日签约
20	氢能交通"制储输加用"一体化示范项目	陕西氢能产业发展有限公司	榆林市	8.7亿元	2023年9月14日签约

6.2 资源供需现状

6.2.1 陕西风能太阳能资源

1）风能资源

陕西省目前已查明的风能资源较丰富区域主要位于榆林市北部，长城沿线区域;陕西省风能资源次丰富区主要分布在榆林南部,延安北部区域。

榆林地区风能资源丰富。榆林市目前已查明的风能资源较丰富区域主要分布在定边县中西部地区和靖边中部地区。根据陕西省气象局编写的《陕西省风能资源评价报告(2010版)》,定边、靖边风能资源2级区,其70 m高度实测年平均风速 5.6~6.9 m/s,最多风向主要分布在 SSE~SSW 区间,年平均风功率密度 176~290 W/m²,年有效风速时长多大于6500 h,属风能资源可利用区,具备建设大型并网型风电场的条件。

2)太阳能资源

陕西省太阳能资源按照资源丰富程度可以划分为3个区:Ⅰ为太阳能资源丰富区(年太阳能总辐射量为 4560~5460 MJ/m²,全年日照时长为 2600~2900 h),主要包括陕北北部和渭北东部地区;Ⅱ为太阳能资源较丰富区(年太阳能总辐射量为 4500~4560 MJ/m²,全年日照时长为 2100~2600 h),主要包括陕北南部、关中地区;Ⅲ为太阳能资源一般区(年太阳能总辐射量为 4100~4500 MJ/m²,全年日照时长为 1664~2100 h),主要包括陕南汉中和安康大部分地区。

榆林地势海拔高、阴雨天气少、日照时间长、辐射强度大、大气透明度高,太阳能资源开发利用具有得天独厚的优势条件。榆林市各县年太阳辐射达 5500~6000 MJ/m²,年平均日照时长 2600~2900 h,是全国太阳能资源富集区之一,且近年来呈增加趋势,开发利用潜力巨大,适宜建设大型光伏电站。由于地形和地质的原因,榆林市有利于集中开发的太阳能资源主要集中在榆阳区、定边县、靖边县、横山区和榆神工业园等地。

6.2.2 可再生能源制氢潜力

1)新能源开发现状

"十四五"以来,陕西省加快绿色、低碳发展步伐,可再生能源保持快速增长,可再生能源新增装机量屡攀新高。2022年,陕西可再生能源装机规模达到3111万 kW,占全省电力总装机的38.3%。其中,风电装机规模1179万 kW、光伏发电装机规模1489万 kW、生物质装机规模55万 kW、水电装机规模388万 kW(图6-1),非水可再生能源装机规模位居全国第13位。

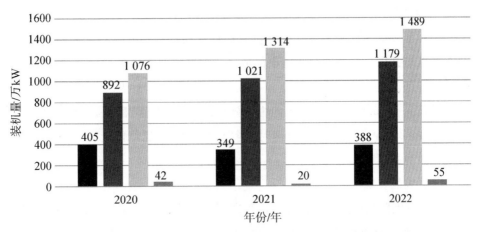

图 6-1　2020—2022 年陕西省可再生能源新增装机量情况

可再生能源发电量持续增长,特别是风力和太阳能发电量增幅显著。全省加快发展非化石能源,坚持集中式和分布式并举,大力提升风电、光伏发电规模,现成效已显现。2022 年,陕西省规上可再生能源发电量约为 340 亿 kW·h,其中规上风力、太阳能及水力发电量分别为 157.2 亿 kW·h、105.4 亿 kW·h 和 77.9 亿 kW·h(图 6-2)。

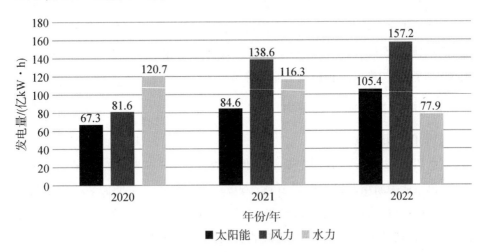

图 6-2　2020—2022 年陕西省规上可再生能源发电量

陕西省传统能源、清洁能源的富集区都在陕北。据统计,榆林风、光等资源总量约占全省总量的 70%。截至 2022 年底,榆林累计新能源装机量近 1800 万

kW,其中风电装机规模为 731.6 万 kW,光伏发电装机规模达 642.9 万 kW(图 6-3)。已建风电项目主要分布在定边和靖边,已建光伏项目主要分布在定边、榆阳和神木。

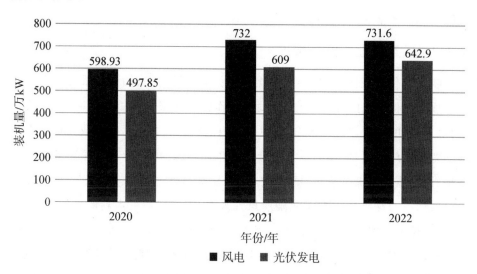

图 6-3 2020—2022 年榆林市可再生能源新增装机量情况

2)可再生能源制氢

2021 年 1 月,《陕西省国民经济和社会发展第十四个五年规划和 2035 年远景目标纲要》提出:到 2025 年,全省可再生能源项目累计装机规模达到 6500 万 kW 以上,其中风电、光伏发电、水电、生物质发电分别达到 2000 万 kW、3800 万 kW、600 万 kW 和 100 万 kW。2022 年 7 月,《陕西省碳达峰实施方案》提出:到 2030 年,风电、太阳能发电总装机容量达到 8000 万 kW 以上,可再生能源项目装机规模有望达到 9000 万 kW。《榆林市可再生能源发展"十四五"规划》提出:"十四五"期间新增新能源 2600 万 kW,风电 700 万 kW、光伏 1900 万 kW(不完全包含陕豫外送通道)。预计到 2025 年和 2030 年,榆林市可再生能源发电总装机容量将分别达到 3700 万 kW 和 6000 万 kW。2022 年 3 月,陕西省能源局印发《关于促进陕西省可再生能源高质量发展的意见》(征求意见稿)提出:2021 年起,关中、陕北新增 10 万 kW(含)以上集中式风电、光伏项目按照不低于装机容量 10%配置储能系统,其中榆林地区不低于 20%。

按照新增风电光伏 20%采用氢储能(以榆林为主),预计到 2025 年,全省新增风电光伏装机规模约 3000 万 kW，则绿氢规模为 8 万～11 万 t/a；预计到 2030 年，全省新增风电光伏装机规模约 6000 万 kW，则绿氢规模将达到约 25 万～30 万 t/a。陕西省未来绿氢发展潜力巨大，可为氢能产业发展和工业领域脱碳提供丰富的资源保障。

6.2.3 陕西工业副产氢情况

陕西省作为我国能源大省，煤炭产量位居全国前三、油气当量位居全国第一。榆林市位于我国"能源金三角"腹地，作为国家级能源重化工基地，是我国"西煤东运"的源头、"西气东输"的腹地、"西电东送"的节点，现已成为世界上最大的兰炭生产基地、世界上最大的金属镁生产基地、国内最大的煤制烯烃生产基地、国家重要的煤电基地、氯碱产业生产基地。

陕西省有相当规模的工业副产氢气来源，主要包括兰炭副产煤气、煤化工副产氢、炼油厂副产氢、氯碱工业副产氢、乙烷制乙烯副产氢等。大部分工业副产氢虽然基本实现了再利用，但现有燃烧发电、合成氨、制氢等还存在着发电效率低、合成氨规模小、制氢分离过程能耗大等缺点，影响着副产氢的利用效益。全省现有可利用的工业副产氢规模约 17.5 万 t 左右，其中兰炭副产煤气提氢约 10 万 t/a、甲醇装置副产氢约 1 万 t/a、乙烷制乙烯副产氢约 4.5 万 t/a、焦炉尾气提氢约 2 万 t/a。远期来看，陕西省工业副产氢总供应潜力不超过 30 万 t/a，主要受制于传统能源化工产业的缩减、碳排放双控下的工艺优化。

1) 兰炭副产煤气制氢

2022 年，榆林兰炭产量为 3700 万 t，按照每吨兰炭副产煤气约 1000 m^3，理论上该煤气中氢气含量为 22%，但是当前兰炭副产煤气大部分已得到综合利用，其利用方式包括燃烧发电、用作工业燃料或提氢化工利用等，仅有极少部分待利用、可开发。

榆林兰炭产业存在的主要问题：一是主要产品兰炭应用受限。兰炭的主要消费领域是高耗能的铁合金、电石、固定床气化、高炉喷吹等领域，铁合金占兰炭消费量 50% 以上，电石占兰炭消费量 20% 左右，随着铁合金、电石、合成氨等产业的绿色低碳发展，将给兰炭副产煤气制氢带来较大不确定性。二是兰炭清洁生产水平亟须加强。由于兰炭直立炭化炉生产工艺原因，兰炭生产设备精细化水平差，在炉顶煤仓密封及防止煤气外溢技术，出焦系统、煤气净化系统、焦油氨水分离系统的 VOCs 治理技术等,要完全达到现行环保标准尚存在一定的难度,且清洁生产逐阶段提升。

2) 煤化工副产氢

煤化工副产氢主要来自甲醇、合成氨在合成工段的弛放气。以甲醇弛放气为例,其中氢含量约 65%。按照 1 t 甲醇 250 m³ 弛放气计算,目前,榆林市精甲醇产量约 300 万 t/a,年弛放气总资源量 7.5 亿 m³,其中氢气资源量约 5 亿 m³(折 4.5 万 t 氢气)。按照最新工艺,此部分氢会被回收二次用于生产甲醇、合成氨,难以作为工业副产氢利用。

3) 乙烷制乙烯副产氢

中国石油兰州石化公司以该乙烷资源为原料,在陕西省榆林市榆横工业园南区内建成投产 80 万 t/a 乙烷制乙烯项目,由于乙烷裂解制乙烯的工艺特点,会产生规模较大的副产气,其氢气含量高、杂质少。按照该项目副产氢气资源量计算,其氢资源可达 4.5 万 t/a。

4) 炼厂尾气

延长石油榆林炼油厂副产尾气制标准状态氢气 15000 m³/h,年可产高品质氢气约 1 万 t。

6.2.4 氢能应用的市场空间

1) 化工领域用氢消费

目前,陕西省能源化工用氢消费总产能约 400 万 t/a,其中大部分用途是煤化工生产甲醇、合成氨、油品、烯烃、乙醇等化学品的原料。榆林市主要的化工园区,包括榆神工业园区、榆横工业园区、神木锦界工业园区、靖边能源化工产业园和府谷高新区,据不完全统计已投产和在建化工项目的用氢量,总规模达到了 380 万 t/a(426 亿 m³/a),如表 6-4 所示。按照未来发展趋势和 30% 绿氢替代比例,陕西能源化工产业未来绿氢化工用氢潜力将超过 100 万 t/a。

2) 交通领域氢能前景

陕西省汽车及零部件产业实力雄厚,是陕西省全力打造的支柱产业之一,龙头企业有陕汽集团、比亚迪、吉利等,形成了全国重要的新能源汽车和重型汽车生产基地。2022 年陕西汽车产量突破"百万"量级,达到 133.8 万辆,其中新能源汽车产量 101.5 万辆,创历史新高,迈入汽车产业大省之列。

表 6-4 榆林市各工业园区主要煤化工项目用氢情况(包括在建项目)

园区名称	序号	公司	项目名称	项目情况	用氢情况	制氢方式	年氢气需求(亿 m³/万 t)
榆神工业园区	1	国能榆林化工有限公司	神华榆林循环经济煤炭综合利用项目一阶段	2020 年 12 月投产	180 万 t/a 甲醇	煤气化	39/35
	2			2022 年 1 月投产	40 万 t/a 乙二醇	煤气化	6.4/5.7
	3	陕煤集团榆林化学有限责任公司	陕煤榆神煤炭分质利用制化工新材料示范工程一期 180 万 t/a 乙二醇项目	2022 年 10 月投产	180 万 t/a 乙二醇	煤气化	29/26
	4	陕西延长石油榆神能化公司	50 万 t/a 乙醇项目	2022 年 8 月投产	50 万 t/a 乙醇	煤气化	13/12
	5	陕西榆能化学材料有限公司	榆能集团 40 万 t/a 乙二醇项目	在建	40 万 t/a 乙二醇	煤气化	6.4/5.7
	6	陕煤集团榆林化学有限责任公司	陕煤榆神煤炭分质利用制化工新材料示范工程二期项目	在建	煤气化产 440 万 t/a 甲醇和其他产品	煤气化	95/84
			煤化工用氢合计				188/168

续表

园区名称	序号	公司	项目名称	项目情况	用氢情况	制氢方式	年氢气需求(亿m^3/万t)
榆横工业园区	7	中煤陕西榆林能源化工有限公司	60万t/a煤制烯烃	建成	配套240万t/a甲醇	煤气化	51.6/46.1
	8	陕西未来能源化工有限公司	100万t/a煤间接液化	建成	100万t/a油品	煤气化	34.0/30.4
	9	陕西延长石油榆林凯越煤化有限责任公司	60万t/a煤制甲醇	建成	60万t/a甲醇	煤气化	12.9/11.5
	10	中煤陕西榆林能源化工有限公司	180万t甲醇	在建	180万t/a甲醇	煤气化	38.7/34.6
	煤化工用氢合计						137.2/122.5
神木高新技术产业开发区(锦界工业园区)	11	陕西神木化学工业有限公司	60万t/a甲醇	建成	60万t/a甲醇	煤气化	12.9/11.5

续表

园区名称	序号	公司	项目名称	项目情况	用氢情况	制氢方式	年氢气需求（亿 m³/万 t）
靖边能源化工综合利用产业园区	12	陕西延长中煤榆林能源化工有限公司	180万t/a聚烯烃	建成	配套360万t/a甲醇	煤气化	77.4/69.1
府谷高新技术产业开发区	13	奥维乾元煤制甲醇项目	年产30万t合成氨	建成	30万t/a合成氨	煤气化	6.0/5.4
	14		20万t甲醇	建成	20万t/a甲醇	煤气化	4.3/3.8
各园区煤化工用氢总计							425.7/380.1

陕西省在氢能交通领域有独特的应用场景。陕北地区现有大量的燃油、燃气卡车从事能源化工产品运输，特有的高寒、重载的"短倒运输"是燃料电池重卡的理想应用场景，以燃料电池重卡置换燃油、燃气卡车，能够有效降低运输碳排放，助力绿色矿区（园区）建设。此外，依托陕北能源供给中心和关中城市群之间的大量城际物流运输需求，开展氢能物流运输具有良好的发展前景。

榆林位于中国能源金三角地带，该地区是中国重要的煤炭生产和加工基地，煤炭等货物运输量巨大，因此重卡作为氢燃料电池汽车未来重要的应用领域，在榆林和周边地区发展潜力巨大。目前陕西省货运汽车保有量为77万辆，其中重型载货汽车保有量为22万辆，榆林市货车总保有量10万～12万辆，其中重卡5万～6万辆，因此氢能重卡在榆林市和周边地市具有很好的应用场景。目前，榆林全市有2300家货运企业，普运企业2200家，危运企业172家，全市货车中危运车辆8000辆，全市年短倒运输量约7亿t，承运车约3万辆，短倒重卡数量在2.3万～2.8万辆。榆林市当地短倒运输量大，未来5年内达到强制报废期限的重卡数量较多，因此以榆林市本地短倒输运为主要场景推广氢能重卡替代应用具有先天的优势条件。

预计未来陕西氢能重卡短倒运输推广量将达到1万辆,则交通用氢年消耗氢气将达到20万～26万t/a,再加上过境中长距离货运和全省公交客运,预计到2030年陕西省交通领域氢能将达到30万～35万t/a。

6.3 发展战略分析

6.3.1 面临机遇

1)氢能产业是实现双碳目标的重要抓手

在"双碳"目标的驱动下,工业、交通、发电等领域,以绿氢为源头的氢能多元化及商业化应用的新局面正在形成,氢能迎来了前所未有的发展机遇。陕西省应把握全球能源变革发展大势和机遇,加快培育发展氢能产业,加速推进我国能源清洁低碳转型。陕西作为煤炭大省,应依托丰富的资源优势、完善的产业配套、特有的应用场景和雄厚的科教基础,把握氢能发展历史窗口期,为省内煤化工产业高质量发展寻求新的突破口。

2)为新能源汽车产业提供发展新赛道

近些年,中国、日本、韩国和欧美国家等已将发展新能源汽车上升为国家战略,电动车已经开始大量推广,渗透率不断提升,传统燃油车则受到冲击,同时氢燃料电池汽车成为各国关注的新热点。陕西省汽车及零部件产业实力雄厚,是陕西省全力打造的支柱产业之一,形成了全国重要的新能源汽车和重型汽车生产基地。为了贯彻落实国家发展氢能产业战略部署,陕西省未来应建设氢燃料汽车生产基地,发展氢能上下游相关产业,抢占未来汽车产业发展新赛道,为打造西部未来"万亿"汽车产业集群培育新的增长点。

6.3.2 面临挑战

1)产业政策与相关法规尚不健全

《国家氢能产业发展中长期规划(2021—2035年)》提到:我国氢能产业仍处于发展初期,相较于国际先进水平,仍存在产业创新能力不强、技术装备水平不高,支撑产业发展的基础性制度滞后,产业发展形态和发展路径尚需进一步探索等问题和挑战。同时,一些地方盲目跟风、同质化竞争、低水平建设的苗头有所显现。面对新形势、新机遇、新挑战,亟需加强顶层设计和统筹谋划,进一步提升氢能产业创新能力,不断拓展市场应用新空间,引导产业健康有序发展。虽然国家层面已经出台政策扶持氢能产业发展,但对于全产业链的扶持政策仍有待完善,目前仅针对加氢站及氢燃料电池汽车推广出台了补贴政策,但对绿氢制备、氢能工业降碳、氢能装备制造等细分领域缺少相关支持的实施细则。在加氢站等基础设施的建设审批及管理方面,目前缺乏统一的制度体系。

氢能源各环节的技术标准和产品检验检测及认证体系仍不完善,制约了终端产品规模化推广应用。在项目的政府审批和监管方面,氢气是危险化学品,涉氢项目按照危险化学品的管理法规,导致在制—储—运—用等各个环节审批困难。在氢气道路运输方面,目前我国 30 MPa 以上压力的道路运输受限,液氢储运民用标准的缺失使液氢运输无法实现。未来应根据新形势、新要求修订氢气生产、储运、加注相关的安全管理、检验检测和技术标准。

2)自主创新能力有待提升

燃料电池电堆核心技术与关键材料国产化率仍有提升空间,在功率密度、电池寿命、耐低温性等指标上与国际先进水平仍有差距,质子交换膜、催化剂、双极板及扩散层等关键材料仍部分依赖进口。此外,在加氢站用氢气压缩机、高压储氢系统关键部件以及氢气加注机等方面,国产产品性能还有待提高。如果未来国内产品在技术和成本上与进口产品相比没有竞争力,行业发展则会受到国外的各种制约,产业成本难以下降。

3)燃料电池制造业竞争激烈

质子交换膜燃料电池国内竞争激烈,行业龙头企业竞争格局已基本确定,但仍有较多的初创企业和大公司入局,新进入的燃料电池制造企业面临其他市场主体的同业竞争压力较大。应采取以市场换产业的方式,积极引进国内优势燃料电池企业,灵活采用平台合作、股权投资、合资经营等多种合作模式促进项目落地。

此外,燃料电池的不同技术路线之间还存在不确定性,虽然目前低温质子交换膜燃料电池技术最成熟,但是未来高温质子交换膜燃料电池、固体氧化物燃料电池等技术路线具有独特的技术优势和应用场景,随着技术的不断完善,不同技术路线的比较优势和相对竞争力也会发生变化,对于入局企业具有很强的挑战性,需要具备较强的技术研判、市场分析、资金分配和投资决策能力,一旦决策失误将面临较大的亏损风险。

4）氢能供应和应用终端成本较高

目前，我国氢能和燃料电池产业各个环节成本都较高，限制了氢能终端的推广应用。我国氢燃料电池公交车公告价基本在补贴后价格仍然高达100万～150万元，氢能重卡目前车企报价130万～150万元。氢气制取、储运成本价格高，氢能供应体系不完善，也导致氢能应用终端成本居高不下，目前西北地区可再生能源电力价格为0.2～0.3元/(kW·h)，绿氢成本为15～20元/kg，远高于煤制氢和副产氢的成本，储运和加注还将增加20～30元/kg的费用。氢燃料电池汽车和热电联供终端的采购价格和运营价格，目前远高于化石能源和电力，在成本和零碳取舍上还面临天然气、甲醇、乙醇等低碳过渡燃料的替代，面临其他技术路线、替代能源、电池储能等竞争。

6.3.3 发展优势

1）产业配套完善

陕西省在可再生能源、氢能和新能源汽车产业各环节都有相关企业和科研单位，可以提供科技研发、装备生产、工业化服务能力，全省氢能产业链总体较为完备。在燃料电池整车、动力系统、电堆和配套产业方面，拥有陕汽集团、秦星汽车、三星、陕煤研究院、法士特、延长、陕鼓、航天六院、西部材料、西北工业大学等企业和科研单位；在绿氢制备及储氢装备方面，拥有华秦新能源、隆基氢能、瀚海氢能、凤栖科技等企业。

2）科研实力雄厚

陕西本地具有雄厚的科技研发实力。全省拥有近百所高校，近千家各类科研院。西安交通大学、西北工业大学等院校在光催化制氢技术、电解水制氢、先进储氢材料、固态储氢技术等领域具有较强研发实力。中国石油集团管材研究所在气态储氢材料领域形成了完整的技术体系。延长石油集团、陕煤化集团组建了专业的技术研发工程中心，可为氢能产业发展提供强大科研支撑。

6.3.4 发展劣势

1）本地应用市场尚未打开

氢燃料电池汽车虽然在2019年之后出现爆发式增长，但整体规模仍然较小,目前我国燃料电池汽车每年销量为2000~3000辆。虽然近几年氢燃料电池商用车发展迅速,但受限于整车制造成本高、财政补贴滞后等原因,目前出货量不大。如果氢能燃料电池商用车在陕西省无法实现大规模量产,将无法形成"规模效应降低成本—成本降低加速推广"的产业良性循环,规模化推广可能导致资金投入高、相对收益低。

此外,氢能在本地其他领域应用也面临成本较高和推广较慢的问题,规模化推广可能导致亏损。氢燃料电池热电联供在国内推广很少,只有山东和广东有小规模商业化示范,有待进一步验证。绿氢化工目前受限于可再生能源成本问题,预计在碳交易没有较好经济效益的情况下难以大规模推广。燃气掺氢受限于标准缺失,推广进程预计不会太快。

2)基础设施建设进度滞后

基础设施建设滞后是制约我国氢能产业发展的主要瓶颈之一。特别是加氢站存在建设成本高、氢气成本高、补贴支持政策滞后以及审批管理机制不健全等情况,导致我国加氢站建设推广进度较慢且现阶段多数加氢站处于亏损状态,进而导致现阶段终端用户实际用氢成本较高。

目前陕西省已建成加氢站(含固定式、撬装式)5个,具体为榆林高新区加氢站、榆横园区加氢站、西咸新区加氢站、韩城加氢站、陕西氢能公司加氢站,还未围绕绿氢供给和氢燃料电池汽车建设起氢能制取、储运、加注的产业体系,氢能基础设施几乎一片空白,大部分氢燃料电池产业还处于前期谋划和示范推广阶段。

3)技术和装备基础相对薄弱

与其他地区相比,北京、上海、广东、武汉、山东等地区氢能源产业先发优势明显,已经初步形成产业集聚效应,陕西省氢能和燃料电池产业优势并不明显。相关产业的发展具有资本投入强度大、技术准入门槛高、研发能力强等特点,难以短时间内一蹴而就。

6.4 政策支持

6.4.1 政策支持

(1)2022年7月,陕西省发改委发布《陕西省"十四五"氢能产业发展规划》,

相关内容如下。

总体目标：到 2025 年，氢能发展的政策环境体系基本形成，氢燃料电池实现本省研发生产，示范应用取得显著效果，初步建立较为完整的供应链和产业体系。形成若干个万吨级车用氢气工厂，建成投运加氢站 100 座左右，力争推广各型燃料电池汽车 1 万辆左右，一批可再生能源制氢项目建成投运，绿氢装备、氢气储运装备、燃料电池整车等环节技术达到国内先进，氢能在冶金、化工领域实现拓展应用，全产业链规模达 1000 亿元以上。到 2030 年，全省形成较为完备的氢能产业技术创新体系和绿氢制备及供应体系，可再生能源制氢规模化应用，有力支撑碳达峰目标实现。

发展路径：以支撑实现碳达峰、碳中和目标为出发点，以培育壮大氢能产业链为着力点，以技术突破和产业培育为主攻方向，通过资源优势吸引企业聚集，打造氢能运力运营平台，推动氢燃料、氢原料应用协同发展，构建陕西特色氢能产业生态。

空间布局：打造"一核引领，两轴联通，三心支撑"的氢能发展格局。一核引领，是依托西咸新区打造我省燃料电池产业核心区。两轴联通，是打造榆林-延安-西安、西安-渭南-韩城两条城际氢能廊道，联通陕北、关中地区氢能消费中心和供应中心，建设榆林、西安、渭南互为支撑的氢能产业集群。三心支撑，是打造以西安为中心的关中氢能装备研发制造中心，以榆林为核心的氢能重卡装备制造及陕北氢能供应和应用中心，以渭南为核心的关中氢能供应及应用中心。

(2) 2022 年 7 月，陕西省发改委发布《陕西省氢能产业发展三年行动方案（2022—2024 年）》，相关内容如下。

主要目标：到 2024 年，产业链基本补齐短板，初步实现本地配套，绿氢装备产业跃居全国第一阵营；氢能基础设施满足应用需求，一批加氢站建成投运；氢能运力平台初具规模，力争推广示范燃料电池汽车累计超 5000 辆；全省氢能部分领域商业模式基本成形，氢能产业生态雏形显现，产业规模突破 500 亿元以上。

重点任务：一是加快基础设施建设，支撑应用发展。提升氢气供应能力、统筹加氢站建设、加快基础设施建设政策出台。二是发展装备制造，促进产业突破。培育制储运装备产业、打造燃料电池产业链、做强燃料电池汽车制造产业、拓展氢能应用装备产业。三是聚焦技术创新,强化内生动力。加大核心技术攻关、构建技术转化通道、打造协同创新平台、加强创新人才引育。四是统筹应用示范,构筑产业生态。打造氢能运力平台、推进氢能示范城市群建设、探索氢原料升级应用、发展氢能产业园区。

(3)2022年7月,陕西省发改委发布《陕西省促进氢能产业发展的若干政策措施》,相关内容如下。

该措施共提出12条政策,其中与产业相关的有"优化氢能发展环境"、"支持先行试点示范"、"加快加氢站建设"、"支持示范区(线)建设"、"优先风光资源配置"、"开展关键技术攻关"等。

(4)2023年,咸阳市发改委印发实施《咸阳市氢能产业发展规划(2021—2025年)》。该规划包含国际氢能产业发展形势、咸阳市氢能产业发展基础、存在问题、发展目标、发展重点、整体布局、主要任务、重大工程与实施路径和保障措施九个方面。

(5)2023年1月,《西咸新区氢能产业发展三年行动方案》(2023—2025年),出台,相关内容如下。

总体目标:到2025年,氢燃料电池产业规模化发展。产业链条向上游制氢、储运、加氢站成套装备,下游氢能应用装备研发制造延伸,产业链条基本完整,产业服务和创新体系初步形成,创新链、产业链深度融合,优质科技成果批量产业化。氢能产业链企业数量达到100家,形成包含创新型中小企业、专精特新"小巨人"企业、规模以上企业和上市企业的梯度层次分布企业结构。转化科技成果不少于50个,建成产业创新及服务平台不少于10个。燃料电池系统生产能力5000套/年,产值规模突破300亿元。

发展定位:充分发挥西咸新区的区位优势,统筹融合周边氢源、示范应用场景、配套设施、科技人才等资源,打造燃料电池系统及关键零部件、核心材料研发和装备制造高地,将西咸新区建设成为陕西省燃料电池产业核心区,成为关中氢能装备研发制造中心的重要组成部分,并逐步发展成为全国领先的"燃料电池制造基地"、"氢能装备研发制造基地"和"智慧建筑零碳能源示范基地",并成为西北区域国家氢燃料电池汽车示范城市群的牵头地区之一。

空间布局:以西咸新区特色产业园为承载基础,形成"一个核心、两区引领、多点协同"的发展格局。"一个核心":以泾河双碳光伏产业园、泾河两链融合示范园为中心,招引和培育氢燃料电池龙头企业、核心零部件装备制造优质企业,在泾河新城打造氢燃料电池系统及关键零部件生产核心区,落实新区氢能产业发展定位。"两区引领":依托秦汉自动驾驶产业园、沣西西部科技创新港。"多点协同"是构建多个氢能应用示范场景,形成多个示范场景协同发展的格局,促进氢能产业规模化发展。

(6)2023年8月,陕西省西安市发改委印发《西安市氢能产业发展规划(2023—2035年)(征求意见稿)》,相关内容如下。

发展目标:2023—2025年为产业培育阶段。初步形成陕西两条城际氢能廊道枢纽、以西安为中心的关中氢能装备研发制造中心和以西安为代表的关中氢能消费中心基本格局。氢能相关企业总数超过50家,力争产值突破100亿元。2026—2030年为产业发展阶段。氢能相关企业总数超过150家,培育氢能装备制造链主企业2~3家,力争产值突破300亿元。2031—2035年为产业成熟阶段。氢能相关企业总数超过500家,力争产值突破1000亿元。

发展定位:全国氢能科创之都。以西安"双中心"建设为契机,加快在制氢、储氢、运氢、用氢、燃料电池等领域形成一批国际领先的科研成果和产业化项目,聚力打造全国氢能科创之都。全国氢能装备及燃料电池产业集聚高地。着力推动"西安制造"向产业链价值链中高端迈进,为全国提供先进氢能装备和燃料电池,打造成为全国氢能高端装备及燃料电池产业集聚高地。

空间布局:结合氢能产业发展特点,遵循"合理配置、突出重点、有序协同、联动发展"的原则,构建"一先导、两基地、多场景"产业布局。一先导:氢能产业创新发展先导区。两基地:科技研发基地和氢能关键材料制造基地。多场景:构建多个氢能应用示范场景。

重点任务:一是布局氢能创新链;二是完善氢能装备制造链;三是培育燃料电池产业链;四是拓宽示范应用场景;五是加快基础设施建设;六是打造氢能产业集群;七是加强区域产业协作;八是推动产业质量提升;九是持续优化发展环境。

(7)2023年9月,宝鸡市发改委发布《宝鸡市氢能产业发展规划(2023—2030年)》,相关内容如下。

总体目标:到2025年底,加氢站达到2座、燃料汽车100辆、打造1~2个氢燃料电池车辆应用试点,全市氢能产业生态基本形成;到2030年,加氢站达到5座、氢燃料汽车达到300辆、氢能产业相关企业50户,形成完整氢能产业链。

发展定位：以整合氢能产业链及打造应用场景为发展核心，充分发挥我市在风光资源、能源产业、汽车产业以及多元运输场景的优势，打造宝鸡市氢能生产应用示范，将宝鸡市建设成为氢源供应绿色多元、氢能装备基础夯实、关键技术研发具备竞争力、应用场景示范多样的氢能产业发展示范区，成为全省绿氢制备、绿氢储能、装备制造、示范应用的重要组成部分，逐步发展成为全国重点氢能产业装备制造生产基地。

空间布局：以氢能产业装备与氢燃料电池汽车为基础，打造宝鸡市氢能产业发展集群，以公共交通、物流运输、市政工程等多元氢能应用场景为主，推进全市氢能产业贯通，促进形成"研发-生产-推广"的氢能产业生态，构建"一核两翼"的总体空间布局。"一核"是集聚资源打造氢能产业发展核心区，培育氢能产业领军企业，以氢能装备和氢燃料电池整车为特色，融入全省氢能产业发展格局，提高我市氢能产业核心竞争力。"两翼"是依托麟游县、陇县风光资源及高速物流枢纽、矿区的短倒运输优势，打造可再生能源制氢和氢燃料电池汽车物流运输应用示范基地。

重点任务有六项：一是统筹资源，构建多元氢源保障体系；二是优化布局，稳步发展氢能储用体系；三是合理规划，有序建设加氢网络体系；四是积极示范，打造多样应用生态体系；五是重点突破，构建产业集群发展体系；六是积聚资源，创建氢能科技创新体系。

(8)2023年9月，渭南市发改委发布《渭南市氢能与燃料电池产业发展规划(2023—2027年)》，相关内容如下。

发展目标：到2027年氢气年制取量超过10万t，新增培育5家以上的氢燃料电池产业链相关企业，35家氢能装备制造企业，3家氢燃料电池整车制造企业，氢燃料电池系统生产能力达到每年5000套，燃料电池整车生产能力达到每年5000台，建成加氢站12座，氢燃料电池汽车保有量达到1000辆，氢能及燃料电池相关产业年产值达到150亿元。

空间布局：依托渭南市在氢能产业上的发展优势，立足现有氢能相关产业基础，着力构建"11233：一廊一核两园三区三基地"的氢能全产业链空间布局新格局。一廊：建成一条贯通韩城—渭南—西安的城际氢能走廊，高速打造韩城—渭南—西安燃料电池重卡运输专线。一核：依托渭南的优质资源和高新技术引进，打造渭南经开区燃料电池产业核心区。两园：建设韩城经开区氢能产业园和渭南经开区氢燃料电池汽车产业园,打造氢能产业集群;三区:建设韩城经开区中重卡氢能应用示范区;建设蒲城 经开区公共领域示范先行区;建设渭南主城区环卫物流示范区。三基地:建设以旭强瑞为代表的韩城经开区氢源基地,以蒲城清洁能源为代表的蒲城清洁能源氢源基地以及渭北绿氢示范基地。

重点任务:一是发挥基础的制氢优势,打造省级制氢示范基地;二是推进氢能示范应用,构筑氢能产业生态;三是坚持创新驱动发展,强化核心技术攻关;四是发展氢能装备制造,贯通氢能产业链条;五是优化氢能发展环境,完善配套服务体系。

6.4.2 专家建议

在2023年中国(西部)氢能大会筹备期间,中国科学技术协会主席万钢对陕西省和榆林市推进氢能产业发展,提出如下建议。

①关注用水量的问题。榆林市发展氢能产业的潜力巨大,制氢必须要解决用水的问题。一般来说,如果用可再生能源电解水制氢的话,产生1 kg的氢气大概需要用9 kg的水,煤制油也要用13 kg的水。

②对外宣传要以绿氢为主,不能光考虑自己用,也要考虑为其他地区做贡献。要解决电解水制氢产生的氧气的用途问题,必须要有答案,要系统研究。

③要深入研究从能耗双控向碳排放双控转变的政策要求以及对能源产业低碳转型机遇挑战。一是要突出绿氢为主,二是要提高工业副产氢的效率,三是要推进氢的多元化应用,四是要建立自主可控的产业链。陕西省内的氢运输、加氢站布局要合理,与换电站相结合进行统筹谋划。

④着力推进氢能的多元化应用。一是2023年上半年新能源汽车的渗透率已经超过30%。由于重卡、中卡和大巴的行驶里程长、运输效率高,用氢效果是最好的。目前氢燃料电池的成本在下降。二是通过绿氢化工,可以生产合成氨,做高端燃料如航空煤油等。三是发展氢气窑炉,比燃气窑炉效率高。

⑤推进全产业链发展。在制定政策时要考虑在本地给予差异性政策优惠。另外要统筹考虑发展与安全的问题。

2023年9月14日,在榆林举办的中国(西部)氢能大会开幕会上,第十二届全国政协副主席齐续春在致辞时提出如下建议。

一是着眼国家战略需求,坚持绿色高质量发展。能源是国家经济的命脉,关系国计民生和国家安全，中国氢能产业发展要着眼于国家的战略、人民的需要。同时以绿色低碳发展为核心，紧扣碳达峰、碳中和的目标，坚定不移地走绿色低碳的高质量发展道路。

二是锚定科技自立自强，坚持创新驱动发展。以创新驱动发展，加快产业创新体系建设，以需求为导向，带动产品创新、应用创新和商业模式的创新，集中突破氢能产业技术瓶颈，增强产业链、供应链稳定性和竞争力。

三是发挥市场主导作用，政府积极引导发展，积极发挥市场在资源配置中的决定作用。突出企业的主体地位，加强产学研用的全面融合，积极探索氢能产业发展的市场化路径，同时要发挥政府的作用，科学完善基础制度体系的支撑，引导产业规范发展。

2023年9月14日，在榆林举办的中国（西部）氢能大会开幕大会上，国家发展改革委高技术产业司副司长任中保在致辞时提出如下建议。

国家高度重视氢能产业发展，要求大力发展氢能，构建清洁低碳、安全高效的能源体系，推进绿色低碳科技自立自强。截至2023年8月，国家在建和建成的风光制氢项目有92个，产能超过70万t，清洁低碳氢能供应能力持续提升，氢能全链条关键核心技术持续突破。200 kW以上燃料电池等国产技术装备投向市场，燃料电池汽车推广应用达到1.5万辆，我国已经成为全球最大燃料电池商用车市场，化工、冶金等重大示范项目加快推进。据有关方面统计，国内以氢为主营业务的上市公司已经超过20家，总市值达到8000亿元。

按照党中央、国务院决策部署，重点做好4个方面的工作：一是加大统筹协调力度。充分发挥氢能产业发展布局协调机制牵头部门作用，会同有关方面协同推进重大项目建设，研究制定有针对性的政策措施，协调解决重点难点问题。二是提升自主创新能力。多方面筹集资金，前瞻部署科技创新和产业化项目，集中力量突破制、储、输、用关键核心技术，促进自主创新技术应用和迭代升级，着力强化企业创新主体地位，支持企业牵头建设创新平台和承担重大项目，大力开展应用导向的科技创新。三是强化政策制度保障。按照氢能规划部署，协调推动有关部门在氢能全链条安全管理、基础设施建设运营、标准规范等方面，不断完善政策和制度，构建系统性的政策体系，切实保障氢能安全，引导产业规范有序布局。四是深化国际合作。坚持开放创新，支持国内外企业、高校、科研院所开展联合研发、氢能贸易、基础设施建设等方面的务实合作。

6 陕西省氢能产业概况

西部地区幅员辽阔,风电、光伏等可再生能源资源禀赋好,清洁低碳氢能制备供给能力强;陕西省高校、科研院所云集,源源不断为氢能产业发展孵化先进技术、输送高端人才;榆林市化工、煤炭运输等场景丰富,是培育氢能多元化应用的沃土。陕西省及榆林市应充分发挥产业、资源、市场优势,提升氢能产业创新能力,推进重大项目布局建设,探索体制机制创新,助力全国氢能产业高质量发展。

2023年9月14日,在榆林举办的中国(西部)氢能大会上,中国科学院院士、清华大学教授欧阳明高发表了题为《双碳目标下全球能源转型与储能、氢能产业发展政策展望》的演讲。围绕氢能燃料电池商业化、电解系统与绿氢生产、绿色氢能储运与加注、氢系统集成与氢储能4个方面,提出以下观点。

一是实现燃料电池商业化,应重点关注降本提效,燃料电池效率要进一步提升到60%;提高氢燃料电池应用寿命,目标到2025年达到25000 h;拓展氢能应用场景,在氢能商用车之外,示范氢能发电场景。

二是关于电解水制备绿氢,碱性电解水制氢技术具备成本低、寿命长等优点,且技术研发潜力大,未来市场前景广阔;但也同时存在碱性制氢体系标准体系不完善、技术亟须提升变革等问题,仍需加强基础研究,改进隔膜、催化剂等方面的技术研发。

三是针对绿氢储运及加注,储氢方式的关键是储氢成本,目前的成本最低的储氢方式还是高压容器,未来成本最低的储氢方式是大规模、百万吨级盐穴储氢。输氢方面,就国内来讲,管道运输将成为未来解决大规模、长距离绿氢运输的最佳方案。

四是实现氢能系统集成要因事制宜、因地制宜,国情决定路线,场景定义产品;同时要做好氢能安全监管工作;氢储能相较电池在容量、成本及应用场景等方面具有巨大优势,但目前仍属于薄弱环节,还需在降低储能成本上下功夫,榆林在该方面具备国内较好的条件。

展望未来,应以绿电制绿氢和燃料电池为龙头带动氢能全产业链商业化。氢燃料电池/电解装置技术创新已取得重大进展,但仍需优化升级;氢能价值链的商业价值核心是性价比;氢能产业链以富余绿电资源、低成本制氢为源头推动,以多元化、大规模商业示范应用场景为龙头拉动,带动绿色氢能全产业链发展。

2023年9月14日,在榆林举办的中国(西部)氢能大会上,中国工程院院士、中国矿业大学教授彭苏萍发表了题为《中国氢能源与燃料电池发展战略研究》的演讲,提出以下内容。

一是氢能源与燃料电池发展的背景。中国在 2003 年之后煤炭工业得到高速的发展,一大批煤炭企业家感觉煤炭的发展过程一定要走多元化的路子,煤化工的发展产能相对过剩,从而试图发展煤制氢。碳排放问题一直影响着能源发展模式,在传统的化石能源低碳化利用的过程中,可再生能源制氢是非常好的纽带。

二是中国氢能源的发展目前已形成初步竞争的局面,但产业技术尚处于突破阶段。可再生能源制氢助力我国能源消费体系绿色低碳转型,2030 年可再生氢装机有望达到 100 GW;当前已规划建设的释放项目呈数量多、规模小、同质化的特征,实证研究与扎实工程化示范基础薄弱,产业化支撑水平和力度尚有不足;需统筹资源和产业布局,加强可再生氢氨项目差异化、精准化部署,安全有序推动氢能工程示范,降低产业发展成本;氢能产业发展需依靠中央企业、国有大型企业、能源企业等社会金融资本力量。

三是氢能源的 5 个应用场景问题。场景一:氢电融合,消纳可再生能源,提高可再生能源占比。把氢能源作为储能的属性,氢能源是两个属性(能源属性、储能属性),消纳可再生能源,把可再生能源比例做大。场景二:燃料电池发电。燃料电池可以解决二氧化碳消纳问题,而且发电效率高。场景三:氢能源耦合煤化工、石油化工。通过可再生能源制氢,与煤化工排放的二氧化碳转化为甲烷或者是甲醇。场景四:燃料电池重卡。燃料电池乘用车跟新能源动力电池车一样,市场规模超过几千亿。场景五:氢燃料电池船舶应用。柴油机油轮噪声大,万吨级以上的运输能耗需要重点关注。

6.5 重点企业简介

6.5.1 基本情况

陕西氢能产业发展有限公司(以下简称"陕西氢能公司")2022 年 12 月 31 日挂牌成立,注册资本金 18.18 亿元。该公司是陕西省委、省政府贯彻落实国家"双碳"战略,保障能源安全,构建新型能源体系,着眼全省产业格局和未来发展成立的氢能产业平台,创新采取"合伙企业+平台公司"企业架构和"双 GP+双执伙"管理模式,由陕煤集团、延长石油、陕汽控股、陕西有色、国家电投、榆能集团、神木能源集团、榆阳区国资运营公司8家有限合伙人和榆能集团氢能发展公司、长安汇通基金公司2家普通合伙人共同设立陕西氢动氢能发展合伙企业,出资组建陕西氢能产业发展有限公司,为省国资委一级监管企业。

陕西氢能公司设立具有三个创新:一是企业架构创新,创新采取"合伙企业+平台公司"的企业架构,旨在快速凝聚陕西省氢能产业发展的资金、技术、人才和市场等要素,形成了强大发展合力。二是管理模式创新,合伙企业采用"双GP+双执伙"方式,最大程度赋予了管理层重大事项决策权,保障了企业市场化高效运行。三是工作机制创新,陕西氢能公司按照省国资委一级监管企业管理,建立了"政府引导、企业主导、市场运营"工作机制。

陕西氢能公司履行国资国企使命担当,充分发挥排头兵作用,统领陕西氢能产业发展,统筹氢能供应、产业基础和市场空间整体布局,协调产业链上下游企业,整合氢产业各类资源、延伸产业链、提升价值链、融通供应链,科学有序开展氢能技术创新和应用示范,构建协同发展的氢能产业发展新局面。

着眼当前,陕西氢能公司从氢源基地、加氢站、氢能重卡、能源方舱、工业用氢以及运力场景入手,探索成本更低、安全可靠的新型氢能发展路径,在应用示范、装备制造、技术研发、公司上市等方面稳扎稳打、有序推进,在氢电耦合上出成果,在培育核心竞争力上持续发力,力争两年打通场景、三年全链拓展、四年产业成形。第一阶段,在2024年底前打通制、储、输、加、用全场景,300辆氢能重卡(重叉)应用落地。第二阶段,在2026年底前实现化工、冶金、城市公共交通、建筑等领域应用场景向全产业链拓展。第三阶段,在2030年底前实现1万辆氢能重卡应用,集聚产业集群,形成产学研、上下游融合的氢能产业生态。

展望未来,陕西氢能公司聚焦"落地榆林、发展陕西、辐射西北"战略目标,按照"一平台、两走廊、三基地"发展路径,逐步建设沿黄包茂和关中环线两个氢走廊,加快在西安、宝鸡、咸阳、榆林、渭南等地建设科研、装备制造和氢能供应基地,全方位构建氢能产业生态,为全省传统能化产业升级和绿色低碳转型探索出一条新路子。

6.5.2 定位目标

6.5.2.1 发展定位

紧紧围绕陕西省委、省政府赋予公司的发展使命,全面贯彻落实陕西省氢能产业发展的各项目标任务,聚焦"落地榆林、发展陕西、辐射西北"的战略目标,立足陕西省氢资源和科技创新资源分布,以技术突破和产业培育为主攻方向,全面推进氢能供应、储运、应用等环节的技术创新、装备制造、基础设施、商业示范、管理运营工作,引领陕西省氢能产业健康有序发展,将公司打造成"技术先进、治理现代、发展安全、效益良好、充满活力"的一流现代化企业。

6.5.2.2 发展目标

总体目标:到 2030 年,实现"511111"发展目标,即统筹陕西全省每年 500 万 t 氢能资源调配供给,建设 1 个氢能产业链研发、生产、制造基地,建成 1 个国家级氢能示范园区,搭建 1 万辆氢能重卡运营服务平台,公司实现 1000 亿产值,撬动 1 万亿 GDP 的增长,实现陕西省氢能产业多领域、网格化、一体化发展。

分阶段目标:"力争两年打通场景、三年全链拓展、四年产业成形",全方位构建氢能产业生态,稳步推进包括氢源供给基地、加氢站网络、氢能重卡制造与运营、能源方舱、工业用氢等场景示范项目,探索出一条具备成本优化前景、技术安全可靠、示范意义突出的新型氢能发展路径。

第一阶段——打通场景:到 2024 年,全产业链全场景(制、储、输、加、用)打通,实现 300 辆氢能重卡应用落地。第二阶段——全链拓展:到 2026 年,全产业链拓展场景(重点为氢能重卡应用)落地;拓展氢电耦合、绿氢化工、燃气掺氢、城市公共交通等领域应用场景。第三阶段——产业成形:到 2030 年,实现 1 万辆氢能重卡应用,实现物流配送车、环卫车及化工、冶金、建筑等领域应用;建成若干氢能产业示范园区;掌握相关领域关键核心技术;初步在全省形成氢能产业生态。

6.5.3 规划体系

陕西省发展氢能产业机遇和挑战并存,未来陕西氢能公司应抓住陕西省能源低碳转型和培育战略新兴产业的机遇,在全省积极谋划布局氢能和燃料电池汽车产业,服务陕西和周边省份。通过分析国内外氢能产业现状和发展趋势,结合陕西省本地特色和公司优势,在充分论证氢能制取、储运、应用、装备制造的可行性、经济性和发展潜力的基础上,提出公司的发展战略、发展定位和发展目标,明确各个产业板块的发展路径、规划方案和产业布局,为公司未来科学有序推进氢能产业发展提供指导。

根据《氢能产业发展中长期规划(2021－2035年)》《陕西省"十四五"氢能产业发展规划》《陕西省氢能产业发展三年行动方案(2022－2024年)》《陕西省促进氢能产业发展的若干政策措施》等政策要求,结合公司发展实际建立了"1＋11"发展规划体系,由1个总体产业发展规划和11个具体专项规划构成。该规划体系基本实现了陕西氢能主要业务和重点工作全覆盖,从各项业务板块对陕西氢能在全省氢能产业发展中的战略引领和统筹协调作用做出部署,全方位构建氢能产业生态,用以指导全省传统能源转型升级和绿色低碳转型工作有效推进。

"1"是指《陕西氢能产业发展有限公司产业发展规划》,是支撑指引公司健康稳定发展的总体方案。按照氢能供应、氢能应用、装备制造、科技研发、现代服务等五个板块展开产业布局,构建覆盖技术研发—工业生产—市场应用—社会配套的氢能生态体系。规划实施后,近期新增总投资约250亿元,可以实现年工业产值达到440亿元,全省减碳共计300万t,实现减碳效益3亿元;远期累计总投资约680亿元,实现年工业总产值达到1090亿元,全省减碳共900万t,实现减碳效益18亿元。

"11"个专项规划包括:陕西氢能(榆林)高端装备产业园总体发展规划、国家级工业绿氢示范基地规划(2023—2030年)、榆林工业副产氢基地建设规划、陕西加氢站及交通用氢网络建设规划、陕西氢能研究院建设规划、陕西氢能运力平台运营规划、陕西氢能计量检测标准体系建设规划、陕西氢能产业基金规划、陕西氢能公司氢能源绿色综合体项目规划、陕西氢能公司管理建设规划、陕西氢能公司数字化建设规划。

6.5.4 保障措施

1)积极争取政策及资金支持

积极推动陕西省申报以西安、榆林为主的国家燃料电池汽车示范城市群。企业应充分把握政策集中释放红利期,及时追踪各级政府针对氢能产业的财政补贴政策、科技研发支持等各项支持措施,积极争取资金、土地资源、可再生能源、重卡运营场景等相关指标配置和保障的政策支持,梳理各类资源配置及优惠政策的兑现依据,积极争取相关政策支持。另外,企业应用好已有的相关产业支持资金,并依托产业基金平台,加强与银行及其他金融资本合作对接,为重点项目提供贷款和融资租赁等金融服务,为企业发展提供资金保障。

2) 建立企业与政府沟通协调机制

氢能产业涉及发改、能源、工信、交通、环境、应急、科技、住建、城管等部门,目前系统性政策支持体系还不完善,审批部门职能交叉,难以统一协调。需要成立专门的政府事务部门,建立与政府、管委会各职能部门之间的沟通协调机制。深度参与地方氢能政策、氢能标准等体系的制定,发挥"链长制"作用,由省级或者地市主要领导牵头主抓,为陕西省和榆林市氢能发展提供支撑服务。推动项目审批、建设、运营与管理各个阶段审批效率提升,保障规划的推进实施。

3) 分步实施有序推动产业发展

充分认识氢能产业发展的阶段性特点,以及在政策法规、技术创新、盈利能力、配套体系等方面的风险,围绕企业立企使命和战略定位,按照高起点规划、分步实施、适度超前原则,合理安排重点项目的示范进程和建设规模,谨慎投资,稳扎稳打。构建和完善战略规划制定、决策、执行、监控和反馈的管理体系,强化规划的落实并及时修订。加大项目前期工作力度,建立项目储备制度,适度超前开展项目的调研考察、前期论证、手续申办等工作。

4) 推动装备制造业落地

发展氢能装备,有利于贯通上下游产业链条,形成制造业核心竞争力,抢占发展制高点。围绕制氢、储氢运氢、加氢等相关装备产业发展,着力提升燃料电池装备水平,积极推动燃料电池汽车、区域交通、物流集散、氢能分布式热电联供等装备产业发展。依托陕西本地相对完备的装备制造产业链基础,积极学习外省示范应用经验,通过与陕西省内细分领域龙头企业紧密合作,加快推进在可再生能源制氢、重卡运营等氢能装备领域的示范工程,缩短相关技术产业化转化周期,带动全省形成集研发、示范、生产和配套服务等为一体的氢能装备制造产业集群。

5) 灵活技术创新机制

坚持自主创新。围绕企业重点布局领域,可通过股权投资、技术引进、兼并重组等方式获取先进适用技术,与自身技术研发协同发展。同时,充分发挥企业作为省级氢能运营平台的优势,强化与国际国内龙头企业、研发机构、行业组织在技术、人才、资本、管理等领域的合作,重点围绕氢能全产业链组建产学研协同、上下游衔接的创新联合体,开展联合技术攻关,以"强强联合"的方式实现企业高质量技术创新突破。加强与京津冀、长三角、粤港澳大湾区等城市群的氢能合作,推动不同区域在氢能供给、氢能装备、氢能应用领域的示范应用,促进企业科技成果向现实生产力转化。

6)建立人才引进培养机制

用好《陕西省引进高层次人才暂行办法》《陕西省青年高层次人才引进实施细则》等现有省高端人才引育政策,建立企业高层次人才引进工程或计划。围绕发展重点布局领域,引进一批带技术、带成果、带项目的氢能领域高端人才,按照人才引进各项优惠政策做好保障。建立创新人才灵活服务机制,完善住房保障、子女就学等服务机制,同时在项目申请、奖励荣誉等方面给予优先支持。与省内外高等院校、科研院所建立工程实训基地,联合培养一批掌握前沿技术的科技人才,降低企业人力资源成本的同时,为企业发展提供人才保障。

7)打造西部氢能大会品牌

在陕西省榆林市举办西部氢能大会,可作为一场集学术交流、展览展示、深化合作于一体的国际盛会,对榆林建设具有全国影响力的国家级氢能示范城市、国内领先的技术创新和产业孵化平台产生巨大促进作用,为全球氢能产业高质量发展打造西部范例、提供陕西方案、贡献榆林力量。该大会紧扣氢能产业发展热点问题,聚焦国内外氢能产业政策、碳中和目标应对策略,就氢能产业链"制、储、运、加、用"各环节关键技术路线展开探讨,重点举办开幕大会、展览会和论坛,举行洽谈会及多场路演活动,邀请广大企业家和创业者投身榆林、扎根榆林,共享发展机遇,实现企地共赢。

8)建立安全保障工作机制

针对氢能的能源属性,坚持安全有序、科学高效的原则,筑牢企业氢能发展安全体系。深入开展氢能制、储、输、用的安全法规和安全标准宣贯工作,增强企业员工主体安全意识,筑牢氢能应用各环节安全基础。加强企业应急能力建设,研究制定氢能生产、储运、加注和使用中突发事件处理预案,确保有效应对。加强企业相关人员安全防患意识和事故应对能力,定期开展应急预案演习活动。加强企业安全管理,制定完善相关制度和标准,加大对人员违规操作等行为的查处和惩治力度,形成权责一致、规范有序的协同联动机制,保障企业健康可持续发展。

附录 中国氢能产业国家标准统计表

规口单位	标准号	标准名称	发布时间
全国氢能标准化技术委员会	GB/T 31138—2022	加氢机	2022—10—12
	GB/T 40045—2021	氢能汽车用燃料 液氢	2021—04—30
	GB/T 40060—2021	液氢贮存和运输技术要求	2021—04—30
	GB/T 40061—2021	液氢生产系统技术规范	2021—04—30
	GB/T 39359—2020	积分球法测量悬浮式液固光催化剂制氢反应	2020—11—19
	GB/T 37563—2019	压力型水电解制氢系统安全要求	2019—06—04
	GB/T 37562—2019	压力型水电解制氢系统技术条件	2019—06—04
	GB/T 37244—2018	质子交换膜燃料电池汽车用燃料 氢气	2018—12—28
	GB/T 34542.2—2018	氢气储存输送系统 第2部分：金属材料与氢环境相容性试验方法	2018—05—14
	GB/T 34542.3—2018	氢气储存输送系统 第3部分：金属材料氢脆敏感度试验方法	2018—05—14
	GB/T 34537—2017	车用压缩氢气天然气混合燃气	2017—10—14
	GB/T 34540—2017	甲醇转化变压吸附制氢系统技术要求	2017—10—14
	GB/Z 34541—2017	氢能车辆加氢设施安全运行管理规程	2017—10—14
	GB/T 34539—2017	氢氧发生器安全技术要求	2017—10—14
	GB/T 34542.1—2017	氢气储存输送系统 第1部分：通用要求	2017—10—14
	GB/T 34544—2017	小型燃料电池车用低压储氢装置安全试验方法	2017—10—14
	GB/T 34583—2017	加氢站用储氢装置安全技术要求	2017—10—14
	GB/T 34584—2017	加氢站安全技术规范	2017—10—14
	GB/T 33291—2016	氢化物可逆吸放氢压力-组成-等温线（P-C-T）测试方法	2016—12—13
	GB/T 33292—2016	燃料电池备用电源用金属氢化物储氢系统	2016—12—13
	GB/T 31139—2014	移动式加氢设施安全技术规范	2014—09—03
	GB/T 30718—2014	压缩氢气车辆加注连接装置	2014—03—27
	GB/T 30719—2014	液氢车辆燃料加注系统接口	2014—03—27

续表

规口单位	标准号	标准名称	发布时间
	GB/T 29729—2013	氢系统安全的基本要求	2013—09—18
	GB/T 29411—2012	水电解氢氧发生器技术要求	2012—12—31
	GB/T 29412—2012	变压吸附提纯氢用吸附器	2012—12—31
	GB/T 26915—2011	太阳能光催化分解水制氢体系的能量转化效率与量子产率计算	2011—07—19
	GB/T 26916—2011	小型氢能综合能源系统性能评价方法	2011—07—19
	GB/T 24499—2009	氢气、氢能与氢能系统术语	2009—10—30
	GB/T 19774—2005	水电解制氢系统技术要求	2005—05—25
	GB/T 19773—2005	变压吸附提纯氢系统技术要求	2005—05—25
全国燃料电池与液流电池标准化技术委员会	GB/T 20042.3—2022	质子交换膜燃料电池 第3部分：质子交换膜测试方法	2022—03—09
	GB/T 28817—2022	聚合物电解质燃料电池单电池测试方法	2022—03—09
	GB/T 27748.2—2022	固定式燃料电池发电系统 第2部分：性能试验方法	2022—03—09
	GB/T 41134.1—2021	电驱动工业车辆用燃料电池发电系统 第1部分：安全	2021—12—31
	GB/T 41134.2—2021	电驱动工业车辆用燃料电池发电系统 第2部分：性能试验方法	2021—12—31
	GB/T 38914—2020	车用质子交换膜燃料电池堆使用寿命测试评价方法	2020—06—02
	GB/T 28816—2020	燃料电池 术语	2020—06—02
	GB/T 38954—2020	无人机用燃料电池发电系统	2020—06—02
	GB/T 36544—2018	变电站用质子交换膜燃料电池供电系统	2018—07—14
	GB/T 36288—2018	燃料电池电动汽车 燃料电池堆安全要求	2018—06—07
	GB/T 34866—2017	全钒液流电池 安全要求	2017—11—01
	GB/T 34872—2017	质子交换膜燃料电池供氢系统技术要求	2017—11—01
	GB/T 34582—2017	固体氧化物燃料电池单电池和电池堆性能试验方法	2017—09—29
	GB/T 27748.3—2017	固定式燃料电池发电系统 第3部分：安装	2017—09—07
	GB/T 33983.1—2017	直接甲醇燃料电池系统 第1部分:安全	2017—07—31

续表

规口单位	标准号	标准名称	发布时间
全国燃料电池与液流电池标准化技术委员会	GB/T 27748.1—2017	固定式燃料电池发电系统 第1部分：安全	2017—07—31
	GB/T 23751.2—2017	微型燃料电池发电系统 第2部分：性能试验方法	2017—07—12
	GB/T 33979—2017	质子交换膜燃料电池发电系统低温特性测试方法	2017—07—12
	GB/T 33978—2017	道路车辆用质子交换膜燃料电池模块	2017—07—12
	GB/T 27748.4—2017	固定式燃料电池发电系统 第4部分：小型燃料电池发电系统性能试验方法	2017—07—12
	GB/T 33983.2—2017	直接甲醇燃料电池系统 第2部分：性能试验方法	2017—07—12
	GB/T 20042.1—2017	质子交换膜燃料电池 第1部分：术语	2017—05—12
	GB/T 33339—2016	全钒液电池系统 测试方法	2016—12—13
	GB/T 32509—2016	全钒液流电池通用技术条件	2016—02—24
	GB/T 31886.1—2015	反应气中杂质对质子交换膜燃料电池性能影响的测试方法 第1部分：空气中杂质	2015—09—11
	GB/T 31886.2—2015	反应气中杂质对质子交换膜燃料电池性能影响的测试方法 第2部分：氢气中杂质	2015—09—11
	GB/T 31035—2014	质子交换膜燃料电池堆低温特性试验方法	2014—12—05
	GB/T 31037.2—2014	工业起升车辆用燃料电池发电系统 第2部分：技术条件	2014—12—05
	GB/T 31036—2014	质子交换膜燃料电池备用电源系统 安全	2014—12—05
	GB/T 31037.1—2014	工业起升车辆用燃料电池发电系统 第1部分：安全	2014—12—05
	GB/T 20042.7—2014	质子交换膜燃料电池 第7部分：炭纸特性测试方法	2014—12—05
	GB/T 30084—2013	便携式燃料电池发电系统 安全	2013—12—17
	GB/T 29840—2013	全钒液流电池 术语	2013—11—12
	GB/T 29838—2013	燃料电池 模块	2013—11—12

续表

规口单位	标准号	标准名称	发布时间
全国燃料电池与液流电池标准化技术委员会	GB/Z 23751.3—2013	微型燃料电池发电系统 第3部分：燃料容器互换性	2013—07—19
	GB/T 28183—2011	客车用燃料电池发电系统测试方法	2011—12—30
	GB/T 20042.6—2011	质子交换膜燃料电池 第6部分：双极板特性测试方法	2011—12—30
	GB/Z 27753—2011	质子交换膜燃料电池膜电极工适应性测试方法	2011—12—30
	GB/T 25319—2010	汽车用燃料电池发电系统　技术条件	2010—11—10
	GB/T 23751.1—2009	微型燃料电池发电系统 第1部分：安全	2009—05—06
	GB/T 23645—2009	乘用车用燃料电池发电系统测试方法	2009—03—21
	GB/T 20042.4—2009	质子交换膜燃料电池 第4部分：电催化剂测试方法	2009—03—21
	GB/T 20042.5—2009	质子交换膜燃料电池 第5部分：膜电极测试方法	2009—04—21
	GB/Z 21742—2008	便携式质子交换膜燃料电池发电系统	2008—05—20
	GB/T 20042.2—2023	质子交换膜燃料电池 第2部分：电池堆通用技术条件	2023—03—17
全国汽车标准化技术委员会电动车辆分委会	GB/T 26779—2021	燃料电池电动汽车加氢口	2021—03—09
	GB/T 37154—2018	燃料电池电动汽车　整车氢气排放测试方法	2018—12—28
	GB/T 35178—2017	燃料电池电动汽车　氢气消耗量　测试方法	2017—12—29
	GB/T 34593—2017	燃料电池发动机氢气排放测试方法	2017—07—14
	GB/T 34425—2017	燃料电池电动汽车　加氢枪	2017—07—14
	GB/T 29124—2012	氢燃料电池电动汽车示范运行配套设施规范	2012—12—31
	GB/T 29123—2012	示范运行氢燃料电池电动汽车技术规范	2012—12—31
	GB/T 29126—2012	燃料电池电动汽车　车载氢系统试验方法	2012—12—31
	GB/T 26990—2023	燃料电池电动汽车　车载氢系统技术条件	2023—11—27
	GB/T 26991—2011	燃料电池电动汽车　最高车速试验方法	2011—09—29
	GB/T 24549—2020	燃料电池电动汽车　安全要求	2020—09—29
	GB/T 24548—2009	燃料电池电动汽车　术语	2009—10—30
	GB/T 24554—2022	燃料电池发动机性能试验方法	2022—12—30

续表

规口单位	标准号	标准名称	发布时间
全国锅炉压力容器标准化技术委员会固定式压力容器分会	GB/T 43252—2023	燃料电池电动汽车能量消耗及续驶里程试验方法	2023—11—27
	GB/T 43255—2023	燃料电池电动汽车低温冷启动性能试验方法	2023—11—27
	GB/T 36669.1—2018	在用压力容器检验 第1部分：加氢反应器	2018—09—17
	GB/T 26466—2011	固定式高压储氢用钢带错绕式容器	2011—05—12
全国气体标准化技术委员会	GB/T 3634.2—2011	氢气 第2部分：纯氢、高纯氢和超纯氢	2011—12—30
	GB/T 3634.1—2006	氢气 第1部分：工业氢	2006—01—23
	GB/T 43361—2023	气体分析 道路车辆用质子交换膜燃料电池氢燃料分析方法的确认	2023—11—27
全国碱性蓄电池标准化技术委员会	GB/T 22084.2—2008	含碱性或其他非酸性电解质的蓄电池和蓄电池组——便携式密封单体蓄电池 第2部分：金属氢化物镍电池	2008—06—18
	GB/T 18288—2000	蜂窝电话用金属氢化物镍电池总规范	2000—12—28
全国安全生产标准化技术委员会	GB/T 4962—200S	氢气使用安全技术规程	2008—12—11
全国气瓶标准化技术委员会	GB/T 35544—2017	车用压缩氢气铝内胆碳纤维全缠绕气瓶	2017—12—29
全国废弃化学品处置标准化技术委员会	GB/T 33062—2016	镍氢电池材料废弃物回收利用的处理方法	2016—10—13
全国能源基础与管理标准化技术委员会	GB 32311—2015	水电解制氢系统能效规定值及能效等级	2015—12—10

续表

规口单位	标准号	标准名称	发布时间
全国稀土标准化技术委员会	GB/T 31963—2015	金属氢化物-镍电池负极用稀土镁系超晶格贮氢合金粉	2015—09—11
全国半导体设备和材料标准化技术委员	GB/T 16942—2009	电子工业用气体　氢	2009—10—30
全国钢标准化技术委员会	GB/T 24185—2009	逐级加力法测定钢中氢脆临界值试验方法	2009—06—25
全国有色金属标准化技术委员	GB/T 23606—2009	铜氢脆检验方法	2009—04—15